LE CRÉPUSCULE D'UNE IDOLE

L'affabulation freudienne

MICHEL ONFRAY

Le Crépuscule d'une idole

L'affabulation freudienne

GRASSET

Ce qui nous pousse à n'accorder aux philosophes, dans leur ensemble, qu'un regard où se mêlent méfiance et raillerie, ce n'est pas tant de découvrir à tout bout de champ combien ils sont innocents, combien de fois et avec quelle facilité ils se trompent et s'égarent, bref, quelle puérilité est la leur, quel enfantillage; c'est de voir avec quel manque de sincérité ils élèvent un concert unanime de vertueuses et bruyantes protestations dès que l'on touche, même de loin, au problème de leur sincérité. Ils font tous comme s'ils avaient découvert et conquis leurs opinions propres par l'exercice spontané d'une dialectique pure, froide et divinement impassible (à la différence des mystiques de toute classe, qui, plus honnêtes et plus balourds, parlent de leur « inspiration »), alors que le plus souvent c'est une affirmation arbitraire, une lubie, une « intuition », et plus souvent encore un vœu très cher mais quintessencié et soigneusement passé au tamis, qu'ils défendent par des raisons inventées après coup. Tous sont, quoi qu'ils en aient, les avocats et souvent même les astucieux défenseurs de leurs préjugés, baptisés par eux « vérités ».

NIETZSCHE, *Par-delà le bien et le mal*, 1re partie, § 5.

À Diogène de Sinope.

« Affabulation (sf.) Repris au milieu du
XXᵉ siècle avec un sens nouveau.

Manière fantaisiste ou même mensongère
de présenter, de rapporter des faits. »

Pierre GILBERT, *Dictionnaire
des mots contemporains*,
Les Usuels du Robert, 1980.

SOMMAIRE

Thèse n° 3 : La psychanalyse n'est pas un continuum scientifique, mais un capharnaüm existentiel.

1) La cour des miracles freudiens. 2) La chasse aux pères pervers. 3) Un conquistador dans une obscure clarté. 4) La fiction performative de l'inconscient. 5) Comment tourner le dos au corps ?

Thèse n° 4 : La technique psychanalytique relève de la pensée magique.

1) Sigmund au pays des merveilles. 2) Le royaume des causalités magiques. 3) Le divan, un tapis volant au gaz hilarant. 4) Une abondance de guérisons de papier. 5) Freud n'a pas inventé la psychanalyse. 6) Un verrouillage sophistique.

Thèse n° 5 : La psychanalyse n'est pas libérale, mais conservatrice.

1) Le pire est toujours certain. 2) Une libération sexuelle clandestine. 3) La masturbation, maladie infantile du freudisme. 4) Le pénis rabougri des femmes. 5) « Salut respectueux » de Freud aux dictateurs. 6) Le surhomme freudien et la horde primitive.

Le salon de cartes postales freudiennes

J'ai rencontré Freud sur le marché de la sous-préfecture d'Argentan (Orne) quand j'avais une quinzaine d'années... L'homme avait revêtu l'apparence d'une figure de papier signant les titres d'ouvrages défraîchis, achetés à bas prix sur l'étal d'une bouquiniste qui, probablement sans le savoir, fut le bon génie de mes années d'adolescent triste. Je me souviens comme si c'était hier de mon acquisition des *Trois essais sur la théorie de la sexualité* sous la couverture noire et violette du livre de poche de la collection « Idées-Gallimard » – j'ai toujours le précieux volume avec le prix marqué au crayon à papier sur la page d'ouverture.

Entre l'étal des soutiens-gorge et des gaines couleur chair, armatures blindées, toile de bâche, destinés aux plantureuses fermières venues faire leur marché et celui du quincaillier qui vendait des bricoles de ferblanterie aux maris sortis tout droit d'une nouvelle de Maupassant, cette dame aux cheveux courts, disparue depuis dans la nature, me vendait pour presque rien une grande quantité de livres que je lisais avec avidité, dans le désordre et le chaos d'une âme en peine de clartés.

Je sortais en effet de quatre années passées dans un orphelinat de prêtres salésiens, dont certains étaient pédophiles, et les livres, déjà, m'avaient sauvé de cet enfer dans lequel on ne sait pas si, le lendemain, on n'aura pas descendu une marche de plus vers l'infamie. Je fus l'habitant de cette fournaise vicieuse entre dix et quatorze ans, l'âge de mon retour à la vie. Entre deux cours de ma première année au lycée, 1973, je passais donc sur le marché et emportais dans mon cartable des poètes et des écrivains, des biographies et de la sociologie, de la psychologie et de la philosophie.

Je découvrais ces années-là les *Manifestes du surréalisme* d'André Breton, je m'enthousiasmais pour l'écriture automatique, l'exercice du cadavre exquis, la poésie dans la rue, la prose jubilatoire et l'esprit libertaire des artistes. Rimbaud m'imposait sa loi, Baudelaire aussi, et les surréalistes aux vies brûlées me permettaient d'allumer mes promesses vacillantes à leurs volcans incandescents.

Dans les sacs de livres achetés et revendus pour en acheter de nouveaux, je découvris trois pépites éparpillées : Nietzsche, Marx et Freud. J'étais bien loin d'imaginer qu'un certain Michel Foucault avait transformé le nom de ces trois penseurs en titre de sa conférence à Royaumont en 1964 lors d'un colloque « Nietzsche ». Je me trouvais à des années-lumière de savoir que, sous cette triangulation magnifique, se cachait une immense promesse de feux philosophiques contemporains. J'évoluais en aveugle dans un monde aux balisages déjà scintillants.

Dans un capharnaüm de livres, dont certains franchement mauvais, il y eut donc trois coups de foudre philosophiques : *L'Antéchrist* de Nietzsche, le *Manifeste du Parti communiste* de Marx et *Trois essais sur la théorie de la sexualité* de Freud. Ces trois éclairs dans le ciel noir de mes années post-orphelinat ont allumé une ferveur dans laquelle je vis toujours. Le premier livre m'apprenait que le christianisme n'était pas une fatalité, qu'il y avait eu une vie avant lui et qu'on pourrait très bien accélérer le mouvement pour l'avènement d'une vie postérieure ; le deuxième m'enseignait que le capitalisme n'était pas l'horizon indépassable de notre humanité et qu'il existait un beau nom, le socialisme, pour envisager un autre monde ; le troisième me faisait découvrir que la sexualité pouvait se penser dans la clarté lumineuse d'une anatomie amorale, sans souci de Dieu ou du Diable, sans menaces, sans craintes, sans les peurs associées à l'appareil répressif de la morale chrétienne. À quinze ou seize ans, je disposais d'un stock de dynamite considérable pour faire sauter la morale catholique, miner la machinerie capitaliste et volatiliser la morale sexuelle répressive judéo-chrétienne. De quoi faire la fête philosophique, et pour longtemps !

Je compris alors que la philosophie est d'abord un art de penser la vie et de vivre sa pensée, une vérité pratique pour mener sa barque existentielle. Vue sous cet angle, la discipline déclasse dans ce petit monde tout ce qui ne vit que de théorétique, d'entregloses, de commentaires, de bavardages érudits, de pinaillages. Le petit garçon qui a senti le souffle de la bête chrétienne dans son cou ; celui qui a connu la misère d'une famille dans laquelle le père ouvrier agricole et la mère femme de ménage travaillaient dur sans pouvoir assurer autre chose que la survie de la maisonnée ; celui qui a dû raconter au confessionnal toute sa vie sexuelle, celle de tout être de cet âge-là, et à qui l'on a fait savoir que la masturbation envoyait directement dans les flammes infernales – ce petit garçon-là, bien sûr, découvre en Nietzsche, Marx et Freud trois *amis…*

Qu'on en juge : *L'Antéchrist* se termine avec, en une
page, la proclamation d'une «Loi contre le christianisme» ! Une aubaine… Parmi les cinq articles de cette
législation à venir, le premier : «Est vice toute espèce de
contre-nature. L'espèce d'hommes la plus vicieuse est le
prêtre : il *enseigne* la contre-nature. On n'a pas de raison
contre le prêtre, on a la maison de correction.» J'eus
envie de serrer la main de cet être vigoureux rendant la
dignité à l'enfant à qui on avait tenté de la ravir. Autre
proposition : raser le Vatican et élever sur cette terre
ravagée des serpents venimeux ! Un autre article procla-
mait : «La prédication de la chasteté est une excitation
publique à la contre-nature. Mépriser la vie sexuelle, la
salir avec la notion d'*impur* est le véritable péché contre
l'esprit sain de la vie.» Cet homme, on s'en doute, m'est
devenu un ami : *il l'est resté.*

Je ressentis la même proximité avec la parole de Marx
qui, dans le *Manifeste du Parti communiste*, explique
que l'histoire, depuis toujours, a pour moteur la lutte
des classes. Le petit volume orange de la collection des
Editions sociales se constellait de coups de crayon à
papier : le balancement dialectique entre l'homme libre
et l'esclave, le patricien et le plébéien, le baron et le serf,
le maître de jurande et le compagnon, l'oppresseur et
l'opprimé, je le lisais, certes, et je savais viscéralement
que c'était juste, car je le vivais dans ma chair, à la maison, chez mes parents où le salaire de misère suffisait à
entretenir la force de travail de mon père qui devait le
mois suivant recommencer pour assurer sa survie et celle
de la famille.

Pas de vacances, jamais de sorties, aucun cinéma, ni

théâtre ni concert bien sûr, pas de musées, pas de restau-
rants, pas de salle de bains, une chambre pour quatre, des
toilettes dans la cave, pas de livres, évidemment, sauf un
dictionnaire et un recueil de recettes de cuisine hérités
des grands-parents, peu d'invitations, deux ou trois amis
de mes parents, guère plus riches qu'eux : je savais que
Marx disait vrai, mon père était employé par un patron
qui possédait une laiterie et une maison bourgeoise dans
laquelle ma mère faisait le ménage. Je savais qu'on n'y
menait pas la même vie que chez mes parents et je découvrais avec Marx qu'il n'y avait ni fatalité ni malédiction au
fait que certains aient tout, sinon beaucoup, du moins
trop, pendant que d'autres n'ont rien, manquent du
nécessaire et peuvent avoir faim…

Cette lecture fit de moi un *socialiste* – je le suis resté.
Bien vite, je découvris la possibilité de l'être avec d'autres
que Marx, notamment dans la compagnie des anarchistes
en général et de Proudhon en particulier. La lecture, en
terminale, de *Qu'est-ce que la propriété ?* m'a convaincu
que le socialisme libertaire incarnait une potentialité
inexploitée, donc, une richesse d'une redoutable actualité dans un monde où le marxisme pouvait faire douter
de l'excellence de Marx. Je crois toujours à l'immense
fécondité de Proudhon. Mais je n'oublie pas que ma première odeur de poudre politique, je la dois à Marx…

Et puis Freud ! Je le découvris d'abord par de mauvais livres – dont il faudrait analyser le rôle dans la production de la légende et la propagation des fables ou
des mythes afférents dans les couches les moins éclairées
de la société : je songe au livre de Pierre Daco intitulé
Les Triomphes de la psychanalyse, une publication assimilable aux propagandes idéologiques dans le monde

politique. J'achetai également une *Psychanalyse de l'humour érotique* brillant moins par la psychanalyse que par l'humour érotique… Mais je découvrais ce mot, *psychanalyse*, et son odeur de soufre m'attirait, comme le parfum d'une chose interdite.

La lecture de Freud en direct me parut plus appropriée. La littérature de disciples, la production de glosateurs, l'édition de nombreux commentaires, choses abondantes dans le rayonnage de ma bouquiniste, constituaient autant de scories éloignant du noyau dur de la pensée. *Trois essais sur la théorie de la sexualité* fut mon premier livre lu, ma première conversation avec un homme qui semblait me parler en propre : les enfants ont une sexualité, la masturbation incarne un moment nécessaire dans l'évolution psychique d'un être, l'ambivalence dans le cheminement pour construire une identité sexuelle passe par des expériences homosexuelles d'occasion, tout cela illuminait mon existence en effaçant d'un seul coup des années de puanteur chrétienne, d'haleines avinées ou de bouches pourries de prêtres qui, chaque semaine, derrière le grillage en bois du confessionnal, soumettaient à la question les six cents enfants que nous étions pour obtenir des aveux d'onanisme ou de tripotages.

Rouvrant aujourd'hui mon exemplaire de Freud, je retrouve dans la marge ce trait de crayon bleu témoignant de ma relation intime, alors, avec ce livre : « Les querelles des parents entre eux, un mariage malheureux entraînent comme suite de lourdes prédispositions à des troubles du développement sexuel ou à des névroses chez leurs enfants »… Mesure-t-on jamais combien les idées d'un philosophe peuvent produire d'effets sur l'existence future d'un jeune lecteur ? Freud lavait d'une eau lustrale des années de crasse mentale. Son livre effaçait une souillure. Ces pages abolissaient l'éros nocturne dans lequel nous étions pour la plupart noyés, suffoqués. Elles disent aussi combien la fin d'une crainte, la damnation chrétienne, ne constitue pas la fin de toute crainte, car il existe également un genre de punition des psychismes...

Donc Nietzsche, Marx et Freud : trois phares dans la pleine mer déchaînée des tourments de l'adolescence, trois étoiles dans une nuit qui semblait sans fin, trois pistes pour sortir de l'enfer. J'ai lu Nietzsche toute ma vie ; je souris aujourd'hui des signes dans la marge qui trahissent mon âme d'alors : le philosophe misogyne parce que incapable de parler aux femmes, l'éloge de la force chez un être épuisé, la véhémence d'un doux concentrée dans des aphorismes de guerre, l'éloge héroïque de la vie poétique et des nouvelles possibilités d'existence. Je le comprends aujourd'hui comme un maître de sagesse existentielle qui pense pour sauver sa peau – comme tout philosophe digne de ce nom, autrement dit, comme tout philosophe viscéral.

J'ai laissé Marx pour les socialistes libertaires, français de préférence. La mainmise de Marx sur le socialisme international ; son talent, comme celui de Freud et des siens, pour imposer sa loi sur la planète, fût-ce au prix des pratiques les plus déshonorantes ; sa déconsidération de tout socialisme en dehors du sien, son rangement dans le même sac pamphlétaire que les extravagances utopiques les plus saugrenues ; sa haine des paysans et du monde agricole ; son élitisme prolétarien d'une avant-garde éclairée et sa détestation du peuple aimé par Proudhon ; tout cela m'a fait préférer le socialisme libertaire. Mais je n'oublie pas que je lui dois la découverte de cette belle mosaïque – les *socialismes*.

Mes lectures sauvages et solitaires, voraces et furieuses, anarchiques et instinctives, croisèrent un temps les lectures ordonnées et collectives, scolaires et appliquées, studieuses et obligatoires de la classe de philosophie. Mon professeur de terminale annonçait la couleur en début d'année : il relevait toujours à la dernière séance de juin le cahier le mieux tenu de l'élève le plus appliqué et s'en servait pour dicter son cours de l'année suivante. Nous eûmes ainsi un enseignement donné dans les règles de l'art pendant lequel passait parfois la grâce d'une idée ravissant nos âmes soucieuses.

Freud faisait donc partie de la liste des auteurs du programme : le *Journal officiel* avait un jour porté à la connaissance de qui voulait une liste de notions et d'auteurs dont l'Institution avait décidé qu'ils constituaient le matériau de base de la classe de philosophie. L'obtention du baccalauréat, diplôme initiatique, sésame napoléonien, grigri social, suppose donc qu'un élève rédige une dissertation selon la raison rhétorique ou produise un commentaire de texte. Parmi les extraits proposés chaque année aux impétrants : des textes de Freud…

Dans une liste pensée par l'Education nationale, avec les inspecteurs généraux et leur cohorte de subordonnés, avec les techniciens du ministère flanqués de leurs sherpas, avec les incontournables de la pédagogie sélectionnés pour leur docilité et leur capacité à reproduire les rouages de la société les ayant distingués, on trouve donc Sigmund Freud, parmi une quantité de *philosophes* prélevés entre l'antiquité de Platon et la postmodernité de Foucault – pour l'édition la plus récente.

Le Freud que je lisais alors pour ma gouverne était donc *aussi* le Freud conseillé par l'Education nationale de la République française qui considère en effet que cet auteur fait partie du patrimoine mondial de la philosophie, choisi pour cela parmi des milliers de noms répartis sur vingt-cinq siècles de pensée. Comment ne pas y voir alors une garantie d'excellence ?

Dans la liste des livres à lire, notre professeur signalait : *La République* de Platon, le *Discours de la méthode* de Descartes, le *Contrat social* et le *Discours sur l'origine et les fondements de l'inégalité parmi les hommes* de Rousseau, les *Fondements de la métaphysique des mœurs* de Kant, et *Totem et tabou* puis l'*Introduction à la psychanalyse* de Freud. Plus près de nous, *La Formation de l'esprit scientifique* de Bachelard. Première leçon de la classe de philosophie : *Freud est un philosophe*, comme Platon, Descartes ou Rousseau.

J'ai donc lu ce qu'il fallait lire. Freud et plus même que la bibliographie conseillée : j'ai ajouté *Le Mot d'esprit et ses rapports avec l'inconscient*, *Le Rêve et son interprétation* et *Métapsychologie*. Il semblait alors qu'on pouvait lire Marx sans être marxiste, Spinoza sans être spinoziste ou Platon sans être platonicien. Mais lire Freud ne laissait pas le choix d'être ou ne pas être freudien, car la psychanalyse semblait une certitude universelle et définitive. Elle avait été un progrès décisif de nature scientifique car, comme personne ne doute aujourd'hui de l'héliocentrisme, la psychanalyse n'était pas présentée comme l'hypothèse d'un homme, sinon la fiction d'un philosophe, mais comme un bien commun, une vérité d'ordre général. La psychanalyse passait pour une découverte, comme dans le cas de l'Amérique avec Christophe Colomb : la discipline rendait compte de la totalité du monde, dans le moindre détail ; de plus, elle était également une thérapie qui soignait, certes, mais qui *guérissait* – Freud le disait, l'écrivait, ses disciples aussi avec tellement d'autres auteurs sérieux ! L'institution consentait à cela, l'édition aussi, on passait et obtenait le baccalauréat avec la restitution de ces certitudes admirables…

J'entrai à l'université de Caen en octobre 1976, à dix-sept ans. J'eus un coup de foudre philosophique lors du cours de mon vieux maître Lucien Jerphagnon consacré à Lucrèce : je découvrais là un monde entier, la philosophie antique, et une œuvre en particulier, *De la nature des choses*, qui proposait une éthique rigoureuse, une morale austère, une ascèse hédoniste, des vertus sans Dieu, une pensée matérialiste et sensualiste, une vision du monde insoucieuse des dieux, une sagesse pratique, un salut existentiel sans béquilles théologiques, transcendantes. La vertu sans le diable et la menace des enfers ou la promesse d'un paradis.

Le système des unités de valeurs (UV) contraignait à s'inscrire ailleurs qu'en philosophie. Je suivis donc des cours d'histoire de l'art et d'archéologie antique, puis d'histoire ancienne, et ce pour entrer plus avant dans le monde antique qui me ravissait. Dans l'institut de philosophie, un jeune enseignant marxiste-léniniste vitupérait la psychanalyse, science bourgeoise. Je suivis son enseignement un an. Après les grandes vacances, il revint converti à Lacan. L'année fut rude pour les gauchistes passés à l'étrille lacanienne, à quoi il ajoutait une louchée de Sade et une pincée de Bataille, ces subversifs de confessionnal… Aujourd'hui, passé chez saint Paul, le récent converti vante les mérites de sa nouvelle secte en l'accompagnant d'une sauce phénoménologique… Le Lucrèce qui invite son lecteur à ne pas craindre les dieux m'avait vacciné contre les génuflexions lacaniennes.

En 1979, je m'inscrivis dans une UV de psychanalyse. La salle était bondée. Le professeur enseignait deux heures par semaine, avant de trouver un arrangement avec un vieux stalinien, membre du Comité central du PCF, pour ne venir qu'une fois tous les quinze jours en alternance avec lui pour quatre heures d'affilée : l'un enseignait les grands concepts de la psychanalyse ; l'autre le génie de Marx et l'indigence de Proudhon ! Le communiste oubliait une fois sur deux de se déplacer et quand il venait, il consacrait une partie de son temps à faire des photocopies, une autre aux pauses cigarette, avant de repartir avant l'heure pour cause d'horaires de la SNCF…

Le cours de psychanalyse était bien fait : il proposait les concepts essentiels de la discipline en les faisant fonctionner dans les analyses présentées par Freud dans les *Cinq psychanalyses*. Nous avons donc passé l'année avec Dora, le Petit Hans, l'Homme aux loups, l'Homme aux rats, le Président Schreber, autant de personnages conceptuels utiles pour aborder l'hystérie, la phobie, la névrose infantile, la névrose obsessionnelle et la paranoïa. Freud affirmait avoir soigné et guéri ces personnes cachées derrière des prête-noms, la chose était dite, écrite, publiée dans des maisons d'édition respectables, elle se trouvait enseignée dans toutes les classes de philosophie de France et de Navarre, on passait le bac avec ces vérités révélées, elle se trouvait même professée dans le cadre officiel de l'Université et l'on pouvait décrocher avec elle des diplômes, une licence de philosophie en l'occurrence…

Je lus à cette époque, outre les analyses des cinq cas en question, *Malaise dans la civilisation*, *Psychopathologie de la vie quotidienne* et *L'Avenir d'une illusion*. Puis *L'Auto-analyse de Freud*, le monumental travail de thèse de Didier Anzieu. De sorte que j'avais exploré à peu près 2 500 pages de Freud quand, devenu professeur de philosophie dans un lycée technique, j'ai moi aussi enseigné le programme de philosophie qui comprenait toujours Freud. En vingt années d'enseignement, il m'est arrivé de corriger plus d'une fois des commentaires de textes de Freud à l'épreuve du baccalauréat.

Comment ne pas aborder des questions comme « la Conscience », notion au programme, sans passer par la psychanalyse et exposer en cours l'inconscient freudien ? Ou bien « la Raison », « la Nature », « la Religion », « la Liberté », « l'Histoire » et autres idoles majuscules consti-tutives du programme officiel en faisant silence sur les thèses psychanalytiques ? Qu'est-ce qui aurait justifié que je passe à la trappe Freud, le freudisme, la psychanalyse, dans un cours de philosophie qu'on me demandait de faire, ce pour quoi l'État me payait ? Le monde de l'édi-tion sérieuse, l'Education nationale et son programme officiel de terminale, l'enseignement de la discipline à l'université, la prescription freudienne au baccalauréat, rien ne permettait de douter de la validité scientifique de la psychanalyse.

Pendant vingt années, j'ai donc enseigné dans mes classes de philosophie ce que j'avais consciencieusement appris : l'évolution sexuelle des enfants du stade oral au stade génital, via le stade sadique-anal ; les fixations et traumatismes susceptibles d'apparaître lors de ce développement ; l'inévitable complexe d'Œdipe ; l'étiologie sexuelle des névroses ; les deux topiques de l'appareil psychique ; les relations entre refoulement et sublimation ; mais aussi : la technique du divan ; la conscientisation du refoulement et la disparition des symptômes ; les modalités de la cure. Je faisais cours de la même manière que lorsque j'enseignais la nature naturée et la nature naturante de Spinoza ou bien la fameuse allégorie de la caverne chez Platon…

Or mes élèves ne l'entendaient pas ainsi, car jamais une séance sur l'impératif catégorique kantien ou le surhomme nietzschéen ne produisait autant d'effets que les cours consacrés à la psychanalyse. Lorsque j'abordais la constitution de l'identité homosexuelle ou les modalités de la relation œdipienne, la connexion entre traumatisme infantile et perturbation de la libido, la nécessité du passage de la zone clitoridienne à la zone vaginale pour rendre possible une sexualité féminine digne de ce nom, la question desdites perversions, la résistance au discours psychanalytique comme signe de la nécessité de s'allonger sur un divan, je ne faisais pas cours sur les notions vagues d'un corpus doctrinal conseillé par l'Education nationale, mais sur les fragments biographiques et existentiels de chacun de mes élèves. La psychanalyse *théoriquement* enseignée devenait *concrètement* leur psychanalyse, l'analyse de leur psyché de jeunes femmes et de jeunes hommes. Je savais qu'il existait dans cette pensée un genre de sorcellerie à manier avec d'infinies précautions. La possibilité de devenir thérapeute, donc magicien, donc sorcier, donc gourou, me gelait : on nous demandait d'enseigner une matière éminemment combustible auprès d'âmes inflammables. J'ai un peu

touché du doigt, là, le pouvoir dangereux des psychanalystes. J'ai alors développé une méfiance instinctive et
viscérale à l'endroit de leur caste sacerdotale et de leur
pouvoir de prêtres…

Le programme aidant, nous retrouvions des espaces
philosophiques moins magiques, moins perturbants,
plus sereins : l'articulation entre l'état de nature et la
nécessité d'un contrat social chez Rousseau, la différence entre les désirs naturels et nécessaires & les désirs
naturels et non nécessaires chez Epicure produisaient
moins de turbulences… Freud était apparu dans leur
vie, il disparaissait, réapparaissait sous forme de texte à
commenter, redisparaissait le bac en poche – restait ce
qui avait soulevé, effleuré, touché l'âme fragile de mes
élèves. Je n'ai jamais abordé ces terres occultes sans la
crainte d'avoir précipité des identités en devenir du côté
sombre d'un monde magique, assez déraisonnable, perturbant et très tentant pour des tempéraments en cours
de fabrication…

J'ai donc souscrit à ce que j'appellerai les cartes postales freudiennes. Qu'est-ce qu'une carte postale en
philosophie ? Un cliché obtenu par simplification outran-
cière, une icône apparentée à une image pieuse, une photographie simple, efficace, qui se propose de dire la vérité
d'un lieu ou d'un moment à partir d'une mise en scène,
d'un découpage, d'un cadrage arbitrairement effectué
dans une totalité vivante mutilée. Une carte postale, c'est
le fragment sec d'une réalité humide, une performance
scénographique qui dissimule les coulisses, un morceau
du monde lyophilisé et présenté sous ses meilleurs atours,
un animal empaillé, un faux-semblant…

La carte postale rassemble tout un monde complexe
dans une vignette simple : qu'en est-il en philosophie ?

Elle propose des raccourcis, des résumés, des abrégés, soit sous forme anecdotique – le cratère de la ciguë socratique, l'amphore cynique, l'index platonicien levé vers le ciel, le doigt aristotélicien désignant le sol, sinon le Christ en croix, soit sous forme théorique : le « connais-toi toi-même » de Socrate, la vie selon la nature de Diogène, le monde intelligible de Platon, etc. Freud n'échappe pas au présentoir philosophique.

La carte postale freudienne suffit à nombre de personnes. Rares sont celles qui cherchent à saisir le mouvement d'ensemble de cette pensée en lisant l'œuvre complète pour y découvrir la dialectique d'une vision du monde globale. La classe de philosophie en terminale et l'amphithéâtre de l'université agissent en machines à fabriquer les cartes postales : elles ciblent quelques clichés faciles à enseigner, simples à commenter, élémentaires pour la diffusion d'une « pensée ». La glose et l'entreglose universitaires produisent des cartes postales de cartes postales, elles reproduisent les clichés en quantité considérable, sur une grande échelle et pendant de longues durées…

Quelles sont ces cartes postales freudiennes ? J'effectue un choix de dix exemplaires pour ce présentoir, mais je pourrais constituer une plus grande liste.

Carte postale n° 1 :

Freud a découvert l'*inconscient* tout seul à l'aide d'une *auto-analyse* extrêmement audacieuse et courageuse.

Carte postale n° 2 :

Le *lapsus*, l'*acte manqué*, le *mot d'esprit*, l'*oubli des noms propres*, la *méprise* témoignent d'une *psychopathologie* par laquelle on accède à l'inconscient.

Carte postale n° 3 :

Le *rêve* est interprétable : en tant qu'expression travestie d'un *désir refoulé*, il est la voie royale qui mène à l'inconscient.

Carte postale n° 4 :

La *psychanalyse* procède d'observations cliniques : elle relève de la science.

Carte postale n° 5 :

Freud a découvert une technique qui, via la *cure* et le *divan*, permet de soigner et de guérir les psychopathologies.

Carte postale n° 6 :

La conscientisation d'un *refoulement* obtenue lors de l'*analyse* entraîne la disparition du symptôme.

Carte postale n° 7 :

Le *complexe d'Œdipe*, en vertu duquel l'enfant désire sexuellement le parent du sexe opposé et considère le parent du sexe identique comme un rival à tuer symboliquement, est universel.

Carte postale n° 8 :

La *résistance* à la psychanalyse prouve l'existence d'une *névrose* chez le sujet rétif.

Carte postale n° 9 :

La psychanalyse est une discipline émancipatrice.

Carte postale n° 10 :
Freud incarne la permanence de la rationalité critique
emblématique de la philosophie des Lumières.

Voici donc les cartes postales avec lesquelles on constitue le corpus enseigné par les professeurs au lycée ou
dans les universités. Ces clichés sont repris en chœur par
la plupart des élites intellectuelles, relayées par la machinerie idéologique qui, grossissant le trait au fur et à
mesure de la descente vers le plus grand public, finit par
constituer une vulgate qui tient dans la main d'un enfant,
du genre : « Avec la psychanalyse comme théorie, Freud
accède définitivement aux mécanismes de la psyché
humaine dans laquelle la libido fait la loi en général et le
complexe d'Œdipe en particulier… Avec la psychanalyse
comme pratique, Freud a mis au point une technique qui
soigne et guérit les psychopathologies. » Or ces cartes
postales reproduisent des clichés au sens second du
terme : à savoir, des erreurs devenues vérités à force de
répétitions, de réitérations, de rabâchages de ces ritour-
nelles étourdissantes.

En 2006, j'ai réfléchi à la place de Freud dans ma
Contre-histoire de la philosophie. Depuis 2002, accompagné par quelques amis, j'enseigne, dans cet endroit alter-
natif créé par mes soins qu'est l'Université populaire, une
histoire de la philosophie oubliée, dominée par l'historiographie dominante qui est idéaliste, spiritualiste, dualiste
et pour tout dire chrétienne par le partage de nombre de
ses attendus avec la religion dominante en Europe.
Impossible d'écrire l'histoire de vingt-cinq siècles de philosophie marginale, minoritaire, sans considérer la question du freudisme.

Ici, je n'enseigne pas ce que d'autres professent, fort bien au demeurant, car je consacre des séminaires soit à des penseurs oubliés (d'Antiphon d'Athènes à Robert Owen, via Carpocrate ou Bentivenga de Gubbio parmi d'autres), soit à des penseurs connus, mais avec un angle d'attaque inédit (la communauté politique hédoniste d'Epicure dans le Jardin, la diction des *Essais* que Montaigne n'a pas écrits mais parlés, la proposition d'une sagesse existentielle nietzschéenne via la construction du surhomme, etc.). Pour Freud, nous étions bien sûr dans le second cas. À priori, sur la foi de mes seules lectures passées, je me proposai de le lire comme un *philosophe vitaliste* développant sa théorie dans le lignage de Schopenhauer et de Nietzsche, des penseurs l'ayant tellement marqué qu'il déniait toute influence avec une véhémence suspecte. Une relecture de *Métapsychologie* et d'*Au-delà du principe de plaisir* me confirmait dans cette hypothèse d'un Freud penseur vitaliste.

Pour préparer mes cours à l'UP, je recours à une méthode fort simple : lecture de l'œuvre complète in extenso, car la plupart des cartes postales procèdent d'une certaine fainéantise intellectuelle. Pourquoi travailler l'œuvre intégrale si l'on peut se contenter, pour assurer son salaire de fonctionnaire ou honorer le contrat éditorial – sinon l'existence dans le petit pré carré intellectuel –, de répéter la vulgate à longueur de temps ? Qu'est-ce qui justifierait une somme de travail considérable si l'on peut parvenir à son petit effet en travaillant très peu ?

J'ai donc acheté l'édition des œuvres complètes de Freud aux Presses universitaires de France et lu consciencieusement dans l'ordre chronologique. J'ai exploré les correspondances, essentielles pour assister au travail dans les coulisses. J'ai ajouté les biographies, utiles pour agencer et lier l'ensemble, puis contextualiser les productions intellectuelles dans la vie de l'être, de sa famille, de son époque, de son temps. Je n'ai jamais souscrit à la lecture structuraliste qui célèbre la religion du texte sans contexte et aborde la page à la manière d'un parchemin rédigé par un pur esprit.

J'écris une *histoire nietzschéenne de la philosophie* en me souciant toujours du discours de la méthode que constitue pour moi la préface au *Gai Savoir*. Je l'ai souvent citée, on me permettra d'y renvoyer à nouveau, du moins pour ces phrases prélevées dans un long et magnifique développement : « Le travestissement inconscient de besoins physiologiques sous les masques de l'objectivité, de l'idée, de la pure intellectualité, est capable de prendre des proportions effarantes – et je me suis demandé assez souvent si, tout compte fait, la philosophie n'aurait pas absolument consisté en une exégèse du corps et un malentendu du corps »…

Je propose donc ici une *histoire nietzschéenne de Freud, du freudisme et de la psychanalyse* : l'histoire du travestissement freudien de cet *inconscient* (le mot se trouve sous la plume de Nietzsche…) en doctrine ; la transformation des instincts, des besoins physiologiques d'un homme en doctrine ayant séduit une civilisation ; les mécanismes de l'affabulation ayant permis à Freud de présenter objectivement, scientifiquement, le contenu très subjectif de sa propre autobiographie – en quelques mots, je propose ici l'esquisse d'une exégèse du corps freudien…

Le public de l'UP, parfois plus de mille personnes, se constitue d'individus souvent très avisés. Chaque séance comporte deux heures, une première au cours de laquelle je présente un exposé – qui me demande à peu près une trentaine d'heures de travail ; et la seconde pendant laquelle je réponds aux questions, à toutes les questions, et ce en direct, sans filet. Évidemment, quelques-unes d'entre elles sont préparées, averties, spécialisées parfois jusqu'à la chausse-trape, ce qui me réjouit : on ne s'expose pas philosophiquement sur scène sans avoir travaillé, et, si l'on a fourni le labeur nécessaire, il n'y a rien à craindre.

On doit donc avoir travaillé tous les dossiers, et dans le détail. Voilà pour quelles raisons, prévoyant des interventions d'opposants à la psychanalyse, j'ai lu les œuvres des historiens critiques. Je m'attelais à la tâche avec en tête des idées fausses issues de la lecture d'historiens de la psychanalyse prétendument honnêtes et qui, dans quelques journaux supposés dignes de foi, avaient publié des comptes rendus que j'imaginais sérieux. Ces gardiens de la légende écartaient toute la littérature critique d'un revers de la main en la considérant comme « révisionniste », antisémite, réactionnaire et fleurant bon le compagnonnage avec l'extrême droite. À l'époque, je n'avais donc pas lu ces livres présentés comme le produit de gens intellectuellement infréquentables.

Or j'ai lu ces livres : ils disent vrai... Cette découverte suscita donc pour moi une sidération sans nom : d'abord, ces auteurs n'avaient rien d'antisémite, ils se trouvaient faussement qualifiés de « révisionnistes », leurs positions politiques, si elles pouvaient (peut-être) n'être pas de gauche, n'en faisaient pas pour autant des militants de la cause extrémiste de droite ! La qualification de « révisionniste » s'effectue toujours dans le corps du texte. En bas de page, une note signale que, bien évidemment, ce mot n'a rien à voir avec les révisionnistes qui, compagnons des négationnistes, nient l'existence des chambres à gaz...

Certes. Mais alors, quel besoin d'user d'un mot qui, pour le moins, entretient l'ambiguïté, ou, pour le pire, laisse entendre que s'opposer à Freud avec des arguments historiques vérifiables range les historiens critiques de la psychanalyse aux côtés des négateurs de la solution finale ?

Je découvrais dès lors l'hystérique combattant l'historique dans une guerre où, à l'évidence, les *armes rationnelles de l'historien* pèsent peu face à la *foi déraisonnable de l'hystérique* qui n'hésite pas à recourir aux plus graves insultes (l'insinuation de complicité avec Hitler !), pour discréditer l'adversaire, donc pour éviter un réel débat d'idées, un authentique échange de points de vue, une confrontation intellectuelle digne, une discussion posément argumentée, autant de procédures relevant de l'intersubjectivité culturelle la plus élémentaire...

Sans entrer dans le détail des historiens critiques, quelles thèses lit-on sous leur plume ? Que Freud a beaucoup menti, travesti, travaillé à sa propre légende ; qu'il a détruit des correspondances, une activité ardemment pratiquée de son vivant avec ses disciples et sa fille, puis amplement reprise et développée par les siens jusqu'à aujourd'hui ; qu'il a cherché à faire disparaître des lettres, notamment celles de son échange avec Fliess qui montrent un Freud adepte de théories extravagantes, de la numérologie à l'occultisme en passant par la télépathie ; que ces échanges épistolaires ont été expurgés, réécrits dans le sens de la légende et diffusés pendant des années dans la seule version hagiographique – une récente première édition intégrale date d'octobre 2006, elle permet en effet de mesurer l'étendue des dégâts ; qu'au mépris de l'histoire et des historiens, les thuriféraires entretiennent un impitoyable embargo sur une grande quantité d'archives dès lors inaccessibles au public et interdites aux chercheurs pour des temps extravagants – 2057 pour certains ; enfin que quelques-uns de ces documents, pourtant, sont consultables par des chercheurs dont le comité s'est assuré du zèle hagiographique...

On y découvre également que Freud falsifie des résultats, invente des patients, prétend appuyer ses découvertes sur des cas cliniques introuvables et détruit les preuves de ses falsifications ; que ses théories sur la cocaïne, défendues avec véhémence, sont invalidées publiquement par des scientifiques et se trouvent niées, reniées, puis passées sous silence, ou présentées dans une version fausse tout à la gloire du héros par ses propres soins.

Ajoutons à cela que la psychanalyse n'a jamais guéri Anna O. au contraire des affirmations constamment répétées par Freud pendant toute sa vie ; qu'elle n'a pas non plus tiré d'affaire les cinq cas présentés comme archétypiques de la psychanalyse. Pour quelques-uns d'entre eux, elle a même aggravé les choses... Lisons pour s'en persuader les confidences d'un Sergueï Pankejeff, le fameux Homme aux loups, prétendument guéri par Freud, mort en 1979 à l'âge de quatre-vingt-douze ans, après avoir été psychanalysé pendant soixante-dix ans par un total de dix analystes...

À la lecture des historiens critiques, on découvre enfin que Freud organise le mythe de l'invention géniale et solitaire de la psychanalyse alors qu'il fut un grand lecteur, un emprunteur opportuniste de nombre de thèses d'auteurs aujourd'hui inconnus et que ces découvertes d'obscurs scientifiques passent pour les siennes ; qu'à rebours de la version légendaire et hagiographique, il existe une généalogie historique et livresque de la pensée de Sigmund Freud – mais que tout a été fait de son vivant jusqu'à ce jour pour éviter *une lecture historique* de la genèse de son œuvre, de la production de ses concepts, de la généalogie de sa discipline.

Que faire après avoir découvert ces informations historiques qui pulvérisent la légende ? Tout détruire, ne rien conserver, reléguer aux caves l'œuvre complète de Freud ? Tout garder et recourir à l'insulte, au déni de l'histoire et au refus du débat en présence du travail critique ? Face aux faits avérés, aux certitudes historiques indéniables et vérifiables, en présence d'archives incontestables, et, parallèlement, devant cette rétention d'archives laissant imaginer que des choses ne seraient pas bonnes à savoir, puisqu'on les cache, pourra-t-on longtemps faire comme si de rien n'était et insulter les historiens en les traitant à mots couverts de dévots d'Hitler parce qu'ils se contentent d'apporter des preuves que refusent d'examiner les tenants de la légende dorée ?

Renvoyons les freudiens à Freud qui s'offusquait dans son *Autoprésentation* que des adversaires puissent s'opposer à ses thèses, manifester des résistances, ne pas croire à ses théories, avancer l'idée sacrilège que la psychanalyse serait « un produit de [s]a fantaisie spéculative » (XVII. 96)[1] alors qu'il revendiquait un long et patient travail de scientifique. Freud s'adressait à ses

---

1. Le chiffre romain renvoie au tome de l'édition des *Œuvres complètes* de Freud aux Presses universitaires de France, le chiffre arabe, à la page concernée. Lorsqu'il n'y a que le chiffre arabe, il renvoie à la page de l'ouvrage non encore retraduit dans cette édition. La traduction utilisée se trouve citée dans la bibliographie en fin de volume.

adversaires en concluant qu'ils réactivaient « la classique manœuvre de résistance consistant à ne pas jeter un œil dans le microscope pour ne pas voir ce qu'ils avaient contesté » (*ibid.*) – Freud emprunte cette métaphore à Cremonini qui refusait de regarder dans la lunette de Galilée et s'interdisait de la sorte d'accéder à la preuve de la validité de la thèse héliocentrique. Aujourd'hui ce sont les freudiens qui refusent de regarder dans le télescope historique, semblables en cela aux prêtres du Vatican soucieux à l'époque de ne pas soumettre le texte sacré à la preuve scientifique.

Pour ma part, j'ai regardé dans la lunette freudienne avec, a priori, le dessein d'y découvrir ce que Freud affirme qu'on y trouve. Je n'y allais pas avec un préjugé défavorable, on l'aura vu : j'ai souscrit assez longtemps à la parole performative de Freud… En revanche, j'ai vu assez de choses dans l'œilleton pour me permettre de déchirer les cartes postales punaisées si longtemps à mon mur. Je propose donc une série de contre-cartes postales :

Contre-carte postale n° 1 :

Freud a formulé son hypothèse de l'inconscient dans un bain historique dix-neuviémiste suite à de nombreuses lectures, notamment philosophiques (Schopenhauer et Nietzsche pour les plus importantes), mais également scientifiques.

Contre-carte postale n° 2 :

Les différents accidents de la psychopathologie de la vie quotidienne font effectivement sens, mais aucunement dans la perspective d'un refoulement strictement libidinal et encore moins œdipien.

Contre-carte postale n° 3 :

Le rêve a bien un sens, mais dans la même perspective que dans la proposition précédente : nullement dans une configuration spécifiquement libidinale ou œdipienne.

Contre-carte postale n° 4 :

La psychanalyse est une discipline qui relève de la psychologie littéraire, elle procède de l'autobiographique de son inventeur et fonctionne à ravir pour le comprendre, lui et lui seul.

Contre-carte postale n° 5 :

La thérapie analytique illustre une branche de la pensée magique : elle soigne dans la stricte limite de l'effet placebo.

Contre-carte postale n° 6 :

La conscientisation d'un refoulement n'a jamais causé mécaniquement la disparition des symptômes, encore moins la guérison.

Contre-carte postale n° 7 :

Loin d'être universel, le complexe d'Œdipe manifeste le souhait infantile du seul Sigmund Freud.

Contre-carte postale n° 8 :

Le refus de la pensée magique n'oblige nullement à remettre son destin entre les mains du sorcier.

Contre-carte postale n° 9 :

Sous couvert d'émancipation, la psychanalyse a déplacé les interdits constitutifs du psychologisme, cette religion séculaire d'après la religion.

Contre-carte postale nº 10 :

Freud incarne ce qui, à l'époque des Lumières historiques, se nommait l'antiphilosophie – une formule philosophique de la négation de la philosophie rationaliste.

Freud détestait la philosophie et les philosophes. En
bon nietzschéen qu'il se défendait d'être, il proposait de
mettre à nu les raisons inconscientes des penseurs afin de
lire leurs productions intellectuelles comme autant d'*exé-
gèses de leurs corps* ! Dès lors, cette « psychobiographie »
à laquelle il invite dans *L'Intérêt que présente la psychanalyse* (XII. 113), tentons-la, avec Freud. Le but ? Non pas
détruire Freud, ni le dépasser, ni l'invalider, ni le juger,
ni le mépriser, ni le ridiculiser, mais comprendre que sa
discipline fut d'abord une aventure existentielle autobiographique, strictement personnelle : un mode d'emploi à
usage unique, une formule ontologique pour vivre avec
les nombreux tourments de son être…

La psychanalyse, *c'est la thèse de ce livre*, est une discipline vraie et juste tant qu'elle concerne Freud et
personne d'autre. Les concepts de l'immense saga freudienne lui servent d'abord à penser sa propre vie, à
mettre de l'ordre dans son existence : la cryptomnésie,
l'auto-analyse, l'interprétation du rêve, l'enquête psychopathologique, le complexe d'Œdipe, le roman familial,
le souvenir-écran, la horde primitive, le meurtre du père,
l'étiologie sexuelle des névroses, la sublimation constituent parmi beaucoup d'autres autant de moments théoriques directement autobiographiques. Le freudisme est
donc, comme le spinozisme ou le nietzschéisme, le platonisme ou le cartésianisme, l'augustinisme ou le kantisme,
une vision du monde privée à prétention universelle. La
psychanalyse constitue l'autobiographie d'un homme

qui s'invente un monde pour vivre avec ses fantasmes – comme n'importe quel philosophe…

Je conclurai cette analyse nietzschéenne de Freud avec… Nietzsche qui fournit par-devers lui une réponse à la question *Que faire de la psychanalyse ?* avec cette phrase de *L'Antéchrist*. Sous-tendue par un formidable humour, elle livre une formule utile à la résolution de notre problème : « Au fond il n'y eut qu'un seul chrétien et il est mort sur la croix », écrit le père de Zarathoustra… Nous pourrions donc ajouter pour notre part, en heureux complice du grand rire nietzschéen : « Au fond, il n'y eut qu'un seul freudien et il est mort dans son lit à Londres le 23 septembre1939. » Tout cela n'aurait pas été bien grave si l'un et l'autre, Jésus & Freud, n'avaient donné naissance à des disciples, puis à une religion étendue à la planète tout entière… J'espère qu'on m'aura compris : ce livre propose de réitérer le geste du *Traité d'athéologie* avec un matériau nommé psychanalyse.

PREMIÈRE PARTIE

Symptomatologie
Déni soit qui mal y pense

I

Mettre le feu aux biographes

> « La vérité biographique est inaccessible. Si on y avait accès, on ne pourrait pas en faire état. »
>
> FREUD, lettre à Martha Bernays,
> 18 mai 1896.

> « La psychanalyse est devenue le contenu de ma vie. »
>
> FREUD, *Autoprésentation* (XVII. 119).

Méfions-nous des philosophes qui organisent leur postérité, se gardent des biographes, redoutent leurs recherches, les prévoient, les suscitent, envoient leurs affidés au front pour construire un début de narration hagiographique, détruisent leur correspondance, effacent les traces, brûlent des papiers, écrivent de leur vivant une légende en pensant qu'elle contentera les curieux, entretiennent autour d'eux une garde rapprochée faite de disciples utiles pour éditer, imprimer et diffuser les images pieuses dessinées avec application, rédigent une autobiographie en sachant très bien que le rond de lumière projeté ici par leurs soins dispense d'aller voir là-bas dans l'ombre où leur nœud de vipères existentiel bruit dans un quasi-silence.

Freud fait partie de cette engeance qui veut les avantages de la célébrité sans ses inconvénients : il aspire ardemment à ce qu'on parle de lui, mais en bien, et dans les termes choisis par lui-même. La grande passion de l'inventeur de la psychanalyse ? Consacrer toute son existence à donner raison à sa mère aux yeux de qui il incarnait la huitième merveille du monde. La réalité, rarement prosaïque, ennuie les auteurs de légendes, ils préfèrent une narration mirifique dans laquelle triomphent l'imaginaire, le souhait et le rêve. Plutôt une jolie histoire fausse qu'une pitoyable histoire vraie. Le faussaire enjolive, repeint, arrange les choses, supprime le triomphe des passions tristes actives dans son existence : l'envie, la jalousie, la méchanceté, l'ambition, la haine, la cruauté, l'orgueil.

L'auteur de *Ma vie et la psychanalyse* n'a jamais souhaité qu'on puisse expliquer son œuvre par sa vie, sa pensée par son autobiographie, ses concepts par son existence. Victime en cela, comme la plupart des philosophes, du préjugé idéaliste en vertu duquel les idées tombent du ciel, descendent d'un empyrée intelligible à la manière d'une langue de feu qui distingue l'esprit choisi pour l'illuminer de sa grâce, Freud veut absolument qu'on souscrive à sa narration : en homme de science qu'il prétend être, sans corps ni passions, il aurait, tel un mystique de la raison pure, découvert la pépite cachée dans ce qu'il suffisait d'observer – un jeu d'enfant pourvu qu'on ait le génie…

Or, comme tout le monde, bien sûr, Freud s'est constitué avec des lectures, des échanges, des rencontres, des amis – souvent transformés en ennemis au bout d'un certain temps ; il a suivi des cours à l'université ; il a travaillé dans des laboratoires sous la responsabilité de patrons ; il a beaucoup lu, peu cité, rarement pratiqué l'hommage, souvent préféré le dénigrement ; il a écrit ceci, son contraire, autre chose encore ; il a croisé des femmes, en a épousé une, a discrètement caché une relation incestueuse avec l'autre, eu des enfants, fondé une famille, évidemment…

En 1885, quelques jours avant ses vingt-neuf ans, Freud écrit à Martha Bernays, sa promise, une étrange lettre dans laquelle il confesse sa jubilation après avoir détruit les traces de quatorze années de travail, de réflexion et de méditation ; il a brûlé ses journaux, ses notes, ses correspondances, tous les papiers sur lesquels il avait noté ses commentaires scientifiques ; il a mis le feu aux manuscrits de ses travaux pourtant encore rares ; il ne reste plus rien, il exulte…

Cet holocauste miniature efface pour la postérité, donc pour l'éternité, les preuves de la nature humaine, très humaine, probablement trop humaine à ses yeux, d'un personnage ayant décidé depuis ses plus jeunes années qu'il étonnerait le monde avec des découvertes susceptibles de bouleverser l'humanité. Quoi ? Il l'ignore encore mais ne doute pas qu'il sera cet homme : ce feu sacré l'habite et éclaire son chemin. En attendant, le futur grand homme, il l'écrit explicitement, imagine la tête faite par ses biographes (il n'écrit pas *son*, mais *ses*, sans douter de leur nombre bien qu'il ne soit encore rien…) lorsqu'ils découvriront ce forfait qui, pour l'heure, le met en joie !

Pour l'instant, cet homme riant du bon tour joué à *ses* futurs biographes n'a pas grand-chose à proposer de mémorable : sa naissance le 6 mai 1856 à Freiberg de Jakob Freud, négociant en laine, et d'Amalia ; la judéité de ses deux parents ; son prénom d'alors, Sigismund ; sa circoncision ; son enfance banale ; ses études ordinaires au lycée ; ses années de médecine pendant lesquelles il prend son temps sans trop savoir vers quelle spécialité s'orienter ; ses recherches sur la sexualité des anguilles ; une publication sur le système nerveux central d'une larve de lamproie ; son service militaire ; la traduction de quelques textes de Stuart Mill ; la rencontre avec sa fiancée ; les péripéties de ses recherches infructueuses sur la cocaïne et, surtout, les extravagantes affirmations prétendument scientifiques publiées sur cette drogue qu'il consommera pendant une dizaine d'années ; le traitement de ses patients par électrothérapie. Rien de très notable pour *des* biographies... Freud a donc vingt-huit ans et, à part obtenir dans les meilleurs délais une réputation mondiale sans trop savoir par quels moyens, son souci majeur consiste à vite et bien gagner sa vie afin d'épouser sa promise pour s'installer dans un quartier chic de Vienne et fonder une grande et belle famille. Voilà la matière de l'autodafé et le mauvais coup qu'il croit porter aux biographes à venir...

L'épisode de la cocaïne pourrait expliquer partiellement ce geste. Obsédé par la célébrité à laquelle il aspire, il a saisi au bond l'opportunité d'un travail sur cette drogue. Il va vite, expérimente sur un seul cas, un ami, prétend pouvoir guérir sa morphinomanie par la cocaïne, échoue, le transforme en cocaïnomane, constate que les effets produits ne sont pas ceux qu'il escomptait, affirme malgré tout le contraire, rédige ses conclusions dans l'empressement, les publie dans une revue et présente cette drogue comme susceptible de résoudre la presque totalité des problèmes de l'humanité. Pour l'instant, elle soigne son angoisse, décuple ses facultés intellectuelles et sexuelles, l'apaise. Sa méthode se trouve ici concentrée : extrapoler à partir de son cas particulier une doctrine à prétention universelle. Disons-le d'une formule plus triviale : *prendre son cas pour une généralité.*

La lecture de la correspondance avec Fliess, une archive majeure longtemps cachée, d'abord publiée sous forme de morceaux choisis avec mise sous le boisseau de positions théoriques extravagantes, montre un Freud aux antipodes de la carte postale qui le présente comme un savant procédant de façon expérimentale, traçant droit son sillon vers les découvertes qu'il ne peut pas ne pas effectuer, puisqu'il porte en lui le tropisme du savant destiné aux grandes choses.

On y découvre un Freud tâtonnant, hésitant, affirmant une chose, puis son contraire, une fois emballé par sa découverte d'une psychologie scientifique, une autre fois brûlant cette trouvaille hier géniale et révolutionnaire devenue le lendemain de son aveu même une dissertation sans intérêt. On y voit un Freud somatisant, du furoncle au scrotum aux migraines récurrentes, de la myocardite au tabagisme forcené, de ses défaillances sexuelles à ses dérangements intestinaux, de la névrose à la maussaderie, de l'alcool mal supporté à la cocaïne à laquelle il s'accoutume, de sa phobie des trains à son angoisse de manquer de nourriture, de sa peur de mourir à ses nombreuses superstitions maladives.

On y constate enfin l'obsession de réussir, de gagner de l'argent, de devenir célèbre qui lui mange l'âme au quotidien : que faire pour être un scientifique réputé ? À Fliess il écrit le 12 juin 1900 : « Crois-tu vraiment qu'un jour, sur cette maison, on lira sur une plaque de marbre qu'ici, le 24 juillet 1895, le système du rêve fut révélé au

Dr Freud ? » Voilà donc une double information : le fantasme de célébrité qui le tenaille et l'idée que ses théories procéderaient d'une *révélation* et non de lectures, de travaux, de réflexions, de croisements avec des hypothèses d'autres chercheurs, d'assimilation critique de la littérature sur le sujet, de déductions, de constats cliniques, d'accumulations de patientes expérimentations…

Voilà donc l'impératif méthodologique, on comprend qu'il motive ce premier autodafé de 1885 : effacer tout ce qui montre la production historique de l'œuvre, supprimer toute possibilité d'une généalogie immanente de la discipline, interdire autre chose que la version voulue et imposée par Freud : non pas un devenir historique, mais une épiphanie légendaire. Comme souvent en pareil cas, la fable commence avec une naissance miraculeuse. La psychanalyse ? Elle sort de la cuisse d'un Jupiter nommé Sigmund Freud, tout armée, casquée et rutilante, scintillante dans un soleil viennois fin de siècle.

Ce désir de ne pas voir les biographes travailler sur les coulisses de son aventure le conduit à théoriser l'impossibilité de toute biographie. Après avoir ri dans la lettre à sa fiancée de l'embarras dans lequel il met ces biographes encore à naître, il développe un plaidoyer *pro domo* : « On ne peut devenir biographe sans se compromettre avec le mensonge, la dissimulation, l'hypocrisie, la flatterie, sans compter l'obligation de masquer sa propre incompréhension. La vérité biographique est inaccessible. Si on y avait accès, on ne pourrait pas en faire état » (18 mai 1896). Voilà donc la chose dite : la biographie est une tâche impossible en soi, dès lors, et pour ce faire, rendons-la impossible dans les faits ! Et puis cette ambiguïté : la tâche est impossible, mais le serait-elle qu'on ne pourrait en faire état. Pour quelles raisons ? Est-ce que, quand il s'agit du Président Wilson, Freud s'interdit l'aventure de la biographie ?

Que le biographe entretienne avec son sujet un rapport singulier, d'identification souvent ; que le propre d'une vie soit d'avoir été complexe, enchevêtrée ; que d'aucuns fassent en effet un usage abondant de la dissimulation, du brouillage de pistes ; que certains, de leur vivant, écrivent la légende dans le dessein de troubler leur histoire ; que les témoignages des survivants se tissent de songes et de rêves, de souhaits et de souvenirs altérés ; que l'envie et la jalousie habitent jusqu'aux plus fidèles des *amis* appelés à témoigner un jour ; que les textes autobiographiques agissent souvent comme des leurres utiles pour détourner l'attention sur l'accessoire afin de maintenir l'essentiel loin des regards ; que l'entreprise soit difficile, presque toujours approximative, nul n'en doute. Mais la difficulté de la tâche n'interdit pas l'initiative. Freud plus qu'un autre, qui invitait à psychanalyser les philosophes, aurait mauvaise grâce à prescrire pour autrui une posologie qu'il se refuserait ! Même s'il ne serait pas le premier... Freud, le freudisme et la psychanalyse ne relèvent pas de l'épiphanie légendaire, l'entreprise biographique peut et doit le montrer.

Que Freud ait, à dessein, emmêlé l'écheveau, délibérément brouillé les pistes, sciemment effacé les traces, théorisé l'impossibilité de la chose, falsifié les résultats de ses découvertes et la plupart du temps pratiqué la licence littéraire en se cachant derrière le prétexte scientifique, détruit les correspondances, cherché à racheter les plus dangereuses qui mettaient en péril le scintillement de sa légende, voilà qui, bien au contraire, rend la tâche intéressante : la biographie intellectuelle de Freud se confond avec la biographie intellectuelle du freudisme qui recouvre évidemment la biographie intellectuelle de la psychanalyse.

La lettre de Freud à sa fiancée parle de mensonges, de dissimulation et d'hypocrisie. Elle semble un aveu à peine masqué de ce qui le travaille, lui, Sigmund Freud. Car, de fait, les légendes imposées par les hagiographes, Ernest Jones le premier avec sa somme de mille cinq cents pages intitulée *La Vie et l'œuvre de Sigmund Freud*, rendent la biographie impossible tant les choses ont été faites par le docteur viennois pour imposer ses légendes, ses fables, ses narrations littéraires, ses mythes et ses chimères. Cette biographie a servi de matrice à nombre d'autres qui, toutes, dupliquent à l'envi les cartes postales du présentoir freudien.

Je tiendrai à égale distance les hagiographies et les pathographies, les premières se proposant d'arroser la plante sublime, les secondes d'arracher la végétation vénéneuse. Je souhaite montrer, par-delà les cartes postales, que *la psychanalyse est le rêve le plus élaboré de Freud* – un rêve donc, une affabulation, un fantasme, une construction littéraire, un produit artistique, une construction poétique au sens étymologique. Je propose également de montrer les assises éminemment biographiques, subjectives, individuelles du freudisme malgré ses prétentions à l'universel, à l'objectivité et à la scientificité. Je ne m'installe pas sur le terrain de la morale moralisatrice en jugeant que le mensonge freudien (avéré) conduit tout droit à la nécessité d'un autodafé de Freud, de ses œuvres, de son travail et de ses disciples !

Sur le principe de Spinoza, *ni rire ni pleurer, mais comprendre*, je m'installe dans la perspective nietzschéenne, par-delà bien et mal. Je propose la déconstruction d'une entreprise comme on déconstruirait une sonate d'Anton

Webern, une peinture de Kokoschka ou une pièce de théâtre de Karl Kraus. Freud n'est pas un homme de science, il n'a rien produit qui relève de l'universel, sa doctrine est une création existentielle fabriquée sur mesure pour vivre avec ses fantasmes, ses obsessions, son monde intérieur, tourmenté et ravagé par l'inceste. Freud est un philosophe, ce qui n'est pas rien, mais ce jugement, il le récusait avec la violence de ceux qui, par leur colère, posent le doigt au bon endroit : le lieu de la douleur existentielle.

II

Détruire Nietzsche, dit-il…

« Mon but initial, la philosophie. Car c'est
cela que je voulais à l'origine. »

Freud, lettre à Fliess, 1er janvier 1896.

Dans cette volonté forcenée de se vouloir sans dieux ni
maîtres, Freud fait de Nietzsche l'homme à abattre.
Voyons justement dans cette cible privilégiée une invitation à mener une enquête sur cette allergie particulière et
constante. Pourquoi Nietzsche ? Au nom de quelles
étranges raisons ? Pour protéger qui ou quoi ? Afin
d'étouffer quels secrets ? Que signifie, chez lui, cette
ardente passion à refuser la philosophie et les philosophes
– dont il est ? Parce qu'il serait ce qu'il ne voudrait pas
qu'on sache : un philosophe, juste un philosophe, seulement un philosophe, rien qu'un philosophe ? De fait,
pour un homme assoiffé de réputation, la philosophie
conduit moins facilement à la reconnaissance planétaire
qu'une découverte scientifique…

L'inscription de la psychanalyse dans un lignage légendaire, fabuleux et mythologique se double de la violence
la plus grande à l'endroit de l'influence la plus manifeste
ou contre le philosophe affirmant cette idée forte et

vraie, juste et puissante, mais effectivement incompatible avec la légende : toute philosophie est la confession auto-biographique de son auteur, la production d'un corps et non l'épiphanie d'une idée venue d'un monde intelli-gible. Freud se veut sans influences, sans biographie, sans enracinement historique – la légende l'exige.

Freud a mené le combat contre les philosophes et la philosophie sans discontinuer à la manière de ceux qui, de Lucien de Samosate à Nietzsche, en passant par Pascal ou Montaigne, illustrent cette fameuse tradition que *c'est proprement philosopher que se moquer de la philosophie*. Si Freud eut un jour le prix Goethe au lieu du Nobel de médecine escompté, c'est bien parce que, de son vivant déjà, un aréopage a considéré que son œuvre relevait plus de la littérature que de la science !

Dans la mythologie freudienne écrite par ses soins, Goethe joue un rôle important puisqu'il serait le déclen-cheur de tout un destin. En effet, alors que Freud doute, cherche sa voie, au moment même où la philoso-phie le tente plus que tout, avant d'embrasser la carrière médicale dont il avoue qu'elle fut un malentendu, un chemin emprunté par défaut, Goethe lui montre la voie. Dans *Ma vie et la psychanalyse*, Freud affirme que la lecture publique du livre du poète allemand *La Nature* l'a convaincu d'entamer des études de médecine – on peut trouver déclencheur moins littéraire pour un destin scientifique !

En 1914, dans la *Contribution à l'histoire du mouve-ment psychanalytique*, Freud prétend qu'il a lu Schopenhauer, certes, mais que sa propre théorie du refoulement n'a rien à voir avec *Le Monde comme volonté et comme représentation*, bien qu'elle soit très exactement la même et la précède de plus d'un demi-siècle ! Le lecteur des mille pages de la *Philosophie de l'inconscient* d'Eduard von Hartmann peut également signaler d'autres proximités entre Freud et cet autre philosophe allemand, lui aussi schopenhauérien, notamment sur cette question centrale des déterminismes de l'inconscient. Freud l'assure, il a pensé seul et découvert sans aide sa théorie du refoulement ; puis il s'est trouvé ensuite fort heureux de voir sa pensée confirmée par celle de Schopenhauer.

Sa relation avec Nietzsche se montre sous un jour plus problématique et, pour tout dire, assez névrotique. Dans cette même confession il écrit : « C'est la haute jouissance des œuvres de Nietzsche que je me suis refusée, avec la motivation consciente que dans l'élaboration des impressions psychanalytiques je ne voulais être gêné par aucune sorte de représentations d'attente. » Drôle d'aveu ! Pour quelles raisons se refuser un plaisir qu'on estime pourtant très élevé ? Pourquoi renvoyer à des motivations conscientes alors qu'on a assis son fonds de commerce sur l'idée que la racine de toute chose est inconsciente ? Qu'est-ce qui justifie qu'on ne s'applique pas sa méthode et qu'on évite de questionner son propre inconscient sur ce refus particulièrement significatif ? Que faut-il mettre sous cette expression vague de « représentations d'attente » ?

Freud a donc lu Schopenhauer, mais n'a jamais été influencé par ses théories, même là où elles sont semblables ; et puis Freud n'a pas lu Nietzsche pour éviter d'être influencé par lui ! Mais comment sait-on qu'on risquerait d'être influencé si l'on n'a pas déjà la certitude que les thèses coïncident ? Le docteur viennois a beau pratiquer le déni, il n'en reste pas moins que le freudisme paraît un surgeon singulier du nietzschéisme pour tout lecteur un tant soit peu informé de philosophie.

Freud connaît Nietzsche et, même s'il ne l'a pas lu, il en a beaucoup parlé avec des interlocuteurs qui le connaissaient pour l'avoir côtoyé sur le chemin d'Eze près de Nice. Pendant ses années d'université, autrement dit entre 1873 et 1881, Freud en a entendu parler lors des cours de philosophie de Brentano. Dans une lettre à Fliess, il écrit qu'il a acheté les œuvres de Nietzsche. Quel étrange geste : acquérir les livres d'un philosophe qu'on ne lira pas afin d'éviter son influence ! À son ami, il dit : « J'espère trouver chez lui les mots pour beaucoup de choses qui restent muettes chez moi, mais je ne l'ai pas encore ouvert. Trop paresseux pour l'instant » (1er janvier 1900). Or Freud était tout, sauf paresseux…

À Lothar Bickel, Freud écrit le 28 juin 1931, une fois l'essentiel de son œuvre derrière lui : « Je me suis refusé à l'étude de Nietzsche bien que – non, parce que – je risquais manifestement de retrouver chez lui des intuitions proches de celles que prouve la psychanalyse. » Retenons donc la leçon : le philosophe a des *intuitions* ; le psychanalyste des *preuves*. Voilà la ligne de défense adoptée par Freud dans sa critique de toute la philosophie : dans ce petit monde qui ne le concerne pas, lui le médecin, on évolue dans le ciel des idées, on postule, on parle sans preuves, on affirme, on produit des concepts sans souci de leur vraisemblance ; en revanche, la psychanalyse procède d'une autre manière : après observation, examen, recoupement des cas, déduction scientifique, elle livre des vérités indubitables.

Dans l'histoire de l'humanité, donc, et selon l'avis de l'homme au divan, Nietzsche n'a que des intuitions, pendant que Freud évolue dans le monde scientifique où les

choses sont prouvees… Nous verrons combien il n'est de
pire philosophe que celui qui se refuse à l'être et se croit
un scientifique qui, pour croire à son propre mensonge,
doit falsifier des résultats, inventer des conclusions, mentir sur le nombre des prétendus cas qui lui permettent
d'obtenir d'hypothétiques vérités démenties par la réalité. Mais notre enquête ne fait que commencer…

La mise en parallèle de leurs biographies renseigne sur
ces deux contemporains. Nietzsche était l'aîné de douze
ans, une vétille une fois les individus entrés sur la scène
philosophique. Nietzsche sort son premier texte, *La
Naissance de la tragédie* (1871) ; Freud étudie au lycée.
Le premier publie la *Première considération inactuelle* ; le
cadet entre en médecine. Nietzsche signe son texte sur
Wagner ; Freud travaille sur la sexualité des anguilles à
Trieste. Breuer parle du cas Anna O. à Freud ; Nietzsche
publie *Le Gai Savoir*, *Ainsi parlait Zarathoustra* paraît ;
Freud assiste aux cours de Charcot. En 1886, Freud
ouvre son cabinet à Vienne le dimanche de Pâques (!) ;
Par-delà le bien et le mal arrive en librairie. Le 3 janvier
1889, Nietzsche s'effondre au pied d'un cheval à Turin,
il entre en folie pour une dizaine d'années ; c'est l'année
pendant laquelle Freud parfait sa technique hypnotique,
assez mauvaise, à Nancy, chez Bernheim. Nietzsche va
vivre ses dix dernières années dans la prostration et le
silence, entouré par sa mère, puis sa sœur qui s'emparent
de lui pour travestir son œuvre, sa pensée et conduire le
penseur dans la direction du national-socialisme. Pendant la décennie de cette mort vivante, Freud écrit sur
les paralysies hystériques, les aphasies, l'étiologie sexuelle
des hystéries, autant de sujets utiles pour examiner le cas
Nietzsche.

Et puis, symbole fort des dates, Nietzsche meurt en

ouvrant le siècle le 25 août 1900, l'année charnière à laquelle paraît *L'Interprétation du rêve*, un ouvrage post-daté puisqu'il se trouve en librairie quelque temps aupa-ravant, en octobre 1899, mais Freud a souhaité cette date ronde et inaugurale pour donner un sens à la sortie offi-cielle de son livre : il croit qu'avec ce texte sa fortune, à tous les sens du terme, est assurée. Le livre est tiré à 600 exemplaires, 123 partent les six premières années, l'édi-tion met huit ans avant d'être épuisée. Mort de Nietzsche, naissance du nietzschéisme, avènement du freudisme…

Les dix années de folie de Nietzsche correspondent à une incroyable mode dans laquelle Freud ne peut pas ne pas avoir été emporté : construction de la Villa Silberblick, création des Archives Nietzsche, édition d'une biographie rédigée par sa sœur, réédition des ouvrages en collections plus accessibles, parution du livre de Lou Salomé qui met en perspective la vie et l'œuvre, existence européenne du philosophe, Mahler le Viennois et Richard Strauss composent des œuvres musicales à partir du *Zarathoustra*, on vient de partout pour le visiter, la sœur scénographie le rituel des visites. Comme il y eut une manie schopenhauérienne, il existe désormais une manie nietzschéenne, une manie fin de siècle. Comment Freud aurait-il échappé à cette hystérie à prétexte philosophique ?

Le philosophe repose depuis huit ans seulement dans le cimetière de Röcken et la Société psychanalytique de Vienne consacre sa séance du 1er avril 1908 à ce sujet : « Nietzsche : "De l'idéal ascétique". Troisième disserta-tion de la *Généalogie de la morale* ». Si Freud ne l'a pas lu, désormais, il ne peut plus dire qu'il en ignore les thèses, notamment celles-ci qui jouent un si grand rôle dans sa théorie de la genèse de la civilisation par la répression des instincts… Voilà comment on peut connaître sans connaître, savoir et ignorer en même temps, disposer des concepts nietzschéens sans avoir lu une seule ligne du penseur, si du moins on veut accorder crédit à cette hypothèse fantasque de l'achat de livres qu'on a prévu de ne pas lire…

Après lecture d'un extrait de la *Généalogie*, l'orateur expose directement sa thèse : « Un système philosophique est le produit d'une impulsion intérieure et ne diffère pas beaucoup d'une œuvre artistique. » Cet avis sur Nietzsche est… nietzschéen ! En effet, le philosophe n'a rien dit d'autre dans sa préface au *Gai Savoir* ou dans les pages consacrées aux mensonges des philosophes dans *Par-delà le bien et le mal*, des pages où le philosophe au marteau frappe sur le cristal de la thèse d'une genèse céleste des idées pour affirmer que toute pensée procède d'un corps.

Hitschmann expose cette lecture. Il signale qu'on connaît peu de chose de la biographie du philosophe. Il note toutefois : une enfance sans père ; une éducation dans un milieu de femmes ; un souci, très tôt, des questions morales ; le goût de l'Antiquité en général et de la philologie en particulier ; une forte tendance à l'amitié virile, sur le mode romain, ce qui, dans un milieu de psychanalystes toujours prompt à sexualiser les choses, devient de façon péremptoire une tendance à l'« inversion »…

L'orateur signale également le contraste entre sa vie triste, tragique, et la revendication de gaieté de son œuvre ; la contradiction qu'il y aurait à prôner la cruauté dans ses livres et la pratique de la sympathie ou de l'empathie signalées par tous les observateurs ayant approché Nietzsche ; son rapport pathologique à l'écriture, ainsi la rédaction de la *Généalogie* en seulement vingt jours. Suivent des considérations succinctes sur la faute, le bien, le mal, la mauvaise conscience, l'idéal ascétique, autant de concepts réactivés plus tard dans l'analyse freudienne.

Le conférencier note également ceci : Nietzsche n'aurait pas vu que son œuvre procédait de ses désirs irréalisés. Pour le dire plus concrètement, s'il avait connu une vie sexuelle normale, il n'aurait probablement pas fréquenté les bordels, dès lors il ne se serait pas évertué à conspuer sur le papier les logiques de l'idéal ascétique… Si le philosophe n'a rien dit sur ce sujet le concernant concrètement, il n'a pas manqué de faire savoir théoriquement que le philosophe composait sa partition conceptuelle avec ses forces et ses faiblesses, ses désirs et ses instincts, ses manques et ses débordements… Le conférencier termine sur la « paralysie » du philosophe qui empêche de mener à bien une analyse digne de ce nom…

Une discussion suit l'exposé. Contrairement à une idée répandue, les psychanalystes ne sont pas des libérateurs du sexe, ni des révolutionnaires sur le terrain des mœurs. Freud ne déroge pas. L'homosexualité, l'inversion, la libido libertaire, la masturbation même, voilà des sujets sur lesquels on retrouve, sous couvert du vocabulaire de la corporation, un épouvantable conformisme bourgeois. Pour l'un, Nietzsche est « un sujet taré », un jugement expéditif bien utile pour congédier tout de suite le philosophe et sa philosophie afin de se polariser sur le cas pathologique. On diagnostique une hystérie, dès lors l'affaire est réglée. Sans aucune preuve, l'assemblée parle de sa motivation homosexuelle ! Pour l'autre, Nietzsche ne saurait être un philosophe, tout juste un moraliste dans l'esprit des maîtres français tels La Rochefoucauld ou Chamfort.

Un troisième, Adler, s'exprime ainsi : « Nietzsche est le plus proche de notre façon de penser. » Le futur ennemi intime de Freud ose même un lignage allant de Schopenhauer à Freud via Nietzsche… Selon Adler, bien avant la technique psychanalytique, Nietzsche a découvert ce que le patient comprend au cours des progrès de la thérapie. À quoi il ajoute que l'auteur de la *Généalogie de la morale* a compris le lien de causalité entre la répression de la libido et les productions de la civilisation – art, religion, morale, culture. Nous sommes encore loin de la parution de *Malaise dans la civilisation* ou de *L'Avenir d'une illusion*, mais Adler met dans le mille.

Federn enfonce le clou : « Nietzsche est si proche de nos idées qu'il ne nous reste plus qu'à nous demander ce qui lui a échappé. » Puis, crime de lèse-majesté commis en présence de Freud : « Il a anticipé par intuition certaines idées de Freud ; il fut le premier à découvrir l'importance de l'abréaction, du refoulement, de la fuite dans la maladie, des pulsions sexuelles normales et sadiques. » Excusez du peu ! Voilà au moins une fois où ces choses auront été dites, y compris en présence du maître, toujours silencieux. Taré pour les uns, précurseur de Freud pour les autres, il va falloir choisir – sauf si ceci n'exclut pas cela, mais alors il faudra aussi le dire…

Freud prend la parole. Il explique qu'il a renoncé à l'étude de la philosophie à cause de l'*antipathie*, c'est son mot, qu'il a pour son caractère abstrait… Quiconque a lu *Métapsychologie* ou *Au-delà du principe de plaisir* conclura avec raison que l'hôpital (psychanalytique) se moque de la charité (philosophique)… Il avoue devant l'assemblée qu'il ignore Nietzsche : « ses tentations occasionnelles de le lire ont été étouffées par un excès d'intérêt », rapporte le rédacteur des *Minutes de la Société psychanalytique*. Nouveau sophisme freudien : ne pas prêter intérêt par excès d'intérêt…

Bien sûr, Freud n'oublie pas de répondre à ceux, Adler le premier, qui ont l'insolence de croire qu'il aurait pu avoir des prédécesseurs pouvant lui fournir telle ou telle idée utile à son projet. La consigne ontologique demeure la suivante : Freud découvre tout à partir de son seul génie, il dispose de la grâce, rien ni personne ne saurait l'influencer. Le secrétaire de la Société note : « Freud peut assurer [*sic*] que les idées de Nietzsche n'ont eu aucune influence sur ses travaux. » Puisqu'il peut *assurer*, personne n'aura l'outrecuidance de lui demander des preuves.

Au tour de Rank, autre psychanalyste fameux. Il délire sur la pulsion sadique-masochiste refoulée chez le philosophe et sur son rôle dans la constitution de la philosophie de la cruauté. Stekel pour sa part, ingénieur de la « femme frigide », développe une thèse qui devrait déclencher un rire inextinguible mais qui, le sérieux étant la vertu la mieux partagée dans les cénacles psychanalytiques, fait son chemin dans l'esprit des auditeurs. Cet homme en effet « a tendance à voir une sorte de confession dans le fait que Nietzsche cautionne les glandules de houblon et le camphre ». Où ? On n'en sait rien. Dans quelles circonstances ? On n'en sait pas plus. Et le lecteur de Nietzsche ne portera pas de jugement sur le diagnostic de Stekel faute d'avoir croisé dans l'œuvre complète de Nietzsche mention de ces glandules de houblon…

Comme l'assemblée semble n'avoir guère progressé dans le règlement du cas Nietzsche, elle lui consacre une

nouvelle séance le 28 octobre de la même année. Au
menu : la parution d'*Ecce Homo*, un gibier de choix pour
cette confrérie. L'orateur, Häutler, avance cette thèse : le
livre est un autoportrait rêvé – on pourrait ajouter
« pléonasme »… Pour flatter le Maître défenseur de la
thèse de l'absence de guérison par bénéfice de la maladie,
il affirme que Nietzsche ne veut pas guérir car il sait que
sa maladie est la cause de sa réflexion.

Suit une discussion sidérante. On y découvre en effet,
dans la plus pure logique de l'hallucination collective, un
exemple de sophisterie confirmant Freud dans son déni
de toute contamination avec la pensée de Nietzsche.
Voici le paralogisme d'Häutler : « Sans connaître la théorie de Freud, Nietzsche en a senti [*sic*] et anticipé beaucoup de choses : par exemple, la valeur de l'oubli, de la
faculté d'oublier, sa conception de la maladie comme
sensibilité excessive à l'égard de la vie, etc. » Négligeons
le « etc. » et mesurons la forfaiture : Freud, précurseur de
Nietzsche !

Car, en dépit des dates, et par un effet de retournement spectaculaire, Freud se retrouve précurseur de
Nietzsche ! Ne pas connaître Freud mais en *sentir beaucoup de choses* relève de la performance intellectuelle !
Car si Nietzsche avait dû lire Freud avant de sombrer
dans la folie, il aurait eu entre les mains deux ou trois
articles sur les gonades des anguilles, les neurones
d'écrevisse ou le système nerveux des poissons, rien qui
rende possible une théorie de l'oubli par exemple – sans
parler du « etc. »… Voici donc presque un *Freud pré-
nietzschéen* en dépit de toute logique élémentaire alors
que le bon sens conclut tout simplement à un *Freud
nietzschéen*.

Pour tuer le Père qu'est Nietzsche, on peut donc

l'ignorer, minimiser son existence, affecter de ne pas le connaître, ou, mieux, proférer qu'il nous est totalement indifférent, affirmer qu'il compte pour zéro dans notre existence. On peut aussi l'assassiner symboliquement en déconsidérant l'homme avec une lecture insidieusement moralisatrice. Nietzsche devient alors un homosexuel, un inverti, un habitué des bordels masculins où il a contracté la syphilis. Les preuves manquent pour affirmer cette particularité sexuelle du philosophe ? Il suffit de mettre en circulation un nouveau sophisme : si rien ne montre cette inversion, c'est qu'elle était refoulée, donc d'autant plus présente, encore plus forte et puissante dans ses effets. En vertu du principe : « Il est homosexuel, mais s'il semble ne pas l'être, c'est qu'il est homosexuel refoulé, donc un être encore plus atteint à cause de l'étendue de son refoulement. » À ce régime dialectique, tout le monde est condamné, personne ne se relève... Conclusion : « Une certaine anomalie sexuelle est certaine [*sic*] », rapporte le secrétaire. Les preuves ? Prémisse majeure : *Ecce Homo* témoigne d'un évident narcissisme ; mineure : or le narcissisme constitue un évident signe d'homosexualité ; conclusion : Nietzsche est homosexuel.

Et l'homosexualité est une perversion... Nietzsche pervers, Nietzsche payant des hommes dans un bouge dans lequel il contracte le tréponème, Nietzsche inverti, Nietzsche souffrant d'anomalie sexuelle, Nietzsche paralytique, Nietzsche hystérique, Nietzsche refoulant les femmes, Nietzsche narcissique, comment pareil monstre pourrait-il un tant soi peu influencer Freud ?

In cauda venenum, Freud conclut son assassinat par un genre de geste aimable : Nietzsche aurait tout de même porté l'introspection à un degré rarement atteint, sinon

jamais, du moins auquel personne n'est parvenu — Freud
a-t-il lu Augustin ? Ou Montaigne ? Sinon Rousseau ? On
croit que le beau geste pourrait sauver un peu la situation.
N'y comptons pas : Freud décrète en effet que, malgré ce
bon point, Nietzsche n'aura obtenu que du particulier,
de l'individuel, des certitudes qui ne valent que pour lui.
Autrement dit : rien d'intéressant. En revanche, lui,
Freud, a découvert des vérités universelles.

Les 21 et le 22 septembre 1911, un congrès de psychanalystes se réunit à Weimar. Deux d'entre eux, Sachs et
Jones, rendent visite à la sœur de Nietzsche. Le pèleri-
nage à Elisabeth Förster-Nietzsche ne se sera pas fait sans
l'assentiment de Freud qui, lui, n'effectuera pas le déplacement à la Villa… Voici donc deux apôtres du freudisme rendant visite à l'une des plus grandes faussaires
de tous les temps ! En effet cette femme a tout fait pour
envoyer son frère dans les bras du national-socialisme à
coups de falsifications, de mensonges, de malfaisances,
dont la publication de *La Volonté de puissance*, un faux
en bonne et due forme destiné à construire la légende
d'un Nietzsche antisémite, belliciste, nationaliste prussien, pangermaniste, célébrant la cruauté, la brutalité et
l'absence de pitié – un portrait de sa sœur…

Voilà donc la femme aux pieds de laquelle les freudiens
viennent apporter l'encens et la myrrhe avec la bénédic-
tion de Freud. Ernest Jones porte la parole du congrès. Il
reconnaît les proximités intellectuelles entre Freud et
Nietzsche. L'heure de la réconciliation serait-elle venue ?
Freud aurait-il enfin réglé le problème de ce Père philosophique en consentant à sa paternité ? Au moment de la
présentation du corps sacré de la psychanalyse à la sœur
du philosophe qui a rendu possible cette étrange parturi-
tion, Freud rencontre Lou Salomé à Weimar. Lou, l'objet

fantasmatique du philosophe, l'auteur du premier vrai livre ayant démontré le caractère autobiographique et existentiel de l'œuvre du penseur, mais aussi, l'ennemie jurée d'Elisabeth qui lui voue une haine mortelle pour de multiples raisons, dont, en partie, l'ascendant juif de cette luthérienne libertine coupable d'avoir entraîné son frère sur la pente (fantasmatique) de ses mauvaises mœurs.

Schur et Jones assurent de la parenté intellectuelle de Nietzsche et de Freud, une reconnaissance lourde de sens chez un homme ayant tant fait pour affirmer le contraire. On ignore ce que Freud pensait de cette initiative, s'il l'a suscitée, tolérée, ce qu'il en a su, ce qu'il en attendait éventuellement, quels étaient ses raisons véritables, ses mobiles stratégiques ou tactiques, car on ne peut imaginer qu'un tel aveu n'ait pas été motivé par une attente suffisamment grande pour justifier ce qui pourrait s'apparenter chez Freud à un geste de vassalité intellectuelle. Enigme…

Elisabeth Förster, hystérique notoire, antisémite au dernier degré, méchante femme et mauvaise personne, dut voir d'un drôle d'œil l'hommage apporté à son domicile par des représentants de cette discipline juive susceptible de représenter pour elle le sommet de la corruption morale et intellectuelle ! Freud, pour sa part, trouvait la surreprésentation juive problématique dans la psychanalyse et souhaitait, avec Jung, trouver des cautions « aryennes » (le mot est de lui) à cette discipline nouvelle destinée à se répandre sur la terre entière. Cette visite entrait-elle dans ce cadre ? Nul ne le sait…

Sur la fin de son existence, enfin reconnu planétairement, Freud écrit dans une lettre à Arnold Zweig (11 mai 1934) : « Pendant ma jeunesse, [Nietzsche] représentait pour moi une noblesse qui était hors de ma portée. Un de mes amis, le Dr Paneth, en vint à faire sa connaissance dans l'Engadine et il avait coutume de m'écrire des tas de choses à son sujet. » Que recouvre ce « tas de choses » ? Probablement ce qui préoccupait Nietzsche à ce moment : la transvaluation des valeurs ; le corps identifié à la grande raison ; le « ça » (un concept majeur de la deuxième topique freudienne) comme instance déterminante du conscient ; la nature impérieuse de la volonté de puissance ; la critique de la morale judéo-chrétienne dominante ; son rôle dans la production du malaise contemporain et de la misère sexuelle ; sinon les thèses de la *Généalogie de la morale* sur la faute, la culpabilité, la mauvaise conscience et autres retrouvées à peine modifiées dans les analyses freudiennes.

Le même Arnold Zweig confie à Freud son désir d'écrire un ouvrage sur l'effondrement de Nietzsche. Il joint un premier jet à cette demande épistolaire, et reçoit une invitation à abandonner ce projet. À propos de cette histoire, Ernest Jones rapporte que Freud conseilla à Zweig de renoncer, « bien qu'admettant ne pas savoir avec précision pour quelles raisons ». On peut imaginer que la fameuse noblesse nietzschéenne qui, dans sa jeunesse, lui semblait inatteignable, rappelle la psychologie du renard de la fable de La Fontaine qui, incapable d'atteindre les raisins, s'en détourne sous prétexte qu'ils sont trop verts… Nietzsche incarnant un idéal du moi trop élevé pour un disciple incapable de se hisser à sa hauteur et qui, de ce fait, brûle ce qu'il adore ? L'hypothèse me tente…

III

Le freudisme, un nietzschéisme ?

> « Pendant ma jeunesse, [Nietzsche] représentait pour moi une noblesse qui était hors de ma portée. »
>
> FREUD, lettre à Arnold Zweig,
> 11 mai 1934.

On peut comprendre la résistance de Freud à quelqu'un auquel selon toute vraisemblance il doit tant ! Pour Freud, *être fils de*, devoir quelque chose à un père, le mettait dans des états psychiques où il montrait un réel talent de meurtrier. Avouer son dû à Schopenhauer ou à Nietzsche, voilà une démarche hors de ses forces libidinales... Or nombre de concepts freudiens passés aujourd'hui dans la langue commune relèvent souvent d'un travail cosmétique appelé à dissimuler la réappropriation freudienne du matériau intellectuel nietzschéen.

S'il faut en croire les analystes côtoyant Freud lors des rencontres à la Société de psychanalyse, voici dans le vocabulaire freudien ce qui, de Nietzsche, passe chez Freud : l'étiologie sexuelle des névroses ; le rôle de la répression des instincts dans la construction de la civilisation, de la culture, de l'art et de la morale ; la logique de l'abréaction ; les stratégies du refoulement ; le déni et le clivage du moi ; la fuite dans la maladie, la somatisation ; la source inconsciente de la conscience ; l'importance de l'introspection dans la production de soi ; la critique de la morale dominante chrétienne coupable de générer des pathologies individuelles et collectives ; la relation entre culpabilité, mauvaise conscience et renoncement à ses instincts. Ce bilan relève du dire des seuls psychanalystes – et ce, en compagnie de Freud lui-même…

Cette liste suffirait à montrer dans quelle mesure le freudisme est un nietzschéisme. Rappelons aux cervelles formatées que le nietzschéisme ne se définit pas comme une reprise pure et simple de toutes les pensées de Nietzsche (l'éternel retour, la théorie de la Volonté de puissance ou le surhomme par exemple) mais la pensée produite *à partir* du chantier philosophique nietzschéen. On ne trouvera rien chez Freud sur le recyclage de la théorie du retour éternel du même, ou sur le rôle de l'art musical dans la construction d'une nouvelle civilisation…

Notre enquête gagnerait aussi à détailler finement ce que l'*Unbewusste* (l'inconscient) freudien doit au *Wille* (le vouloir) du *Monde comme volonté et comme représentation* de Schopenhauer ou au *Wille zur Macht* (la volonté de puissance) de *Par-delà le bien et le mal*. Cette puissance aveugle qui, chez les trois philosophes, fait la loi, domine, détruit toute possibilité de libre arbitre, fonde un tragique de la nécessité et produit autant de ramifications qu'il existe de variations sur un thème possible, voilà qui montrerait d'une autre manière comment le freudisme est un nietzschéisme – et donnerait raison à Adler dont la perspicacité annonce et énonce ce lignage de Schopenhauer à Freud via Nietzsche. Mais voilà un chantier à part entière…

Une autre piste consiste – c'est l'objet de cet ouvrage...
– à examiner comment Freud illustre la thèse de
Nietzsche en vertu de laquelle toute philosophie est
confession autobiographique de son auteur. Je pose
l'hypothèse qu'ici se trouve le motif essentiel du déni de
Nietzsche chez Freud. Freud veut ignorer ce qu'il sait
déjà : le fait qu'en tant que philosophe, ce qu'il est et ne
cessera d'être, il crée à partir de lui-même une vision du
monde pour sauver sa propre peau. Impossible pour
Freud de consentir à cette évidence, elle contredit trop
radicalement sa volonté affichée de s'installer sur le terrain scientifique de la preuve, de la démonstration, de
la méthode expérimentale, de la paillasse de laboratoire,
de l'observation clinique, de l'universel. Les flèches de
Freud cherchent à atteindre ce cœur de cible nietzschéen : toute philosophie procède d'une autobiographie.

Lisons *Le Gai Savoir* : « Tout le travestissement inconscient de besoins physiologiques sous les masques de
l'objectivité, de l'idée, de la pure intellectualité, est
capable de prendre des proportions effarantes – et je me
suis demandé assez souvent si, tout compte fait, la philosophie jusqu'alors n'aurait pas absolument consisté en
une exégèse du corps et un malentendu du corps »...
Freud a travesti inconsciemment ses besoins physiologiques, il a revendiqué l'objectivité.

Chez lui, la dissimulation et le travestissement de ces
évidences prennent un tour extraordinaire. La psychanalyse constitue l'exégèse du corps de Freud – et rien
d'autre. Mais Freud affirme exactement l'inverse : la psychanalyse est exégèse de tous les corps, sauf du sien...
Elle représente, pour un regard avisé, la lecture subjective d'une tragédie existentielle personnelle marquée par
le sceau du désir incestueux ; elle se veut, pour Freud le

premier bien sûr, une théorie scientifique du monde des instincts et de la psyché collective. Pour le dire simplement : Freud enfant désire sa mère avec un fantasme d'inceste ; Freud adulte théorise l'universalité d'un prétendu complexe d'Œdipe. Nietzsche donne la clé de cette aventure pour tout un chacun. Freud ne voulait pas entendre parler de cette clé-là, il sait qu'elle ouvre une chambre obscure pleine de rats crevés, de serpents vindicatifs, de vermines affamées…

Lisons *Par-delà le bien et le mal* (1ʳᵉ partie, § 5) : « Ce qui nous pousse à n'accorder aux philosophes, dans leur ensemble, qu'un regard où se mêlent méfiance et raillerie, ce n'est pas tant de découvrir à tout bout de champ combien ils sont innocents, combien de fois et avec quelle facilité ils se trompent et s'égarent, bref, quelle puérilité est la leur, quel enfantillage ; c'est de voir avec quel manque de sincérité ils élèvent un concert unanime de vertueuses et bruyantes protestations dès que l'on touche, même de loin, au problème de leur sincérité. Ils font tous comme s'ils avaient découvert et conquis leurs opinions propres par l'exercice spontané d'une dialectique pure, froide et divinement impassible (à la différence des mystiques de toute classe, qui, plus honnêtes et plus balourds, parlent de leur "inspiration"), alors que le plus souvent c'est une affirmation arbitraire, une lubie, une "intuition", et plus souvent encore un vœu très cher mais quintessencié et soigneusement passé au tamis, qu'ils défendent par des raisons inventées après coup. Tous sont, quoi qu'ils en aient, les avocats et souvent même les astucieux défenseurs de leurs préjugés, baptisés par eux "vérités". »

Texte redoutable, considérable, texte révolutionnaire dans l'histoire de la philosophie car, pour la première fois, il annonce « le roi est nu » et détaille le tableau : le philosophe prétend s'appuyer sur la raison pure, il revendique l'usage de la dialectique, il prétend à l'objectivité, or il fonctionne à l'intuition, comme les mystiques ; il pose ses thèses en vertu de caprices ; il se croit libre alors qu'il obéit à la volonté de puissance, une puissance plus forte que lui qui le conduit là où elle veut ; il se dit maître de lui, or il erre en esclave et en domestique de ses instincts, de ses vœux secrets, de ses aspirations intimes. Ce qu'il nomme ses vérités ? Des préjugés...

Freud ne peut pas, ne veut pas entendre ce discours-là. Une partie de lui sait que Nietzsche dit vrai en général et en particulier ; une autre insiste pour le persuader du contraire. Ce perpétuel tropisme d'attraction/répulsion s'enracine dans cette vérité écrite dans les livres du philosophe, certes, mais aussi dans le discours déplié et déployé par Lou Salomé dans son ouvrage, rapporté à Freud par le Dr Paneth, l'ami du solitaire de l'Engadine dont il parle trois fois dans *L'Interprétation du rêve* comme d'un « ami ». Sans parler des réunions de la Société de psychanalyse où le commentaire d'*Ecce Homo* ne peut éviter cette thèse développée à longueur de pages dans le livre.

Dès lors : soit on consent à la vérité de ce que Nietzsche affirme, et on se condamne au singulier et au particulier – le philosophe est alors un artiste comme un autre, un esthète, un littéraire ; soit on récuse, on refuse, on pratique le déni. Mieux, on revendique une position antipodaire : ainsi, « ce que Nietzsche écrit est juste, mais il ne concerne que les philosophes ; or je suis un psychanalyste, un scientifique ; donc je ne suis pas concerné par cette analyse. Va pour Spinoza ou Kant, sinon Platon, sur lesquels Nietzsche exerce sa méthode avec une cruauté ravissante, mais pas pour Kepler ou Galilée, Darwin ou… moi-même » !

Freud proclame donc haut et clair qu'il n'est pas un philosophe. Qu'il n'aime pas la philosophie. Qu'il est un homme de science. Or, l'inventeur de la psychanalyse n'est pas plus scientifique que Shakespeare ou Cervantès, pour citer deux de ses auteurs préférés. Que cela lui plaise ou non, Freud est un philosophe élaborant des vérités prétendument universelles avec ses intuitions. Il pense à partir de lui, avec son salut personnel en ligne de mire. Sa théorie procède de sa confession autobiographique, et ce de la première à la dernière ligne de son œuvre. Singulièrement, et toujours affligé de cette incapacité à voir en lui ce qu'il prétend si bien discerner chez autrui, Freud explique ce qui définit la philosophie – la proposition d'une vision du monde ; puis il développe ses théories sur plus d'un demi-siècle en proposant… une vision du monde, mais il ne veut surtout pas être un philosophe !

Freud a beaucoup lu, notamment de la philosophie. Mais comme il ne veut pas dire quoi, quand, ce qui a compté, les sources, les influences, ses relations avec tel ou tel grand penseur, sinon telle ou telle grande pensée, nous devons procéder en archéologue et chercher partout ce qui affleure, quérir des traces et, surtout, procéder à des fouilles là où il semble que le *philosophe* Freud ait emprunté à la philosophie pour constituer sa vision du monde recouverte des beaux vêtements de la science…

Afin de montrer comment l'autobiographie se trouve à l'origine de la pensée ou des concepts, nous examinerons un spécimen de notion inventée par ses soins pour justifier son éviction de la philosophie et des philosophes. Nous verrons ici comme ailleurs, autrement dit chez lui comme chez tous les autres, de quelle manière un concept ne tombe pas du ciel, mais monte d'un corps afin de justifier ses dynamiques pulsionnelles. Ce concept se nomme la *cryptomnésie*. On comprendra peut-être, au vu et au su de ce qu'il recouvre, combien cette notion plus qu'une autre procède de l'autobiographie…

Le mot apparaît dans une œuvre publiée par Freud en bonne et due forme mais également dans une lettre à Doryon datée du 7 octobre 1938. *Cryptomnésie* se trouve en effet dans *L'Analyse avec fin et l'analyse sans fin* (1937) pour appuyer une analyse des sources de la *pulsion de vie* et de la *pulsion de mort*, un couple de notions introduit en 1920 dans *Au-delà du principe de plaisir* alors que Freud propose une reformulation de son système topique des pulsions.

Dans l'œuvre freudienne, ces deux pulsions visent pour la première à conserver la vie et maintenir la cohésion de la substance vivante, son unité et son existence ; pour la seconde à la détruire et à viser le retour de l'état antérieur à la vie, autrement dit, le néant. Elle nomme également ce qu'une de ses disciples, Barbara Low, appelle le *principe de nirvana*, une expression reprise par ses soins sans mention particulière de son auteur. Freud fait donc l'étonné lorsque, dissertant sur le couple Eros/ Thanatos, il explique qu'Empédocle d'Agrigente a déjà proposé avant lui une théorie assez semblable.

Le philosophe d'Agrigente élabore cette thèse au Vᵉ siècle avant notre ère et rapporte dans son grand poème sur la nature que tout se réduit à un combat entre l'amour et la guerre, deux forces actives dans les quatre éléments constitutifs du réel. La première force agglomère les particules ; la seconde dissocie l'alliage. Le réel

se constitue par l'alternance perpétuelle de ces pulsions
propres au mouvement du monde. La théorie freudienne
de la pulsion de vie et de la pulsion de mort pourrait-elle
devoir au texte philosophique d'Empédocle ? Freud
évite de répondre s'il l'a lu ou non, mais signale avoir
« retrouvé » sa théorie chez « l'une des figures les plus
grandioses et les plus remarquables de l'histoire de la
civilisation grecque ». Suit un panégyrique des talents
exceptionnels de cet homme « vénéré comme un dieu par
ses contemporains »...

À l'époque, cette théorie des deux pulsions n'avait pas
emporté l'adhésion de la communauté psychanalytique.
Or Freud n'aime pas qu'on lui résiste. Dès lors, sa joie
éclate au grand jour quand il peut opposer à cette résistance de la corporation le génie d'un philosophe présocratique ayant pensé la même chose que lui ! D'un côté
l'impéritie d'une clique psychanalytique incapable de
comprendre son talent ; de l'autre Empédocle qui, avec
un peu de chance, aurait pu, nonobstant la chronologie,
être lui aussi un freudien qui s'ignore...

Fort du soutien d'Empédocle, Freud se trouve presque
prêt à affirmer l'identité des théories du penseur d'Agrigente et des siennes. Mais la chose est impossible. Pas
question de comparaison avec un philosophe ou une
philosophie... Donc, il existe une différence majeure : la
théorie « du Grec est une imagination cosmique, alors
que la nôtre se contente de revendiquer une valeur biologique » (261). Nous voilà donc à nouveau en terrain
connu : d'un côté, l'intuition, l'imagination ; de l'autre, la
science ! Ici, Empédocle ; là, Freud. Ou bien encore :
hier, une poétique de la rêverie ; aujourd'hui, une doctrine de la vérité.

Freud a-t-il lu Empédocle ? Si oui, en a-t-il tiré un

bénéfice intellectuel en adaptant la théorie présocratique de la lutte entre l'amour et la guerre à sa théorie des deux pulsions ? Lisons sur la question de l'antériorité de cette théorie : « Je sacrifie volontiers à cette confirmation le prestige de l'originalité, d'autant que, vu l'ampleur de mes lectures de jeunesse, je ne puis jamais savoir avec certitude si ma prétendue invention n'a pas été une production de la cryptomnésie » (260)…

La cryptomnésie définit donc ici l'enfouissement inconscient d'une référence acquise par la lecture, puis son surgissement à un moment inopiné dans l'élaboration d'une théorie qu'on prétend exclusivement sortie de son esprit vierge. Le théoricien du fonctionnement de l'inconscient n'estime pas nécessaire d'analyser plus avant ce joli concept emprunté à Théodore Flournoy, une notion si pratique pour justifier qu'on a peut-être lu, qu'on ne s'en souvient plus, et que, vu l'absence de souvenir, la référence ancienne compte pour zéro dans son épiphanie contemporaine ! L'auteur d'une *Psychopathologie de la vie quotidienne* rappellerait à Freud que l'oubli entretient une relation extrêmement intime avec l'inconscient – et que derrière ce genre d'aventure se profile toujours l'ombre d'Œdipe, d'un père menaçant son fils de castration avec un couteau ou d'une mère avec laquelle on a envie de coucher…

Dès lors, il devient difficile de pointer les sources philosophiques de la pensée d'un philosophe qui ne veut pas l'être et prétend à la qualité de scientifique ! Mais de lourdes présomptions pèsent sur le cryptomnésique. Voici une liste d'emprunts possibles dans le seul monde de la philosophie antique : Empédocle et sa théorie du couple amour/destruction & pulsion de vie/pulsion de mort, on vient de le voir ; le socle ontologique

du « connais toi toi-même » socratique & la nécessité de
l'introspection, puis de l'auto-analyse dans la construction de soi ; de nombreuses passerelles, bien qu'il s'en
défende, entre *La Clé des songes* d'Artémidore & la
méthode symbolique de *L'Interprétation du rêve* ; la
technique d'Antiphon d'Athènes soignant des pathologies en faisant parler des gens qui paient ensuite pour
avoir soulagé leur conscience & le fameux dispositif analytique du traitement par la parole monnayée ; la théorie
de l'androgyne dans le discours d'Aristophane du *Banquet* de Platon & la théorie freudienne de la bisexualité
– Freud cite cette source dans *Trois essais sur la théorie
sexuelle*…

Passons aux contemporains de Freud. Les emprunts
aux scientifiques abondent et des travaux (Henri F.
Ellenberger dans son *Histoire de la découverte de
l'inconscient* et Frank J. Sulloway dans *Freud biologiste
de l'esprit* notamment) lourds et définitifs établissent les
filiations, les points de passage, les influences dissimulées, le matériel utilisé positivement ou négativement, et
tout ce qui démontre l'enracinement de Freud dans un
terreau intellectuel, sociologique, philosophique, mais
aussi anatomique, histologique, physiologique, biologique, chimique, physique, neurologique, et pulvérise la
légende d'un savant récompensé par la grâce après un
long et patient travail d'observation scientifique – la plupart du temps sur lui seul…

Revenons à Nietzsche. Laissons de côté ce qui a déjà
été dit. Ajoutons ce que n'auront pas perçu en leur temps
les premiers compagnons de route du psychanalyste.
Dans *Par-delà le bien et le mal*, Nietzsche en appelle clairement à « une psychologie des profondeurs » inédite,

jamais vue, à chercher et à trouver, sinon, dit-il, à « inventer ». Elle sera « morphologie et théorie générale de la volonté de puissance » (12) – aucun rapport avec une *psycho-analyse* matrice de la psychanalyse ?

Si l'on ramasse un certain nombre de thèses dispersées par le philosophe, qui n'a jamais consacré un ouvrage spécifique à cette question, on trouve nombre d'hypothèses, d'intuitions, d'affirmations, de pistes, d'avis qui réapparaissent ensuite à peine transfigurés, sinon par la magie des néologismes, dans le corpus freudien. Ainsi, dans *Humain, trop humain* : l'idée que la mère agirait comme prototype psychique du schéma féminin à partir duquel chaque homme construirait son rapport à l'autre sexe & la mère comme *premier objet d'investissement libidinal* ; l'affirmation en vertu de laquelle, si l'on n'a pas un bon père, il faut s'en faire un & l'*idéal du moi* freudien ; dans *Ainsi parlait Zarathoustra* : le constat que le rêve procède de l'économie de l'éveil et que le sens de chacun d'entre eux se trouve caché dans la vie quotidienne du rêveur & la proposition freudienne du *rêve gardien du sommeil* ; dans *Le Gai Savoir*, mais aussi dans *Par-delà le bien et le mal* : le conscient a pour origine un inconscient instinctif et pulsionnel qui demeure inaccessible au savoir & la doctrine architectonique de l'*inconscient psychique* ; dans *Généalogie de la morale* : le rôle dynamique de l'oubli comme facteur de maintien de l'ordre psychique & la théorie freudienne du *refoulement* ; la relation entre pratique de l'idéal ascétique et construction d'une identité pathologique & l'*étiologie sexuelle des névroses* ; la constitution de l'âme par retournement des instincts sur elle-même & les deux topiques de l'*économie libidinale* ; le rôle pathogène de la civilisation qui, via la morale, la religion, réprime les instincts, massacre la vie, génère des malaises individuels et collectifs & le *rôle répressif de la censure sur l'inconscient* puis, lors du changement de paradigme dans la seconde topique, le *travail du surmoi sur le ça pour constituer le moi*, sans parler de toute la trame analytique de *Malaise dans la civilisation* ; l'implication du sacrifice de soi dans l'économie de la production de la cruauté & les relations entre *blessures narcissiques et généalogie du masochisme* ; la plastique des instincts qui, réprimés ici, sortent ailleurs, transfigurés & la doctrine de la *sublimation* ; enfin, dans *L'Antéchrist*, la mise en perspective de la haine du corps, de l'invite chrétienne à renoncer à sa vie ici et maintenant et la production du nihilisme, la maladie de la civilisation occidentale & la *critique de la morale sexuelle dominante*, puis la dénonciation du rôle pervers des *religions comme névroses obsessionnelles collectives* – autant de pistes pour mener l'enquête des cryptomnésies freudiennes sur le seul terrain nietzschéen…

IV
Copernic, Darwin, sinon rien…

> « […] et comme ma confiance en mon
> propre jugement ainsi que mon courage
> moral n'étaient pas précisément minces
> […] ».
>
> FREUD, *Contribution à l'histoire du mou-*
> *vement psychanalytique* (XII. 264).

> « Je ne suis pas, que je sache, ambitieux. »
>
> FREUD, *L'Interprétation du rêve* (IV. 172).

Chacun se souvient du geste de Napoléon qui, en présence du pape Pie VII et d'une foultitude de grands
hommes de son temps venus assister à son sacre, se cou-
ronne lui-même empereur car il n'estime personne assez
digne de lui pour poser le bijou sur son crâne. Freud
effectue le même genre de geste dans un court texte de
1917 intitulé *Une difficulté de la psychanalyse* rédigé pour
une revue hongroise dans un contexte particulier : il
vient d'apprendre le refus du comité Nobel de lui décerner son prix cette année-là…

La difficulté mentionnée dans le titre renvoie au

registre affectif et non au registre intellectuel. Si la psychanalyse n'obtient pas le succès escompté, aussi vite,
aussi loin, aussi durablement que Freud le souhaite, si elle
ne s'impose pas tout de suite, totalement, massivement,
définitivement, c'est parce que la discipline inflige une
blessure à l'humanité. Freud, évidemment, ne met pas en
relation ce texte et son échec au Nobel, causalité trop
triviale pour un homme de science ayant épousé l'universel. Mais, sans s'apercevoir qu'il glisse de son cas personnel à une extrapolation universelle, le psychanalyste déçu,
humilié, entretient du *narcissisme…* de l'humanité. Non
pas le sien, mais celui, on aura bien lu, des hommes dans
leur totalité.

Freud affirme, voilà la nature de la blessure en question, que, selon une expression devenue fameuse, « le
moi n'est pas maître dans sa propre maison » (XV. 50),
puisque l'inconscient y fait régner sa loi – découverte
revendiquée par le candidat malheureux au Nobel…
Découvrant qu'il n'est pas au centre de lui-même,
l'homme souffre donc d'une blessure – infligée par le
blessé du jour à la totalité des vivants de cette planète !
Voilà donc une « vexation psychologique » (*ibid.*) revendiquée par ses soins : où l'on découvre le blessé
blessant…

Quelles sont les deux blessures précédentes ? La première, « vexation cosmologique » (XV. 46), est due à
Copernic et à sa preuve que la Terre ne se trouve pas au
centre du monde, comme l'affirme la vulgate chrétienne,
mais tourne sur elle-même autour du Soleil qui, lui,
occupe le milieu. L'homme se croyait au point du foyer
cosmique, le voilà découvrant avec *Des révolutions des
sphères terrestres* que la vérité astronomique n'est pas le

géocentrisme, mais l'héliocentrisme. Dès lors, il navigue en périphérie, perdu dans un univers infini…

Deuxième blessure narcissique, la «vexation biologique» (*ibid.*) infligée par Darwin avec la publication de *L'Origine des espèces* en 1859. Toujours en vertu des enseignements de l'Église catholique apostolique et romaine, les hommes croyaient la Bible sur parole et tenaient le récit mythologique de la Genèse pour une vérité : Dieu avait créé le monde en six jours, puis parachevé sa création avec un homme à son image, avant de prendre un repos bien mérité le septième jour, qui tombait fort opportunément un dimanche.

Or voilà que Darwin, débarquant d'un tour du monde sur le *Beagle*, expose les résultats de son travail scientifique : l'homme n'a pas été créé par Dieu, mais, en vertu d'une loi de la nature nommée l'évolution des espèces, il se trouve au bout d'un processus dont l'origine est un singe. Dès lors, il n'existe plus, comme le croit la religion, une différence de nature entre l'homme et l'animal, mais une différence de degré. Cette vérité assène un deuxième coup sur la tête de l'homme…

La troisième blessure narcissique, on la connaît désormais : après l'héliocentrisme copernicien, l'évolutionnisme darwinien, il s'agit donc de la psychanalyse freudienne. Vexation cosmologique, vexation biologique, vexation psychologique, mais, on le constatera, chaque fois, vexation scientifique – du moins c'est le schéma du philosophe Sigmund Freud qui s'installe clairement dans la corporation des gens de science…

Mesurons au passage qu'en plus de cette immodestie consistant à s'inscrire de son vivant dans le lignage comportant deux grands vrais savants avec pour seul bagage quelques publications, dont *L'Interprétation du rêve*, Freud ne recule pas devant la mégalomanie. Mais, plus fort encore, il ajoute de la vanité à son orgueil : s'il existe un podium pour ces trois héros, nul doute qu'il ne peut, lui, occuper une autre marche que la première ! Voilà pour quelle raison on peut lire sous sa plume cette affirmation proprement stupéfiante : « Ce qui porte le coup le plus sensible, c'est sans doute la troisième vexation, qui est de nature psychologique » (XV. 47) – la sienne. Voilà donc Copernic et Darwin transformés en bons seconds ex aequo…

Rapprochons cet incroyable aplomb d'une analyse faite dans *Un souvenir d'enfance de « Poésie et vérité »*, un bref texte publié en 1917, la même année, donc, que cette cérémonie de l'autocouronnement. *Poésie et vérité* est le titre de l'autobiographie de Goethe. Le poète rapporte le seul fait de sa petite enfance dont il se souvienne : il jette au sol de la vaisselle familiale puis, encouragé par trois gamins complices, il enchaîne les projectiles avec enthousiasme.

Cet événement ancien, rapproché d'un cas semblable exposé sur son divan, permet à Freud de conclure qu'en agissant ainsi, l'enfant active une pensée « magique » (XV. 69), car la vaisselle cassée renvoie à une situation particulière, en l'occurrence, chez Goethe, à l'arrivée d'un petit frère dont l'apparition menace la sérénité, la paix et la quiétude de l'aîné. L'intrus présente un danger puisqu'il contraint le premier venu à partager l'affection de ses parents. Maître de cette magie, Freud conclut que le jet d'objets lourds concerne la mère. Un jet d'assiettes = un rejet du petit frère ! Pensée magique en effet…

Goethe, *Poésie et vérité*, la scène de la vaisselle brisée, le cas semblable sur le divan, voilà autant d'occasions souterraines de revenir à sa personne, sans le signaler au lecteur bien sûr. Freud a écrit dans une lettre à Fliess combien il avait *ressenti personnellement* ce qu'il prétend avoir *déduit de l'analyse d'un tiers* lors de la naissance de son petit frère : « j'avais salué la venue de mon frère plus jeune d'un an (mort à quelques mois) avec de méchants souhaits et une véritable jalousie d'enfant et […] sa mort a laissé en moi le germe de reproches » (3 octobre 1897).

Freud a eu de méchants souhaits à l'arrivée de Julius, son cadet ? *Donc* tout le monde a eu ce genre de méchants souhaits lors de la naissance d'un cadet qui sera toujours et pour tous un rival. Goethe a donc connu lui aussi, comme son égal Freud, ce genre de sentiment – à preuve, il a jeté à terre des assiettes, donc son frère… D'où une théorie générale présentée comme une vérité universelle et scientifique. Quiconque aura salué la venue d'un petit frère comme un réel plaisir – moi par exemple… – aura travesti son sentiment inconscient de s'en débarrasser…

Ce petit texte contient une autre perle concernant Freud. Partant de Goethe et arrivant à lui, un trajet habituel dans la configuration du personnage, le psychanalyste conclut avec une thèse qui, finalement, agit en confession involontaire : « Quand on a été le favori incontesté de la mère, on garde pour la vie ce sentiment d'être un conquérant, cette assurance du succès, qui manque rarement d'entraîner effectivement le succès après soi. » Et puis ceci : « Et une remarque telle que : ma force prend racine dans ma relation à la mère, Goethe aurait pu à bon droit la mettre en exergue à sa biographie » (XV. 75) – Freud également…

Car Freud fut dès le plus jeune âge le préféré d'Amalia sa mère. Elle a cru, et l'on en verra le détail un peu plus

tard, qu'il serait un génie, un héros, un grand homme et
le lui a rappelé régulièrement. Freud a passé sa vie à
tâcher de lui procurer ce plaisir, à défaut d'un autre,
sexuel celui-ci, sur lequel il n'a cessé de fantasmer. Que
cet amour d'hier ou d'avant-hier justifie qu'il se juche
aujourd'hui sur un podium en compagnie de Copernic et
Darwin, qu'il se réserve même la première place, qu'il
prétende infliger une blessure à l'humanité en réponse à
la blessure que lui inflige l'humanité en ne reconnaissant
pas son génie avec le Nobel, voilà les preuves de la scientificité des assertions du philosophe viennois…

Relevons dans ce texte autobiographique masqué le
mot « conquérant ». Puis rapprochons-le d'une autre
revendication de Freud présente dans tous ses textes : il
se veut un scientifique, surtout pas un philosophe. Mais
alors comment peut-il aussi, en même temps, revendiquer la position de « conquistador » ? Dans une lettre à
Fliess il écrit en effet : « Je ne suis absolument pas un
homme de science, un observateur, un expérimentateur,
un penseur. Je ne suis rien d'autre qu'un conquistador
par tempérament, un aventurier si tu veux bien le traduire ainsi, avec la curiosité, l'audace et la témérité de
cette sorte d'homme. On a l'habitude d'estimer ces personnes seulement quand elles ont connu le succès, quand
elles ont véritablement découvert quelque chose, mais
sinon on les met au rebut. Et cela n'est pas tellement
injustifié » (1er février 1900). Dont acte…

Qui pense un tant soit peu que Hernán Cortés ou
Christophe Colomb aient été des scientifiques ? Car
Freud qui avait tant lu, savait tant de choses, même s'il
était parfois atteint d'un peu de cryptomnésie, ne pouvait
pas ignorer que, pour tout un chacun, même moyennement cultivé, un conquistador définit un mercenaire sans

foi ni loi, conduit par l'appât du gain, un homme de sac et de corde, souvent hors la loi dans son pays, qui ne recule devant aucune immoralité pour parvenir à ses fins. On doit aux conquistadors des génocides, des massacres, des épidémies et des pandémies, des propagations de typhus, variole et syphilis, des destructions de civilisations, des massacres en masse de populations autochtones, le tout pour remplir leurs caisses d'un or qu'ils imaginaient abondant dans les contrées découvertes par leurs soins dans ce seul but…

Où est passé le Freud publiant un mois plus tôt de cette même année dans les premières pages de *L'Interprétation du rêve* cette affirmation qu'il est « un chercheur dans les sciences de la nature » (IV. 16) ? Où se trouve le Freud qui précise sa méthode un peu plus loin et affirme qu'elle relève d'un « procédé scientifique d'interprétation » (IV. 135) ? Où se cache le Freud qui parle du « traitement scientifique » (IV. 134) des centaines de rêves ici analysés ? Comment ces professions de foi apparentées à des proclamations qui paraissent destinées à lui seul, dans l'unique dessein de se persuader, peuvent-elles coexister avec la revendication de l'audace de l'aventurier ? Même Freud affirme que ce type d'individu n'est pas recommandable, pas aimable et qu'on a raison de le rejeter – tant qu'il n'a pas trouvé, car la fin justifie les moyens…

Freud veut de l'argent et de la célébrité, il lui faut tailler la forêt en direction de cet eldorado. Pour l'instant, relativement abandonné dans les bras de Fliess, il donne son véritable mode d'emploi : il ne se trouve pas sous la lumière, il parle à son ami, lui confie tout, ses maladies, ses pannes sexuelles, ses doutes, sa dépression récurrente, sa fatigue de n'avoir personne en consultation, le manque d'argent, l'impossibilité de faire bouillir la marmite familiale, l'absence de célébrité – il avance sans masque et confesse alors sa véritable nature, *il est un aventurier*.

Lorsqu'il se trouve sous les feux de la rampe, Freud tient un autre discours. Pas question de livrer son jeu. Sur scène, il n'est pas aventurier ou conquistador, mais homme de science. Je me répète : l'homme privé avouant à son ami Fliess n'être « absolument pas [*sic*] un homme de science, un observateur, un expérimentateur » affirme haut et clair dans ses livres qu'il est « un chercheur dans les sciences de la nature »… Qui faut-il croire alors ? La lecture et l'analyse de l'œuvre complète, son croisement avec les correspondances et les biographies montrent bien qu'ici l'épistolier dit vrai…

Quand il revendique la démarche du conquistador, il ne le confie pas à ses œuvres, bien sûr, mais à sa correspondance ou dans une conversation avec Marie Bonaparte, une disciple psychanalyste qui le comparait… à un mélange de Kant et de Pasteur ! Freud récuse la comparaison dans ces termes rapportés par Ernest Jones : « Non que je sois modeste, pas du tout. J'évalue très haut ce que j'ai découvert, mais non ma propre personne. Les grands découvreurs ne sont pas nécessairement de grands esprits. Qui a plus que Christophe Colomb changé l'univers ? Qui était-il ? Un aventurier. Il avait, c'est vrai, de l'énergie, mais ce n'était pas un grand homme. Vous voyez donc qu'on peut découvrir des choses importantes sans pour cela être un grand homme. »

V

Comment assassiner la philosophie ?

> « Jeune homme, je n'avais d'autre dési-
> rance que celle de la connaissance philoso-
> phique. »
>
> FREUD, lettre à Fliess, 2 avril 1896.

Dans sa guerre totale contre les philosophes et la philosophie, Freud ne fait pas de quartier : tout à sa passion triste, il met dans un même sac les matérialistes et les idéalistes, les athées et les chrétiens, les doctrinaires et les utilitaristes, les platoniciens et les épicuriens, les anciens et les modernes, les tenants de Hegel et les amis de Nietzsche, les spiritualistes et les positivistes, les mystiques et les scientistes, les présocratiques et ses contemporains. Il s'agit de constituer un immense rassemblement pour un incendie définitif : Freud arrive pour mettre fin à vingt-cinq siècles d'errances philosophiques…

Reproche majeur : toute la corporation, sans exception, est passée à côté de sa grande découverte : l'inconscient. Peu importe qu'existent avant lui, en philosophie, les « petites perceptions » de Leibniz, le « vouloir vivre » de Schopenhauer, l'« inconscient » de Hartmann, ou la

« volonté de puissance » de Nietzsche, si parents de sa
trouvaille mirifique, sinon le « conatus » de Spinoza, le
« nisus » de d'Holbach ou Guyau, la « vie » de Schelling,
des concepts guère éloignés du « plasma germinal » dont
il fait un abondant usage du début à la fin de son œuvre,
Freud a décidé d'une guerre totale, c'est donc la guerre
totale...

Quelle est la nature précise du reproche ? Pour Freud,
les philosophes qui ont abordé la question l'ont mal fait :
ils pensent en effet l'inconscient comme une partie igno-
rée, obscure, inconnue de la conscience. La cause de
cette erreur ? Leur incapacité à disposer d'un autre
matériau d'observation qu'eux-mêmes. Ajoutons à cela
leur manque d'intérêt total pour le rêve, l'hypnose et la
clinique – au contraire de lui, on l'aura compris... Tant
que le penseur reste dans son cabinet tapissé de livres
sans se soucier de ses songes ou de ceux de ses patients,
il ne débouchera sur rien d'intéressant, de fiable, de sûr
et certain.

Disons-le autrement : puisque Kant n'a hypnotisé
aucun sujet, n'a jamais écrit une *Critique de la rêverie*, n'a
pu mesurer l'effet thérapeutique d'une guérison après
l'usage des techniques de Charcot, ne s'est pas penché
sur ses rêves en proposant une analyse de leur contenu, il
ne peut rien dire de bon et de bien sur l'inconscient ou
ce qui échappe à la conscience. On pourrait rétorquer à
Freud la difficulté à être coupable de n'avoir pas pratiqué une activité inexistante à son époque. Que l'hypnose est une formule typiquement dix-neuviémiste avec
pour ancêtre proche le baquet de Messmer et ses passes
magnétiques. Que la blouse blanche du médecin et le
patient allongé sur une paillasse ne dispensent pas
d'errances théoriques. Rien n'y fera car, tant que le phi-

losophe ne sera pas psychanalyste, il ne dira rien d'intelligent sur le sujet. On trouve partout sous la plume de Freud cette idée que, si l'on n'est pas soi-même analyste ou analysé, on ne dispose d'aucune légitimité à porter un jugement sur la discipline. Le verrouillage intellectuel se trouve donc à son comble : tout propos philosophique sur l'inconscient, parce qu'il n'émane pas d'un psychanalyste, est donc par principe nul et non avenu…

Dans la trente-cinquième leçon de *Nouvelle suite des leçons d'introduction à la psychanalyse*, Freud précise ses reproches à la philosophie. Cette discipline se définit par sa proposition de vision du monde, voilà en quoi elle erre. Or, qu'est-ce qu'une vision du monde ? Une « construction intellectuelle qui résout de façon unitaire tous les problèmes de notre existence à partir d'une hypothèse subsumante, dans laquelle par conséquent aucune question ne reste ouverte, et où tout ce qui retient notre intérêt trouve sa place déterminée » (242).

Mais la psychanalyse ne relève-t-elle pas plus qu'une autre discipline de cette définition ? N'est-elle pas la plus récente vision du monde, la plus fermée, la plus verrouillée, la plus totalisante, la plus unitaire, la plus globale ? N'a-t-elle pas abordé tous les sujets en prétendant, avec l'hypothèse subsumante de l'inconscient, résoudre toutes les énigmes : les raisons de l'art, la naissance de la religion, la construction des dieux, la généalogie de la morale, la provenance du droit, l'origine de l'humanité, la logique de la guerre, les arcanes de la politique, les activités conscientes ou inconscientes des individus, le sens de leurs rêves, de leurs moindres gestes, la signification des lapsus, des actes manqués, du mot d'esprit, de l'ironie, de l'humour, de la plaisanterie, les mystères de toute vie sexuelle, de la masturbation dans le ventre de la mère jusqu'aux feux froids d'une sublimation, en passant par les variétés de la vie d'alcôve ? Qui prétend expliquer les maladies mentales, les hallucinations de toutes sortes, les psychoses, les névroses, les paranoïas, les crises d'hystérie, les phobies, et toute la psychopathologie de la vie quotidienne ? N'est-ce pas Freud qui pense qu'un mot écorché dans une conversation, un trousseau de clés égaré, un silence appuyé, un infléchissement de la voix, le choix d'une profession, l'élection d'un partenaire sexuel, une préférence ou un dégoût alimentaire, et mille autres choses, sont susceptibles d'une explication psychanalytique finissant toujours par convoquer la fameuse hypothèse subsumante de l'inconscient ?

Ne faut-il pas une vision du monde extrêmement totalisante pour expliquer la naissance du feu par la répression de l'habituelle jubilation de l'arrosage dudit feu avec son urine ? N'y a-t-il pas usage, sinon abus de *vision du monde* quand, dans *Malaise dans la civilisation*, pour ne pas se trouver en reste d'une énième explication de *tout ce qui retient notre intérêt*, pour le dire dans ses mots, le philosophe ne voulant pas l'être disserte sur la conception phallique originaire de la flamme, sur l'homologie entre l'extinction du feu avec son jet d'urine et l'acte sexuel avec un homme, sur cette miction comme jouissance de la puissance masculine sans la compétition homosexuelle ? Dès lors, quiconque se retient d'arroser le feu le domine, le maîtrise et emporte avec lui la puissance qu'il confère. De sorte que l'on comprend pour quelles raisons, anatomiques en l'occurrence, la femme n'a pas pu jouer ce jeu-là et pourquoi elle s'est trouvée contrainte à garder ce que l'homme avait obtenu en se retenant de compisser les flammes... Freud affirme ceci très sérieusement et conclut en précisant que, pour affirmer ces vérités universelles, il s'appuie sur « les expériences analytiques » (277) menées par ses soins avec sa méthode ! On comprend qu'un philosophe armé de sa seule imagination n'aurait pas obtenu pareilles conclusions, car un tel résultat exige en effet la clinique, le divan, l'observation longue et patiente…

Freud n'est-il pas dans la *vision du monde* quand il propose son hypothèse, scientifique évidemment, sur l'origine de la musique et que, poursuivant dans le registre scatophile qui en apprend plus sur lui que sur le monde, il écrit à Stefan Zweig : « J'ai remarqué, en analysant plusieurs musiciens, un intérêt particulier, et qui remonte jusqu'à leur enfance, pour les bruits que l'on produit avec les intestins [...]. Une forte composante anale dans cette passion pour le monde sonore » (25 juin 1931) ? Gustav Mahler, analysé par le maître en personne en quatre heures (!) lors d'une promenade dans les rues de Leyde (Hollande), aura sûrement contribué à l'élaboration de ce matériau scientifique…

Freud oppose deux façons d'appréhender le monde : d'un côté, celle de l'art, de la religion et de la philosophie, perfidement associés sous sa plume – chacun sait en effet en quelle estime il tient la religion… De l'autre, celle de la psychanalyse, autrement dit, la sienne… Les premiers proposent des fables esthétiques, des allégories littéraires, des mythologies religieuses, des fictions philosophiques ; les seconds – le second donc, en vertu de la loi du *primus inter pares* – présentent des vérités scientifiques obtenues après observation clinique – comme chacun l'aura constaté pour l'urine de l'arroseur ontologique ou le pet du concertiste…

Dans *Inhibition, symptôme et angoisse* (1926) Freud se déchaîne une nouvelle fois et grossit le dossier instruit contre la philosophie : « Je ne suis absolument pas pour la fabrication des visions du monde. Qu'on les laisse aux philosophes qui, de leur propre aveu, trouvent que le voyage de la vie ne peut s'effectuer sans un tel Baedeker qui donne des renseignements sur tout. Acceptons avec humilité le mépris avec lequel les philosophes nous toisent du haut de leur sublime indigence » (214).

Passons rapidement sur la revendication d'humilité faite par un homme ignorant cette vertu ! Arrêtons-nous au prétendu mépris dont auraient fait preuve les philosophes devant les inventions de leur collègue : qui ? quand ? où ? dans quelles revues ou publications ? combien de livres écrits contre Freud à cette époque de son existence ? Cette allégation relève de la paranoïa, car rien dans l'histoire ne vérifie l'hypothèse d'un regard venu de haut, méprisant, lâché sur la discipline nouvelle par des philosophes sans nom et sans visage… Dans la suite de sa colère, Freud parle du « vacarme des philosophes », de ceux qui, possédés par l'anxiété, chantent dans l'obscurité. À cette cohorte d'abrutis, il oppose le scientifique, son lent et patient travail clinique, son temps passé sans compter à observer, examiner des cas, comparer, croiser les informations, puis, fort prudemment, après de nombreuses vérifications expérimentales, à proposer modestement les conclusions de son travail.

On pourrait renvoyer Freud au ton qu'il utilise, au mépris, aux insultes, à l'agressivité, aux jugements à l'emporte-pièce sur les philosophes vociférants, coprophiles, aveugles chantant dans le noir, puis se demander pourquoi tant de haine. Lui qui, sans raisons et sans preuves, sans noms et sans références, prétend que les philosophes le toisent, il toise les philosophes et en donne des preuves, sans pour sa part oublier les noms, ni même la criminalisation par le diagnostic – souvenons-nous de Nietzsche, l'inverti familier des bordels masculins…

Freud se propose donc de mettre à mort la philosophie et, pour ce faire, de l'assassiner avec une arme ayant pour nom psychanalyse. La thématique de *la mort de la philosophie* fera couler beaucoup d'encre (philosophique), elle suscitera nombre de livres (philosophiques), suivis d'abondants débats (philosophiques) ; elle s'enracine dans ce projet freudien, en finir avec une discipline de la pure affirmation, et, guidé par le plus grand fantasme positiviste du XIXᵉ siècle, assurer l'avènement de la science. De Marx à Freud en passant par Auguste Comte, cette fantaisie emporte nombre de grands esprits – elle a toujours épargné Nietzsche…

Comment en finir avec vingt-cinq siècles de philosophie européenne ? En démontrant qu'elle se présente comme une science, qu'elle en adopte apparemment la méthode, mais qu'il n'en est rien dans le fond. En 1913, dans *L'Intérêt que présente la psychanalyse*, Freud, qui, rappelons-le, n'aurait pas le fantasme de la vision du monde, raconte que sa discipline présente un intérêt certain pour : la psychologie, la linguistique, la biologie, la psychiatrie, la phylogenèse, la sexualité, les arts, la sociologie, la pédagogie, la culture, la psychologie des peuples, la mythologie, le folklore, la religion, le droit, la morale – et, bien sûr, la philosophie.

On peut également assassiner la philosophie d'une autre manière : en prouvant qu'elle est tout le temps passée à côté de l'inconscient sans cesse renvoyé du côté du mystique, de l'insaisissable ou de l'indécelable – autant d'assertions fausses, on l'a vu, quand il s'agit des deux penseurs ayant exercé la plus grande influence sur lui, Schopenhauer et Nietzsche, sinon Eduard von Hartmann. Cette arme a beaucoup servi dans le processus partiellement réussi de mise à mort de la philosophie au nom de la psychanalyse qui a généré les fameuses sciences humaines dans lequel se sont engouffrées nombre de victimes de cette croyance issue de Freud.

On pourra enfin parfaire le crime en allongeant la philosophie sur le divan pour lui faire dire ce qu'elle contient d'inavouable en son tréfonds. Les nouvelles perspectives offertes par la psychanalyse à la philosophie consistent donc en ce programme alléchant : un diagnostic gracieux de névrose obsessionnelle, un soin gratuit de désintoxication de cette pathologie par la pratique régulière de l'analyse. Car, pour Freud, un bon philosophe est soit un philosophe mort, soit un philosophe passé dans le camp de la psychanalyse.

L'arme du crime ? La « psychobiographie » (XII. 113) de la personnalité philosophique. Il s'agit de partir à la découverte des pulsions animiques, des trajets instinctifs, des logiques inconscientes, des complexes génétiques, de chercher un fil d'Ariane susceptible d'être dévidé dans le labyrinthe de ce genre de personnalité particulièrement chargée – par une inhabituelle délicatesse probablement, Freud parle d'« individualité éminemment marquée » (*ibid.*)… afin de comprendre le philosophe, donc sa philosophie. Idée nietzschéenne en diable…

L'homme, écrivant à sa fiancée que toute biographie était impossible et inutile quand il s'agissait de la sienne, écrit désormais qu'elle est faisable et nécessaire quand il s'agit de tous les autres, car la psychanalyse peut « déceler la motivation subjective et individuelle des doctrines

philosophiques qui sont nées d'un travail logique prétendument impartial et de montrer à la critique elle-même
les points faibles du système». Une démonstration belle
comme une page du *Gai Savoir*! Nietzsche ayant l'antériorité de la découverte, on me permettra de proposer
cet exercice de «psychobiographie» avec la personne et
la figure de Sigmund Freud. Voici donc une *psychobiographie nietzschéenne* de l'inventeur de la psychanalyse.

DEUXIÈME PARTIE

Généalogie
Le crâne de Freud enfant

I

Une « psychonévrose fort grave »…

> « Ma force prend racine dans ma relation
> à la mère. »
>
> FREUD, *Un souvenir d'enfance de «Poésie
> et vérité»* (XV. 75).

Une psychobiographie de Freud prend donc acte de
cette ambivalence entre l'attraction pour la philosophie
dans sa jeunesse, puis la répulsion pendant une grande
partie de son existence. Elle note également un genre
d'*Aufhebung* lui permettant d'aimer à nouveau sans
détester tout en ayant intégré la détestation… L'année où
il invente la psychanalyse, en 1896, Freud écrit en effet
ceci à Fliess : « Jeune homme, je n'avais d'autre désirance
que celle de la connaissance philosophique et je suis à
présent sur le point de l'accomplir en passant de la médecine à la psychologie. Je suis devenu thérapeute malgré
moi » (2 avril 1896). Psychanalyste, donc, à défaut d'avoir
pu être philosophe…

La même année, quelques mois plus tôt, il avait aussi
affirmé ceci à propos de son détour par la médecine : « Je
nourris dans le tréfonds de moi même l'espoir d'atteindre
par la même voie *mon premier but : la philosophie*. C'est

ce à quoi j'aspirais originellement avant d'avoir bien compris pourquoi j'étais au monde » (1er janvier 1896). Les italiques sont de Freud ! Voici donc deux fois dit que son premier souhait est la philosophie et ce au moment même où apparaît le mot *psychanalyse* avec lequel il semble retrouver cet amour de jeunesse. Dès lors, j'affirme clairement que *la psychanalyse, c'est la philosophie de Freud* et non une doctrine scientifique universellement valable.

Grimé sous l'apparence du scientifique, Freud mène son activité de philosophe dans le registre de l'autobiographie existentielle. Laissons les revendications tonitruantes de Copernic et Darwin à la légende, au clinquant des mythes rédigés par ses soins et gardons présente à l'esprit cette idée de l'aventure audacieuse du conquistador. Reste à savoir ce que ce nouveau Christophe Colomb a véritablement découvert : un immense continent et des contrées étendues à l'infini ou le petit pré carré d'une vérité existentielle subjective ? Une Amérique lointaine ou une principauté au pied de chez lui ? Sinon rien du tout : une illusion, une apparition, un mirage dans le désert de la pensée ?

Freud donne des pistes dans sa préface à la deuxième édition de *L'Interprétation du rêve*. Certes, le gros ouvrage se présente comme une machine de guerre susceptible de couper l'histoire de l'humanité en deux : il y aura avant la découverte de l'inconscient psychique et après. La datation symbolique avancée à 1900 va dans ce sens car Freud sait, croit, veut que ce livre ouvre une nouvelle période, inaugure un nouveau siècle, marque un progrès dans l'humanité. Un nouveau comput pour un calendrier exclusivement construit sur la *science* nouvelle.

Mais ce livre de *science* trahit à chaque page un ouvrage

autobiographique. Freud lui-même nous en avertit : ces pages publiées constituent un fragment d'une auto-analyse. Il se sert de ses rêves, propose une introspection analytique dans la grande tradition socratique des *Confessions* d'Augustin, des *Essais* de Montaigne, des *Confessions* de Rousseau, d'*Ecce Homo* de Nietzsche pour en rester aux monuments de la pensée occidentale. *L'Interprétation du rêve* prend sa place dans ce lignage... philosophique.

Qui pourrait le nier alors que son auteur lui-même annonce la couleur ? Premièrement : le matériau de ce livre est constitué de ses propres rêves et de leur analyse. Deuxièmement, cette confidence personnelle sur la généalogie de l'ouvrage : « Pour moi en effet, ce livre a encore une autre signification subjective que je n'ai pu comprendre qu'après l'avoir terminé. Il s'est révélé être pour moi un fragment de mon auto-analyse, ma réaction à la mort de mon père, donc à l'événement le plus significatif, la perte la plus radicale intervenant dans la vie d'un homme. Après avoir reconnu cela, je me suis senti incapable d'effacer les traces de l'action exercée par cet événement » (IV. 18).

Le conquistador part à la conquête d'un territoire inconnu, certes, mais la destination ne semble pas bien lointaine, à savoir : la part sombre qui le hante. Sa correspondance avec Fliess, une auto-analyse elle aussi, le montre en permanence en butte à ses migraines, ses saignements de nez, ses problèmes intestinaux, son humeur dépressive, ses défaillances sexuelles, sa fatigue, ses somatisations, son inspiration tarie. Son état d'âme devait être fort délabré pour qu'Ernest Jones, le fidèle disciple, l'hagiographe jamais en panne de ruse pour présenter son héros sous son meilleur jour, l'homme lige tordant

l'histoire pour qu'elle coïncide toujours avec la courbe de
la légende, écrive noir sur blanc que Freud souffrait
« d'une psychonévrose fort grave entre 1890 et 1900 »…

Deux fois dans sa correspondance (14 août et 3 octobre
1897) Freud parle de son *hystérie* : « Je connais maintenant une période maussade. Le principal patient qui
m'occupe, c'est moi. Ma petite hystérie, fortement accen-
tuée par le travail, a un peu avancé dans sa solution.
D'autres choses restent encore cachées. C'est d'elles que
dépend en premier lieu mon humeur »… Le travail du
scientifique affecte donc le patient puisqu'il semble accen-
tuer son tropisme hystérique. L'auto-analyse de Freud
fait couler beaucoup d'encre dans l'abondante bibliothèque freudienne. Elle est centrale puisque son auteur
affirme qu'elle fonde la discipline. Mais, paradoxalement,
il ne lui a jamais consacré un texte spécifique… Comment
ce concept majeur peut-il n'avoir jamais fait l'objet
d'aucun développement dans une œuvre complète si
abondante ?

Une fois, dans *Contribution à l'histoire du mouvement
psychanalytique*, Freud explique qu'une bonne auto-
analyse suffit pour devenir psychanalyste si l'on n'est
« pas trop anormal » (XII. 263) ou névrosé, mais dans les
coulisses, il écrit à Fliess (14 novembre 1897) que sa
propre auto-analyse piétine, patine et que, finalement,
c'est normal, car si elle était possible, il n'existerait pas
de maladie causée par le refoulement. Finalement, au
congrès de l'Association psychanalytique internationale
en 1922, les analystes concluent que, sur proposition de
Sandor Ferenczi, la solution est l'« analyse didactique »
effectuée chez un tiers analyste et analysé lui-même. Sur
le principe du premier moteur immobile ou de la cause
incausée d'Aristote, l'auto-analyse ne peut fonctionner

que pour l'inventeur de la psychanalyse et personne d'autre... Les autres devront avoir été allongés sur un divan officiellement estampillé par Freud ou un freudien.

Les historiens de la psychanalyse se chamaillent pour dater l'auto-analyse de Freud. Quand commence-t-elle ? Et sa fin ? A-t-elle été constante, régulière ou suspendue ? Si oui, combien de temps ? Les biographes transfigurent habituellement cette aventure somme toute banale en coup de génie salué comme une audace sans nom, une démarche courageuse, un fait exceptionnel, une tentative héroïque et persévérante, une réalisation grandiose, une tâche ardue ! Les qualificatifs pleuvent dès qu'il s'agit de cette introspection ordinaire à laquelle invitent tous les philosophes stoïciens de l'Antiquité, puisqu'elle constitue pour eux l'un des exercices spirituels majeurs de la pratique existentielle de leur discipline... *Selbstdarstellung* signifie tout simplement : présentation, description, analyse de soi. Pas de quoi parler comme Jones du « caractère unique de cet exploit » (I. 351)...

On pourrait imaginer que la période de l'auto-analyse couvre celle de la correspondance avec Fliess – soit de 1887 à 1904 – pendant laquelle Freud envoyait en moyenne une lettre tous les dix jours et de volumineux manuscrits, dont l'*Essai de psychologie scientifique* (1895). De fait, cette correspondance très intime, qui n'évite rien et suppose la mise à nu des protagonistes, pourrait servir à Freud pour *s'essayer à lui-même* avec un tiers comme témoin, sinon en miroir. Sa parole épistolaire vaudrait verbe offert au thérapeute. En écrivant (à Fliess) il s'écrirait (à lui-même). L'affaire du plagiat qui sert de prétexte à la rupture ne constitue pas un motif véritable – Wilhelm Fliess reproche à Freud d'avoir laissé fuiter ses propres theses sur la bisexualité en confiant à d'autres ce que recelait la correspondance entre les deux amis. Freud, qui, en effet, ne savait pas tenir sa langue – aveu de Jones lui-même (II. 433)… – et a beaucoup trahi le secret professionnel pendant sa longue carrière, a rompu avec celui qu'il a adoré. Si Anna avait été un garçon, elle aurait porté son prénom…

Qu'apprend-on à la lecture de cette correspondance ? On découvre l'homme Freud, loin de l'exposition légendaire ou mythologique organisée ailleurs par ses soins, sans souci de la légende ou de la postérité, insoucieux de ce que *ses* biographes, pour le dire comme lui, pourraient faire de cette relation épistolaire privée. Comme tout un chacun se sachant chez soi, il se lâche, se soulage, se libère. Dès lors, on découvre la nudité d'un être avec ses zones d'ombre, ses faiblesses, ses errances, ses doutes, son caractère, son tempérament sans travestissement : on y voit l'homme de *mauvaise foi* – je reviendrai dans le détail sur l'affaire Emma Eckstein ; l'*ambitieux* obsédé par les moyens de laisser rapidement une trace dans l'histoire ; le *cupide* cherchant la trouvaille à même de lui assurer la fortune dans les meilleurs délais – on le verra avec l'affaire de la cocaïne et le cas Fleischl-Marxow ; le *psychorigide* qui renonce sans renoncer face aux preuves de son fourvoiement – avec la théorie de la séduction par exemple ; le *superstitieux* qui recourt à des signes de conjuration du mauvais sort dans ses lettres – on verra plus tard aussi la dissimulation de son avis véritable en faveur de l'occultisme ; l'*ingénu* adhérant aux thèses fantasques de son ami sur les cycles, les périodes, et la superstition numérologique associée ; le *cyclothymique* qui détaille la moindre somatisation : écoulement nasal, arythmies cardiaques, migraines récur-

rentes, tabagisme, furoncle gros comme un œuf au scrotum, alternances de constipations et de diarrhées ; le
dépressif qui confesse des troubles endurés depuis des
années (7 août 1894), une humeur vacillante, des rende-
ments intellectuels nuls, une fatigue générale, une libido
défaillante, un « état psychique misérable » (16 octobre
1895) ; l'*angoissé* et le *phobique* – angoisse des voyages,
peur de la mort, peur des trains, peur de manquer de
nourriture, peur d'être sans argent ; le *cocaïnomane* qu'il
sera une dizaine d'années durant (12 juin 1895) ; Freud
à nu, sans masque ; Freud humain, très humain, trop
humain ; Freud avant le maquillage, les projecteurs et la
pose pour l'éternité ; Freud en chair et en os, une dure
réalité pour lui qui s'est rêvé, pensé, voulu en marbre et
en or...

L'auto-analyse, finalement, n'a ni commencement ni
fin. On pourrait citer d'ailleurs le titre de l'un de ses
derniers textes, *L'Analyse avec fin et l'analyse sans fin*
(1937), dans lequel, au bord de la mort, massacré par son
cancer de la mâchoire, souffrant avec sa prothèse, épuisé
par une trentaine d'opérations, il donne la clé de son
odyssée – de son *egodicée* oserai-je dire en empruntant ce
beau concept à Derrida. Il doute de la possibilité d'affirmer que la psychanalyse puisse guérir définitivement, il
argumente, en sophiste rodé, pour tâcher d'expliquer
que ce qui revient n'est pas ce qui serait insoignable,
mais ce qui proviendrait d'ailleurs, il disserte en rhéteur
subtil sur ce qui distingue l'« analyse incomplète » et
l'« analyse inachevée » (235), l'impossibilité de supprimer
définitivement une revendication pulsionnelle. Freud
l'écrit : l'analyste devrait être analysé une fois, certes,
mais régulièrement, tous les cinq ans, il devrait s'allonger
à nouveau sur le divan. Qu'en est-il dans le cas d'une

auto-analyse ? Une démarche qui économise transfert et contre-transfert ? Au bout d'un long chemin, il conclut son texte en affirmant que l'analyse pourrait être « une tâche sans fin » (265), on pourrait alors croire qu'il achève sa vie en constatant qu'une analyse, *son analyse*, aura été une tâche sans fin…

La psychanalyse aura donc été l'analyse sans début et sans fin d'un homme soucieux de composer avec sa psyché. Il aura prétendu la scruter fermement, mais sans désir sincère d'en découvrir le contenu véritable, se contentant d'y fictionner la psyché des autres, de tous les autres. Son œuvre complète assemble les cahiers de notes d'une quête de soi inachevée ; elle contient dans le plus petit texte donné à une revue ou dans un gros livre destiné à faire théorie, la *Psychopathologie de la vie quotidienne* par exemple, le carnet de bord d'une âme en peine…

Freud propose moins une *psychanalyse scientifique issue d'une méthode expérimentale* avec des concepts universellement valables qu'une *psychologie littéraire issue d'une autobiographie* avec des notions créées sur mesure pour lui-même, extrapolées ensuite à la totalité de l'humanité. *L'Interprétation du rêve*, présentée à la fois comme un texte scientifique (la fondation d'une science) et un récit autobiographique (l'auto-analyse consécutive à la mort du père), fourmille de références personnelles, subjectives, racontées à la première personne.

On y trouve en effet un nombre incalculable de rêves, une cinquantaine, qui témoignent de la vie nocturne de l'auteur, de ses fantasmes, de ses désirs, de ses envies : on y croise sa mère portée sur un lit par des créatures à bec d'oiseau ; un oncle à la barbe blonde ; l'un de ses fils en costume de sport ; un ami ayant mauvaise mine ; un autre fils myope ; son père sur son lit de mort ; une injection faite à une dénommée Irma... On y apprend des choses sur la bonne de son enfance à laquelle il devrait son initiation sexuelle ; ses années d'études ; l'imbroglio de sa famille qui enchevêtre trois générations sous un même toit ; l'agonie et la mort du « vieux » comme il dit dans ses lettres à Fliess ; sa nomination au grade de professeur extraordinaire ; ses voyages en Italie. Puis nombre de moments constitutifs de sa psyché d'adulte.

Ainsi cette scène dans laquelle pourrait se jouer une partie de l'aventure qui nous intéresse. Scène inaugurale, déterminante, fondatrice. Scène dont Sartre dirait, dans le langage de sa psychanalyse existentielle, qu'elle constitue un « projet originaire ». Scène traumatisante, cela va de soi, humiliante pour le père, donc pour le fils. Freud a dix ou douze ans, il chemine en compagnie de son père dans les rues. Tous deux bavardent. Le père raconte une histoire ancienne pour montrer le changement du statut des juifs et combien il est doux pour eux de vivre désormais dans une Vienne tolérante – nous sommes dans les années 1866-1867. Bien habillé, coiffé d'un joli bonnet en fourrure tout neuf, il croise un chrétien qui, d'un geste, envoie le couvre-chef au caniveau et invective Jakob Freud : « Juif, descends du trottoir »... Curieux de la réaction paternelle, Freud tombe des nues en apprenant que son père n'a rien fait, s'est baissé, a ramassé son bien et continué son chemin... Commentaire de Freud plus de trente ans après : « Cela ne me parut pas héroïque de la part de l'homme grand et fort qui menait par la main le petit bonhomme que j'étais » (IV. 235).

L'enfant imagine une autre issue à cette histoire : elle renvoie à Hamilcar Barca faisant jurer à son fils Hannibal qu'il le vengera des Romains. On peut imaginer qu'une partie du programme existentiel de Freud fut calqué sur ce souhait de venger le père en devenant Hannibal à sa manière. Freud confesse en avoir fait un héros. D'abord, pendant ses études, en lisant les récits des guerres puniques, il s'identifie au Carthaginois ; ensuite, alors que jeune homme il expérimente l'antisémitisme viennois, le capitaine sémite devient un héros à ses yeux. Dès lors, Freud oppose Rome la catholique, la ville de l'homme qui humilia son père, à Carthage, la cité du chef de guerre ayant résisté aux Romains. Il n'a donc plus en tête qu'entrer dans Rome en conquérant, en vainqueur.

Freud a été tenaillé par l'identification à des figures. Son programme existentiel a souvent calqué celui de tel ou tel : Hannibal, donc, Moïse plus tard, mais aussi, on le verra, Œdipe. La vie d'Hannibal pourrait en effet de temps en temps faire songer à celle de Freud : la fidélité à la parole donnée ; une farouche opposition à l'ennemi ; d'évidents talents de stratège et de tacticien pour parvenir à ses fins ; une réputation survivant aux calomnies de ses opposants ; une fin d'existence placée sous le signe de la réappropriation de soi par un suicide – tout cela se trouve partagé par les deux hommes.

Mais ce qui les rassemble puissamment, au-delà de tel ou tel trait biographique, c'est ce désir forcené d'entrer dans Rome en vainqueur, en conquérant. Ce désir a long-temps et profondément taraudé Freud qui a envisagé le déplacement, travaillé sur la topographie de la cité, compulsé de nombreux ouvrages sur le sujet. Dans une lettre à sa femme, il manifeste le désir de s'installer avec elle, là-bas. Il envisage même de quitter son poste de professeur pour mener à bien ce projet. Mais en 1897 un voyage vers Rome s'arrête mystérieusement aux portes de Trasimène... Freud obéissait à une voix intérieure lui disant : « jusqu'ici et pas au-delà »... Or Hannibal, deux mille ans plus tôt, avait entendu la même voix et s'était arrêté au même endroit...

Certes, les lettres à Fliess témoignent de cette étrange relation à Rome. Mais également l'œuvre. Dans *L'Interprétation du rêve*, la ville hante nombre de ses rêves et, les analysant, Freud comprend qu'ils cachent une chose profonde, mais là aussi, là encore, il s'arrête aux portes de la signification. Vint un jour où le voyage se fit enfin. On peut lire cette étrange phrase dans *La Naissance de la psychanalyse* à propos de ce voyage finalement accompli : ce fut, écrit-il, « le point culminant dans [s]a vie ». Quel aveu !

Le rapport que Freud entretint avec l'Italie en général et Rome en particulier participe de la névrose freudienne. Freud confirme lui-même la chose dans une lettre à Fliess : « Ma désirance pour Rome est d'ailleurs profondément névrotique » (3 décembre 1897), écrit-il en rappelant son enthousiasme de lycéen. En vertu de la logique du souvenir-écran, on peut en effet supposer que, dans la proposition freudienne de lecture de l'affaire Hannibal, Freud met en avant l'hypothèse de la vengeance du père pour lui donner un rôle capital dans l'économie de son existence alors qu'il faudrait aller chercher ailleurs... Car, chaque fois que son géniteur apparaît dans l'œuvre, c'est plutôt en père castrateur, en père rival, en père mort ou en père à supprimer et non en père à honorer... Freud devenant célèbre, honoré, respecté sur la planète entière, soucieux de venger son père, sinon l'honneur des juifs bafoués, voilà une belle hypothèse, politiquement correcte à souhait, mais tellement en contradiction avec le restant de l'œuvre !

Sans s'en apercevoir, Freud donne toujours les clés de ses serrures les mieux verrouillées. Ainsi, dans une note ajoutée en 1911 à *L'Interprétation du rêve*, Freud signale qu'il a publié l'analyse typique d'un rêve œdipien camouflé... Citant Rank qui lui-même cite Tite-Live, il affirme qu'un oracle apprit aux Tarquins que le pouvoir sur Rome reviendrait à celui qui, « le premier, donnerait un baiser à sa mère » (IV. 447). Selon Freud, un rêve de commerce sexué avec sa mère apporte un présage favorable de prise de possession de la Terre-Mère...

Voici donc de quoi résoudre l'énigme d'Hannibal et conclure que la lecture proposée par Freud de son identification au héros sémite qui venge l'honneur des Carthaginois bafoués par les Romains comme jadis son père juif fut humilié par un Viennois catholique (romain donc) occulte une autre interprétation. Freud l'écrit dans ce texte, mais il le répétera régulièrement dans son œuvre : la Terre, c'est la Mère. Conquérir Rome, c'est donc posséder la Terre-Mère : rentrer dans la Cité équivaut donc, dans la psyché freudienne torturée par un constant désir incestueux, à épouser sa mère, s'unir à elle. Voilà pour quelles raisons Freud peut longtemps désirer Rome, tourner autour d'elle en l'étudiant, vouloir tout quitter pour elle et s'y installer, ne pas parvenir à y pénétrer, rester interdit devant son entrée, puis, une fois pénétrée, pouvoir écrire qu'il s'agit là du point culminant de sa vie...

Une autre scène d'enfance rapportée par Freud montre un autre rapport au père : Jakob y est moins fantasmé comme un père à venger, après qu'il n'eut pas lui-même été capable de faire payer une offense antisémite, que

comme un père castrateur. Précisons que la première
aventure, lue dans la perspective de la mère à conquérir
et non du père à venger, redonne au père une place cohérente dans la vision œdipienne de Freud : l'abondance
d'images du père castrateur, du père mort, du père à tuer
semblait en contradiction avec cette unique histoire du
père humilié vengé par son fils. Le géniteur apparaît dans
une posture qui va bien au fils : un père humilié, offensé
– qu'il n'aura nullement envie de venger, thèse mise en
exergue par lui pour cacher la vérité œdipienne de sa
psyché.

Cet autre fait, jugé digne par Freud d'être consigné
dans ce qu'il considère comme son maître livre, celui qui
doit lui valoir le Nobel, l'argent, les plaques commémoratives, les bustes à son effigie, la réputation planétaire,
l'inscription de son nom dans l'histoire de l'humanité en
compagnie de Copernic et Darwin, juste un pas devant
eux, le livre qui annonce la mort de la philosophie et les
pleins pouvoirs de la psychanalyse, la somme qui coupe
l'humanité en deux, de sorte qu'avant et après elle, ce ne
sera plus la même chose, le livre qui met des années pour
épuiser sa première édition, mais enterre vingt-cinq
siècles de philosophie occidentale, la somme scientifique
qui marque le passage dans un nouveau monde et va
générer un nouveau calendrier intellectuel, ce livre,
donc, nous rapporte en quelques lignes majeures qu'un
jour, Freud, âgé de sept ou huit ans, entra dans la
chambre de ses parents, s'y soulagea dans le seau hygiénique familial, et s'entendit dire par son père, apparemment ulcéré par cette remarque au demeurant banale :
« Ce garçon ne deviendra rien de bien » (IV. 254-255).
Commentaire de Freud : « Il faut que cela ait été pour
mon ambition une terrible vexation, car des allusions à

cette scène reviennent sans cesse dans mes rêves et sont
régulièrement rattachées à l'énumération de mes réalisa-
tions et succès, comme si je voulais dire : "Tu vois, je suis
quand même devenu quelqu'un de bien" » (*ibid.*). Voici
donc une image plus conforme à l'image freudienne,
donc œdipienne, du père dans l'œuvre complète : le père
humilié rejoint donc le père humiliant ; dans les deux
cas, il s'agit bien d'un père détestable.

Père castré, père castrateur, peut-être même père castrateur parce que père castré, Freud met au jour un géniteur haïssable… L'homme qui n'a pas eu le courage de
répondre à l'insulte antisémite se montre faible avec les
forts et fort avec les faibles, en l'occurrence son fils urinant dans le seau hygiénique de ses parents, forfait
mineur. Le père courbe l'échine sous l'humiliation antisémite, mais relève la tête dans la castration de son petit
enfant juif.

Dans le croisement de ces deux rêves, on découvre
que Freud semble moins vouloir *venger le père* n'ayant
pas su répondre à la provocation antisémite que *se venger
du père* et de sa remarque castratrice blessante pour lui
qui, depuis sa prime jeunesse, court après la célébrité, la
réputation, l'argent, la notoriété, les signes extérieurs de
reconnaissance sociale qui vont du grade institutionnel
de professeur dans l'université à celui de prix Nobel, en
passant par différentes autres distinctions honorifiques.

Quand, dans *L'Interprétation du rêve*, son père n'est
ni castré ni castrateur, il est mort… ce dont témoignent
deux autres rêves. L'un d'entre eux surgit dans la nuit
qui précède son enterrement. Dans sa correspondance
avec Fliess, on suit le détail du glissement de son géniteur
vers le néant. Freud a le projet de voir son ami si cher,
mais la longueur de l'agonie le contrarie… Une lettre

(30 juin 1896) raconte les collapsus cardiaques, la paralysie de la vessie et autres symptômes à même de prouver que Jakob, âgé de quatre-vingt-un ans, se dirige vers sa fin.

Déjà un précédent courrier (11 décembre 1893) faisait état d'une mauvaise grippe qui a laissé son vieux père de soixante-dix-huit ans dans un état méconnaissable : il est devenu l'ombre de lui-même. Fin septembre 1896, le mouvement vers la tombe s'accélère : moments de confusion, épuisement, pneumonie, paralysie intestinale (29 septembre 1896) et, signe majeur, proximité avec une date funeste et fatidique – rappelons que Freud sacrifie avec son ami à une obscure théorie des dates, des cycles et des chiffres expliquant qu'on meure plutôt à cette date qu'à une autre… Lettre suivante (9 octobre 1896), Freud parle froidement de la probabilité de rendre visite à son ami à Berlin : « L'état du vieux va probablement limiter ma participation au minimum. »

Le « vieux », en effet, meurt dans la nuit du 23 octobre 1896… Freud a quarante ans. Commentaire du père de la psychanalyse : « Il s'est maintenu vaillamment jusqu'au bout, comme l'homme peu banal qu'il était en somme. À la fin, il a dû avoir des hémorragies méningées, des accès de léthargie accompagnés d'une fièvre inexplicable, de l'hyperesthésie et des spasmes, à la suite de quoi il se réveillait sans fièvre. Au dernier accès succédèrent un œdème pulmonaire et une mort à vrai dire facile » (26 octobre 1896).

Les morts sont tous de braves types… Mais pas chez Freud, du moins pas quand il s'agit de son père. Une lettre de l'année suivante (8 février 1897) montre Freud

à nouveau tel qu'en lui même l'éternité ne le change pas.
Sa vie a été consacrée à détruire ou déconsidérer le père.
Il y eut une pause pendant l'agonie, le minimum de la
décence. Mais le combat reprend de plus belle au début
de l'année 1897 : cette fois-ci, il faut s'acharner sur le
corps mort du père. Ce cadavre en décomposition,
Freud le sort de sa tombe et s'acharne sur lui : dans son
courrier à Fliess Freud émet l'hypothèse purement gratuite que son père aurait été un « pervers » (*ibid.*) responsable de l'hystérie de son autre fils et de quelques-unes
de ses plus jeunes filles…

Commence alors cette extravagante théorie dite de la
séduction, sur laquelle je reviendrai. Disons pour l'instant, avant de retracer le détail effroyable de cette névrose
freudienne, qu'elle suppose une étiologie sexuelle des
névroses qui renvoie la plupart du temps à un traumatisme de jeunesse, voire d'extrême jeunesse, d'enfance
donc, en l'occurrence des abus sexuels commis par le
géniteur sur ses propres enfants ! Voilà donc Freud transformant le cadavre de son père en pervers violant sa progéniture ! Hannibal pourrait-il vouloir venger ce genre de
père ?

Faut-il s'étonner que l'année de ce prurit freudien à
l'endroit de son père transformé en abuseur sexuel de sa
famille soit également celle de deux rêves entrés dans
l'histoire sous les titres de « Hella » et « Monter les esca-
liers déshabillé », à partir desquels il va élaborer sa théorie
du complexe d'Œdipe ? 1897 : l'année du renoncement
aux travaux neurologiques et aux thèses de sa psychologie scientifique ; 1897 : l'année où il décide d'écrire son
Interprétation du rêve. 1897 : l'année du début officiel de
son auto-analyse ; 1897 : l'année où il s'occupe de la
pierre tombale de son père. 1897 est également l'année,

enfin, de son voyage en Italie ! C'est aussi – voir sa lettre du 15 décembre à Fliess – sa découverte du prétendu complexe d'Œdipe… La mort du père, cet événement présenté comme ce qui peut arriver de plus important dans la vie d'un individu par Freud lui-même, constitue effectivement un grand moment dans la vie d'un petit garçon obsédé par l'union sexuelle avec sa mère : il la restitue à son fils après le rapt effectué par le père…

En attendant, deux rêves avec le père mort montrent un Freud en paix avec son géniteur qui a le bon goût de ne plus le menacer. Mort la veille, Jakob revient la nuit hanter le songe de son fils. Passons sur les détails. Freud remarque dans ce rêve une affiche sur laquelle il lit : « On est prié de fermer les yeux ». Ou/et : « Un œil. » Le fils avait choisi pour son « vieux » les funérailles les moins coûteuses ! Pas question de payer pour son père… La raison de ces obsèques pas chères ? Le défunt n'aurait pas aimé des dépenses inutiles, assène Freud… Le fils voit dans son rêve un genre de reproche effectué par la famille : elle pourrait en effet considérer cette pingrerie d'un autre œil. Le psychanalyste propose une interprétation de son rêve : une invitation à fermer les yeux, autrement dit une exhortation à l'indulgence sur ce geste médiocre du fils.

Autre rêve : Jakob est mort une fois encore. Ressuscité pour cause onirique, voici cet homme, jadis abhorré pour sa lâcheté en présence d'un geste antisémite, transfiguré en héros de l'unité magyare. Le vieil homme assis, entouré par une nombreuse assistance comme à l'Assemblée nationale, semble jouer un rôle de roi, de sage écouté… Commentaire du fils : « Je me souviens que sur son lit de mort il ressemblait tellement à Garibaldi, et je me réjouis que cette promesse soit bel et bien devenue vraie »

(IV. 476). Mort et dans un rêve, le père peut bien être un héros, il ne représente plus aucun danger pour le fils dont le regard se tourne alors vers sa mère enfin libre.

Lisons l'*Interprétation* : « Le rêve est l'accomplissement (déguisé) d'un souhait (réprimé, refoulé) » (IV. 196). Quel souhait ici ? Que son père soit mort et bien mort ? Qu'il soit Garibaldi à sa manière ? Qu'il triomphe en acteur de l'unification magyare ? Que, interprétation du fils, debout et entouré, il ne persiste pas visiblement dans la situation signalée par lui, quelques lignes plus loin, d'un père mort en se vidant de ses intestins ? Ou bien alors que son père puisse bien être un héros, certes, mais post mortem seulement ? Ce sera mon hypothèse…

Récapitulons pour la théorie : ce gros livre annoncé comme scientifique repose sur une introspection auto-biographique ; l'interprétation subjective du rêve et de quelques autres scènes d'enfance tenues pour majeures par le maître d'œuvre de l'ouvrage constitue le seul exer-cice d'une méthode présentée comme expérimentale ; le contenu autobiographique sature les démonstrations, y compris avec des interprétations toutes à la gloire de leur interprète ; la part d'auto-analyse égotiste se révèle majeure dans les développements prétendument cli-niques et abondants ; la psychologie littéraire de son auteur prend le pas sur une psychanalyse scientifique.

Ajoutons ceci pour les découvertes utiles à notre psy-chobiographie : l'homme qui élabore une méthode nom-mée psychanalyse souffre d'une profonde affection névrotique avec des symptômes majeurs ; les rêves inter-prétés par lui le sont par un analyste juge et partie ; les conclusions procèdent de cette impossibilité technique à produire une analyse objective ; l'auto-analyse produit inévitablement une autojustification, elle évite le nœud de vipères de la psyché.

Les croisements multipliés des textes, des correspondances, des analyses, des biographies et de l'œuvre complète conduisent vers la source noire de cette psychonévrose de Freud : une haine de son père présenté comme un être humilié, humiliant à son tour, castrateur, et dont la grandeur n'est jamais autant manifeste que dans la mort ; une mère désirée, sexuellement convoitée, identifiée à la Terre-Mère qu'est Rome, une ville dans laquelle il aspire à pénétrer, n'y parvient pas, puis finit par entrer pour y connaître le plus beau jour de sa vie ! Cette pathologie n'avait pas de nom, elle deviendra sous la plume de Freud le complexe d'Œdipe dont il fera une pathologie universelle dans le seul but de vivre moins seul avec elle…

II

La mère, l'or et les intestins de Sigmund

> « Mon désir de grandeur proviendrait-il
> de cette source ? »
>
> FREUD, *L'Interprétation du rêve* (IV. 229).

La mère de Freud joue un rôle d'autant plus important dans la vie de son fils qu'il en parle très peu dans son œuvre. Nulle mention de sa mort dans un texte théorique, au contraire du père, nul jugement sur sa disparition au détour d'une page ou d'une démonstration, rien de détaillé à son propos. Elle se trouve tout de même au centre d'un rêve entré dans l'histoire sous le titre « Mère bien-aimée et personnage à bec d'oiseau ». L'analyse en est proposée par Freud dans *L'Interprétation du rêve* sous la rubrique des *rêves d'angoisse*…

Freud confesse ignorer ce genre de rêve depuis des années, mais garde le souvenir de l'un d'entre eux. À l'époque, il avait sept ou huit ans. L'interprétation arrive donc trente ans plus tard… Mesurons en passant combien le contenu du rêve peut, en trois décennies, se trouver fort affecté par le souvenir, la mémoire, les torsions de la psyché, les désirs et autres forces psychologiques à même de courber les champs magnétiques de l'âme… Le matériel sur lequel travaille le scientifique n'est pas de toute première fraîcheur libidinale même si notre auteur confie à propos de ce rêve qu'il « était très vivace » (VI. 638) – on verra bientôt pourquoi…

Le rêve montre donc « ma mère bien-aimée, écrit le fils, avec une expression du visage singulièrement calme et endormie » (*ibid.*). Amalia est portée dans sa chambre par deux ou trois personnages à bec d'oiseau, puis posée sur son lit. À première vue, ces créatures font songer au dieu égyptien Horus, fils d'Osiris le père et d'Isis la mère. Pour venger la mort de son père, Horus affrontera son oncle et recevra le trône d'Egypte en héritage. D'où son surnom : « vengeur de son père »… Freud en vengeur du père, démultiplié, portant sa mère dans sa chambre, la posant sur le lit, le scénario pourrait tenir…

Freud donne sa lecture. Le dieu à tête d'épervier, il ne le nommera pas, mais, du moins le croit-il, il en livre la provenance : les illustrations de la Bible (israélite) de Philippson, l'ouvrage que lisait son père juif, un monumental volume orné de plusieurs centaines de gravures accompagnées de commentaires renvoyant à l'histoire primitive et aux religions comparées. On trouvait donc dans la partie vétérotestamentaire toute une iconographie égyptienne, dont un relief funéraire.

Philippson, écrit Freud, voilà qui le renvoie à un garçon de son âge avec lequel il jouait dans le pré devant la maison familiale : « Je serais tenté [*sic*] de dire qu'il s'appelait Philipp » (*ibid.*), écrit-il… Ce jeune garçon hypothétiquement prénommé Philipp aurait donc appris à son compagnon de jeu le mot grossier qui nomme une relation sexuelle : l'homophonie d'*oiseau* (Vogel) et de *baiser* (vögeln) suffit, selon Freud, à expliquer l'existence des hommes à bec d'oiseau…

Freud ajoute : « L'expression du visage de ma mère dans le rêve était copiée sur le visage de mon grand-père que j'avais vu ronflant dans le coma quelques jours avant sa mort. L'interprétation qu'est dans le rêve l'élaboration secondaire doit donc s'être énoncée : ma mère meurt, ce avec quoi concorde aussi le relief funéraire » (VI. 638-639). L'enfant se réveille, pleure, crie, appelle ses parents, voit sa mère, ce qui fait tomber l'angoisse. Conclusion : rêve d'angoisse.

La dernière ligne consacrée à l'analyse paraît bien sibylline : « Mais l'angoisse peut être ramenée, au moyen du refoulement, à un obscur désir manifestement sexuel qui, dans le contenu visuel du rêve, avait trouvé sa bonne expression » (*ibid.*). Sibylline et claire dans sa qualification d'obscur pour parler de ce désir qui, donc, pourrait être sexuel. Pourquoi Freud n'ose-t-il pas… entrer dans Rome ? Il donne les clés de l'énigme, mais ne veut pas s'en servir par peur, probablement, d'y découvrir le nœud de vipères le montrant accouplé à sa propre mère.

Reprenons la lecture freudienne et proposons une interprétation de l'interprétation, non pas comme une vérité, une lecture se présentant comme vraie, la mienne, contre une lecture fausse, celle de Freud, je n'ai pas cette présomption, mais, pour le plaisir de la leçon épistémologique, une lecture hypothétique destinée à montrer qu'en matière d'interprétation des rêves, il n'y a pas de science ou de clé universelle, de certitude définitive ou de connaissance objective, mais une proposition subjective présentée comme une vérité – un perspectivisme nietzschéen… Sur le matériau fourni par Freud on peut en effet proposer d'autres conjectures pour de nouvelles conclusions, voire pour des conclusions contradictoires avec les siennes. Proposons donc une grille alternative.

Silence, on l'a vu, sur le nom d'Horus, vengeur de son père. *Erreur d'aiguillage* sur la signification du nom de Philippson : les hypothèses de la Bible, puis celle du jeune garçon dont la grossièreté donnerait l'explication des hommes-oiseaux, évitent une autre information : Philipp est également le prénom du fils qu'eut le père de Freud lors d'un premier mariage. Voilà pourquoi Freud pourrait affirmer qu'il *serait tenté* de voir là le Philipp de son enfance.

C'est donc le nom du beau-fils de sa propre mère, celui du demi-frère de Freud dont il nous dira que, vu l'écart d'âge entre son père et sa mère, il avait fantasmé que l'enfant né de l'union de ses parents, son frère, avait dû être le produit non pas de son vieux père et de sa jeune mère, mais de sa jeune mère et de ce jeune garçon qui avait presque son âge et qui était son beau-fils… Philippson pourrait donc bien être le nom du responsable éditorial de la Bible israélite lue par l'enfant Freud, certes, mais c'est aussi étymologiquement le fils de Philipp.

Refoulement : pourquoi le Freud qui disserte longuement sur les symboles et affirme dans ce même ouvrage que l'oiseau renvoie au vol qui « a la plupart du temps une signification grossièrement sensuelle » (IV. 442) ne songe jamais à associer les oiseaux de ce rêve à la sexualité et préfère, tout en taisant le nom d'Horus, vengeur de son père, une lecture renvoyant au bas-relief funéraire ? Qu'est-ce qui justifierait ce refoulement à l'origine du glissement à partir duquel l'oiseau sexuel fait place à l'hypothèse de l'oiseau mortuaire ? Un puissant désir de préserver sa mère et une éviction de la nature sexuelle de ce rêve.

Aveuglement : car ce visage apaisé de la mère ne semble pas raccord avec le rapprochement que fait Freud avec le râle d'un grand-père dans le coma quelques jours avant sa mort... Le faciès de l'agonisant râlant semble en contradiction avec l'«expression du visage singulièrement calme et endormie» (IV. 638) de sa «mère bien-aimée», une expression qui rappelle bien plutôt la sérénité suivant un acte sexuel plutôt que la gravité des derniers jours d'un mourant. Pourquoi des oiseaux de mort et non des oiseaux de vie ? Sinon par désir de préférer n'importe quoi à la scène d'une mère sexuellement apaisée par une relation sexuelle avec son beau-fils – une situation impossible pour Freud, non par pudeur ou par moralité, mais parce que tel serait là son souhait le plus profond : être à la place de son demi-frère Philipp... Pourquoi pas cette lecture ? Cette fable en vaut bien une autre...

L'imbroglio de l'arbre généalogique freudien peut poser problème au jeune Freud. Jugez-en : Jakob Freud, le père de notre conquistador, avait épousé en premières noces une femme prénommée Sally avec laquelle il avait eu deux enfants. Marié à seize ans, père à dix-sept, veuf à trente-trois avec deux fils – dont l'un se prénomme donc Philipp. Rebecca est le nom de sa deuxième femme dont on sait peu de chose car elle meurt quelque temps après leur mariage. En troisièmes noces, donc, il épouse Amalia avec laquelle il a ce fils prénommé Sigismund le 6 mai 1856. À la naissance de ce bébé appelé à devenir célèbre, Jakob a quarante et un ans, Amalia vingt et un. Un petit frère naît en 1857, puis meurt sept mois plus tard. Freud a écrit, on l'a vu dans une lettre à Fliess, combien il a accueilli cette dernière naissance avec contrariété et sa mort avec un réel soulagement… Une sœur arrive après Sigmund en avril 1858 – elle se prénomma Anna. Freud, on le sait, prénomma ainsi l'une de ses filles appelée à devenir son ombre… De même, on sait déjà que Freud théorisa la chance avec laquelle part dans la vie l'enfant préféré parmi ses frères et sœurs, une thèse ajoutée en note dans *L'Interprétation du rêve*. À cette liste d'enfants ajoutons une ribambelle de sœurs et un frère entre 1860 et 1866. Pour Jakob, dix enfants en trois mariages.

Cette différence d'âge de vingt ans entre son père et sa mère trouble l'enfant. Autre occasion d'y perdre son latin : à un an près, sa mère a le même âge que Philipp son demi-frère. Et encore : Emmanuel, autre fils du premier mariage de Jakob, l'aîné, est marié, père de deux enfants dont l'un est plus vieux d'un an que Freud, mais se trouve tout de même être son oncle. Bien sûr, cet Emmanuel est plus âgé qu'Amalia. De qui, donc, cette femme est-elle la mère, l'épouse, la sœur, la femme, la compagne, la maîtresse ? Question plus triviale : avec qui couche-t-elle ? Avec Jakob ce vieux monsieur ? Ou bien avec Philipp, ce jeune homme de son âge, mais qui se trouve être également son beau-fils, le demi-frère de Sigmund ? Ou bien encore Emmanuel, son autre beau-fils, mais cette fois-ci franchement plus âgé qu'elle ? Gageons que pour un petit garçon cette configuration familiale obscure peut générer des troubles identitaires…

Mariages, divorces, veuvages, remariages, maternités, familles recomposées, parturitions adjacentes, vieux père avec jeune mère, tout cela affecte Sigmund. Emmanuel lui fait remarquer que cette famille est une, mais composée de trois générations : Jakob, en effet, aurait pu être le grand-père de Sigmund, il était son père… Philipp aurait pu être le mari, l'amant, d'Amalia, il était son beau-fils. Jakob aurait pu être le père d'Amalia, il était son époux. Le fils d'Emmanuel était le contemporain de Sigmund, mais il était son oncle…

Cette configuration familiale plonge Freud dans la perplexité, ce dont témoigne une anecdote rapportée dans *Psychopathologie de la vie quotidienne* : le voilà vers la fin de sa troisième année, du moins le croit-il, pleurant devant un coffre dont son demi-frère, de vingt ans son aîné, tient le couvercle : pour l'ouvrir ou le fermer ? À ce moment entre sa mère « belle et svelte » (58). Première interprétation donnée à ce souvenir cherché volontairement dans sa psyché alors qu'il a quarante-trois ans : probablement une frasque de son frère…

Or les choses sont autres : Sigmund, angoissé par l'absence de sa mère, pensait que Philipp l'avait enfermée dans le coffre. Il lui demande d'ouvrir le meuble pour vérifier qu'elle ne s'y trouve pas. Devant le coffre vide, il crie. Sa mère arrive, inquiétude apaisée… Mais pourquoi vouloir chercher sa mère dans un coffre ? Cherchant plus loin dans son souvenir, Freud voit apparaître sa vieille nourrice. Mais sans pouvoir effectuer une connexion entre ces deux informations. Freud interroge sa mère et découvre que cette femme avait profité de son séjour à la maternité pour la voler. Sur plainte de Philipp, elle fut traînée devant les tribunaux.

Aussi, quand Freud demande à son frère où est passée la bonne, il s'entend répondre : elle a été « coffrée »… Autrement dit, mise en prison – pour dix mois. Ce que Freud entendit comme « mise dans un coffre ». L'absence de sa propre mère conduisit Freud à interroger son demi-frère et à supposer que, comme il avait mis la bonne dans un coffre, il l'avait également entreposée dans le meuble en question... Freud questionne donc Philipp car c'est lui qui met les femmes dans le coffre, autrement dit, dans la logique du symbolisme naïf de Freud – « boîtes en fer, boîtes en carton, coffres, armoires, poêles correspondent au corps féminin » (IV. 399) –, qui les engrosse...

Voilà pourquoi Freud met en relation : sa mère enceinte d'Anna, l'égale jeunesse de sa mère Amalia et de son demi-frère Philipp, la vieillesse de son père Jakob, la disparition de sa Nannie « coffrée », celle de sa mère rentrant de la maternité, réapparaissant « svelte », autrement dit, le coffre vide, et la possibilité que, dans cette aventure, Philipp puisse être le père d'Anna, autrement dit, que son demi-frère ait pu coucher avec sa mère – et enfanter une petite fille dont le prénom sera celui... de l'une de ses filles avec laquelle il entretiendra un rapport ontologiquement incestueux...

De cette configuration familiale, subjective, personnelle, individuelle, Freud va, comme d'habitude, extraire des conclusions destinées à nourrir une théorie à prétention universelle. Dans *Le Roman familial des névrosés* (1909), il développe une thèse déjà présente dans une lettre à Fliess : « Tous les névrosés se forgent ce qu'on appelle un roman familial [...] qui est, d'une part, au service du besoin de grandeur, d'autre part, au service de la défense de l'inceste » (20 juin 1898). Remarquons que, selon les dires mêmes de Freud, la construction de ce roman concerne les névrosés et que Freud confie avoir fantasmé un autre père que Jakob le vieux dans la figure de Philipp le jeune.

Que dit ce texte ? Que l'enfant a tendance à se sentir

mis à l'écart par ses parents s'il a l'impression qu'on ne répond pas à tous ses souhaits. Dès lors, il imagine que ses parents ne sont pas ses géniteurs, il fantasme sur d'autres ascendants idéalisés, plus jeunes, plus beaux, plus riches, plus célèbres. Ce sentiment d'être mis à l'écart apparaît précisément, *théorise* Freud, quand l'enfant est tard venu (Jakob a quarante et un ans à la naissance de Sigismund) ou quand arrive dans la famille un petit frère ou une petite sœur (Julius naît en 1857, puis meurt, Anna naît en 1858, Freud a un an, puis deux).

Lorsqu'il connaît le rôle sexuel de chacun dans le couple, l'enfant sait qu'on est toujours sûr de la mère mais pas du père, c'est donc sur le père que joue la logique du roman familial dont c'est le second temps : on met alors la mère « dans la situation d'être secrètement infidèle, d'avoir des liaisons amoureuses secrètes » (VIII. 255). Mais dans cette logique, l'infidélité n'est qu'apparente, car le parent de remplacement tient la plupart du temps ses traits d'un parent véritable. L'enfant revient finalement au père imaginaire, une autre façon de montrer qu'il reste fidèle à cette époque de son enfance, il exprime ainsi son regret de voir cette époque heureuse enfuie.

Cette analyse à prétention universelle, on l'aura remarqué, constitue une confession autobiographique à peine voilée dans laquelle les protagonistes se nomment Jakob & Amalia pour les parents, Julius & Anna pour les enfants, Sigmund & Philipp le demi-frère pour le père fantasmé de l'enfant inventeur de son roman familial. Où et quand y aura-t-il eu chez Freud observations multiples, recoupements analytiques, expérimentations cliniques, accumulation des cas dans la thérapeutique avant de parvenir à ces conclusions à prétention générale ?

Combien de patients ? Quelle quantité de « névrosés », puisque le mot est utilisé, auront été analysés par le psychanalyste pour parvenir à cette certitude qui ne se présente pas comme une hypothèse rédigée au conditionnel, mais comme une vérité universelle assénée sur le mode péremptoire et affirmatif ?

Il suffit que le père soit vieux, qu'il ait humilié son fils en prédisant qu'il ne ferait rien de bien, qu'il ait été le contraire d'un héros le jour d'une humiliation antisémite non vengée, qu'il ait infligé à son fils la blessure narcissique d'un petit frère, puis d'une petite sœur, dans ses toutes jeunes années, pour qu'on le punisse en l'imaginant trompé par son beau-fils, jeune, aussi fringant que sa mère, et qu'on théorise un jour pour l'humanité tout entière un « roman familial » devenu concept majeur de la psychanalyse...

Voici donc la méthode de Freud mise en lumière : partir de soi, théoriser pour la totalité des hommes, mais, ce faisant, revenir à soi parce que, finalement, on ne se sera jamais quitté. Le *roman familial* constitue en effet un excellent concept opératoire... mais pour Freud uniquement ! Tout comme, on le verra, le *complexe d'Œdipe*, lui aussi magnifique trouvaille conceptuelle, mais uniquement pour mettre une étiquette sur la pathologie de son auteur. Freud *prend son cas pour une généralité...* Voici donc la clé de l'épistémologie freudienne : l'extrapolation d'une théorie universelle à partir d'une aventure personnelle.

On constate ce phénomène de l'extrapolation avec la théorie du fils préféré exposée dans *Un souvenir d'enfance de « Poésie et vérité »*, une autre théorie générale issue d'une aventure personnelle. Rappelons la thèse, elle se trouve également dans *L'Interprétation du rêve* ; l'enfant préféré par sa mère se trouve doté d'une immense foi en lui capable de lui faire accomplir de grandes choses dans l'avenir. Or Freud a été l'enfant préféré de sa mère. Donc, etc. Car, alors que son père semble n'avoir été que le castrateur prophétisant que son fils ne ferait rien de bien dans son existence, la mère, elle, a toujours pensé et dit le contraire.

Tout commence avec la naissance. Premier oracle : lorsqu'il arrive au monde, Freud dispose d'une chevelure abondante et noire, un signe qui passe alors pour un signe du destin, car un tel chevelu se dirige toujours vers une grande renommée… La chose paraît tellement digne d'être immortalisée que Freud la consigne dans son grand livre scientifique, *L'Interprétation du rêve* : on lui a souvent rapporté, en effet, qu'« une vieille paysanne avait prophétisé à la mère heureuse de son premier-né qu'elle avait fait cadeau au monde d'un grand homme ». Quelques lignes plus loin : « Mon désir de grandeur proviendrait-il de cette source ? » (IV. 229) – le grand homme ne répond pas, mais, du moins, chose utile pour notre psychobiographie, il confesse en pleine lumière ce désir de grandeur qui le taraude…

Tout continue avec l'enfance. Second oracle : vers onze ou douze ans, dans un café du Prater où il se trouve avec ses parents, un homme va de table en table et, moyennant une pièce, trousse un compliment versifié dans lequel il annonce au garçon qu'il pourrait bien être ministre… « Je puis encore fort bien me souvenir de l'impression que me fit cette seconde prophétie » (IV. 230). De fait, il envisagera un temps de faire des études de droit pour embrasser une carrière politique. Voilà donc quelqu'un prédestiné par une voyante dès sa naissance à faire de

grandes choses dans l'humanité, confirmé par un saltim-
banque dans un café qu'il pourrait briller en politique
alors qu'il a onze ou douze ans. Dans un rêve d'adulte,
Freud apparaît en ministre…

Amalia répétait régulièrement ces deux prédictions.
Elle ne s'est pas contentée de dire que son fils était la
huitième merveille du monde, elle le lui a montré dès son
plus jeune âge. Lorsque la famille quitte Freiberg après la
faillite du père, mauvais gestionnaire, et s'installe à
Vienne, elle prend possession d'un appartement doté de
trois chambres et d'un bureau. La famille comportait sept
membres. La mère attribue l'usage exclusif du bureau à
son fils, les six autres personnes se partagent le reste de
l'espace, autrement dit les trois chambres – ce qui fait
donc deux enfants dans l'une, deux dans l'autre et les
parents dans la dernière. Ainsi, Sigismund est-il le seul à
disposer d'un espace privatif, sans parents, sans frères ni
sœurs…

La jeune sœur de Freud apprend le piano dès l'âge de
huit ans. Freud proteste : le bruit le gêne et l'empêche
d'étudier – pour devenir un grand homme probablement… La mère réagit immédiatement : les leçons
cessent. Personne n'aura désormais le droit d'apprendre
à jouer d'un instrument. Devenu père de famille, Freud
reproduira ce diktat sous son toit : au 19, Berggasse, pas
de musique. Freud ne l'aimait d'ailleurs pas – c'était le
domaine réservé de sa mère, il ne fallait pas que d'autres
qu'elle y trouvent leur plaisir.

Comment donc Freud pourrait-il ne pas écrire une
théorie de sa pratique, une doctrine universelle issue de sa
propre expérience et rédiger dans le marbre psychanalytique d'*Un souvenir d'enfance de « Poésie et vérité »* cette
série de vérités présentées comme incontestables : avoir

été l'enfant préféré prédispose à devenir un « conquérant » (un conquistador ?) ; la certitude d'avoir été aimé
engendre chez l'adulte la conviction d'un inévitable succès futur ; cette assurance crée dès lors les conditions du
succès qui ne peut manquer d'arriver…

Même extrapolation entre son *sentiment subjectif* lors
de la naissance de son frère en 1857 et la *théorie universelle* développée dans *De la sexualité féminine* (1931).
Souvenons-nous de la lettre à Fliess (3 octobre 1897) où
il confirme qu'il a accueilli la nouvelle de la naissance de
Julius « avec de méchants souhaits et une véritable jalousie d'enfant » car elle menaçait l'exclusivité affective alors
accordée par la mère à son fils unique. La mort prématurée de l'enfant génère chez Freud une satisfaction dont il
ne se cache pas…

L'analyse du souvenir de Goethe lui fait déjà conclure
que l'enfant, en brisant la vaisselle, « exprime avec force
son souhait d'éliminer l'intrus perturbateur » (XV. 71)
que fut un nouveau-né dans la famille. Le texte de 1931
confirme : Freud théorise sur la « jalousie envers d'autres
personnes, frères et sœurs et rivaux « (XIX. 16) en vertu
du principe que « l'amour enfantin est démesuré, réclame
l'exclusivité, ne se contente pas de portions » (*ibid.*).
Qu'en pareil cas la science psychanalytique paraît bien
autobiographique !

Poursuivons l'enquête concernant la mère de Freud.
Elle l'a donc choyé, aimé, couvé, célébré, préféré, elle
l'a dit, l'a montré, l'a prouvé, il l'a crue, bien sûr.
Comment dès lors n'aurait-il pas aimé à la folie cette
femme qui lui renvoie de lui l'image la plus belle, la plus
impeccable, la plus géniale, la plus conforme à l'idée
qu'il se fait de lui-même, une idée… fabriquée par elle !

D'où le nouage du lien incestueux. Mais en même temps, il l'aura mise à distance, aura entretenu avec elle des relations psychopathologiques, il somatisera, répondra à Lou qui lui demande des nouvelles d'elle en donnant des nouvelles... de sa femme.

Rituellement il va chaque dimanche lui rendre visite avec l'un de ses enfants. Chaque fois, il rentre avec des problèmes intestinaux. Comme toujours, il évite de s'imposer sa doctrine et règle le problème avec des causalités moins magiques que dans son cabinet, plus terre à terre, moins transcendantes, plus immanentes : il incrimine les dîners de la veille, trop copieux... Ses lettres à Fliess permettent de suivre l'odyssée de ses intestins. Par exemple, le 31 octobre 1897 : « Sous l'influence de l'analyse mes troubles cardiaques sont très souvent remplacés maintenant par des troubles gastro-intestinaux. »

Lorsqu'il rentre de son voyage à *Rome* le 19 septembre 1901, il entretient son ami de son « dérangement gastro-intestinal ». Par ailleurs, une lettre à Abraham (2 avril 1914) nous apprend qu'en vacances avec sa belle-sœur Minna dans la *Terre-Mère* qu'est la capitale italienne (sa femme s'occupe des enfants...) il travaille au plan de *Pour introduire le narcissisme*. Lisons la lettre : « Depuis que j'ai terminé le *Narcissisme*, je suis dans une mauvaise passe : un mal de tête fréquent, des difficultés intestinales. » La présence à Rome, la ville identifiable à la Mère, la réflexion sur le narcissisme et la somatisation intestinale semblent entretenir une relation singulière – pas pour Freud...

La correspondance avec ses amis regorge de considérations sur son « pauvre Konrad » – il nommait ainsi son intestin... En 1910, son voyage aux États-Unis se solde par des troubles intestinaux : la faute au régime alimentaire ! En 1914 il craint un cancer et consulte à cet effet. En 1915, il s'ouvre de ses problèmes à Ferenczi et les met en perspective avec… le mauvais pain ! Ou bien encore avec la perte d'une somme considérable (40 000 couronnes, soit 3 250 000 euros 2010…) à cause de la Première Guerre mondiale… Sinon, mais évoqué du bout des lèvres, « quelque facteur psychique » (23 avril 1915) dont on ne saura rien, la piste freudienne ne saurait convenir pour expliquer le cas Freud.

Avec d'infinies précautions, Ernest Jones ose cette lecture cohérente avec la fiction psychanalytique : « Ces indispositions pouvaient tout aussi bien être le reliquat psychosomatique de la névrose qui avait tant gêné Freud avant et pendant son auto-analyse » (III. 415). On appréciera le recours au substantif « reliquat », puisqu'il faut bien que Freud ait été guéri d'une « psychonévrose fort grave » par le coup de génie de son auto-analyse. Si les symptômes persistent bien après la fin de l'auto-analyse, ce n'est pas que la maladie continue, puisqu'elle a été guérie, c'est juste un *reliquat*…

De fait, Jones n'a pas tort d'indiquer cette direction : ces problèmes intestinaux relèvent de la psychopathologie du personnage. Et jamais le célèbre patient ne connaîtra de répit sur ce plan-là. L'hypothèse freudienne d'une étiologie de ses troubles intestinaux par la perte d'une partie de ses économies (avant la guerre, il avait économisé plus de 100 000 couronnes autrichiennes, il lui en restait donc 60 000 malgré la crise…) ne manque pas d'intérêt si l'on suit Freud dans ses hypothèses théoriques sur l'équivalence entre l'argent, l'or et les matières fécales – une doctrine susceptible de ne pas séduire tous les proctologues, mais Freud la défendait avec le plus grand sérieux…

Dans une correspondance, la mère de Freud s'adresse à lui avec cette formule : « mon Sigi en or »… Or les visites hebdomadaires dudit *Sigi en or* à sa mère se transformaient systématiquement en problèmes intestinaux. La théorie porte donc les traces, en vertu du principe déjà signalé d'extrapolation de soi au monde, de cette parenté entre l'or et les matières fécales. Cette pathologie personnelle durable, et incontestablement névrotique, donne donc un jour une doctrine exposée dans *Caractère et érotisme anal* (1908) puis dans *Sur les transpositions pulsionnelles, en particulier de l'érotique anale* (1916-1917).

Dès les premières lignes, Freud écrit : « Je ne suis pas en mesure d'indiquer aujourd'hui quelles circonstances précises ont fait naître en moi cette impression qu'entre le caractère en question et ce comportement d'organe il existerait une corrélation organique, mais je puis assurer [*sic*] que mon attente théorique n'avait aucune part dans cette impression » (VIII. 189)… Il parle ensuite d'« expérience » sans signaler quelle part revient à l'autoobservation et laquelle à la clinique. Quand on connaît l'implication de l'auteur dans ce type de *caractère*, une réflexion sur les relations entre celui-ci et la production de névrose obsessionnelle mériterait de plus amples précisions…

Freud développe une théorie des stades dans *Trois essais sur la théorie sexuelle* (1905) mais aussi dans d'autres textes qui exposent ce programme de déploiement de la libido. Chacun suivrait donc dans son développement sexuel un trajet qui le conduirait du stade oral au stade génital en passant par le stade sadique-anal, le stade phallique, puis un temps de latence, enfin, donc, ce fameux stade génital. Dans le premier stade, la première année, l'enfant n'a aucun souci d'un autre objet sexuel que lui-même ; dans le dernier, l'objectif consiste à asseoir une vie sexuelle dite normale avec reproduction. Dans le stade oral, l'activité sexuelle est dite cannibalique parce que non séparée des actes de nutrition : le plaisir réside dans l'ingestion de substances liquides ou solides, la zone érogène se trouve alors concentrée sur la bouche, les lèvres, la muqueuse buccale. D'où le plaisir à sucer, téter, suçoter.

Entre la deuxième et la troisième année, le stade sadique-anal se caractérise par le déplacement de la zone érogène vers le sphincter : il s'agit cette fois-ci d'apprendre à maîtriser la déjection, ce qui suppose une capacité à décider de la rétention et de l'expulsion des matières fécales. L'enfant associe donc le plaisir à ces activités. L'hédonisme concerne « avant tout la muqueuse intestinale érogène » (VI. 135). Il n'est pas encore question de subordonner la fonction sexuelle à la reproduction puisque nous sommes dans l'organisation prégénitale. Le « cloaque de la zone anale » polarise la libido en attendant un progrès vers la génitalité hétérosexuelle.

Dans la maîtrise de ses matières fécales, l'enfant comprend qu'il peut dire oui ou non, donner ou retenir : il découvre sa puissance sur le monde, son autonomie, son indépendance. L'excrément acquiert donc une valeur, sinon d'usage, du moins d'échange : sachant que les parents l'attendent dans la logique de la maîtrise, donc dans la naissance de la propreté, l'enfant peut en jouer. La matière extraite de son ventre lui apparaît comme un morceau de son corps avec lequel il peut jouer. Chacun connaît les tendances coprophiles des premières années d'une existence.

Le stade phallique, entre trois et cinq ans, marque la topique dite normale de la libido : la zone érogène concerne les organes sexuels, la sexualité devient inter-subjective. C'est le moment de la découverte de la diffé-rence sexuelle, des rôles du père et de la mère dans la sexualité et la procréation, celui du complexe d'Œdipe, de l'angoisse de castration pour le petit garçon et de l'envie de pénis pour la petite fille – j'y reviendrai... Ce temps correspond aussi à celui de la mise en place du surmoi, l'instance de contrôle social associé aux forces de contrainte morale, sociale, éthique.

La sortie du complexe d'Œdipe (dont je préciserai éga-lement plus loin les modalités) débouche sur une période de latence, entre six ans (quatre dans les éditions de *Caractère et érotisme anal* après 1924...) et autour de la onzième année, pendant laquelle la sexualité semble le cadet des soucis de l'enfant : la force de l'œdipe génère un refoulement explicatif de cette latence. C'est le temps du dénigrement du sexe opposé, de l'intégration des interdits, de la sublimation, autrement dit du détourne-ment des instincts sur des voies socialement acceptables, du devenir raisonnable de l'enfant, de l'assimilation des idéaux de la civilisation...

Le temps de la puberté marque celui de la rébellion à l'endroit de l'autorité, des parents, de la société, de la religion, de l'ordre social et moral. Le corps se modifie : l'anatomie transforme l'enfant en adulte avec le trouble induit par ces métamorphoses corporelles. L'identité sexuelle se révèle problématique. La bisexualité trouble l'individu. Un moment d'expérimentation homosexuelle peut avoir lieu sans présumer du devenir clairement homosexuel de la personne. Le trajet s'effectue vers une identité sexuelle claire, ce qui ne se fait pas sans difficultés.

En vertu de ce qui aura eu lieu lors du développement de ces stades qui concernent l'enfant de sa naissance à sa cinquième année environ, des fixations peuvent se faire par traumatisme, elles expliquent un certain nombre de comportements, sinon de pathologies. Les fixations sur le stade anal, par exemple, expliquent l'avarice, la passion comptable, le tropisme de l'extrême propreté ou de l'extrême saleté, la névrose obsessionnelle, la passion pour les collections (Freud collectionnait les briquets et les timbres…) – alors que les fixations sur le stade oral produiraient l'hystérie. Les traumatismes en question concerneraient soit une trop longue période heureuse, soit une période frustrante, brève et insatisfaisante, soit un sevrage brutal et inopiné. Les bons vivants, les gastronomes, les œnophiles, les orateurs, les parleurs trouveraient là des raisons explicatives de leurs passions…

On comprend donc combien, pour Freud, le problème intestinal renvoie à une période particulière de *l'*existence, donc de *son* existence. La période habituellement donnée par lui pour le stade oral, entre dix-huit mois et trois ans, correspond dans sa biographie à 1857-1858 – soit : pendant la maternité de sa mère, Amalia, qui porte alors… *Anna*, autrement dit une petite fille qui sortira du ventre maternel comme les matières qui causeront tant de souci à Freud durant toute sa vie. Que Freud rejoue durant son existence entière cette névrose intestinale comme un écho au ventre gonflé de sa mère nourrit une hypothèse psychopathologique dont chacun jugera si elle mérite d'être défendue… Cette hypothèse s'établit en regard des thèses mêmes de Freud, toujours extrême-

ment pertinentes pour expliquer son propre fonctionnement libidinal.

Les matières fécales se trouvent donc dotées d'une
étrange valeur. Appuyé sur des contes, du folklore, de la
culture très ancienne, mais aussi sur le sens commun, le
parler populaire, Freud cite les récits dans lesquels l'or se
trouve assimilé aux excréments – la plupart du temps : du
diable… Puis, conclusion scientifique comme notre
auteur sait les tailler dans le marbre de l'universel :
« L'argent est placé dans les relations les plus intimes avec
la merde » (VIII. 193)… De sorte que le tempérament
anal donne des personnes « ordonnées, économes et entê-
tées » (VIII. 189). Précisons que Freud n'a jamais manifesté un talent particulier pour le désordre, la dépense
inconsidérée et la souplesse d'esprit…

Que le « Sigi en or » de sa mère puisse penser un jour
une relation d'équivalence symbolique entre le matériau
noble par excellence et le matériau le plus vil, entre le
symbole de la puissance, le métal avec lequel on obtient
tout, et les matières fécales, symboles du déchet, de ce
qui reste d'ignoble après la noblesse du processus de l'ali-
mentation, voilà qui étonne sous la plume d'un penseur
se proposant la science et la vérité telles qu'elles existent
chez Copernic et Darwin. Cette étrange correspondance
entre l'or et l'excrément semble relever d'une mythologie
personnelle, elle conclut le portrait de la relation que
Freud entretenait avec sa mère.

Ajoutons juste ce détail mais, chacun le sait, le diable
est dans les détails : sa mère Amalia meurt le 30 août
1930. Ce même jour, Freud écrit une lettre à Jones dans
laquelle il confesse que cette mort lui permet de découvrir deux choses en lui : la première, il accède à une plus

grande liberté personnelle au prétexte avoué qu'elle meurt avant lui et que, par conséquent, il ne lui infligera pas sa propre disparition, une configuration qu'il craignait depuis si longtemps, probablement depuis son cancer diagnostiqué en 1923.

La seconde : il avoue sa « satisfaction qu'elle ait enfin [*sic*] trouvé la délivrance à laquelle elle avait droit après une si longue vie ». Quelle délivrance ? Délivrée de quoi ? De quel mal, de quelle maladie, de quelles souffrances, de quelles extrêmes déchéances ? Sa mère ne souffrait d'aucune pathologie, au contraire. Elle fut vive et consciente jusqu'à son dernier souffle rendu à l'âge de quatre-vingt-quinze ans.

Dans cette situation, c'est lui qui se trouve *enfin* délivré de l'angoisse d'avoir à perdre sa mère – et non elle qui se trouve délivrée d'avoir eu à vivre… Freud ajoute dans sa lettre pour signaler son état d'esprit : « pas de douleur, pas de regret »… Ultime détail confirmant que l'effet de manches épistolaire avouant une absence de douleur fonctionne en paravent de l'extrême souffrance, le « Sigi en or » n'assista pas aux funérailles – il a envoyé sa fille, *Anna*, pour le représenter.

III

Œdipe, un mirage dans un wagon-lit

> « Ma libido s'est éveillée envers *matrem*
> [*sic*], et cela à l'occasion d'un voyage fait
> avec elle de Leipzig à Vienne, au cours
> duquel nous avons dû passer une nuit
> ensemble et où il m'a certainement [*sic*] été
> donné de la voir *nudam* [*sic*]. »

FREUD, lettre à Fliess, 3 octobre 1897.

Voici donc Freud flanqué d'un vieux père fécondant
une jeune femme qui a presque le même âge que son
premier fils ; d'un géniteur forcené, époux multiple créateur d'une famille emmêlée comme un sac de nœuds ;
d'un père humilié par un antisémite, mais courbant
l'échine sous l'insulte ; d'un père humiliant son fils parce
qu'il urine dans le seau hygiénique familial ; d'un père
parfait quand il meurt et réapparaît en rêve sous forme de
héros magyar ; d'un père figurant en exergue d'un livre
que son fils annonce comme fondateur de sa future célébrité planétaire ; d'un père dont la mort semble, si l'on en
croit son descendant, un tel traumatisme qu'il conduit à
une auto-analyse, laquelle débouchera après maintes et
maintes péripéties autobiographiques sur la création
d'une *science* nommée psychanalyse.

Le voilà également fils préféré d'une mère qui n'a jamais failli dans la démonstration appuyée d'amour à son fils en or ; annonçant à tout le monde qu'elle avait enfanté un génie appelé à devenir célèbre ; engrossée par un homme qui a l'âge d'être son père ; pensée par son fils comme une femme ayant pu avoir un enfant avec son beau-fils ; infligeant audit fils préféré l'offense d'un petit frère qui a le bon goût de mourir rapidement, puis d'une petite sœur prénommée comme, plus tard, la fille préférée de Freud ; tétanisant son fils par sa seule existence en lui nouant les intestins toute sa vie ; mourant en libérant son fils du poids psychique que fut l'existence de sa mère ; entrant dans la tombe en l'absence de son enfant chéri qui a envoyé sa fille à sa place…

L'enfant de ces deux-là théorisera plus tard, à l'ombre de ces aventures autobiographiques, un certain nombre de notions majeures de la psychanalyse. Ramassons à ce point de l'analyse les correspondances entre pratique biographique et production conceptuelle : les relations de causalité entretenues entre l'*auto-analyse* & la mort du père, le besoin de se remettre au centre de soi-même ; la *signification du rêve* & le monde des souvenirs de l'enfance porteurs du secret des énigmes de l'être ; l'*angoisse de castration* & le seau hygiénique fondateur d'une réactivité existentielle ; le *roman familial* & le demi-frère aussi jeune que sa mère troublant dans l'esprit du jeune homme la question du lignage et de l'identité sexuelle ; la doctrine de l'*enfant préféré* & la démonstration forcenée de l'affection de sa mère comme fondation et légitimation du génie et du succès de l'élu ; la culpabilité associée au *souhait de mort* de l'arrivée d'un frère ou d'une sœur dans les tendres années d'une psyché en train de se constituer ; le *souvenir-écran* en germe dans le dépla-

cement du sens d'un Philipp à un autre dans la construction d'une interprétation apaisante pour l'âme parce
qu'elle évite son noyau dur ; le *caractère anal de l'argent* &
l'écho de la mère, puis de son Sigi en or dans le ventre de
son fils durant toute son existence, grossesse nerveuse
d'un fils ontologiquement engrossé par sa mère…

Car là se trouve le câble reliant toutes ces histoires
d'une vie somme toute banale. Rien que de très habituel,
en effet, dans l'existence de ce jeune homme : des blessures narcissiques, des bleus à l'âme, des fantasmes et de
l'imaginaire épousant du réel et de l'histoire, des réactions
épidermiques, des amours et des haines, des préférences
et des détestations, des enfants, un ordre chronologique
qui n'épouse pas l'ordre imaginaire, des pulsions, des instincts, des libidos sans foi ni loi, des fixations de cette
énergie noire du sexe sur ce qui passe à portée de la
psyché. De la banalité existentielle…

Et ce câble ? On le connaît aujourd'hui sous l'appella-
tion *complexe d'Œdipe*. L'épicentre de la psychanalyse,
c'est d'abord le cœur nucléaire de l'âme de Sigmund
Freud, car cette *hypothétique vérité scientifique* est avant
tout un *problème existentiel subjectif*, personnel, individuel. Ce problème devenu, par la grâce et la magie du
maître et de ses disciples, le tourment de tout un chacun
depuis le début de l'humanité jusqu'à la fin des temps, ce
problème, donc, c'est celui d'un homme, d'un seul, qui
parvient à névroser l'humanité tout entière dans le fol
espoir que sa névrose lui paraîtra plus facile à supporter,
plus légère, moins pénible, une fois étendue aux limites
du cosmos.

Ecrivant sa légende, sculptant sa propre statue, Freud
rapporte dans *Des souvenirs-couverture* (III. 265) que

son père fit faillite dans son usine de textile à Freiberg à cause d'une crise économique dans son secteur, ce qui aurait justifié l'abandon de Freiberg en Moravie et l'installation à Vienne en 1859. À quoi il faut ajouter la construction d'un chemin de fer qui aurait fait la part belle à d'autres agglomérations que la leur. Freud avait alors trois ans et demi. De même, en vertu d'une semblable logique légendaire, le krach de 1872 aurait fini de ruiner Jakob Freud. La crise, le train, le krach, mais pas le père : Freud dédouane son géniteur et ne lui reconnaît aucune responsabilité dans ce qui leur arrive, à lui et à sa famille.

Les choses semblent ne pas s'être exactement passées comme l'affirme Freud... Car il n'y eut pas de crise dans le secteur économique du père : certaines entreprises florissaient en effet dans la même ville pendant que la sienne mettait la clé sous la porte ; le chemin de fer fut bien construit, mais il ne passait pas loin de l'usine paternelle et, de ce fait, augmentait les probabilités de commerce avec d'autres villes – la vérité semble que Jakob était un dilettante, un individu peu doué pour le commerce mais, en revanche, assez talentueux dans l'art de conquérir les dames : à seize ans il épouse une jeune fille, à dix-sept, il devient père de famille sans aucune ressource, puis il continue sur sa lancée en lui faisant quatre enfants dont deux mort-nés. Sans travail, vivant d'argent emprunté, de prêts qu'il ne rembourse pas, il semble insoucieux de tout. À trente-trois ans, souvenons-nous, son épouse meurt, il a alors la charge de deux enfants. Il vit un temps avec une femme qui disparaît rapidement, avant d'épouser Amalia, une jeune fille ayant donc la moitié de son âge, à qui il va faire huit enfants en dix ans... À soixante-sept ans, avec sept enfants, dont Sigmund Freud, et une femme à charge, il ne fait pas face : pour poursuivre ses études, Freud devra emprunter, obtenir des prêts, des bourses, des avances auprès de membres de la famille, d'amis ou d'enseignants qui le soutiennent. Pas de quoi faire un héros…

Cette faillite cause donc le départ de Freiberg pour Leipzig d'abord, puis Vienne. Le voyage se fit en train – un moyen de transport phobique pour Freud pendant toute son existence. Il craignait les accidents, arrivait très en avance, empruntait parfois un convoi séparé de sa famille pour partir en vacances. Quittant la Vienne nazie, il partira en exil avec ce moyen de transport et une photo célèbre le représente dans un wagon, à la fenêtre, avec sa fille Anna. Or c'est dans un train que Freud rencontra le fantôme d'Œdipe…

Jusqu'à ce qu'on puisse accéder aux lettres de Freud à Fliess, la légende pouvait fonctionner : Freud aurait plongé dans les entrailles de sa psyché, avec le courage d'un explorateur de domaines dangereux et il aurait trouvé, bravant tous les périls, manifestant une audace de conquistador, la vérité universelle du complexe d'Œdipe. Cette version légendaire qui, évidemment, ne tient aucunement compte de l'histoire, a été validée par les dictionnaires, les encyclopédies, les institutions scolaires, universitaires, éditoriales, la bibliothèque de gloses interminables, la vulgate journalistique, les lieux anti-institutionnels de la contre-culture soixante-huitarde et leurs contraires, on ne compte plus les mécanismes reproducteurs de cette fiction. Quel esprit fort aurait pu échapper à ce totalitarisme idéologique ?

On comprend les raisons du caviardage des correspondances par les gardiens du temple, Anna Freud la première, puis, dans la foulée, par les nombreux tenants de la secte. Détruites, rachetées pour être écartées, expurgées, publiées en morceaux choisis à la gloire du héros dans le seul objectif d'entretenir sa légende dorée, enfermées dans des archives à la solde des seuls thuriféraires de la cause, scellées dans des containers inaccessibles au public avant des délais déraisonnables, ce que cette correspondance apprend est tout bonnement explosif… Pourquoi, par exemple, cet embargo d'un entretien avec Oliver Freud, son fils, jusqu'en… 2057 ?

Cette correspondance couvre la période de 1887 à 1904, autrement dit une longue tranche de vie de Freud qui va de trente et un à quarante-huit ans, soit dix-sept années de coulisses au plus intime, au plus près des confidences d'un psychiatre dépressif, mélancolique, piaffant d'impatience devant le succès qui tarde. Évidemment, la légende s'en trouve écornée, le mythe recule car l'histoire recouvre enfin ses droits. Il ne s'agit pas de *juger moralement* d'un trajet mais d'en effectuer une *cartographie amorale* afin de voir ce qu'il a fallu taire comme vérités historiques pour constituer une légende.

Entre ces deux dates, Freud sera passé de l'électrothérapie au divan légendaire, via l'hypnose ; il sera allé de la psychologie scientifique à la métapsychologie psychique, en passant par la méthode de l'association libre ; il aura effectué le chemin qui conduit de la solitude désargentée du cabinet sans patients à la création de l'embryon d'Église dévouée à la cause avec la fondation de la « Société psychologique du mercredi », en passant par le moment jubilatoire de la possibilité, enfin, de fixer le prix de ses consultations ; il aura fondé une famille et perdu son père ; enfin, il aura vécu tout simplement la vie d'un homme, et non l'existence d'un demi-dieu, sinon d'un dieu...

Freud, bien sûr, a détruit les lettres de Fliess – trop compromettantes... – à l'hiver 1907-1908... Restent 287 lettres et un certain nombre d'autres envois de manuscrits théoriques, soit un volume de plus de cinq cents pages, dans lequel on découvre un Freud de mauvaise foi, opportuniste, envieux, intéressé, teigneux, hésitant, sûr de lui, avide de succès, de notoriété et d'argent, courant après la reconnaissance universitaire, névrosé, somatisant, croyant à la numérologie, à l'occultisme, souscrivant aux thèses les plus fantasques de son ami (la théorie des cycles et des saignements de nez en rapport avec l'étiologie sexuelle des névroses...), soumettant tous ses doutes à son ami, essayant une thèse (la psychologie scientifique, la théorie de la séduction par exemple...) puis la récusant...

Cette clé magnifique pour pénétrer dans les coulisses freudiennes a été cachée pendant presque un siècle... Cette correspondance hémiplégique a été publiée en 1950 en Allemagne – mais, bien sûr, expurgée... En 1954 en Angleterre, en 1956 en France, mais toujours après retrait des lettres les plus compromettantes ou des passages les moins à même de servir Freud. Dans cette édition fabriquée sur mesure, il s'agissait de proposer une lecture cohérente de *La Naissance de la psychanalyse* (titre de cette édition expurgée...) entendue comme une conquête régulière, rectiligne, sans erreurs et sans à-coups, sans repentirs, par un homme seul en butte à la mécompréhension de ses contemporains, subissant la bêtise de son temps, affrontant la vilenie de l'époque, notamment l'antisémitisme, mais qui, fort de ce qu'il portait depuis toujours, a réussi à imposer la vérité

scientifique de sa discipline née de son seul génie, sans
sources, sans prédécesseurs, sans contemporains utiles,
sans les débats nécessaires à la constitution d'un savoir.
Cette édition fautive a été vendue en France après de
nombreuses rééditions jusqu'en… 1996, date du dernier
tirage de ce monument de désinformation ! Pour qu'on
puisse disposer des moyens de réfléchir à l'épistémologie de cette discipline en dehors de l'hagiographie des
disciples, juges et parties dans le dossier, il faudra
attendre… 2006, autrement dit, la date de la publication
d'une authentique édition scientifique et critique de
cette demi-correspondance.

Pour entr'apercevoir l'étendue de la supercherie, on
peut envisager un ouvrage spécifiquement consacré à
analyser le détail de la totalité des dossiers en jeu – mais
ce n'est pas le projet de ce livre. On peut également
extraire de ce corpus abondant un concept majeur et voir
comment il fonctionne de façon emblématique de cette
« méthode » freudienne. Choisissons le plus central,
sinon la clé de voûte de l'édifice : le *complexe d'Œdipe*
que l'hagiographie s'entend pour définir comme le socle
de la psychanalyse.

Avant sa première apparition théorique dans *Contribution à la psychologie de la vie amoureuse* en 1910 le
complexe d'Œdipe procède d'une généalogie pratique.
Une lettre à Fliess fournit explicitement le détail de cette
incroyable fiction dans un développement dont chaque
mot compte, on s'en doute. La légende présente la découverte de ce complexe par l'auto-analyse de Freud. Ernest
Jones transforme cette banale aventure de l'introspection
en entreprise « héroïque »… La conquête de ce Nouveau
Monde s'effectue essentiellement par le rêve et son inter-

prétation, puis par l'interprétation des accidents microscopiques de la psyché comme le lapsus, le mot d'esprit,
l'oubli d'un nom, d'un mot, une erreur de calcul et tout
ce qui se trouvera présenté sous la rubrique de la *psychopathologie de la vie quotidienne.*

Que nous apprend la correspondance avec Fliess sur la
généalogie du complexe d'Œdipe ? La lettre du 3 octobre
1897 s'ouvre sur un *délire numérologique* comme les
compères en échafaudent régulièrement. Fliess croit que
des cycles de 23 jours chez les hommes et de 28 chez les
femmes expliquent toutes les pathologies : saignements
de nez, sécrétions nasales, menstruations, angines, dents
qui poussent, dents qui tombent, inspiration littéraire,
périodes mélancoliques, impuissances sexuelles, dates
des décès…

À l'issue des acrobaties cabalistiques avec les chiffres,
les nombres et les périodes, tout finit par retomber sur ses
pieds, évidemment… Ainsi, Freud propose une formule,
scientifique bien sûr, pour expliquer la relation qui existe
entre la pneumonie d'une femme et le début des contractions chez sa fille enceinte ! Citation : « a x 28 + b x 23 »
(339) ! Voilà pourquoi votre fille est muette ! De même,
nous y reviendrons, lorsque Anna, sa fille, vient au monde,
le père rédige une page de calculs à partir des dates de
contractions, de la date de naissance d'Anna, des dates de
reprise des règles de la mère, des dates des périodes
propres à l'épouse, accumule une trentaine de chiffres avec
lesquels il jongle, passant d'une addition à une division,
puis il assène cette sentence digne de Diafoirus : « La naissance s'est donc produite à la bonne date » (1er mars 1896)
– Copernic est loin… On comprend qu'Anna ait veillé à ce
que ces élucubrations scientifiques de son père soient
interdites de publication pendant si longtemps. Voilà donc

dans quel contexte intellectuel, sous quels auspices scienti
fiques, Freud livre à son ami Fliess la découverte capitale
débouchant sur la théorie du complexe d'Œdipe.

Visitons les coulisses de cette extravagante histoire.
Freud confesse avoir entre deux et deux ans et demi lors
de cette scène dite fondatrice : « Ma libido s'est éveillée
envers *matrem* [*sic*] et cela à l'occasion d'un voyage fait
avec elle de Leipzig à Vienne, au cours duquel nous avons
dû passer une nuit ensemble et où il m'a certainement
[*sic*] été donné de la voir *nudam* [*sic*]. » Voici donc la
scène primitive, théâtre dans lequel la langue de Cicéron
tient une place intéressante !

Comme Krafft-Ebing titre *Psychopathia sexualis* son
Étude médico-légale à l'usage des médecins et des juristes
parce que le latin permet d'exprimer de prétendues obs-
cénités qui ne le paraissent pas entre latinistes qui,
comme chacun sait, sont gens de bonne compagnie,
Freud ne voit pas sa *mère nue* mais *matrem nudam*…
Première leçon : la chose le trouble tellement que,
contrairement aux autres qui en perdraient leur latin, lui,
le retrouve… Deuxième leçon : s'il s'agit bien de ces dates
et de ce voyage, Freud accompagne sa mère dans le train
lors de la venue de la famille à Vienne, or cette date n'est
pas 1858 ou 1859, ce que l'on obtient en suivant les indications de Freud, mais 1860 : l'enfant n'avait pas deux
ans, deux ans et demi, mais trois ans trois quarts, donc
plus près de quatre que de deux…

Troisième leçon, la plus importante : le texte ne dit pas
qu'il a vu, mais *qu'il a dû voir*, que les choses se sont
certainement passées ainsi… Autrement dit : que cette
scène n'a pas eu lieu, mais qu'elle aurait pu avoir lieu !
De sorte que le complexe d'Œdipe ne procède donc pas
d'une observation scientifique dûment constatable et

constatée, puis cliniquement confirmée, mais d'un souhait, d'une hypothèse, d'un désir, d'une envie, d'un vœu,
d'une aspiration, d'une convoitise du petit garçon qui
aimerait tant voir sa mère nue dans le wagon du voyage
ou la chambre d'hôtel de la nuit… On ne peut mieux
dire qu'ici Freud prend ses désirs pour la réalité.

Cinq cents kilomètres séparent à vol d'oiseau Leipzig
de Vienne. Si l'on ajoute les voyages en voiture à cheval
pour rejoindre les gares, il aura fallu en effet probablement étaler ce trajet sur deux jours, dont une nuit. À
Prague dans un hôtel ? Dans un autre endroit ? Dans le
wagon d'un train de nuit ? Nul ne sait, Freud ne détaille
pas. Mais il conjecture que dans ces conditions-là il ne
peut pas ne pas avoir vu sa mère nue… Commence alors
une aventure incroyable pour ce désir d'enfant tel qu'un
adulte croit s'en souvenir quarante ans plus tard et son
devenir dans la construction d'une discipline nommée
psychanalyse.

Dans la biographie d'Ernest Jones intitulée *La Vie et
l'œuvre de Sigmund Freud* (1957) et alors qu'il a connaissance de la lettre à Fliess, l'*hypothèse infantile* de la nudité
de la mère devient *vérité historique* : « C'est au cours du
voyage qu'il fit entre Leipzig et Vienne […] que Freud
eut l'occasion [*sic*] de voir sa mère nue. » Ou bien, en
1959, dans le monumental *L'Auto-analyse de Sigmund
Freud* de Didier Anzieu dans les pages consacrées à la
biographie du jeune Freud : « Au cours du voyage à
Leipzig à Vienne, Sigismund aperçoit [*sic*] sa mère nue et
ressent un fort émoi érotique, qu'il retrouvera et analy-
sera plus tard » (tome II, 755). Ou encore, en 1988, plus
fort, chez Peter Gay, *Freud. Une vie*, ceci : l'auteur anglais
cite explicitement la lettre de Freud à Fliess, dont ce passage concernant sa mère : « je pus sans doute [*sic*] la voir

nudam » (15). Neuf lignes plus loin, Peter Gay remarque l'erreur sur l'âge : « Ainsi avait-il en réalité près de quatre ans, et non pas deux, lorsqu'il eut l'occasion d'entrevoir [*sic*] sa mère nue. » On ne s'étonnera donc pas qu'en 2009 encore, autrement dit après la parution de la correspondance in extenso avec Fliess, le pavé de 920 pages du psychanalyste Gérard Huber, *Si c'était Freud. Biographie psychanalytique*, reproduise cette erreur : parlant du fameux trajet vers Vienne, il écrit : « On sait que Freud date de ce voyage son expérience cruciale d'avoir vu [*sic*] sa mère nue et d'avoir ainsi ressenti l'éveil de sa libido qui se tournait vers elle » (66)… Voici comment une erreur répétée plusieurs fois devient une vérité…

Rapprochons cette lettre d'un autre envoi de Freud utile pour constater la transformation de ses fantaisies personnelles en vérités scientifiques universelles. À Fliess, donc, il raconte (15 octobre 1897), toujours entre deux considérations numérologiques, qu'il manque de patients. Suit un souvenir d'enfance concernant sa Nannie, une vieille catholique qui l'emmenait à l'église en cachette de ses parents étonnés de découvrir un jour leur fils les entretenir des us et coutumes du dieu des chrétiens. Ce fut cette dame qui, convaincue de vol, a été « coffrée » dans les conditions psychanalytiques signalées en amont dans ce livre.

Dans ce courrier à Fliess, Freud écrit ceci : « Être vraiment honnête avec soi-même est un bon exercice. Il m'est venu une seule pensée ayant une valeur générale [*sic*]. Chez moi aussi j'ai trouvé le sentiment amoureux pour la mère et la jalousie envers le père, et je les considère maintenant comme un événement général de la prime enfance. » Et puis ceci aussi, après avoir entretenu

d'Œdipe et écarté d'un geste énervé les réserves qu'oppo-
serait la raison : « Chaque auditeur a été un jour en germe
et en fantaisie cet Œdipe, et devant un tel accomplissement en rêve transporté ici dans la réalité, il recule
d'épouvante avec tout le montant du refoulement qui
sépare son état infantile de celui qui est le sien aujour-
d'hui. » Les choses ont eu lieu ainsi, *magister dixit…*

Voici donc la méthode à l'œuvre en plein jour : Freud
revendique l'honnêteté introspective et, après avoir
enfumé l'atmosphère, assène cette certitude : ce qu'il
découvre en s'observant, en s'examinant, a valeur
universelle… En vertu de quoi ? Selon quels critères ?
Après quelles preuves ? On n'en saura jamais rien : Freud
s'installe sur le terrain de l'affirmation pure, de l'édiction
prophétique, aux antipodes des démonstrations scientifiques. Plutôt Moïse infligeant ses Tables de la Loi que
Darwin accumulant les preuves en faisant un tour du
monde méthodique…

Le « chez moi aussi » laisse penser que, dans la lettre de
Fliess détruite par Freud, se trouvait également ce genre
de constat. Déjà, dans l'autre lettre, parlant de sa mère
qu'il croit avoir vue nue, il signale que Fliess aurait
constaté ces mêmes choses avec son fils… Faute de disposer de l'échange, on évitera de conclure. Mais puisque les
deux amis disposent du même matériau fantasmatique,
cela suffit pour extraire une règle générale ayant valeur
universelle. Freud pourrait bien avoir vu sa mère nue, il
en aurait été troublé, Fliess témoigne peut-être que son
fils aurait connu les mêmes émois ? Voilà qui suffit pour
énoncer le premier commandement de la future loi psychanalytique.

À partir d'un souhait infantile, *voir sa mère nue*, Freud
commence à échafauder son édifice conceptuel. Ce qu'il

a vécu, tous l'ont vécu. Mieux : de toute éternité, tout le
monde l'a vécu, et jusqu'à la fin des temps, tout le
monde le vivra. Si l'on remonte aux origines de l'humanité, on trouvera ce sentiment, *Totem et tabou* l'affirme,
et si l'on se projette aussi loin que possible dans le temps,
les hommes le connaîtront tous : désirer sa mère, expéri-
menter la jalousie à l'endroit de son père. En tous lieux,
en tous temps, sous tous les cieux, voilà donc la vérité
assenée par Freud qui écrivit : « Il m'est venu une seule
pensée » comme d'aucuns écrivent pour commencer leur
conte : *il était une fois…*

Dans *L'Interprétation du rêve*, Freud écrit alors les premières lignes de ce conte riche en développements et en
rebondissements. Dans une note ajoutée en 1919, il précise : « Le *complexe d'Œdipe*, abordé ici pour la première
fois dans *L'Interprétation du rêve*, a acquis par des études
ultérieures une significativité d'une ampleur insoupçon-
née pour la compréhension de l'histoire de l'humanité et
du développement de la religion et de la moralité »
(IV. 304) – même si ça n'est pas le *complexe d'Œdipe* mais
la *question d'Œdipe* qui y apparaît pour la première fois.
Freud annonce la couleur : avec cette découverte scientifique, il révolutionne la compréhension de l'humanité, de
la religion, de la morale.

IV

La grande passion incestueuse

> « Nous avons une de ces mines, tous les
> deux, dommage que vous ne puissiez nous
> voir. »
>
> Freud (en vacances avec sa belle-sœur
> Minna), carte postale à sa femme, 13 août
> 1898, in *« Notre cœur tend vers le Sud ».*
> *Correspondance de voyage.*

Freud écrit sa vie sous le signe d'Œdipe. La grande
passion incestueuse constitue sa colonne vertébrale existentielle : ce que l'enfant a vécu avec sa mère devient ce
que le père vivra avec sa fille. De ses premiers jours à son
dernier souffle, l'inventeur de la psychanalyse met ses pas
dans ceux du fils de Jocaste & Laïos. Hannibal et Moïse
clairement revendiqués comme modèles existentiels procèdent eux aussi du schéma incestueux. Les relations
avec son père et sa mère, sa femme et sa belle-sœur, sa
fille préférée et ses autres enfants, tout se comprend clairement une fois les faits éclairés à la lumière noire de
l'inceste.

La vie privée de Freud s'organise donc autour de
cette figure ; de même avec la vie théorique. Aux côtés
du fantôme de la mère, de l'ectoplasme du père, de

l'ombre de la belle-sœur et de la silhouette de la fille, le théoricien paré des plumes du scientifique entretient l'humanité de ce problème de l'inceste via *Totem et tabou* qui prétend raconter l'origine de l'humanité avec le meurtre du père, chef de la horde primitive et possesseur du troupeau sexuel féminin, un père massacré et mangé par les fils floués de liberté sexuelle puis, stupéfiés par leur audace, créateurs en retour de l'interdit du meurtre et de l'inceste ; il continuera avec les thèses majeures de *L'Homme Moïse et la religion monothéiste* dans lequel on découvre une incroyable ardeur du juif Freud à tuer Moïse, le père des juifs selon la tradition, transformé par ses soins en Egyptien historique ; averti de ce tropisme pathologique, on lira d'un autre œil *Le Président Wilson*, un chef-d'œuvre de mauvaise foi présenté comme une biographie dont les premières lignes soulignent l'« antipathie » de Freud pour son sujet – le fameux Président n'eut qu'un seul défaut : « Son père fut le grand personnage de son enfance, en comparaison duquel sa mère faisait piètre figure » (99). On imagine facilement combien, pour un personnage qui pense exactement le contraire, la mère en grande figure et le père en piètre estime, ce président des États-Unis ait pu, dans les dix premières lignes du livre, générer chez l'analyste cette remarque symptomatique : « La personne du Président américain, telle qu'elle s'est élevée à l'horizon de l'Europe, m'a été, dès le début, antipathique, et cette aversion a augmenté avec les années au fur et à mesure que j'en savais davantage sur lui » (13).

On comprend que les exégètes, les biographes, les analystes, les glosateurs chargent William C. Bullitt, le coauteur de cet assassinat publié après la mort de Freud, mais écrit du vivant du sujet autopsié, ce qui permet de disculper le héros, d'éviter de s'interroger sur les véritables raisons de cet usage meurtrier de la psychanalyse. Car cette haine d'un fils aimant sa mère et jalousant son père pour un fils qui chérissait son père et manifestait moins de souci de sa mère pourrait bien prouver que le scientifique se trouvait bien souvent animé par des motifs inavouables...

Cette grande passion incestueuse motive également l'athéisme du personnage qui écrit dans *L'Avenir d'une illusion* combien Dieu devient une créature claire et nette, limpide et intelligible, quand on comprend qu'il est un père qui sécurise, une figure créée de toute pièce par les hommes incapables de vivre avec ces évidences existentielles : devoir mourir un jour, être d'ailleurs sur terre pour ça, mais se refuser à l'évidence de ce destin qui les conduit vers le néant dès la première seconde de leur vie intra-utérine. Ce Dieu défini dans *Malaise dans la civilisation* comme « un père exalté jusqu'au grandiose » (XVIII. 259) devient en effet l'homme à abattre ! Freud a été un incroyable et un incontestable militant de la cause athée. Par-delà bien et mal, on en comprend les raisons...

Le reste de l'œuvre, on le sait, souffre de cette pathologie incestueuse qui ne cesse de travailler Freud : le complexe d'Œdipe, bien sûr, puisqu'il s'agit de la clé de voûte de cette cathédrale psychopathologique, mais également les satellites que sont : angoisse de castration, envie du pénis chez la femme, homosexualité pensée comme un arrêt dans l'évolution dite normale vers la génitalité, sublimation à cause du refoulement de cet inceste prétendu historiquement fondé, transfert lors de l'analyse qui renvoie aux périodes de ce refoulement – tout l'édifice freudien part de cette prétendue découverte scientifique qui se réduit finalement à un banal souhait d'enfant, au désir d'un petit garçon pour sa mère...

Quelle femme prend un homme dont le modèle archétypal de la libido est son inatteignable mère ? Une fiancée qu'on ne déflore pas pendant quatre années ; une épouse qu'on touche peu, juste le temps de lui faire des enfants ; une femme dont on se détourne sexuellement une fois la famille fondée ; une sexualité dirigée vers un autre objet que cette jeune fille devenue mère, et qui élit... la sœur de cette partenaire délaissée selon l'aveu même de Freud dans ses lettres à Fliess. Soit : une jeune fille aimée à distance, entretenue sur le mode épistolaire, désirée sur le papier ; une Martha Bernays épousée à qui l'on fait six enfants en huit années – entre le 16 octobre 1887 et le 3 décembre 1895 ; une mère de famille contrainte à l'abstinence par un Freud en quête d'un véritable moyen contraceptif dont le défaut lui permet d'expliquer ses probables défaillances sexuelles ; une sexualité adultère et incestueuse avec sa belle-sœur – la correspondance se trouve fort opportunément inaccessible... Freud travaillé par l'amour de sa mère essaiera toute sa vie de trouver une sortie à ce labyrinthe libidinal.

Pour saisir la nature de la psyché incestueuse de Freud, il existe un singulier moment dans sa biographie. Une lettre à Edouard Silberstein datée du 4 septembre 1872 en donne les détails. Hébergé par la famille Fluss, des amis de ses parents, Freud, seize ans, tombe amoureux de la jeune fille qui en a treize – fâché avec les chiffres, il dira : dix-sept pour lui, quinze pour elle... La famille fait fortune dans le textile à Freiberg, la ville où Jakob a pré-

tendument fait faillite à cause d'une crise affectant toute
la profession… Amoureux fou, inhibé, Freud garde sa
passion par-devers lui pendant trois jours. La séparation
a lieu, la déclaration d'amour ne se fera pas. Freud erre
dans la campagne, malheureux. Il maudit alors son père
dont l'impéritie l'a contraint à quitter l'endroit où, probablement bien sûr, il aurait connu une joie sans nom
auprès d'elle. Faute de bonheur à Freiberg, le voilà malheureux à Vienne – une ville qu'il n'aimera vraiment
jamais…

Dans la lettre à son ami Silberstein, Freud explique son
coup de foudre par un déplacement d'amour, un transfert libidinal : Gisela, la jeune fille, s'avère être un prétexte. Car le véritable objet d'amour c'est… la mère de
cette jeune fille qui, bien sûr, pourrait être celle de
Freud ! Suit alors un long dithyrambe à la gloire de cette
femme. La voilà donc parée de toutes les qualités : son
extraction bourgeoise, ses bonnes manières, sa solide
culture classique, son jugement correct en toutes choses,
son intérêt porté aux choses politiques, sa capacité à diriger l'entreprise avec son mari, la soumission des ouvriers
à son autorité, le succès de l'éducation de ses sept enfants,
sa façon merveilleuse de suivre les progrès de sa progéniture et de s'acquitter de son devoir de mère (Freud
déplore en passant que la sienne y excelle si peu…), son
talent pour gérer la maisonnée, et plus particulièrement
la domesticité, sa perpétuelle bonne humeur, sa généreuse hospitalité, voilà ce qui emballe un jeune garçon de
seize ans confit d'amour pour une mère de famille ayant
presque le même âge que la sienne…

Freud raconte que, sous le toit de cette Vénus à sa
main, il fut victime d'une rage de dents. Le futur scientifique auteur de *L'Interprétation du rêve* ne pense pas

encore que « la dent et l'organe génital masculin (le garçon) sont mis dans une certaine relation » (IV. 437)...
Pour calmer la douleur, l'adolescent boit de l'alcool,
trop : Freud qui n'a pas encore lu Freud, et pour cause,
ignore encore qu'un banal onanisme en bonne et due
forme aurait probablement selon sa doctrine eu raison de
sa douleur dentaire... « Tombé en léthargie », selon son
euphémisme bien choisi, il a vomi partout. Dans cette
circonstance, la mère de Gisela a été une magnifique infirmière : elle lui a rendu plusieurs fois visite dans la nuit !
Concluant sa lettre, Freud parle du « feu spirituel » qui
jaillissait des yeux de la mère et met en perspective cette
incandescence particulière avec la « beauté sauvage » du
même acabit de la fille !

Fidèle à sa méthode qui consiste à faire de son cas une
généralité, Freud écrira plus tard, avec tout le sérieux
scientifique requis, que le premier objet amoureux se
trouve être la mère, voire la sœur – Anna pour Freud si
l'on veut bien se souvenir de cette information... Lire par
exemple *Du rabaissement généralisé de la vie amoureuse.
Contribution à la psychologie de la vie amoureuse II*
(XI. 130). Mais la puissance du refoulement de l'inceste
dévore le petit garçon qui se trouve alors en butte au
même tropisme incestueux avec... sa belle-mère – on
aura bien lu. Voir cette fois-ci *Totem et tabou* (XI. 217) :
la « belle-mère constitue de fait pour le gendre une tentation d'inceste, comme, par ailleurs, il arrive assez souvent
[*sic*] qu'un homme tombe manifestement d'abord amoureux de sa future belle-mère, avant que son inclination ne
se porte sur la fille de celle-ci »... Freud conclut : ce qui
se joue dans cette aventure, c'est « le facteur incestueux
du rapport » (*ibid.*).

Mais là où Freud aurait pu rapporter son expérience

autobiographique de jeune garçon amoureux de la mère de sa jeune fiancée, le *scientifique* renvoie aux sauvages, aux primitifs, il effectue le détour par l'Australie des peuplades primitives, il s'appuie sur l'ethnologie, l'ethnographie, les récits de voyageurs, il cite une bibliothèque entière de littérature scientifique derrière laquelle il se cache, car l'objectif reste de dissimuler la source personnelle et subjective de la pensée présentée comme universellement valable. De fait, pour s'inscrire dans la lignée de Copernic et Darwin, la mère de Gisela pèse intellectuellement moins lourd que les publications de Frazer ou de Marcel Mauss…

Freud qui a tant disserté sur la sexualité des autres, qui n'a jamais reculé devant la transformation des pères de famille de ses patientes en abuseurs sexuels de leur progéniture ; Freud qui voyait dans un eczéma buccal la preuve de la fellation infligée dans sa plus tendre enfance par le géniteur de la femme affligée par ce problème dermatologique ; Freud qui diagnostiquait des fantasmes de sodomisation avec des rats chez un patient, le fameux Homme aux loups, qui, comme lui, souffrait de problèmes intestinaux – ramenés pour son propre cas à la causalité triviale d'un pain pas frais ou d'un repas trop lourd ; Freud qui transformait une hallucination olfactive en réaction somatique au refus d'une avance sexuelle ; Freud qui interprétait la peur d'un cheval comme une angoisse de castration ; ce Freud-là n'a jamais raconté quelle part la sexualité tenait dans sa propre existence – donc dans sa théorie…

Lisons entre les lignes, mettons en relation des informations parcellaires, partons sur le terrain avec la loupe de l'enquêteur afin de disposer d'un portrait sexuel de

Freud. Une fois de plus, la correspondance avec Fliess s'avère très précieuse. Lorsqu'une lettre à Fliess signale qu'une relation sexuelle s'est correctement passée, on peut se demander si ce qui justifie ce signalement comme une information digne d'être retenue, donc soulignée, ne témoigne pas en faveur du caractère exceptionnel chez Freud de l'issue positive de l'acte sexuel ! Pourquoi, sinon, dire que les choses se passent bien si elles se passent habituellement correctement ? La performance sexuelle de Freud ne semble pas notable.

Après Gisela, qui fut l'occasion de son amour de jeunesse platonique et du développement du fantasme incestueux avec la mère de la petite fille, Sigmund Freud jette son dévolu sur Martha Bernays, une jeune femme courtisée avec mille lettres, dit-on, écrites loin d'elle, à Paris, où il s'exile pour suivre les cours de Charcot – seconde occasion d'éviter la sexualité et de la vivre sur le mode de la sublimation… Une jeune fille dont il aime finalement la mère sans qu'il en touche aucune ; une fiancée transformée en vierge avec l'encre de ses lettres pour unique substance séminale ; Freud aime la sexualité, mais sans le corps… De quoi réserver la pureté de sa flamme à sa mère.

Entre le moment où il rencontre sa promise (avril 1882) et celui où elle devient sa fiancée (27 juin 1882), il se passe deux mois. Freud a vingt-six ans, il vit de prêts, d'emprunts, n'a pas de travail et vient de terminer péniblement ses études de médecine l'année précédente – il a mis plus d'années que ses congénères à décrocher ses diplômes : commencées très tôt à dix-sept ans, terminées tard à vingt-cinq, soit huit années au lieu de cinq en temps normal, il a pris son temps. Entre les fiançailles et

le mariage (civil le 13 septembre 1886, religieux le lendemain), quatre années s'écoulent, dont trois et demie
vécues chacun chez soi. Freud écrivait presque une lettre
par jour…

Dans cette correspondance, il apparaît très jaloux,
extrêmement possessif, et justifie son affectivité tyrannique ; il exhorte sa fiancée à ne pas appeler ses cousins
par leur prénom ; il la conjure d'éviter de jeunes hommes
qu'elle pourrait rencontrer ; il lui explique que le rôle
d'une femme est d'être une bonne épouse, une bonne
mère, aux ordres de son mari ; il ajoute que Stuart Mill,
dont il a traduit l'excellent *Essai sur les femmes*, un véritable texte féministe, raconte des sornettes ; il lui écrit le
2 août 1882 qu'elle n'est pas belle – « je me vois obligé de
confesser que tu n'es pas une beauté. Je ne te flatte pas en
disant ça [*sic !*], mais je ne sais pas flatter » ; il raconte les
détails de sa vie parisienne et confie qu'il pourrait, s'il le
voulait, accélérer sa promotion sociale en séduisant une
fille de Charcot ; il confie son ardent désir de devenir
riche et célèbre… Mais, pour l'instant, il végète.

Faut-il voir dans ces expériences de renoncement à la
sexualité et de névrose personnelle une source, sinon la
source, de ses réflexions sur l'étiologie sexuelle des
névroses et la théorie de la sublimation ? On peut le penser puisque le texte explique combien une sexualité non
satisfaite, des pulsions sexuelles refoulées, une libido non
épanouie, un corps inhibé dans l'expression de sa sensualité, se trouvent à l'origine de perturbations du genre
psychose, névrose, paranoïa, hystérie. Toute psychopathologie se résout pour Freud à un engorgement des pulsions libidinales.

Lisons donc avec un œil amusé *La Morale sexuelle
« culturelle » et la nervosité moderne* (1908), un texte qui

semble à première vue un brûlot lancé contre la morale puritaine de notre civilisation mais qui, en seconde lecture, se montre *une plainte autobiographique* à peine masquée, une protestation contre ce qui lui coûte. Âgé de trente-sept ans, il écrit en effet à Fliess le 20 août 1893 qu'il vit dans l'abstinence sexuelle avec sa femme – Freud n'aime ni le coït interrompu, ni le préservatif qui entrave sa (petite) performance sexuelle, et il ne souhaite pas de sixième enfant – sixième enfant pourtant il y aura avec Anna qui sera un accident d'alcôve…

Il paraît probable qu'après cette ultime concession à la reproduction de l'espèce, Freud se débrouille autrement avec sa sexualité. L'onanisme pourrait bien avoir joué un grand rôle dans la vie de Freud – une pratique dont il faisait aussi découler les névroses… Pas de sexualité avec sa fiancée, puis peu et plus avec sa femme, ensuite probablement une sexualité solitaire pour une grande partie des usages de sa libido, enfin une sexualité adultère avec sa belle-sœur : voilà de quoi permettre au fantasme incestueux une longue et douce existence à l'abri du réel…

Le texte sur *La Morale sexuelle « culturelle »* dominante déplore que, dans une civilisation, il n'y ait aucune place pour une satisfaction sexuelle dissociée de la procréation et simplement tournée vers le plaisir. Dans un couple, la sexualité se trouve confinée dans la monogamie et la conjugalité. De sorte que la sexualité dite normale dure un temps bref, elle se trouve ensuite investie par les femmes sur un nouvel objet : leur enfant. Freud, marié et plusieurs fois père de famille, parle d'expérience…

Nous nous mentons à nous-mêmes, nous mentons à autrui, nous nous trompons et nous trompons les autres en croyant que la sexualité servirait à autre chose qu'à sélectionner le plus viril, donc le plus à même de contri-

buer à la perpétuation de l'espèce – thèse schopenhauérienne… Nous sommes victimes de la nature et
n'avons pas le choix. La culture endigue ces pulsions qui,
sinon, mettraient en péril l'édifice social tout entier. Or
Freud n'a pas l'âme nihiliste d'un destructeur de la machinerie sociale.

Les besoins insatisfaits causent la névrose moderne ou
débouchent sur des satisfactions de substitution, sinon
des perversions, autrement dit des détournements de la
libido sur des objets non génitaux : la perversion définit
cette fausse route dont, selon lui, l'homosexualité fait
partie. Même chose pour la masturbation. Car Freud
pense la sexualité dirigée vers une normalité, l'accouplement hétérosexuel génital, et nomme « perversion » tout
ce qui échappe à ce schéma directeur.

Certes la répression des instincts et des pulsions est
nécessaire puisqu'elle fournit la source de toute culture,
de toute civilisation. Pas question, dès lors, d'une révolution, Freud se contente d'une *réforme*… L'idéal serait
une vie sexuelle libre, autonome, indépendante, insoucieuse des obligations sociales, mais n'y songeons pas,
l'idéal n'est pas de ce monde, et l'on doit compter avec le
réel. Freud se contente de souhaiter des aménagements
– il aspire à une contraception fiable, voilà toute la libération freudienne…

Ce que Nietzsche nomme « le préjugé monogamique »
conduit donc à des névroses, des souffrances, des
malaises, de l'hystérie, des pathologies mentales et affectives pour la plupart. Quelques individus d'exception
échappent à cette malédiction par la grâce de la sublimation : leur énergie sexuelle réprimée, refoulée, réapparaît
investie sans perte quantitative dans des objets intellectuels de substitution à forte capacité symbolique : les

beaux-arts, la littérature, la philosophie, la religion, la poésie, la politique. Cette pulsion conserve sa force, elle se contente de modifier son chemin : « On nomme cette capacité d'échanger le but originellement sexuel contre un autre qui n'est plus sexuel mais psychiquement apparenté à lui la capacité de sublimation » (VIII. 203).

Et la psychanalyse ? Freud prévient : « Un artiste abstinent n'est vraiment guère possible, un jeune savant abstinent n'est assurément pas une rareté [*sic*]. Le second peut par sa continence libérer des forces pour ses études : chez le premier la performance artistique recevra vraisemblablement de son expérience de vie sexuelle un puissante inclination » (VIII. 212) – or, chacun aura compris, Freud est un scientifique, donc il peut par sa continence libérer des forces pour ses études. La sublimation, voilà donc un magnifique concept *pro domo* – un de plus…

Magnifique et très opportune création conceptuelle : elle permet en effet de justifier le renoncement réel de Freud à la sexualité (conjugale) pour expliquer en marge la construction d'un édifice intellectuel destiné à la mère aimée, sublimée, chérie, préservée, adorée, vénérée. Amalia maintient son statut radieux d'idéal sexuel tellement élevé qu'à défaut, le sujet préférera *théoriquement* l'abstinence, le renoncement, l'ascèse, même si, *pratiquement*, cette posture kantienne se double d'un recours à l'onanisme, à l'adultère générateur de culpabilité et à toute autre activité de substitution débouchant sur une névrose…

Le renoncement sexuel auquel nous invite la société produit des hommes châtrés, des individus incapables d'action, et nullement des sujets doués d'énergie, aucun libérateur ni réformateur, mais du gibier inutile car les femmes préfèrent, dit Freud, les hommes « qui se sont

Généalogie 167

avérés être des hommes auprès d'autres femmes » (ibid.).
Dans cette configuration, deux solutions s'offrent aux
femmes : tromper leur mari ou se réfugier dans le plaisir
solitaire qui conduit directement à la névrose. La société
interdisant la première solution, elles s'engouffrent toutes
dans la seconde. De sorte que, frigides, renonçantes,
accrochées à leurs père et mère comme à des rochers
dans une tempête, oublieuses de leur mari, elles se pola-
risent sur leurs enfants qui concentrent l'essentiel de leur
libido. En novembre 1911, écrivant à Emma Jung, Freud
affirme : « Le mariage est amorti depuis longtemps, maintenant il n'y a plus qu'à mourir. » Freud n'eut pas envie
de mourir aussi vite qu'il semblait vouloir le dire…

Lucide, Freud écrit donc : « Il n'y a dans le mariage
que quelques années de commerce sexuel satisfaisant,
naturellement, déduction étant encore faite de périodes
nécessaires pour que la femme soit ménagée pour des
raisons d'hygiène. Après ces trois, quatre ou cinq années,
le mariage ne fonctionne plus dans la mesure où il a promis la satisfaction des besoins sexuels » (VIII. 209-210).
Ce qui, dans la biographie de Freud qui fournit à son
corps défendant les clés pour ouvrir les serrures des
portes barricadées par ses soins, correspond à la période
qui correspond à la fin de 1889, 1890 ou 1891 – soit entre
trente-trois et trente-cinq ans – autrement dit entre deux
et quatre années avant le signalement de son abstinence
sexuelle à Fliess… Concluons donc en effet, comme le
disait Anna qui ne l'ignorait pas, que sa naissance le
3 décembre 1895 fut vraiment l'accident d'un géniteur
de trente-neuf ans dont la sexualité, du moins conjugale,
était un quasi-désert…

Car, toujours en lisant le texte avec un regard biographique, on découvre que Freud fournit en quelques

mots le meilleur antidote à ses yeux pour éviter les misères sexuelles infligées par la morale dominante : « Le remède contre la nervosité découlant du mariage serait bien plutôt l'infidélité conjugale ; or, plus une femme a été éduquée dans la rigueur, plus elle s'est soumise sérieusement à l'exigence de la culture, plus elle redoute cette issue, et dans le conflit entre ses désirs et son sentiment du devoir elle cherche refuge encore… dans la névrose » (VIII. 211). Mais toutes ne se sont pas forcément pliées aussi définitivement à la loi dominante…

Retenons de ce texte que, du bout des lèvres, et en passant seulement, Freud théorise l'adultère bourgeois sur le papier et le légitime secrètement dans sa vie privée : il ne parle pas de la nécessité de faciliter et de libéraliser le divorce, il n'invite pas à une vie sexuelle libre, il ne célèbre pas le libertinage, encore moins la révolution sexuelle, il ne déconseille pas le mariage, il ne fustige pas la famille en invitant à ne pas en fonder, il donne une recette vieille comme le monde : le bon vieil adultère des familles qui, de Plaute & Térence à Labiche & Feydeau en passant par Molière & Goldoni, fait la joie des théâtres européens et de tant de leurs coulisses…

Les gardiens du temple freudien n'aiment pas qu'on affirme, preuves à l'appui, que leur héros ait pu joindre le geste à la parole ou que, dans ce texte, comme si souvent, il sème malgré lui les petits cailloux utiles pour le suivre à la trace. Car la relation sexuelle prêtée à Freud avec sa belle-sœur Minna Bernays, la sœur de sa femme donc, passe, chez eux qui ne se privent pas par ailleurs de voir du sexe partout, pour une descente dans les caniveaux : le conquistador a écrit qu'il avait renoncé à sa sexualité pour diriger sa libido vers la sublimation géniale qui a nom *psychanalyse*, mettre en doute cette parole d'évangile constitue un blasphème…

Or Franz Maciejewski a effectué des recherches concrètes sur les registres d'hôtels, luxueux pour la plupart, dans lesquels Freud descendait accompagné de sa belle-sœur. Qu'a-t-il appris ? Que le 13 août 1898 le couple se présente à la réception de l'hôtel Schweizerhaus sous la rubrique « Dr Sigm. Freud et Madame » pour réserver une chambre avec un lit double pour trois nuits. Les dévots freudiens récusent cette thèse et prétendent que les numéros de chambres et l'agencement des lits ont changé depuis… Dans l'hypothèse d'un hôtel sans possibilité de chambres séparées pour Freud et sa belle-sœur, il existait alors cinq autres hôtels à Maloja…

Ce fameux samedi 13 août, Freud envoie une carte postale à sa femme dans laquelle il donne quelques nouvelles sur la beauté des paysages. On peut également lire ceci : « Nous avons une de ces mines, tous les deux, dommage que vous ne puissiez nous voir. Nous sommes descendus dans un modeste établissement suisse, face à nous une forteresse hôtelière » – avec probablement des chambres séparées… Au total, le voyage aura duré dix jours, du 4 au 14 août 1898.

Si rien n'avait eu lieu qui ressemble à une relation adultère et incestueuse entre Freud et sa belle-sœur, pourquoi dès lors interdire la consultation des containers qui, dans les archives de la Freud Collection de la Bibliothèque du Congrès de Washington, dissimulent au chercheur les lettres envoyées par Freud à Minna à l'époque où ils n'habitaient pas sous le même toit et qui, aux dires mêmes d'un biographe très opposé à la thèse de l'adultère, en parle comme de « lettres passionnées [écrites] à Minna Bernays quand il était fiancé avec sa sœur » (Peter

Gay, 846) ? S'il n'y a rien à cacher, pourquoi cacher – et puisque l'on cache, que faut-il dissimuler alors qui mériterait l'entretien du mystère ? Retenons comme certaines ces lettres *passionnées* envoyées à la sœur de sa fiancée – l'inceste continue à dicter sa loi dans la vie sexuelle de Freud...

Car, pour ce qui a pu fuiter de ces lettres mystérieuses, on sait que Freud écrivait aux deux sœurs en même temps et réservait à la cadette de sa dulcinée des entrées en matière du genre « Mon trésor » et cette étrange signature : « Ton frère Sigmund »... Séduire la sœur de sa fiancée et se présenter comme son frère, c'est faire également de sa promise, sa future femme donc, la mère de ses futurs enfants, sa propre sœur aussi... Quel étrange aveu sous la plume de l'inventeur d'une science à même de livrer les clés de l'inconscient ! Ajoutons qu'au moment où Minna reçoit ces lettres de son futur beau-frère, elle est elle-même fiancée à un ami de Freud. Après la disparition prématurée de ce fiancé en 1886 pour cause de tuberculose, on ne connaîtra aucune aventure amoureuse, sexuelle, affective ou conjugale à Minna. Fin 1896, elle s'installe sous le toit des Freud. Elle y vivra quarante-trois ans.

Pour tout lecteur de la *Psychopathologie de la vie quotidienne*, le lieu occupé dans le grand appartement 19, Berggasse fait sens... L'endroit ne manque pas de pièces, dix-sept, mais elle s'installe dans une chambre dotée d'un cabinet de toilette personnel à laquelle on accède *uniquement* en passant par la chambre nuptiale de Freud... Entrer ou sortir ne pouvait donc se faire qu'en perturbant l'espace conjugal du psychanalyste. Elle disposait également dans cet appartement d'un salon pour recevoir. Ce lieu permettait d'installer une chambre à coucher dans laquelle elle puisse entrer et sortir, sinon faire entrer ou faire sortir, sans gêne occasionnée à sa sœur et son beau-frère. Mais ce dernier contrôlait de la sorte l'accès à l'intimité de Minna… La chambre de «tante Minna» constitue un appendice à la chambre de Freud et de son épouse.

Ernest Jones écrit la légende de leurs rapports : intelligente, Minna brode de magnifiques tapisseries, lit, joue aux cartes avec le maître de maison, crée des épigrammes appréciées de tous. Freud, bien sûr, n'eut jamais aucune attirance sexuelle pour elle… Enfin, « il lui arrivait quelquefois de faire en sa compagnie de petites excursions lorsque Martha ne pouvait se déplacer. Tout cela donna naissance à quelques médisances parfaitement infondées et d'après lesquelles Minna aurait remplacé Martha dans l'affection de Freud » (I. 168). Freud célébrant théoriquement l'adultère comme unique solution pour éviter la névrose conjugale ne peut évidemment, pour une fois, souscrire à ses thèses : quiconque y songe rejoint le camp des médisants…

Qu'en est-il de ces « petites excursions » ? Un voyage à Florence ; une semaine sur le lac de Garde ; quatre cures à Bad Gastein en Autriche ; dix-sept jours à Rome ; une villégiature dans les Alpes ; un séjour de quinze jours en août 1898 dans le Tyrol ; un autre à Berchtesgaden en septembre 1900 ; un voyage à Rome et Naples en août et septembre 1902 ; retour dans le Tyrol sud en août 1903 ; Athènes en août-septembre 1904 ; Italie du Nord en septembre 1905 ; Rome en septembre 1907 ; Tyrol sud en septembre 1908 ; puis en septembre 1913 – de *petites excursions* en effet…

On appréciera la façon dont Peter Gay rapporte ce moment peu glorieux dans la vie conjugale freudienne :

« Durant l'été 1919, tandis que sa femme poursuit sa convalescence dans un sanatorium, Freud s'arrange [*sic*] pour passer un mois à Bad Gastein, une de ses stations thermales préférées, en compagnie de sa belle-sœur Minna. Il est un peu embarrassé [*sic*] d'avoir choisi une villégiature si luxueuse, mais il se défend [*sic*] en alléguant le besoin de reprendre des forces en vue de la saison froide qu'il va leur falloir affronter » (439)… Précisions que Martha se trouve dans un sanatorium pour se remettre de la grippe espagnole qui l'a touchée, une épidémie qui a fait 15 000 morts à Vienne et 30 millions, au bas mot, en Europe…

Les hagiographes emboîtent le pas à la légende de Jones et signalent que ces voyages s'effectuaient en tout bien tout honneur. On aura compris ce que Jones met sous les expressions « petites excursions » et ce qu'il faut entendre lorsqu'il signale que Freud part avec Minna seulement « quand Martha ne peut pas se déplacer »… La lecture de la correspondance de voyage ne manque pas de cynisme : Freud raconte à son épouse restée avec les enfants son bonheur d'être en vacances avec Minna, beau temps, jolis glaciers, marches fantastiques, paysages sublimes, hôtels cosy, concerts de qualité, cuisine parfaite, repos. Dans une carte postale datée du 13 août 1898 il avoue, guilleret : « Nous avons une de ces mines tous les deux, dommage que vous ne puissiez nous voir »…

Freud, si souvent mélancolique ou dépressif dans ses autres correspondances, prend sa femme à témoin. La conclusion s'impose : loin d'elle, il connaît vraiment le bonheur… Au cas même où Martha n'aurait pas compris, sa sœur en rajoute : « Nous sommes donc ravis au point de changer de lit chaque nuit [*sic*], ce qui est l'idéal de Sigi [re-*sic*]. Il a une mine insolemment *splendide* et il est gai comme un pinson, évidemment, il ne tient pas en place » (6 août 1898). Minna lira probablement plus tard *Psychopathologie de la vie quotidienne*...

Le jeune Sigmund Freud qui séduisait sa future femme en lui disant qu'elle n'était pas belle, qu'il pourrait, s'il le voulait, faire sa cour à la fille de Charcot, qu'elle n'avait pas intérêt à appeler ses cousins par leur prénom ou à parler à des hommes non mariés, qu'il était horriblement jaloux, mais qu'il fallait faire avec, écrit des cartes postales de vacances guillerettes à sa femme restée à la maison. Sur ses envois, il laisse une petite place à sa belle-sœur qui ajoute un mot. Ainsi le 10 août 1898, Minna écrit : « Je peux enfin parader dans ma robe de flanelle et avec tous mes bijoux, et bien sûr [*sic*], Sigi me trouve toujours d'une élégance extrême, mais je ne sais pas si les autres partagent cet avis »... Pendant ce temps Martha s'occupe des trois filles et des trois garçons... Les hagiographes traitent de tous les noms quiconque penserait que, peut-être, entre Minna et Sigmund, le corps ait pu jouer son rôle...

Les mêmes évacuent la référence à Jung, un *Aryen* selon le mot de Freud (lettre à Abraham du 26 décembre 1908 : « Nos camarades aryens nous sont, en fait, indispensables ; sans quoi la psychanalyse tomberait sous le coup de l'antisémitisme »...), qui a trahi – puisqu'il ne souscrivait pas aveuglément à la totalité de la théorie freudienne... Dès lors, tout ce qu'il affirme se trouve suspect. Or, ses informations sur le sujet des relations entre Freud et sa belle-sœur ne manquent pas d'intérêt. En 1907, Jung visite Freud à Vienne et fait la connaissance de Minna – elle répondait parfois au téléphone en se présentant comme « madame Freud »...

Lisons la confidence faite par Jung à un journaliste et

rapportée par Peter Gay (844). « Elle était très jolie et non seulement elle savait pas mal de choses sur la psychanalyse mais elle connaissait presque toutes les activités de Freud. Quand, quelques jours plus tard, je visitais le laboratoire de Freud, sa belle-sœur me demanda si elle pouvait me parler. Elle était très troublée par ses relations avec Freud et se sentait coupable. Elle m'apprit que Freud était amoureux d'elle et que leurs rapports étaient extrêmement intimes »... Jung confesse son désappointement...

Deux ans plus tard, invités aux États-Unis avec Freud pour un séjour de sept semaines consacré à livrer la bonne parole psychanalytique au Nouveau Monde, ils s'adonnent l'un l'autre à un essai d'analyse de leurs propres rêves. L'ancien évoque des rêves récurrents avec le triangle Freud/sa femme/sa belle-sœur... Informé des coulisses – mais l'amant de Minna l'ignore –, Jung avance l'hypothèse que, peut-être, Freud pourrait livrer sur le principe de l'association libre théorisé par ses soins ce qui lui passe à travers l'esprit à propos de ce singulier triangle... Jung dit : « Il me regarda alors d'un air glacial et répliqua : "Je pourrais vous en dire plus, mais je ne peux me permettre de risquer ma réputation" » (*ibid.*). Ajoutons que Jung fit plusieurs fois état de ces informations en public et que Freud n'apporta jamais aucun démenti...

V

Baptiser, nommer, déterminer…

> « Tu n'as sûrement rien contre le fait que
> j'appelle mon prochain fils Wilhelm ! S'il
> devient une fille, c'est Anna qui est retenu
> pour elle. »
>
> FREUD, lettre à Wilhelm Fliess,
> 20 octobre 1895.

Freud a donc eu six enfants avec son épouse Martha,
trois garçons, trois filles. Pas question que sa femme
choisisse les prénoms. Chaque fois, il impose un nom de
baptême en relation avec sa mythologie personnelle – la
mère n'a pas son mot à dire. Le premier-né est une
petite fille qui répond au nom de Mathilde (16 octobre
1887) en hommage à Mathilde Breuer, l'épouse de son
maître Josef Breuer dont, dans un premier temps, il dira
beaucoup de bien dans *Sur la psychanalyse* (1909), une
conférence donnée aux États-Unis. Lui qui détestait les
Américains a reçu le doctorat honoris causa décerné par
l'université Clark de Worcester avec les larmes aux
yeux…

Freud a improvisé son intervention après avoir pris
quelques notes en se promenant l'après-midi dans le parc.

Lors de son intervention, il dit : « Si c'est un mérite que d'avoir appelé la psychanalyse à la vie, alors ce n'est pas mon mérite. Je n'ai pas pris part aux premiers débuts de celle-ci. J'étais étudiant, et occupé à passer mes derniers examens, lorsqu'un autre médecin viennois, le Dr Josef Breuer, appliqua le premier ce procédé sur une jeune fille malade d'hystérie (de 1880 à 1882) » (X. 5).

Mais Freud revient sur le propos de la *Contribution à l'histoire du mouvement psychanalytique* (1914), et l'on retrouve alors l'homme qui refuse et récuse les prédécesseurs, la personne qui dénie puissamment les lectures et les influences, le sophiste qui met au point le concept de cryptomnésie pour expliquer, justifier et légitimer l'oubli d'éventuels emprunts théoriques… Il décrète inapproprié cet hommage et incrimine son état d'esprit : l'émotion l'a embrouillé… De fait, les témoins rapportent son vif émoi à la réception de son diplôme américain. Freud se cache donc derrière « des amis bien intentionnés » (XII. 250) qui lui auraient fait remarquer que la psychanalyse n'était pas née avec la *méthode cathartique* de Breuer, mais avec le rejet de l'hypnose, puis l'adoption de la *théorie de la libre association*. Donc avec lui…

De sorte que Breuer serait moins l'inventeur que le coauteur, thèse développée désormais par Freud. Il voit dans les injures et les reproches qu'il est le seul à concentrer sur son nom la preuve qu'il est bien l'inventeur de la discipline. À quoi il ajoute que, dans les travaux de Breuer sur l'hystérie, l'ancien cite toujours le nom de Freud entre parenthèses lorsqu'il aborde la question de la conversion, preuve supplémentaire que l'invention de la psychanalyse suppose une double signature. Mais la généalogie de la psychanalyse, finalement, se fera sur le cas Anna O., le sujet des *Études sur l'hystérie* : à partir de 1914 Freud présentera le cas d'Anna O., Bertha Pappenheim de son vrai nom, comme mal analysé par Breuer qui n'aurait pas vu une grossesse hystérique due au phénomène de transfert alors que Freud, lui, aurait compris la nature sexuelle de sa névrose et guéri cette patiente – ce qui ne fut pas le cas…

Dans *Autoprésentation*, Freud précise sa version : Breuer a été un homme important pour lui, son aîné de quatorze ans, avec lequel il eut des relations très étroites, qui fut son recours et son secours plus d'une fois dans l'existence. Le jeune avoue sa dette à l'aîné, mais un tel aveu s'accompagne toujours d'un sursaut motivé par une réaction d'orgueil : le Freud qui affirme en 1909 dans *Sur la psychanalyse* que Breuer fut l'inventeur de la psychanalyse et qui écrit en 1914 dans *Contribution à l'histoire du mouvement psychanalytique* : « La psychanalyse est […] ma création » (XII. 249) fait savoir en 1924 dans *Autoprésentation* que « le développement de la psychanalyse m'a coûté ensuite son amitié. Il ne fut pas facile de payer cela d'un tel prix, mais c'était inévitable » (XVII. 66). Autrement dit : lorsque le disciple dépasse le maître, il est normal que le maître en prenne ombrage et se fâche avec l'ancien élève…

Freud donne une autre raison à cette rupture : lors de la parution des *Études sur l'hystérie*, un ouvrage cosigné avec lui en 1895, Breuer aurait fait preuve d'une faiblesse insigne : « Sa confiance en soi et sa capacité de résistance n'étaient pas à la hauteur de l'organisation de son esprit par ailleurs » (XVII. 71). Un hypothétique mauvais compte rendu dans le journal aurait décidé du sort de l'amitié entre les deux hommes : « je fus capable de rire de cette critique incompréhensive, lui se vexa et fut découragé ». Comprenant que, peut-être, cet argument paraîtrait trop faible, Freud ajoute : « Mais ce qui contribua le plus à sa décision c'est que mes propres travaux ultérieurs prirent une direction avec laquelle il tenta vainement de se familiariser » (*ibid.*).

Bien sûr, la véritable raison de la rupture fut cachée par Freud : pendant les longues années de vaches maigres, Josef Breuer avait donné beaucoup d'argent à son élève. Lorsque, devenu riche, l'ancien disciple voulut rembourser le maître, Breuer refusa, ce qui humilia Freud qui se fâcha violemment… Quoi qu'il en soit, le geste de Freud qui proposait de l'argent valait déclaration de guerre à l'endroit de Breuer : accepter l'aurait humilié, refuser l'a humilié. En tout état de cause, en faisant entrer l'argent qu'il prenait théoriquement pour de la « merde » selon son propre mot, le psychanalyste gagnait à tous les coups.

Mathilde se trouve donc placée sous le signe de Breuer, en l'occurrence de madame Breuer. Ce prénom est un hommage évident. La date de naissance correspond à la période où Breuer et son épouse se comportent comme des parents de substitution qui subviennent aux besoins du jeune homme désargenté. Souvenirs de l'époque où les deux hommes travaillaient ensemble, où Breuer lui offrait l'hospitalité de sa baignoire après une journée de travail, ou un couvert à la table familiale…

Mathilde porte le signe d'un passé dont Freud veut se défaire : sa biographie est remplie de la haine qu'il portera ensuite à Breuer pendant toute son existence. La légende écrite par Freud est simple : Breuer a pressenti quelque chose d'important, en l'occurrence l'étiologie sexuelle des névroses, mais il a manqué du courage qui lui aurait permis d'aborder le nouveau continent découvert par Freud. L'ancien fut lâche et n'a pas su affronter l'immensité de la tâche exigeant une bravoure que lui seul a su montrer… Freud tue son premier père.

Le deuxième enfant, un garçon, se prénomme Jean-Martin : il naît le 7 décembre 1889. Nouvel hommage, cette fois-ci à Charcot. Freud obtient une bourse pour effectuer des études à Paris. Dans le laboratoire parisien, il dissèque des cerveaux d'enfants pour étudier leur histologie au microscope. Pour accéder à son premier cercle, Freud propose à Charcot de traduire le troisième tome des *Leçons sur les maladies du système nerveux faites à la Salpêtrière*. L'audace paie, il entre dans le cénacle des collaborateurs.

Freud raconte à sa future femme dans de nombreuses lettres combien l'avaient fasciné les leçons de la Salpêtrière données par Charcot en présence d'un nombreux public, avec photographes et mondanités, scènes d'hystérie et théâtralisation de la maladie mentale, performances hypnotiques du maître, comédie de l'improvisation du diagnostic, ambiance de messe psychiatrique, vibrations magnétiques… Freud, qui n'y va pas de main morte, parle même de la sensation que dut avoir Adam lorsque Dieu lui présenta ses créatures pour les nommer – la sensation, donc, de Freud transfiguré en Adam de son Dieu…

Quand à vingt-neuf ans on a rencontré Dieu en personne, qu'on a été invité chez lui au milieu d'une cinquantaine d'hôtes de marque, qu'on s'est bourré de cocaïne pour ne pas y faire mauvaise figure, qu'on a approché sa fille en songeant à devenir le gendre de l'homme célèbre et reconnu, qu'on lui doit des émotions éprouvées par le premier homme lui-même, comment ne pas rendre hommage à un pareil personnage ? Loin de sa fiancée, près d'un homme qu'il n'hésite pas à comparer à Dieu, au contact de Charcot, Freud abandonne la neurophysiologie pour se consacrer au traitement des maladies mentales. Finies les gonades d'anguilles, Freud s'occupe désormais de l'inconscient…

Pour tâcher de bénéficier de l'aura du personnage, une fois rentré à Vienne, Freud donne des conférences pour vanter les mérites de la méthode hypnotique de Charcot dans le traitement de l'hystérie – un concept fourre-tout très pratique pour nommer un certain nombre de pathologies hétérogènes. Freud achète une reproduction lithographique d'*Une leçon de médecine avec le Dr Charcot à la Salpêtrière*, la peinture célèbre d'André Brouillet – dont nous reparlerons –, puis l'installe dans son cabinet, non loin d'une photo dédicacée par le maître lui-même. Comme lui, il se met à collectionner des pièces d'archéologie antique. Enfin, il envoie au maître et à ses disciples les plus proches des tirés à part de ses premiers travaux.

Le nouveau-né Jean-Martin Freud porte donc, quant à lui, ce morceau-là du passé de Freud : l'enterrement de la physiologie, l'abandon de l'anatomie, la fin du laboratoire, le congé donné à la neurologie, la mort des anguilles donc, puis l'épiphanie de la thérapie magnétique, du soin hypnotique, de la polarisation sur les hystériques, de la carrière dans la psychopathologie, enfin la naissance du divan. Quand Freud envoie un faire-part de naissance à Charcot, il reçoit en retour un petit mot dans lequel l'hypnotiseur de la Salpêtrière espère que ce patronyme, dont il évite de remarquer qu'il est *aussi* le sien, place ce premier mâle de la famille Freud sous le signe de saint Jean l'Évangéliste et du centurion ayant coupé son manteau pour en offrir la moitié à un mendiant dénudé… Pour un

juif, cette référence explicitement catholique manquait
d'à-propos !

Oliver, le troisième enfant, naît le 19 février 1891.
Changement de registre : Freud ne rend plus hommage à
la femme de son premier maître qui fut un temps une
sorte de mère de substitution ; ni à Charcot, Dieu le père,
ou quelque chose d'approchant pour Freud qui confie à
Martha : « Aucun autre homme n'a jamais eu autant
d'influence sur moi » (24 novembre 1885). Les vivants
déçoivent. Les morts, un peu moins. Dès lors, Freud
porte son regard vers Cromwell, Oliver Cromwell – une
référence *politique* que tous les auteurs publiant sur le
Freud politique passent sous silence. De fait, on y trouve
des informations utiles pour contredire la légende d'un
Freud apolitique, mais juif libéral et démocrate...
Car Oliver Cromwell est loin d'incarner l'homme politique libéral et démocrate : ce puritain calviniste exalté
entretient à ses frais une armée de fanatiques de son acabit avec lesquels il mène une guerre sans pitié contre le
pouvoir catholique en place. Après des batailles et une
épuration du Parlement, il parvient au pouvoir, décrète la
République, mais massacre quantité de catholiques irlan-
dais, puis confisque leurs biens. Cromwell réprime les
révoltes dans le sang, dissout les assemblées par la force,
instaure un régime despotique. Le puritain, le militaire, le
guerrier, le despote, l'épurateur, le massacreur, mais aussi
celui qui, cent cinquante ans avant la Révolution française, obtient en 1649 la décapitation du roi Charles Ier, le
représentant de Dieu sur terre, voilà un étrange modèle
politique pour un fils...
Freud donne lui-même une raison à cet acte de baptême dans *L'Interprétation du rêve* et parle de son

« deuxième garçon, à qui j'ai donné le prénom d'un grand personnage historique qui m'avait fortement attiré quand j'étais petit garçon, particulièrement depuis mon séjour en Angleterre. Tout au long de l'année où nous l'attendions, j'avais eu le projet d'utiliser justement ce nom si c'était un fils, et c'est par ce nom que j'accueillis, grandement satisfait, celui qui venait juste de naître. Il est facile de remarquer comment la mégalomanie réprimée du père se transfère, dans ses pensées, sur ses enfants » (IV. 496-497).

Mégalomanie réprimée ? Un aveu de Freud qui le montre sous un jour contradictoire avec la légende dorée. Or ce qu'il écrit à son propos cache presque toujours une autre information – la passion pour le régicide, autrement dit une variation sur le meurtre du Père qu'est toujours la décapitation d'un roi catholique.

Le quatrième enfant se prénomme Ernst, il arrive au monde le 6 avril 1892. Retour aux vivants, retour au passé, retour aux maîtres : l'hommage concerne cette fois-ci Ernst Brücke, son maître en physiologie dans le laboratoire duquel il a travaillé six années entre 1876 et 1882. De quarante ans plus âgé que Freud, Brücke fait partie du gratin universitaire, il détient la chaire de physiologie de Vienne et passe pour être le fondateur de l'histologie. Cet homme manifeste un philosémitisme libéral, fréquente Josef Breuer et le lui a d'ailleurs présenté. Réservé, mais capable d'une réelle autorité, amateur d'art, peintre lui-même, positiviste dans ses recherches, il accueille Freud dans son laboratoire pour travailler d'abord sur la sexualité de l'*Ammocoetes petromyzon,* un poisson rudimentaire, ensuite sur l'anatomie cérébrale humaine...

Freud confesse en postface à *La Question de l'analyse*

profane qu'Ernst Wilhelm von Brücke (1819-1892) fut
« la plus grande autorité qui ait jamais agi sur moi »
(XVIII. 81)… Quand on connaît l'incapacité de Freud à
décerner un éloge sans le faire suivre d'une formule qui
le tempère sinon l'annule, on mesure l'étendue de l'hommage. Après Charcot, un quasi-dieu, Brücke devient un
quasi-père… Est-ce la raison pour laquelle Freud décide
en 1878, l'année où il rencontre son maître, de changer
de prénom et d'abandonner le Sigismund qui permettait
à sa mère de parler de son « Sigi en or » pour le désormais fameux Sigmund ? On n'en saura rien…

Dans son *Autoprésentation*, Freud affirme qu'il a dû
l'obtention de sa bourse pour aller à Paris afin de rencontrer Charcot « à la chaleureuse recommandation de
Brücke » (XVII. 60) – même si dans une lettre à Martha
il estime (3 juin 1885) que son protecteur a retenu son
énergie pour lui obtenir cette gratification ! Cette ambivalence, l'éloge pour la postérité, mais la réserve pour
l'intimité, montre un Freud entretenant avec son maître
comme il le dit lui-même une relation de soumission
paternelle.

Lors de l'interprétation d'un rêve, Brücke est
convoqué par Freud pour expliquer un contenu particulier – une arrivée en retard. Freud rapporte que quand il
travaillait dans le laboratoire comme préparateur, il était
parfois arrivé en retard. Un jour, Brücke l'attendait, et il
l'accueillit avec quelques mots laconiques et précis que
Freud ne rapporte pas car l'important n'était pas là, mais
dans son regard : « Ce qui me terrassa, ce furent les ter-
ribles yeux bleus avec lesquels il me regarda et devant
lesquels je cessai d'exister » (IV. 470)…

Freud rêve donc de lui et avance une étrange interprétation : Brücke lui demande une préparation anatomique

d'un genre particulier puisque Freud se voit sectionné en deux parties avec ses jambes et son bassin éviscéré, donc sans sexe, puis il assiste à cela en face de lui-même sans ressentir de douleur. Freud, si prompt à voir du sexe partout, n'en voit pas là où il s'en trouve : que Brücke, considéré comme une autorité paternelle, commande à son élève ce genre de préparation anatomique facilement assimilable à une castration n'effleure pas Freud qui voit bien plutôt là le signe de… l'auto-analyse (IV. 503) ! Rappelons que, selon son propre aveu, la mort de son père en 1896 généra en lui ce désir d'auto-analyse.

Sophie voit le jour le 12 avril 1893. On pourrait imaginer que, l'étymologie aidant, Freud souhaite ainsi rendre hommage à la sagesse, mais on a vu combien, dans sa stratégie de passer pour un scientifique, il lui fallait tourner le dos aux philosophes. Prénommer sa fille Sophie dans la perspective de rendre hommage à la discipline de Platon, Schopenhauer ou Nietzsche, voilà qui signifierait un désir refoulé, inconscient, chez cet homme qui revendique le lignage Copernic/ Darwin, mais rien ne permet d'aller en ce sens.

Jones signale que Sophie porte ce prénom en hommage à l'un des amis de l'époque des recherches à l'Institut de physiologie, le professeur Samuel Hammerschlag qui, au lycée, apprit les Ecritures et l'hébreu à Freud. Une fois de plus Freud signale que cet homme a été pour lui comme un père (Jones, I. 180). Or cet homme avait une nièce prénommée Sophie. On ne sait s'il fut un bon enseignant, mais Freud ayant eu besoin en 1930 d'une traduction pour comprendre la simple dédicace rédigée en hébreu par un auteur juif lui ayant envoyé son livre, on peut imaginer soit que Freud a été un mauvais élève,

soit que son professeur n'a pas brillé dans son enseignement, à moins que, là aussi, le refoulement puisse être un
acteur majeur...

Quoi qu'il en soit, Freud juif s'est marié religieuse-
ment, mais il a interdit la pratique des rites dans sa maison et ce au grand dam de son épouse Martha qui, fille du
grand rabbin de Hambourg, aurait aimé pouvoir perpé-
tuer la tradition sous le toit familial : Freud l'en avait brutalement dissuadée. À soixante-quinze ans, Jakob Freud,
libéral originaire d'un milieu hassidique, avait offert à son
fils âgé de trente-cinq ans une Bible qu'il tenait de son
père, avec, là encore, une dédicace en hébreu qu'il n'a
pas su déchiffrer.

Pour répondre au désir du père d'un lignage juif, ce
dont témoigne le cadeau de la Bible paraphée, Freud
interdit la circoncision de ses fils, la fréquentation de la
synagogue, l'éducation religieuse, la pratique familiale, la
dévotion privée de sa femme. Au 19, Berggasse, Noël se
fête dans la famille avec un sapin et des bougies, Pâques
avec des œufs peints... Certes, lui ne s'interdit pas l'inscription en 1897 à l'association juive libérale B'nai B'rith
dont la loge viennoise venait d'être fondée deux ans plus
tôt. Il y donne des conférences et se fait le prosélyte de
la psychanalyse.

Mais une fois de plus, comme quand se profile l'ombre
du père, Freud fait preuve d'ambivalence : il adhère à
cette loge, il sera administrateur de l'université de
Jérusalem, il manifeste un antisionisme dans sa jeunesse
puis, lors de l'évidence de la persécution des juifs dans
l'Europe fasciste et nazie, il n'exclut plus la possibilité
d'un État spécifiquement juif pour répondre à ce problème, mais il consacre un livre, *L'Homme Moïse et la
religion monothéiste*, à montrer que Moïse n'est pas juif

mais égyptien, il détruit la possibilité même de Dieu et fait de toute religion « une névrose obsessionnelle ». Il ne se veut pas juif, mais considère que la résistance à sa pensée relève de manière obscure, secrète, aveugle, d'un antisémitisme profond contre lequel il souhaitait se prémunir en faisant de l'« Aryen » Jung son héritier avant de le congédier…

Freud rassemble tous ces fragments et croit dépasser les contradictions en revendiquant le 6 mai 1926 aux membres de sa loge la « claire conscience d'une identité intérieure, le mystère même d'une construction psychique ». Sophie témoigne de cette claire conscience, elle incarne cette construction psychique.

Sophie se marie avec Max Halberstadt en janvier 1913. En septembre de la même année, Freud se trouve à Rome avec l'inévitable tante Minna, il écrit une carte postale à son gendre et signe : « Souvenir d'un père totalement orphelin » (*sic*). *Orphelin*, on aura bien lu… En épousant Sophie, Max Halberstadt lui enlève son bien. Or, dans le mariage, l'époux accède à la sexualité de sa femme, autrement dit, il n'est pas censé priver le père de ce dont il ne dispose pas. En utilisant ce mot, Freud revendique un droit égal à celui de son gendre : la possession sexuelle, la disposition du corps, l'appartenance de l'intimité d'un être.

Par ailleurs, *orphelin*, les dictionnaires en témoignent, désigne un être ayant perdu son père, ou sa mère, sinon les deux. Et non un père qui aurait perdu son fils ou sa fille… D'où Freud tiendrait-il le droit de revendiquer ce privilège incestueux ? Où a-t-il vu qu'un père possède dans sa fille ce à quoi son époux accède par le mariage ? Qu'est-ce qui permet à l'inventeur de la psychanalyse, si prompt à débusquer de la sexualité et de la libido partout, pourvu qu'il s'agisse des autres, de se comporter en aveugle, comme Œdipe, lorsqu'il écrit une pareille chose ? Comment expliquer que l'auteur de la *Psychopathologie de la vie quotidienne* puisse passer à ce point à côté d'un pareil aveu psychopathologique ? Freud orphelin parce que Sophie s'est mariée ? Un père privé de sa fille parce qu'elle entre dans le lit d'un autre homme ? Voilà matière à méditations sur l'intimité du rapport de Freud à son avant-dernière fille…

Elle sera la fille préférée, son « enfant du dimanche » selon son expression – puis mourra de la grippe espagnole en 1920 à l'âge de vingt-six ans. Elle laissait deux enfants, dont le dernier avait treize mois… Son fils aîné, le petit-fils de Freud, la suivra rapidement dans la tombe.

VI

Naître sous le signe hystérique

> « Si cela avait été un fils, je t'aurais télé-
> graphié la nouvelle, car il... aurait porté ton
> nom. Comme c'est devenu une petite fille
> prénommée Anna, elle vient se présenter
> chez vous en retard [par courrier]. »
>
> FREUD, lettres à Fliess, 3 décembre 1895.

C'est donc dans cette configuration onomastique symboliquement puissante sur le terrain des symboles qu'Anna vient au monde le 3 décembre 1895. Anna, l'anti-Sophie... Elle n'est le prétexte d'aucun hommage, elle n'a pas en charge de dire aux anciens maîtres leur paternité de substitution, elle ne porte pas la mémoire de la psyché juive de Freud, elle n'incarne pas la figure forte du césarisme politique puritain. De plus, Anna fournit elle-même l'information, elle n'aurait jamais vu le jour si ses géniteurs avaient disposé d'une contraception digne de ce nom... Anna, la future psychanalyste pour enfants, sait donc qu'elle n'est pas un produit de l'amour...

Une lettre à Fliess nous permet de le savoir : si le bébé avait été un petit garçon, souvenons-nous, il aurait porté

le prénom de Fliess, Wilhelm. Quand on a lu la correspondance entre ces deux hommes, mesuré l'étendue et la
profondeur de leur relation affective, affectueuse, sinon
amoureuse, on s'étonne que Freud n'ait pas vu dans la
poutre de cette histoire la paille qu'il repère et dénonce
si souvent chez autrui : Freud ne place jamais cette relation sous le signe de l'homosexualité refoulée...

En revanche, quand il brûle ce qu'il a aimé, Fliess se
trouve affligé d'une psychose paranoïaque due au refoulement des sentiments érotiques que lui, Fliess, et lui seul,
bien sûr, entretenait à l'endroit de Freud... Ce diagnostic
se trouve deux fois : dans une lettre à Jung (3 décembre
1910) et dans un courrier à Ferenczi (10 janvier 1910).
Freud, pour sa part, prétend qu'il n'est pas devenu
malade comme Fliess car il a sublimé sa passion pour son
ami en doctrine. À Ferenczi il écrit : « Une part de l'investissement homosexuel a été retirée pour l'accroissement
de mon moi propre. J'ai réussi là où le paranoïaque
échoue » (6 octobre 1910) : autrement dit, il y avait bien
de l'homosexualité dans cette histoire, mais Fliess l'a
refoulée et est devenu paranoïaque alors que Freud la
transfigurait pour inventer la psychanalyse... Rappelons
que la rupture n'est pas du fait de Freud...

Or les deux compères donnent à la notion de bisexualité une place importante dans leurs échanges. Cette
théorie permet à Freud de proposer son étiologie de
l'homosexualité. Freud proposera même à Fliess de cosi-
gner un livre qui se serait appelé *La Bisexualité humaine*
et qui deviendra *Trois essais sur la théorie sexuelle*.
L'ouvrage paraîtra sous son seul nom. C'est d'ailleurs sur
la question de la bisexualité, revendiquée par Freud
comme sa découverte bien qu'elle soit une idée de Fliess,
que le climat se détériore entre les deux hommes. Fliess

prendra l'initiative de la rupture. Alors que le climat se refroidit entre eux, Freud prétend avoir remarqué le progrès des fissures.

Dans cette lettre importante (7 août 1901) Freud rappelle à son correspondant le fait suivant : Breuer a jadis suggéré à l'épouse de Fliess que c'était une bonne chose que Freud soit à Vienne et Fliess à Berlin, et ce afin d'éviter que la proximité des deux hommes soit un danger pour le mariage des époux Fliess ! Freud reproche à son ami de consentir à cette hypothèse en lui reprochant de s'approprier la thèse de Fliess sur la bisexualité. Freud poursuit : « Si je suis celui-là, il ne te reste plus qu'à jeter dans la corbeille à papiers, sans la lire, ma *Vie quotidienne*. Elle est pleine de choses qui se rapportent à toi – manifestes, pour lesquelles tu as fourni le matériel, et cachées, dans lesquelles le motif renvoie à toi. L'épigraphe est aussi un cadeau de toi. Si l'on excepte le contenu de tout le reste, elle peut témoigner du rôle que tu as joué chez moi jusqu'à présent. »

Le texte épigraphique dont Freud parle est une énigmatique citation extraite du *Faust* de Goethe : « L'air est maintenant tout empli d'un tel fantôme/Que personne ne sait comment l'éviter. » Quel est ce fantôme ? Fliess ? Probablement. Car pour quelle raison, sinon, demander à son correspondant l'autorisation d'utiliser cette phrase ? Puisque Freud a détruit les lettres envoyées par Fliess, on ne saura pas à quoi cette histoire renvoie, mais les dernières lettres montrent un Freud en amoureux transi disant à son ami qu'il le retrouve partout dans son travail – donc *en lui*…

Anna n'aura donc pas à se prénommer Wilhelm puisqu'elle naîtra, comme toutes les femmes, avec « un

pénis rabougri » – voir *De la sexualité féminine* (1931)...
Mais pourquoi Anna ? Etrangement, Anna, l'accident
sexuel, semble la seule à ne pas relever d'une généalogie
œdipienne. Car il existe des « Anna » dans la biographie
de Freud, sinon dans sa famille – et nous verrons lesquelles avec intérêt... Remarquons tout d'abord que la
naissance d'Anna coïncide à peu de chose près avec celle
de la psychanalyse : 3 décembre 1895 pour la naissance
inattendue de la petite fille, et, le 30 mars 1896, apparition pour la première fois, en français, du terme *psycho-
analyse* dans *L'Hérédité et l'étiologie des névroses*, un
texte rédigé pour Charcot et ses disciples. Dans une lettre
à Fliess datée du 6 février 1896, Freud précise que ce
texte a été rédigé dans les trois mois précédant l'envoi de
sa lettre – autrement dit : entre début novembre 1895 et
début février 1896, un espace temporel dans lequel Anna
arrive et s'enchâsse comme un diamant noir...

Une première Anna absente des références données
pour expliquer ce prénom pourrait être... Anna O. La
fameuse Anna O. ! Autrement dit Bertha Pappenheim, le
cas ayant permis à Breuer & Freud de fonder la psychanalyse. Anna serait donc le *signe de la généalogie de la
psychanalyse*, ce qui semble correspondre avec la date de
naissance revendiquée de la *psycho-analyse* et du destin
de la jeune fille non désirée appelée à devenir la gardienne
du temple psychanalytique, sa grande prêtresse, sa pythie,
sa vestale, sa vierge, sa chaste incarnation œdipienne...
Mais également la garantie de sa police hagiographique,
la jalouse auteur par procuration de la double légende
biographique de son père et de sa créature littéraire.

Qui était Bertha Pappenheim, Anna O. dans la légende
freudienne ? La première patiente de Breuer, l'héroïne
des *Études sur l'hystérie* dont certains historiens critiques

n'hésitent pas à dire qu'elle fournit l'occasion du « premier mensonge psychanalytique »… Rappelons les faits : novembre 1880, la patiente âgée de vingt et un ans souffre de pathologies manifestes, douleurs occipitales, strabisme convergent, problèmes de vision, paralysie des muscles du cou, contractures et anesthésies diverses, hallucinations avec abondance de visions de serpents noirs, phobies – peur de l'eau notamment, de l'écroulement des murs… –, troubles du langage, mutisme, oubli de sa langue maternelle, mélange de langues étrangères, dédoublement de la personnalité, refus de se nourrir, incapacité à reconnaître les gens… Voilà sous quels auspices Freud pourrait placer la naissance de sa fille : naissance de la psychanalyse, certes, mais aussi figure tutélaire de l'hystérie la plus profonde…

Version freudienne : le traitement hypnotique mené par Breuer soigne cette patiente très atteinte. Par le biais de cette technique, elle conscientise ses refoulements et se trouve conséquemment guérie : le texte parle du « fait merveilleux » (*sic*) (II. 65) constitué par la disparition *durable* des symptômes après l'expression verbale formalisée sous hypnose. D'où la naissance d'une « technique thérapeutique » qui supplante l'hypnose. Anna O. parle de « cure par la parole » sinon, sourions un peu de sa formulation, de « ramonage de cheminée »… Breuer et Freud évitent cette métaphore et parlent de « méthode cathartique ».

Version historique, autrement dit non légendaire : Anna O. n'a jamais été guérie et a vécu nombre de rechutes, ce dont témoigne même Ernest Jones dans sa biographie (I. 248). Bertha Pappenheim souffrait en effet encore et toujours d'états dépressifs suivis de phases délirantes, elle continuait, le soir, une fois allongée dans son lit, à ne plus savoir parler sa langue maternelle, elle se croyait espionnée, surveillée. Officiellement guérie le 7 juin 1882, elle se trouve pourtant hospitalisée quatre fois pour permanence de ses symptômes jusqu'en 1887. Après huit années de maladie, elle s'engage début 1890 dans des activités littéraires et philanthropiques. Breuer tient Freud au courant. Freud écrit à Martha le 5 août 1883 (un an après la guérison annoncée dans le texte publié…) qu'Anna O. est hospitalisée « une fois de plus » (*sic*). Il ajoute que Breuer « dit qu'il souhaiterait qu'elle soit morte afin que la pauvre femme soit délivrée de ses souffrances. Il dit qu'elle ne se remettra jamais, qu'elle est complètement détruite ». Comprenons ce souhait de mort, car il arrangerait bien plus les affaires du tandem Breuer & Freud que celles de la patiente guérie sur le papier, mais souffrant toujours dans son lit d'hôpital…

En 1888, bien qu'informé de l'état réel d'Anna O., Freud écrit dans *Hystérie* (1888) que la méthode de Breuer est excellente, qu'elle apporte des « succès thérapeutiques impossibles à obtenir autrement »… Freud jubile car avec ce mensonge il prend de court ses adversaires français (dont sa bête noire : Janet qui mériterait aujourd'hui réhabilitation) qui, eux, expérimentent, progressent doucement, accumulent les cas cliniques et ne se contentent pas d'un seul patient, se dispensent de mentir, de sorte que, précautionneux, prudents, persévérants, ils ne concluent pas encore quand Freud ne s'embarrasse pas de toutes ces réserves et jubile d'arriver avant tout le monde – mais où et à quel prix ?

Freud affirmera sans vergogne toute sa vie que le traitement d'Anna O. a été un succès : en 1916-1917 dans *Leçons d'introduction à la psychanalyse* (XIV. 265), en 1924 dans *Autoprésentation* (XVII. 68), en 1925-1926 dans *Psycho-analyse* (XVII. 289), en 1932 dans *Ma rencontre avec Josef Popper-Lynkeus* (XIX. 280). En privé, il avoue pourtant l'échec, mais à cause… de Breuer incapable de voir dans l'hystérie d'Anna O. l'effet d'un transfert de nature sexuelle : Breuer échoua là où lui, Freud, réussit, d'où la rupture entre les deux hommes. Aux dires de Freud, Breuer fut bien à l'origine de la psychanalyse, certes, mais petitement, car il fallut le courage et l'audace, l'intelligence et le génie de Freud pour accoucher de la vérité de la psychanalyse : l'étiologie exclusivement sexuelle des névroses.

Sous le prétexte *légendaire* de placer la naissance de sa fille sous les auspices de la psychanalyse, voici donc possiblement Anna installée sous le signe *vrai* d'une hystérique, d'un tandem d'affabulateurs désireux de remporter la course à la timbale *psycho-analytique* avant tout le monde, indépendamment du prix à payer… La logique suivie avec les enfants précédents, un prénom accroché à un nom symboliquement lourd à porter, ne va pas avec celui d'un anonyme. En revanche, du point de vue des signes et du sens, il correspond assez bien avec celui d'Anna O., un patronyme choisi par Breuer.

Dans l'hypothèse d'un prénom autre que celui de l'obscure fille d'un encore plus obscur instituteur dont l'histoire ne sait absolument rien, Anna voit donc le jour sous le soleil noir d'une construction cynique, mensongère, affabulatrice. Et si, n'ignorant rien des coulisses, et pour cause, Freud avait caché cette source possible au prénom de sa fille, sachant que la vérité vraie ne coïncidait pas avec sa vérité légendaire, et qu'il ait, pour ce faire, inventé une fille d'instituteur n'ayant laissé aucune trace dans l'histoire ? Hypothèse tentante…

Voici une autre possibilité comme origine de ce prénom. Elle a le mérite d'entrer en consonance avec le tropisme incestueux de Freud. Par ailleurs, elle n'interdit pas la précédente possibilité : en effet, Anna O. n'empêche pas une première Anna Freud, autrement dit Anna, la fille de sa propre mère Amalia et de son père Jakob, soit dit d'une autre façon : la propre sœur de Sigmund Freud… Car, selon ses dires, Freud eut en effet à souffrir de l'arrivée dans la famille d'une rivale nommée Anna. Son petit frère Julius joua le rôle de concurrent, déjà, avec une naissance vite effacée par la mort le 15 avril 1858. Mais le jour de l'enterrement de l'enfant dans le cimetière juif, Amalia est *déjà* enceinte d'Anna… De sorte que le rival disparu se trouve remplacé par une autre menace au prénom fatidique.

Freud a deux ans et demi quand sa mère porte Anna et il ignore encore les lois qui président à la fabrication des enfants. Mais les souvenirs sur la Nannie « coffrée », l'absence de sa mère partie accoucher, une mère disparue de la maison à la manière de la bonne « coffrée », puis sa réapparition le ventre dégonflé et le fantasme induit du roman familial au cours duquel Freud imagine que son vieux père n'a pu être le géniteur de cet enfant, mais qu'en revanche, la jeunesse de son demi-frère Philipp paraît un argument en faveur de ce père-là, voilà qui met Anna au centre d'un dispositif psychique et autobiographique considérable. Comment Freud, sinon son inconscient, pourrait-il économiser l'hypothèse de cette Anna-là pour justifier, expliquer, légitimer le prénom de sa propre fille ?

En prénommant Anna, sa dernière fille non désirée, du nom de l'enfant de sa mère, de sa propre sœur donc, Freud se substitue à son père Jakob en géniteur d'Anna

– il incarne dans sa chair la matérialité de son roman familial personnel. En faisant coïncider sa naissance et celle de son autre enfant comme il le dit aussi, à savoir la psychanalyse, Freud souligne le trait autobiographique de cette aventure qu'il s'évertue à ne jamais présenter comme une histoire littéraire mais comme une découverte scientifique. En lui donnant le prénom d'Anna O., l'hystérique promue cas généalogique de la psychanalyse, y compris avec ce que cela suppose de compromission avec l'affabulation et le mensonge, Freud place sa fille sous le crin œdipien d'une épée de Damoclès…

VII

Une vie œdipienne

> « Il semble qu'il y ait eu – à conclure
> d'après maints indices – une relation
> complexe prégénitale entre Freud et sa
> mère, une relation qu'il n'a jamais vraiment
> soumise à l'analyse. »
>
> MAX SCHUR, lettre à Ernest Jones,
> 6 octobre 1955.

On le sait désormais à ce point de l'analyse, la psychanalyse est la discipline inventée par un homme pour vivre
avec sa part sombre. Les zones les plus obscures de Freud
perdent leur caractère impénétrable au fur et à mesure
que se démêle l'écheveau familial : remariage d'un vieux
père avec une jeune femme ; imbroglio d'une famille
recomposée dans laquelle s'emmêlent trois générations ;
suspicion sur la paternité du géniteur âgé ; fantasme du
beau-frère prenant la place sexuelle du père ; transfigura-
tion du fils aîné en huitième merveille du monde ; rivalité
à la naissance d'un jeune frère ; culpabilité lors de la mort
de celui-ci ; réitération de la concurrence avec les autres
membres de la fratrie ; désir d'amour sexuel d'une mère
excessivement aimante et démonstrative dans son amour ;
rivalité portée sur le père, voleur d'amour – voilà le

monde dans lequel évolue Freud dans ses plus jeunes années.

C'est dans ce contexte psychique que s'inscrit cette évidence : Freud entretient d'étranges relations incestueuses avec ses filles, nous l'avons vu à propos de Sophie. La psychanalyse apparaît donc comme une autobiographie que son auteur refuse en tant que telle, d'où son mépris affiché pour la philosophie en général et Nietzsche en particulier, bien qu'il évolue dans cet univers-là, d'où son désir forcené d'être pris pour un scientifique. Les confidences personnelles abondent dans l'œuvre complète, les rêves pullulent, et sont autant de voies royales qui mènent à l'inconscient... de Freud et de lui seul.

L'un d'entre eux permet de voir Freud expérimentant lors d'un rêve des « sentiments cxagérément tendres » (lettre à Fliess, 31 mai 1897) pour sa fille Mathilde. Ce songe ne lui paraît pas problématique du tout, au contraire, puisqu'à ses yeux, il corrobore la théorie de la séduction qu'il défend à l'époque bec et ongles avant de devoir la renier publiquement pour les raisons que nous allons voir. Freud ne donne pas les détails, mais on peut imaginer qu'un père *exagérément* tendre avec sa fille est un père qui couche avec elle... Problème ? Aucun.

Car Freud affirme : « Le rêve montre bien sûr mon souhait accompli, celui de prendre sur le fait un *pater* [*sic*] en tant qu'il est le générateur de la névrose, et il met fin aux doutes très vifs que je continue d'avoir. » Autrement dit : le rêve prouve la vérité de l'hypothèse freudienne d'une étiologie sexuelle des névroses, notamment avec le traumatisme infligé par le père aux enfants pendant leur enfance. Freud rêve ; voilà le rêve devenu réalité... On remarquera en passant l'usage du latin pour signifier le père, exactement comme dans le fantasme de l'enfant ayant cru voir *matrem nudam* dans le wagon…

Retenons également la formulation et rappelons qu'il s'agit d'une lettre, donc d'un texte écrit au fil de la plume, sans brouillon, avec la liberté de ton de qui ne se surveille pas comme dans le cas d'un texte à paraître ou destiné à être rendu public. Que dit Freud ? Que ce rêve incestueux avec sa fille *montre bien sûr son souhait accompli…* Lequel ? Coucher avec elle ou obtenir confirmation de sa théorie de la séduction qui suppose, de toute façon, qu'il aurait pu coucher avec elle, puisque selon lui nombre de pères commettent ce genre de forfait !

Toujours dans la correspondance, l'arrière-boutique de l'âme de Freud, le psychanalyste entretient Otto Rank (4 août 1922) d'un « rêve prophétique » (*sic*) concernant « la mort de mes fils, Martin en particulier ». Qu'est-ce qu'un rêve prophétique ? Si l'on en croit banalement le dictionnaire, Littré par exemple, un rêve annonçant ce qui va avoir lieu…

Or nous connaissons ce rêve ayant eu lieu dans la nuit du 8 au 9 juillet 1915, puisque Freud en donne le contenu dans un texte intitulé *Rêve et télépathie* publié la même année que la lettre à Rank. Le titre l'indique, il s'agit d'examiner les relations entretenues entre rêve et *télépathie* – ce second mot a toute son importance. C'est donc dans ce contexte que Freud rapporte ce rêve : « J'ai par exemple rêvé une fois pendant la guerre qu'un de mes fils qui se trouvait au front y était tombé. Le rêve disait cela de façon non directe, mais pourtant non méconnaissable, il l'exprimait avec les moyens de la symbolique de mort bien connue » (XVI. 122). Suit une description du détail du rêve. Puis cette conclusion : « Mon fils quant à lui, que le rêve disait mort, est revenu sain et sauf des dangers de la guerre » (*ibid.*). Pourquoi rapporter ce rêve ? Pour montrer qu'il n'existe pas de rêve *prémonitoire*…

Or dans cette lettre à Rank, Freud ne parle pas de rêve *prémonitoire*, mais de rêve *prophétique*… Pourquoi donc ce lapsus qui fait qu'envisageant le rêve dans sa relation à la *télépathie* Freud le met en relation avec la *prophétie* ? Freud affirme rompre avec la pensée antique selon laquelle le rêve prédit l'avenir. De sorte que, pour lui, il n'existe pas de songe prémonitoire, car le rêve n'annonce pas *ce qui va avoir lieu* mais raconte dans une logique propre *ce qui n'a pas eu lieu* à cause d'un refoulement. On connaît la thèse devenue ritournelle de *L'Interprétation du rêve* : « le rêve est l'accomplissement (déguisé) d'un souhait (réprimé, refoulé) » (IV. 196).

Ce rêve de la mort d'un fils au front, si l'on en croit la grille donnée par le père lui-même, serait donc l'accomplissement déguisé d'un souhait réprimé… Si l'on ajoute, toujours en vertu de ce que Freud énonce du lapsus dans *Psychopathologie de la vie quotidienne*, à savoir que ce genre d'accident de plume, d'expression, de mot, trahit un désir inconscient refoulé, on n'aura guère de mal, avec les armes données par l'auteur lui-même, à faire du lapsus de la lettre à Rank un souhait inconscient… On souscrira également à cette assertion : « Les guerres engendrent une foule de lapsus dont la compréhension ne présente d'ailleurs aucune difficulté » (81)…

Voici donc ce que nous apprennent deux rêves de Freud et un lapsus dans une lettre à son ami psychanalyste : des désirs incestueux avec sa fille Mathilde, des sentiments exagérément tendres pour elle, donc des scènes sexuelles entre le père et la fille qui prouvent la validité de sa théorie de la séduction ; un rêve « prophé-

tique » annonçant la mort d'un fils seulement blessé
– même « prémonitoire » il aurait annoncé une *demi-vraie-nouvelle*, donc une *vraie-demi-fausse-nouvelle*. Il
faut aussi rappeler l'aveu de Freud dans une carte postale
où il se dit père orphelin lorsque sa fille devient la femme
d'un autre homme que lui. Conclusion : un fort tropisme
incestueux avec sa descendance féminine, un désir de
meurtre avec sa filiation masculine. Œdipe rôde encore et
toujours.

Freud écrit sa vie sous le signe d'Œdipe. Une anecdote
rapportée par Ernest Jones renseigne sur cette passion
freudienne pour l'homme ayant couché avec sa mère,
puis tué son père. En 1906, ses amis, disciples et proches
se réunissent pour fêter son demi-siècle. Le cadeau ? Une
médaille avec le profil de Freud sur une face et sur l'autre,
une représentation d'Œdipe répondant au Sphinx. Chacun connaît l'énigme : « Quel être, pourvu d'une seule
voix, a d'abord quatre jambes, puis deux jambes, et trois
jambes ensuite ? » (Apollodore, *Bibliothèque*, III, 5, 8) et
la réponse faite par Œdipe : « L'homme. De fait, lorsqu'il
est enfant, il a quatre jambes, car il se déplace à quatre
pattes ; adulte, il marche sur deux jambes ; quand il est
vieux, il a trois jambes, lorsqu'il s'appuie sur son bâton. »
Son secret percé, le Sphinx, qui en cas d'échec dévorait
les impétrants, se jette du haut des remparts et meurt.
Dès lors, Œdipe peut entrer dans la ville de Thèbes et
s'unir à sa mère puisque le trophée promis et offert à
l'homme capable de résoudre l'énigme qui libérerait les
Thébains de la malédiction du Sphinx était l'union avec
Jocaste – la propre mère d'Œdipe… Œdipe coucha donc
avec sa mère et de cette union naquirent quatre enfants,
Etéocle, Polynice, Antigone et Ismène.

Sur la tranche de la médaille offerte à Freud pour ses cinquante ans, on pouvait lire ces vers de Sophocle : « Qui résolut l'énigme fameuse et fut un homme de très grand pouvoir »… Dès qu'il prend connaissance du cadeau, Freud pâlit, s'agite, tremble, s'exprime avec une voix étranglée et demande à l'assemblée qui se trouvait à l'origine de ce présent. Ernest Jones écrit : « Il se comporta comme s'il avait rencontré quelque revenant et c'est bien ce qui était arrivé. » Qu'était-il donc arrivé ?

Jeune homme, riche de ses seules illusions et hanté par les prédictions de sa mère, se promenant dans la galerie des bustes qui reproduisaient les professeurs célèbres de l'université, Freud avait rêvé qu'un jour le sien s'y trouverait. Lors de ce souhait de jeune homme orgueilleux, il avait même songé que, précisément, ces vers de Sophocle accompagneraient son effigie ! Jones, le fidèle apôtre, le saint Paul de la cause freudienne, réalisa le souhait de son héros en offrant plus tard à l'université ledit buste commémoratif.

La bande de psychanalystes ne vit dans ce pâlissement, dans ce tremblement, dans ce blanchissement, dans cet étranglement de la voix, dans cette rencontre avec un revenant, que l'émotion d'un homme d'âge mûr fêté par ses amis et ses proches ! Aucun d'entre eux ne pensa que ces somatisations brutales, cette série de réactions physiologiques notables avaient à voir avec la mécanique psychique détaillée par leur mentor. On reste bouche bée en constatant que ces gens prétendument cultivés, au fait du grec ancien, connaisseurs du théâtre de Sophocle, amateurs de cette tragédie en particulier, ayant choisi ces vers précis dans une pièce qui en contient tant, ignorent que, comparer Freud à Œdipe, c'était *aussi*, et peut-être *surtout*, mettre en perspective un fils avec le désir de meurtre de son père (Jakob/Laïos) et le souhait de sexualité avec sa mère (Amalia/Jocaste) – sans parler de sa relation névrotique avec sa fille (Anna/Antigone) que son père, le croira-t-on, surnommera un jour… Antigone !

L'histoire mythique d'Œdipe fonctionne en schéma existentiel de Freud. Puis, par extrapolation, Freud fait de cette grille ontologique personnelle une structure universelle vécue par tous, depuis toujours, et pour toujours. Tous les hommes, depuis le début de l'humanité ; tous les hommes ici et maintenant, quels que soient les latitudes de leur géographie et les temps de leur histoire ; tous les hommes à venir, et ce pour le temps que durera l'humanité, ont connu, connaissent et connaîtront la vérité de ce tropisme. Freud a désiré sa mère, il a souhaité la disparition de son père ? Il en a été ainsi, il en est ainsi, et il en sera ainsi de toute éternité pour tous les humains de la planète : Freud l'affirme, à défaut de le démontrer.

Dans *L'Interprétation du rêve*, il écrit : « À nous tous peut-être [*sic*] il fut dévolu de diriger notre première motion sexuelle sur la mère, notre première haine et notre premier souhait de violence contre le père ; nos rêves nous convainquent de cela. Le roi Œdipe, qui a abattu son père Laïos et épousé sa mère Jocaste, n'est que l'accomplissement de souhait de notre enfance » (IV. 303). Quelles preuves ? Aucune. Du « peut-être » hypothétique de la première formulation, Freud arrive à l'affirmation, à la certitude, puis, son désir devenu vérité, son souhait transformé en vérité scientifique, le complexe d'Œdipe passe du statut de rêve d'enfant à celui de loi de la nature biologique. *Le souhait de l'enfant* de deux ans et demi de voir sa mère nue dans le wagon du train de nuit qui le conduit de Leipzig à Vienne, autrement dit de son enfance à son divan viennois, devient *la vérité scientifique du psychanalyste* diffusée sur la planète entière comme une découverte assimilable à celle du géocentrisme de Copernic ou de l'évolutionnisme de Darwin…

Nous sommes porteurs, Freud nous le dit, nul besoin de démonstration, de ce souhait d'enfance : chacun d'entre nous a voulu un jour s'accoupler au parent du sexe opposé et a considéré le parent du sexe identique comme un rival dont il a souhaité la disparition. Freud l'a vécu ainsi dans sa chair, il faut donc que tous l'aient une fois vécu de la même manière dans leur chair. L'alternative est simple : soit chacun se souvient de cette configuration libidinale, et les choses sont claires, Freud a raison. Soit il ne s'en souvient pas, et l'affaire est encore plus claire, alors Freud a encore plus raison, car ne pas se souvenir prouve la formidable puissance du refoulement d'autant plus nécessaire que ce désir œdipien a été puissant. Dans tous les cas, Œdipe triomphe, mais aussi, et surtout, Freud dont la névrose ne lui paraît plus insupportable une fois étendue à chacun. Quand tous souffrent de cette pathologie, plus personne ne souffre d'aucune pathologie…

VIII

La vérité du « mythe scientifique »

> « Des concepts fondamentaux clairs et
> des définitions aux contours précis ne sont
> possibles dans les sciences de l'esprit que
> dans la mesure où celles-ci veulent inclure
> dans le cadre d'une formation de système
> intellectuel un domaine de faits. Dans les
> sciences de la nature, dont la psychologie
> fait partie, une telle clarté des concepts est
> superflue [*sic*], voire impossible. »
>
> FREUD, *Autoprésentation* (XVII. 105).

Freud remonte dans le temps pour tâcher de prouver
que ce que l'enfant a souhaité dans le train autrichien,
tous les hommes l'ont vécu depuis la plus haute période
historique. Le voici donc parti du côté des peuplades
primitives afin de sonder la psyché de l'homme préhistorique. Son propos ? Proposer « un mythe scientifique »
comme il n'hésite pas à le nommer dans *Psychologie des
masses et analyse du moi* (XVI. 74), en l'occurrence « le
mythe scientifique du père de la horde originaire », un
mythe utile pour tâcher de prouver l'universalité du
complexe d'Œdipe.

On aura donc bien lu : un *mythe scientifique* ! Cet

oxymore résume toute l'ambiguïté du personnage, donc
de la discipline. Car un mythe définit une histoire sans
auteur, sans date de naissance, qui, par un récit poétique,
au sens étymologique, *poietikos*, créateur de formes, se
propose l'explication du monde ou d'une de ses parties.
Ainsi le mythe de Sisyphe illustrant l'éternel retour de la
négativité, celui d'Icare signifiant la punition qui châtie
l'orgueilleux défiant les dieux ou bien de Prométhée destiné à célébrer le pouvoir de l'homme sur les dieux. Mais
ni Sisyphe, ni Icare, ni Prométhée ne relèvent de la
science…

Car là où le mythe fonctionne avec l'allégorie, la métaphore transmise oralement de génération en génération,
en provenance du monde très ancien des dieux, la science
propose exactement l'inverse : l'hypothèse, la recherche,
l'expérience, la reproduction de l'expérience, la valida-
tion de l'hypothèse, la production d'une loi vérifiable par
sa reproductibilité. Le poète habite le mythe ; le scientifique habite le monde ; et le monde n'est pas un mythe
– même si le mythe peut générer un monde.

L'abandon du géocentrisme n'est pas un mythe forgé
par Copernic, l'évolution des espèces ne constitue pas un
mythe inventé par Darwin, pour en rester aux génies
tutélaires et aux héros dans la lignée desquels Freud souhaite s'inscrire, mais des découvertes scientifiques qui
supplantent les mythes judéo-chrétiens du géocentrisme
ou de la création des hommes. La science permet de sortir du mythe qu'elle rend caduc et inutile ; le mythe,
quant à lui, fait fi de la science, il en appelle aux poètes,
aux rhéteurs, aux magiciens.

Que serait donc un « mythe scientifique » ? Une fiction
pure, une histoire – comme on dit « raconter des histoires » – pour signifier aussi bien mentir que s'adresser à

l'âme des enfants. Or dans *Psychologie des masses et analyse du moi*, Freud reprend, en lui infligeant une distor-
sion, une critique qui lui a été faite lors de la parution de
Totem et tabou. L'auteur du compte rendu américain du
livre de Freud, Robert Ranulph Marrett, considère que
l'hypothèse du meurtre du père, chef de la horde primitive, suivi de la consommation de son corps par ses fils
dans un banquet cannibale, est « une histoire comme
ça », autrement dit « juste une histoire » parmi beaucoup
d'autres possibles.

Quand il renvoie à « juste une histoire », l'autre façon
de nommer un « mythe scientifique », Freud cite le nom
de Kroeger alors qu'il s'agit réellement de Kroeber – je
n'aurai pas la cruauté de rappeler que, selon Freud,
l'oubli des noms propres ou leur déformation, sinon le
mauvais traitement infligé à leur orthographe, constituent
un chapitre entier de la *Psychopathologie de la vie quotidienne* et que ce genre d'accident vaut comme une voie
royale qui mène à l'inconscient du massacreur… De plus,
Freud se trompe d'attribution, cette expression, « juste
une histoire », n'est pas de Kroeger/ Kroeber, mais de
Robert Ranultp Martett – de sorte que, premièrement,
Freud se trompe de nom et que, deuxièmement, il massacre aussi le patronyme fautif… Deux lapsus valent
mieux qu'un !

Freud propose donc son « mythe scientifique » à partir
de sa bibliothèque car, de la même manière que Marcel
Mauss théorise sur les rites polynésiens, les échanges à
Samoa, le don mélanésien, l'esprit maori de la chose donnée, la vision de la mort de peuplades australiennes ou
néo-zélandaises, les rites funéraires esquimaux, sinon les
langues orientales, sans quitter son bureau parisien, ni sa

chaire au Collège de France, Freud entreprend une vaste fresque sur les aborigènes australiens dans le bureau bien chauffé du 19, Berggasse à Vienne.

Totem et tabou a pour sous-titre *Quelques concordances dans la vie d'âme des sauvages et des névrosés*. Le livre inaugure cette étrange et fort dommageable confusion entre le sauvage, le primitif et le malade, le névrosé, avant d'assimiler tout ce monde à l'homme du commun. L'une des plus étranges perversions de Freud aura été en effet d'effacer toute frontière entre le normal et le pathologique – une façon bien compréhensible pour tout être affecté d'une pathologie de devenir illico presto un individu *normal*.

Freud part du principe qu'interroger l'âme du primitif 1900 c'est accéder à celle de l'homme des cavernes, donc découvrir l'âme de l'homme en soi. On ne peut mieux affirmer qu'on ne croit pas, en ce qui concerne la psyché, à l'importance de l'histoire, à l'existence de l'évolution, à la nécessaire prise en considération des conditions d'existence concrète d'une réalité, fût-elle psychique : l'âme semble flotter dans un monde irréel, intelligible, sans racines avec la réalité concrète, elle donne l'impression d'évoluer dans un éther d'idées pures, inaccessibles à la vulgarité, à la trivialité sensible. Freud croit donc moins à un réel historique qu'à un réel des essences. Dans le siècle de l'Histoire, on ne fait pas position plus essentialiste – pour ne pas dire platonicienne… Mais rappelons que Freud part en quête d'un mythe.

Description du monde primitif : dans le monde des hommes d'avant les hommes, il n'existe pas de constructions, d'agriculture, de poterie, d'élevage. On chasse et se nourrit de racines, de baies sauvages, de cueillette. On ignore le chef ou le roi. On ne vénère aucun dieu, ni aucune force supérieure. Les aborigènes sont cannibales. Mais comment, dans ce monde qui ressemble étrangement à la fiction rousseauiste de l'état de nature, peut-on en arriver à la prohibition de l'inceste puisque la morale semble la dernière de leurs préoccupations ?

Ces hommes sans dieu pratiquent le totémisme. Autrement dit : chacun existe en fonction d'un animal ou d'une plante permettant l'identification. Le totem ne se détruit pas. On ne le mange pas. Héréditaire, supérieur aux liens du sang, il n'est pas lié au sol, mais à des structures extrêmement complexes de filiation. À l'intérieur d'un même référent totémique, le mariage est interdit, car totémisme et exogamie sont liés et la transgression de cet interdit est punie de mort. Le totem s'hérite via la mère et ne se modifie pas avec le mariage.

La parenté ne relève pas de l'intersubjectivité mais de la relation d'un individu avec un groupe. Le père ne nomme pas le géniteur, mais quiconque aurait pu être père. Même chose avec mère, frères et sœurs. La parentèle n'a rien à voir avec le sang, mais avec le symbolique et l'imaginaire relationnels. Les enfants se considèrent comme frères et sœurs même s'ils n'ont pas la même mère. Les noms relèvent d'assemblages matrimoniaux des groupes avant les mariages individuels dont procèdent ensuite les naissances.

Un certain nombre d'hommes disposent de droits conjugaux sur un certain nombre de femmes. L'interdit de l'inceste concerne l'interdiction du sexe dans le groupe. Freud examine quelques rites de mise à distance du fils par sa mère, du frère par sa sœur, du cousin par sa cousine. Le but ? Éviter la sexualité endogamique. De même, Freud examine les rites de mise à distance sexuelle de la belle-mère par le gendre, une question éminemment autobiographique pour lui, on le sait, si l'on se rappelle l'affaire de la mère de Gisela, son amour de jeunesse.

Freud conclut que la crainte de l'inceste chez les sauvages révèle un trait infantile commun avec les névrosés. Il suffirait de peu pour que le psychanalyste affirme que seuls les sauvages, les primitifs, les enfants, les névrosés et les malades mentaux répugnent à s'accoupler au sein d'une même famille – alors que les adultes évolués et sains d'esprit, pourquoi pas domiciliés à Vienne, pourraient l'envisager sans difficulté...

Après une analyse du totémisme, Freud examine la question du tabou, des interdits, puis il en propose une généalogie. Lors de ces analyses, *Totem et tabou* fonctionne dans l'économie de la pensée de Freud comme la *Généalogie de la morale* de Nietzsche : Freud livre la clé de la naissance de la civilisation, de la culture, de la morale, des mœurs, de la religion, de l'art, de la philosophie et de tout ce que l'on voudra. Un sésame ontologique. « Le fondement du tabou est une action interdite, pour laquelle il existe une forte inclination dans l'inconscient » (XI. 235). Mystère ! Une action interdite ? Laquelle ? Un fort tropisme pour cet interdit ? Lequel ? Et tout cela dans l'obscurité la plus épaisse de l'inconscient... Freud fait durer le suspense : tout tabou procède d'un interdit majeur enfoui dans les ténèbres de la psyché.

Grand lecteur en général, mais amateur de récits ethnologiques en particulier, Freud résume les thèses existantes sur la question du tabou et conclut que, nominalistes, sociologiques, psychologiques, elles ne pouvaient déboucher, car seule la psychanalyse apporte avec justesse la lumière manquante. Avant lui, personne ne pouvait comprendre les phénomènes liés au totem, au tabou, à l'animisme, à l'interdit, à la magie, aux structures élémentaires de la parenté, à l'endogamie ou à l'exogamie, à l'interdit de l'inceste, à la prohibition du meurtre pour la raison bien simple qu'avant lui, personne n'avait découvert le *complexe d'Œdipe*, la pierre angulaire de sa construction, mais également la pierre philosophale de toute réalité ici-bas.

Comment parvient-on à cette certitude ? Via, justement, ce « mythe scientifique » que constitue, selon l'imagination fertile de Freud plus que son génie scientifique de découvreur, le meurtre du père dans la horde primitive... Voici donc le récit mythologique freudien : « Un père violent, jaloux, qui garde toutes les femelles pour soi et évince les fils qui arrivent à l'âge adulte » (XI. 360) – certes, la chose ne saurait être observée, mais Freud la pose comme une évidence sans apporter aucune preuve. La suite ? « Un jour les frères expulsés se groupèrent, abattirent et consumèrent leur père et mirent ainsi un terme à la horde paternelle » (*ibid.*) – même remarque, impossible à prouver, mais il ne saurait en être autrement puisque Freud l'affirme ainsi. Et puis ? « Qu'ils aient aussi consommé celui qu'ils avaient tué, cela s'entend aussi, s'agissant [*sic*] de sauvages cannibales. Le père primitif violent avait été certainement [*sic*] le modèle envié et redouté de tout un chacun dans la troupe des frères. Dès lors [*sic*] ils parvenaient, dans l'acte de consommer, à l'identification avec lui, tout un chacun s'appropriant une partie de sa force. Le repas totémique, peut-être [*sic*] la première fête de l'humanité, serait [*sic*] la répétition et la cérémonie commémorative de cet acte criminel mémorable, par lequel tant de choses prirent leur commencement, les organisations sociales, les restrictions morales et la religion » (*ibid.*).

Voilà donc comment ce mythe devient scientifique : par glissements progressifs des hypothèses vers les certitudes, par passages successifs du désir à la réalité, par translations accumulées du fantasme à l'histoire. Ce qui fut *juste une histoire* devient une *histoire juste* par la magie de Freud posant arbitrairement qu'il en a été ainsi…

La horde primitive, le père seul possesseur des femelles, les fils frustrés, le meurtre du géniteur, la manducation de la chair paternelle hypothétiquement déduite des lectures de Freud concernant les peuplades australiennes, ne faut-il pas bien plutôt les mettre en perspective avec la biographie de l'auteur ? La horde primitive ? La famille compliquée de Freud qui mélange trois générations dans une seule maison. Le père seul possesseur des femelles ? Jakob Freud comme maître et possesseur des neuf enfants de son premier et de son second mariage, mais aussi des femmes anciennes d'une vie antérieure, puis d'une jeune épouse et de la nouvelle famille qu'il constitue. Les fils frustrés ? Sigismund en premier lieu… Le meurtre du père et sa manducation ? Le désir de l'enfant souhaitant détruire tout ce qui le prive de l'amour exclusif de sa mère.

Ce scénario prétendument historique est, de fait, un scénario réellement hystérique : Freud faussement ethnologue de la psyché préhistorique projette son histoire, ses histoires, ses fantasmes, ses souhaits infantiles, il transfigure les affres de sa libido d'enfant dans un mythe autobiographique qu'il a besoin de transformer en vérité scientifique. La collision peut bien produire un « mythe scientifique » selon ses vœux théoriques, il n'en reste pas moins que cette créature hybride et fantasque nomme un mythe, et rien d'autre – un mythe personnel qui plus est, mais sûrement pas une vérité universelle…

Que s'est-il passé après ce meurtre rituel du père ? Quelles furent les suites à ce banquet cannibale ? Que firent les frères une fois digéré le corps du père ? Freud n'aborde pas la question de la défécation du père mangé, lui qui raffole pourtant de ce qu'il appelle ailleurs sa « merdologie » – voir par exemple la lettre à Fliess du 29 décembre 1897. Pas de matière fécale, mais, allez savoir pourquoi, des « motions tendres » (XI. 362) : à l'heure digestive, après avoir massacré leur père, les fils repus, la barbe probablement tachée du sang paternel, connaissent brusquement le remords ! Comment expliquer la transformation soudaine de ces guerriers cannibales en fils contrits ? « Ambivalence », écrit Freud – voilà la chose dite : *ambivalence*… Certes ils étaient méchants, mais ils sont devenus bons. Pour quelles raisons ? *Ambivalence*…

Absent, le père devient plus présent encore. Mort, il se transforme en vivant éternel. Mangé ici, il ressuscite partout ailleurs. Haï par ses fils hier, le voilà aujourd'hui aimé par ses meurtriers. « Repentir », « culpabilité », écrit Freud. Pourquoi ? Comment ? Par quel mystère ? Pourquoi la morale ayant manqué au criminel devient-elle toute-puissante une fois le crime commis ? Parce que pour Freud la mort du père libère, elle enlève le poids qui empêchait de vivre : le père frustrait ses fils et le refoulement qu'il générait nourrissait les envies de meurtre.

Une fois le paternel occis et dégluti, la cause du refoulement ayant disparu, la frustration ne fait plus la loi. Les promesses d'accouplement avec les femelles enfin disponibles modifient l'âme des criminels. Enfin susceptibles de s'unir aux femmes de la fratrie, dont la mère, sans

crainte qu'on le leur interdise par la violence, les fils envisagent une morale pour interdire qu'on leur fasse ce
qu'ils ont fait : *pour jouir de leur forfait ils prohibent leur
infamie*. Freud ne le précise pas, mais on perçoit la
logique qui l'anime : les tueurs ne voulant pas être tués à
leur tour interdisent le meurtre, d'où la naissance de la
morale – qui se construit sur un crime pour lequel on
rend le crime impossible. Se débarrasser de son père a
toujours été le problème de Freud. Pour vivre avec cette
obsession, il postule son universalité depuis le début de
l'humanité.

La religion fait suite à cette aventure : meurtre du
père, interdit du meurtre, naissance de la morale, retour
du père sous forme de loi et construction d'une formidable machine à recycler le Père : la religion. Dans une
formule efficace, Freud écrit : « Dieu n'est au fond rien
d'autre qu'un père exalté » (XI. 366). Freud le juif fait
l'éloge du christianisme en précisant que cette religion a
compris le mécanisme du meurtre du Père dans la crucifixion du Fils, la consommation de sa chair via le mystère de l'Eucharistie qui est manducation du corps et du
sang du Fils de Dieu, la fondation d'une morale dans ce
sacrifice duquel surgit la Loi.

Que ce schéma préhistorique se retrouve dans une religion des millénaires plus tard prouve bien, selon Freud,
la vérité du complexe d'Œdipe qui traverse les âges,
nourrit toutes les cultures, se trouve dans la psyché individuelle par transmission phylogénétique. Que le meurtre
du Père soit l'occasion de la possibilité de la Loi, donc de
la paix recouvrée, voilà qui apaisait la psyché personnelle
d'un certain Sigmund Freud. Fallait-il pour autant élargir
ce fantasme personnel à la totalité de l'humanité passée,
présente et future ? Rien n'est moins sûr…

IX

Tuer le père, encore et toujours

> « Chez moi aussi j'ai trouvé le sentiment amoureux pour la mère et la jalousie envers le père, et je les considère maintenant comme un événement général de la prime enfance. »

> FREUD, lettres à Fliess, 15 octobre 1897.

Freud va passer sa vie à vouloir tuer le père dès qu'il le pourra : dans *Malaise dans la civilisation*, ou dans *L'Avenir d'une illusion*, puis dans *L'Homme Moïse et la religion monothéiste*, mais aussi dans *Le Président Wilson*, Freud s'acharne sur toutes les figures paternelles, Dieu en premier lieu, mais aussi ce pauvre président des États-Unis détesté dès les premières pages de la psychobiographie qu'il lui consacre tout simplement parce que cet homme a passé son existence à aimer son père ! Ne craignant pas l'acharnement, Freud dénie même la paternité de ses œuvres à Shakespeare…

Dans *L'Avenir d'une illusion*, Freud propose une déconstruction de la foi, de la croyance, de la religion, un travail qui le hisse intellectuellement à la même hauteur que Feuerbach, son héros de jeunesse. On retrouve les thèses feuerbachiennes, certes, mais quand elles sont justes, il s'agit moins de… cryptomnésie que de réitération d'une analyse juste : les hommes créent leur dieu par faiblesse à être, impuissance à vivre leur finitude, incapacité à regarder la mort en face, à la penser même, à la conceptualiser. Quand ils l'envisagent, c'est vivants qu'ils se pensent morts. La mort est l'effroi contre lequel les hommes se prémunissent par un déni : ils inventent un arrière-monde infini, éternel, pour vivre ici-bas dans un monde fini, mortel.

Freud ajoute que la vie est lourde à supporter parce que la civilisation exige le renoncement aux instincts, aux désirs, aux pulsions, aux plaisirs. Elle se construit, se constitue et dure avec la répression de ces forces refoulées, d'où la généalogie des névroses. La vie inflige en permanence des blessures narcissiques : vieillir, souffrir, mourir, subir les effets de l'entropie chez soi et les siens, ceux qu'on aime. À partir des forces de la nature, et sur le principe de figures humaines, les hommes s'inventent des dieux auxquels ils confient leurs peines : d'où l'animisme, le totémisme, le polythéisme. L'homme donne à ses divinités le caractère du père.

Les dieux remplissent donc trois fonctions : exorciser les effrois de la nature ; réconcilier avec la cruauté du destin, dont la mort ; dédommager des souffrances imposées par la vie en commun et la culture. Or, le temps passant, avec les progrès de la science, on découvre qu'il est inutile de s'effrayer de ce qui advient dans la nature, on comprend également que les causalités magiques sont à reléguer au magasin des accessoires métaphysiques, car, pour tout phénomène naturel inexplicable a priori, il existe a posteriori une explication physique et rationnelle. Le temps passant, les « contes religieux » (XVIII. 170) reculent au profit de la raison raisonnable et raisonnante. Freud s'évertue à faire refluer ces contes en ajoutant sa contribution rationnelle avec son analyse psychanalytique de la religion.

La religion procède donc des « accomplissements de souhaits les plus anciens de l'humanité » (XVIII. 170) avec un Père qui sécurise, protège, agit telle une Providence apaisant l'angoisse, la crainte, la peur. Ainsi, « des réponses aux questions-énigmes posées par le désir de savoir humain, comme celle de la genèse du monde et de la relation entre le corporel et l'animique, sont développées suivant les présuppositions de ce système ; ce qui constitue un formidable soulagement pour la psyché individuelle, c'est que les conflits de l'enfance provenant du complexe paternel, conflits jamais tout à fait surmontés, lui soient retirés et soient acheminés vers une solution admise par tous » (XVIII. 171). Avec Dieu, chacun réactive sa relation avec le Père. Comprenons donc que, pour Freud, l'athéisme constitue une évidence existentielle, donc théorique…

Dans les pages les plus véhémentes à l'endroit des religions, il affirme qu'il y a plus de danger pour la culture à leur conservation qu'à s'en débarrasser. Certes, il n'ignore pas que, via la sublimation, on leur doit beaucoup sur le terrain de l'art, de la littérature, des productions esthétiques, car les religions génèrent les civilisations, elles ont en effet dompté nombre de pulsions asociales qui, sinon, auraient produit d'irréversibles dommages aux communautés humaines.

Mais il sait également qu'en même temps, le prix à payer pour ces refoulements est élevé : des pathologies mentales individuelles et collectives en nombre. Les religions ont failli : elles montrent toutes leur incapacité à rendre les hommes heureux, à leur apporter du réconfort, de la joie, de la paix, de la sérénité. Ces fictions ne réconcilient pas avec la vie, bien au contraire puisqu'elles invitent à s'en détourner. Jamais elles ne parviennent à rendre les hommes plus moraux, jamais elles n'empêchent la cruauté, le mal, la guerre, la brutalité, le sang versé.

Faut-il dès lors continuer à défendre la religion ? Freud répond clairement : non. Observons d'abord qu'avec le temps, la religion a perdu du terrain, elle dispose aujourd'hui d'un moindre pouvoir dans le détail de la vie quotidienne des gens, de plus en plus conscients que les promesses de la religion ne sont jamais tenues. Ajoutons à cela que les progrès de la science de la nature rendent caduques les explications magiques avancées par la religion.

L'élite ne souscrit plus aux fables. En revanche la masse des gens incultes et les gens opprimés persistent dans l'illusion pourvoyeuse d'un peu de baume. Que faire ? Freud le sait : un jour la masse apprendra que l'élite ne croit plus en Dieu, avec le risque que la légitimation religieuse de la morale disparaisse et que l'interdit de tuer ne repose plus sur l'efficace crainte d'une punition divine, mais sur celle, relative, d'un châtiment humain. Devant cette évidence, il n'existe que deux possibilités : soit imposer une stricte sujétion politique des masses en leur interdisant la critique des religions, soit modifier les rapports entre culture et religion.

Pour réaliser cette seconde possibilité, il faut rompre avec la *généalogie théologique* du droit, de la loi, de la morale, de la culture et de la civilisation. Mais de quelle manière ? En proposant une *généalogie psychanalytique* du droit, de la loi, de la morale, de la culture et de la civilisation. Cessons donc de croire que Dieu décide du bien et du mal ou qu'il exige de nous un comportement au regard duquel nous serons jugés puis récompensés ou châtiés. Ensuite, souscrivons à la thèse développée dans *Totem et tabou* de la horde primitive, du père frustrant les fils du commerce sexuel des femmes, des enfants qui tuent le père, mangent son corps, regrettent et, à partir de ce remords, construisent une Loi exprimant la puissance du Père mort. Le crime et l'inceste se trouvent donc interdits non pas pour des motifs religieux, théologiques, irrationnels, névrotiques, mais, dit Freud, pour des motifs psychanalytiques, donc présentés comme scientifiques, rationnels et non pathologiques...

La névrose représente un moment nécessaire dans l'évolution dite normale d'un enfant, elle fournit un schéma utile pour comprendre sa nécessité dans l'évolution d'une civilisation obligée elle aussi de passer par ce stade névrotique. Partant du principe que la religion est «une névrose de contrainte universelle de l'humanité» (XVIII. 184), Freud propose d'en finir avec cette pathologie apparentée à une «confusion hallucinatoire» (*ibid.*). Dès lors, il déclare la mort de Dieu.

Souvenons-nous que, dans *Malaise dans la civilisation*, Freud définit Dieu comme «un Père exalté jusqu'au grandiose» (XVIII. 259), on comprend dès lors qu'il emboîte le pas philosophique à Feuerbach bien sûr, mais aussi plus clairement encore à Nietzsche, l'auteur du désormais célèbre «Dieu est mort», le signataire de *L'Antéchrist* qui annonce la nécessité d'en finir avec la civilisation judéo-chrétienne pourvoyeuse de malaises, de pathologies, de névroses individuelles autant que collectives. *L'Avenir d'une illusion, Malaise dans la civilisation*

et *L'Homme Moïse et la religion monothéiste* s'activent en
machines de guerre parricides...

Malaise dans la civilisation (1930) emprunte les mêmes
pistes que *L'Avenir d'une illusion* (1927). Les deux
ouvrages expliquent la construction de la civilisation par
le refoulement pulsionnel, donc par la frustration généalogique de pathologies individuelles et sociales. Dieu et la
religion deviennent des combats d'arrière-garde qui
relèvent de logiques infantiles. Freud précise son analyse
concernant le meurtre du père. Nous sommes naturellement hédonistes : d'ordinaire, chacun cherche en effet à
satisfaire ses pulsions vécues sur le mode de la tension,
car la réalisation d'un désir supprime la douleur de cette
tension et procure un plaisir, une satisfaction, un bien-
être vers lequel nous nous tournons. La culture contraint
au refoulement du plaisir au profit de la réalité – constituée d'ailleurs des forces refoulées, sublimées et concen-
trées dans de nouvelles directions, celles de la civilisation.

Au nom de quelle logique renonçons-nous à la satisfaction de nos pulsions au profit de la construction d'une
instance qui pérennise notre frustration ? Pourquoi
sommes-nous les bourreaux de nous-mêmes ? Quelle
étrange logique nous conduit à abandonner la voie
joyeuse de la satisfaction au profit du chemin sombre des
refoulements ? Au nom du *surmoi*, une instance constitutive de la seconde topique introduite dans *Le Moi et le
ça* (1923) et assimilable au censeur, au juge, à la loi et
hérité... du complexe d'Œdipe ! La formation du surmoi s'effectue lors du déclin de ce complexe : quand il a
compris qu'il ne pourrait réaliser son souhait de s'unir au
parent du sexe opposé et de se débarrasser du parent du
sexe identique, dès qu'il saisit qu'il lui faudra trouver

d'autres objets d'investissements libidinaux que ses parents, l'enfant renonce à ses désirs et ce renoncement se double d'une intériorisation de l'interdit.

Lorsque les fils ont tué le père, ils l'avaient haï, mais la mise à mort a généré le remords, la culpabilité au nom d'une ambivalence dont Freud ne nous dit pas d'où elle vient, il se contente de la poser ou d'en parler comme si elle était évidente. Les fils frustrés de la horde primitive tuent donc le père, le mangent et découvrent après le festin cannibale que ce père détesté était aussi un père aimé… Ainsi : « Une fois la haine satisfaite par l'agression, l'amour se fit jour dans le remords de l'acte, érigea le surmoi par identification avec le père, lui donna la puissance du père comme par punition de l'acte d'agression perpétré contre lui, créa les restrictions qui devaient empêcher une répétition de l'acte » (XVIII. 319). Le surmoi incarne donc l'ombre du père, il se nourrit du meurtre primitif et du souvenir de cet assassinat. Le complexe d'Œdipe, via ce meurtre, fournit donc la généalogie de la morale selon Freud.

Chacun porte donc en soi un surmoi en relation avec sa façon personnelle d'avoir vécu son complexe d'Œdipe. Examinons le cas d'un enfant au père faible et indulgent : s'ensuit la construction d'un surmoi excessivement sévère, car le sujet n'aura que lui-même comme objet d'agression puisque son géniteur ne lui donne pas l'occasion de s'opposer franchement à lui. Voyons maintenant le cas d'un enfant abandonné, éduqué sans amour : chez lui la tension entre moi et surmoi disparaît au point que l'agression se tourne vers l'extérieur. Masochisme ici, sadisme là.

Freud pose arbitrairement ceci : « le père des temps préhistoriques était assurément [*sic*] terrible, et on était en droit [*sic*] de lui imputer le plus extrême degré d'agression » (XVIII. 318). Pour quelles raisons cet *assurément* terrible ou cet *extrême degré d'agression* ? Selon quelles démonstrations ? On n'en saura scientifiquement rien, bien sûr, même si le lecteur doit commencer à avoir une idée… Quelques éléments de réponse : « L'empêchement de la satisfaction érotique suscite une part de penchant à l'agression contre la personne qui trouble la satisfaction » (XVIII. 322). Or, plus la frustration a été grande, plus le désir de meurtre est fort. Le père incarne donc une grande frustration. Dès lors, comment le père des pères, le premier des pères, n'aurait-il pas été le pire des pères, ce qu'*assurément* Freud corroborerait, donc, via le formidable capital de frustrations auquel il contraignait ses fils ? Du simple fait d'être père, le père est le déclencheur de son propre meurtre.

Parvenu au terme de son analyse, Freud se demande si, comme il existe des individus névrosés, il se trouve des civilisations névrosées. Faute d'instruments susceptibles de mesurer correctement les pathologies, Freud ne conclut pas. La névrose individuelle se diagnostique et se soigne avec un psychanalyste disposant des moyens d'interpréter les symptômes et de proposer une thérapie. Mais à quoi pourrait ressembler un diagnostic collectif ? Une thérapie de masse ? Freud en appelle à une discipline inédite susceptible de pallier ce manque.

Mais à l'heure de la conclusion, Freud réitère son pessimisme : avec le développement de la technologie, les hommes disposent désormais des moyens de se détruire – la bombe atomique n'existait pourtant pas encore… D'où l'inquiétude, l'angoisse, la peur, les craintes. Le combat entre Eros et Thanatos, la pulsion de vie et la pulsion de mort, les forces pulsionnelles constructrices et leur exact pendant, les instincts destructeurs, se livrent un combat de Titans. Le meurtre du père a généré le surmoi, certes, mais, relayée par la technologie moderne, la violence instinctive menace de submerger la planète. Nous sommes en 1929, Freud écrit à la lumière noire de la Première Guerre mondiale. Dans les dix dernières années de sa vie, la montée des périls, l'arrivée du national-socialisme au pouvoir, la perspective d'une seconde guerre mondiale illustrent plutôt la thèse d'un déchaînement du ça sans qu'aucun surmoi parvienne à l'entraver…

Troisième volet concernant le meurtre du père chez Freud : *L'Homme Moïse et la religion monothéiste*, un ouvrage publié l'année de sa mort en 1939. Les salves se suivent donc : en 1912, dans *Totem et tabou* : monopole sexuel du père sur les femmes dans la horde primitive, frustration des fils, meurtre du père, consommation de son cadavre, remords et création de l'interdit après le crime, puis généalogie de la civilisation ; en 1927, avec *L'Avenir d'une illusion* : déconstruction de la religion entendue comme une névrose obsessionnelle avec pour épicentre un Dieu assimilable à un père exalté, nécessité de remplacer le mythe théologique d'un Dieu à l'origine de la morale par le « mythe scientifique » freudien du meurtre du père induit par le complexe d'Œdipe, célébration de l'athéisme assimilable à un parricide athéologique ; en 1930, selon *Malaise dans la civilisation* : le surmoi témoigne d'une permanence du meurtre du père en nous sous forme d'interdits, de Loi, de morale et de vertu. Et puis, 1939, *L'Homme Moïse et la religion monothéiste* : un parricide majeur pour Freud qui développe une thèse susceptible de passer pour antisémite si d'aventure elle était signée d'un goy, à savoir : *Moïse n'était pas juif mais égyptien*... Meurtre du Père des juifs, meurtre du père de son propre père Jakob, meurtre du père de son peuple. Pouvait-il aller plus loin ?

En décembre 1930, dans l'avant-propos à l'édition de la traduction de *Totem et tabou* en hébreu, Freud, juif, fils de juif, circoncis, écrit qu'il « ne comprend pas la langue sacrée, est devenu totalement étranger à la religion de ses pères – comme à toute autre –, ne peut partager des idéaux nationalistes sans avoir pourtant jamais dénié l'appartenance à son peuple, ressent sa spécificité comme juive et ne la souhaite pas autre ». Parlant de lui à la troisième personne, il poursuit : « Si on lui demandait : qu'y a-t-il encore de juif en toi, alors que tu as abandonné tout ce que tu avais là en commun avec ceux de ton peuple ?, il répondrait : encore beaucoup de choses, probablement le principal. Mais cet essentiel, il ne pourrait pas présentement le formuler en termes clairs. Assurément un jour viendra où cela sera accessible à l'intelligence scientifique » (XI. 195)...

Que faut-il retenir de ce bref texte ? Freud revendique son incapacité à lire l'hébreu – une langue pourtant apprise au lycée avec un professeur l'ayant tellement marqué qu'il a prénommé l'une de ses filles Sophie en hommage à ce professeur dont une nièce portait ce nom, nous l'avons vu ; il avoue avoir totalement rompu avec la religion de ses *pères*. De fait, Freud avait banni toute pratique religieuse sous son toit, l'avait interdite à sa femme pourtant pieuse – elle pratiqua à nouveau cette religion après la mort de son mari ; il professe clairement son athéisme ; il confesse ne pas partager l'idéal nationaliste sioniste, mais se sent pourtant pleinement juif sans désirer d'autre identité.

Le plus étonnant se trouve dans cette étrange profession de foi : alors qu'il a délaissé tout signe extérieur de l'appartenance à la judéité, il la revendique comme sa plus profonde intériorité, puis renvoie de manière énigmatique à l'avenir et plus particulièrement aux progrès de la science à même de résoudre le problème dont il ignore la solution. Quelle science pourrait apporter la preuve que la judéité se trouve potentiellement visible dans son être ? Une science biologique telle que la génétique ? Un gène juif ? Je n'ose pas croire que Freud souscrive à pareille idée... Ou une science de son acabit prouvant, à l'aide d'un nouveau « mythe scientifique », l'existence d'un genre de horde primitive spécifiquement juive ? Nul ne sait...

À défaut d'hypothèses fiables, je ne m'interdirai pas de formuler celle-ci : une fois la psychanalyse pensée comme discipline fiable et performante pour le seul Freud, une science privée donc, on pourrait imaginer que le complexe d'Œdipe, duquel dépend la horde primitive, récit matriciel s'il en fût, renvoie à son aventure personnelle, autobiographique donc, entre sa mère juive et son père juif, ce qui montrerait combien, dans le tréfonds de son être, la judéité tient une place cardinale parce que architectonique de la discipline créée par ses soins et dont il nous dit dans son *Autoprésentation* qu'elle est sa créature, sa création.

Les derniers mots si lourds et tellement énigmatiques de cette brève préface apparemment anodine pourraient témoigner en ce sens puisque Freud affirme n'avoir pas abordé la question de l'origine de la religion et de la morale du point de vue juif, tout en aspirant à ce que ses lecteurs le rejoignent « dans la conviction que la science sans présupposé ne peut rester étrangère à l'esprit du nouveau judaïsme » (XI. 195). La psychanalyse, une discipline incarnant l'*esprit du nouveau judaïsme* ? L'idée de Freud ne trouve pas de développements explicites dans le restant de son œuvre…

Faut-il alors considérer que *L'Homme Moïse et la religion monothéiste* propose une piste pour comprendre à quoi pourrait ressembler ce nouveau judaïsme – athée, irréligieux, métapsychologique, construit sur un « mythe scientifique » ou bâti sur un « roman historique » comme il qualifie lui-même son travail sur Moïse ? Une nouvelle religion sans Dieu, sans transcendance, toute dans l'immanence métaphorique des agencements psychiques, bruissant d'une herméneutique symbolique, trouvant ses certitudes dans l'invisibilité de l'inconscient, lisant les rêves comme autant d'exercices talmudiques susceptibles d'entrer en contact avec une topique psychique atopique ? Un genre de Dieu fuyant dès qu'approche le Verbe, le dieu de la théologie négative, jamais autant présent que lorsqu'on le croit absent ? Pourquoi pas…

De la même manière qu'Hannibal et Œdipe, Moïse joue pour Freud un rôle important dans l'écriture de lui-même. En 1914, il publie *Le Moïse de Michel-Ange* pour tenter de résoudre l'énigme que lui pose cette sculpture en septembre 1901. Dans une carte postale à sa femme, en vacances avec Minna, il écrit : « Cet après-midi, quelques impressions qui nous donneront du grain à moudre pendant des années. » Puis il raconte sa visite au Panthéon, ensuite à l'église Saint-Pierre-aux-Liens où il a « vu le *Moïse* de Michel-Ange (soudain, par méprise) »… *Par méprise* !

À chacun de ses séjours romains, il rend chaque jour visite à cette statue. Il regarde, épie, mesure, dessine. Il a besoin d'une année pour rédiger ce court texte, une trentaine de pages imprimées. Il lui aura fallu treize années de gestation ! Que signifie cette statue ? Pourquoi ces doigts dans la barbe, certains cachés, d'autres visibles ? La posture physique du Moïse le saisit dans quel moment de son histoire ? Est-il pétrifié avant sa colère dans le projet de briser les Tables de la Loi de son peuple apostat dansant autour d'une idole ? Ou après y avoir renoncé, en sage ayant dominé sa passion ? Freud conclut : Michel-Ange saisit Moïse au moment où il renonce à punir son peuple, mais dans cet instant, les Tables de la Loi qu'il a renoncé à briser glissent et pourraient bien se fracasser sur le sol.

Freud se trouve interdit devant l'œuvre, pétrifié à son tour face au marbre. Dans sa correspondance à Weiss, il parle de sa relation avec cette sculpture comme d'une relation entretenue avec un « enfant de l'amour » (12 avril 1933). À la publication du texte, on constate qu'il ne l'a pas signé, prétextant s'être amusé avec cette analyse ! Freud avoue la honte de son dilettantisme et doute de la validité de ses résultats – il n'a consenti à la publication, nous dit-il, que sous l'amicale pression de ses amis…

Cette abondance de précautions, cette modestie affichée, ce doute de soi, cette incertitude sur ses conclusions, cet effacement de son nom propre, rien de tout cela ne lui ressemble… Ajoutons qu'il ruse et rédige une notice pour se cacher derrière la rédaction de la revue en annonçant qu'elle accueille ce texte émanant d'un personnage « proche des milieux analytiques » et dont le « mode de pensée montre une certaine ressemblance avec la méthodologie de la psychanalyse »… Pourquoi tant de mystère ?

Ce qui séduit Freud se trouve dans ce que l'artiste

saisit esthétiquement de cette figure historique légendaire. Moïse vu par l'artiste, et non par l'historien, c'est
une incarnation du « surhumain » (XII. 155) – le mot a
son importance. Ce qui enthousiasme le psychanalyste ?
La puissance musculaire, la force débordant le marbre, la
carrure imposante, la capacité à la colère titanesque, la
maîtrise des affects, et cette très haute performance psychique : « étouffer sa propre passion au bénéfice et au
nom d'une mission à laquelle on s'est voué » (*ibid.*). Quid
de la *passion* ? Et de son *étouffement* ? Quid également
de la *mission* ? S'agit-il de Moïse – ou de Freud ? Etouf-
fer sa passion incestueuse au bénéfice de la mission que
serait l'invention de la psychanalyse ? *Moïse serait alors
un autoportrait en Père ?*

À moins qu'on n'interroge ce terme de *surhumain*
choisi par Freud pour qualifier le *Moïse* de Michel-Ange.
Souvenons-nous qu'il a pris le temps d'écrire cette poignée de pages, donc de choisir avec précision chacun de
ses mots. Rappelons-nous également que, dans *Psychologie des masses et analyse du moi*, Freud associe le père de
la horde primitive et la fameuse figure nietzschéenne.
Parlant donc du Père, il écrit : « À l'entrée de l'histoire de
l'humanité, il était le surhomme que Nietzsche n'attendait que de l'avenir » (XVI. 63). Passons sur l'incroyable
mécompréhension de Nietzsche révélée par cette phrase,
et retenons que, pour lui, le Père et le Surhomme entretiennent une relation – donc le Père, le Surhomme et
Moïse sont liés. *Moïse serait alors un portrait du père ?*

Le *Moïse* de Michel-Ange vu et lu par Freud comme
autoportrait au père ? Voilà de quoi troubler, bien sûr.
Et justifier la position du fils soumis au père, craignant la
castration, appréhendant la punition paternelle, angoissé
à l'idée d'avoir pu encourir le courroux en l'ayant scruté

si longuement afin de percer le mystère de ses pensées. Treize années de doute, une révélation anonyme du résultat de ses recherches, une théâtralisation de la disparition du nom propre et de la fonction, un effacement du découvreur de la psychanalyse sous le costume de scène troué et mité d'un proche des milieux analytiques, voilà de quoi différer le meurtre du père ! Nous sommes en 1924, après treize années de gestation donc ; il faudra attendre 1939, l'année de sa mort, pour que Freud ose ce qu'il avait été incapable de faire alors : *briser la statue de Moïse*. De la carte postale envoyée à sa femme en 1901 à la publication de *L'Homme Moïse et la religion monothéiste* en 1939, l'année de sa mort, ce sont presque quatre décennies passées par Freud dans l'ombre menaçante de la figure de Moïse.

La genèse de *L'Homme Moïse et la religion monothéiste* n'est également pas simple, on s'en doute. Sa construction non plus, laquelle témoigne d'une difficulté à bâtir avec une destruction… Dans le corps de son texte, Freud confesse n'avoir d'ailleurs pas effacé toutes les traces de la genèse de son travail plusieurs fois écrit et dans deux lieux : dans le cabinet de Vienne puis dans le bureau de Londres. À l'évidence, ce texte réagit à l'arrivée d'Adolf Hitler et des nazis au pouvoir en janvier 1933 : Freud se demande comment les juifs peuvent concentrer à ce point la haine des autres. Mis de côté, repris, abandonné, le texte ne satisfait pas son auteur, il doute des thèses avancées et développées, s'inquiète de sa capacité à mener à bien cette étude ou d'autres, se prétend même incapable de trouver des idées neuves, suspend la publication, la diffère, envisage d'y renoncer pour éviter les attaques qu'il imagine massives et auxquelles il pense ne pas

pouvoir répondre faute de preuves. Son arrivée à Londres
en 1937 coïncide avec sa décision d'achever le livre et de
le faire paraître. Freud présente son travail comme un
prolongement de *Totem et tabou*. Le livre sort en 1939
peu de temps avant sa mort.

Plusieurs fois dans sa correspondance, Freud parle de
« roman historique » (lettre à Lou Salomé, 6 janvier 1935 ;
lettre à Jones, 2 mars 1937) pour qualifier *L'Homme
Moïse et la religion monothéiste*. On reconnaît là le pendant du « mythe scientifique » de *Totem et tabou*. Car que
serait un roman historique ? Un nouvel oxymore : en
effet, le roman suppose l'imagination, l'invention, la fiction, et Freud y recourt sans difficulté, il confie même à
Arnold Zweig qu'il va « donner libre cours à [s]a fantaisie
à propos de Moïse » (21 février 1936). Mais l'histoire suppose très exactement l'inverse : la recherche et la découverte de preuves des thèses avancées, la quête de
certitudes fondées par des archives, des démonstrations
appuyées sur autre chose que l'imagination... Un
« roman historique » suppose une construction hybride
dans laquelle, si la fantaisie a droit de cité, l'histoire n'a
plus aucune raison d'être !

Ce qui valait pour l'oxymorique « mythe scientifique »
de la horde primitive vaut également pour le « roman
historique » d'un Moïse égyptien inventeur du peuple juif
et du portrait historique du grand homme comme incarnation de la figure du père avec le désir de meurtre qui
hante l'imaginaire freudien... On comprend qu'avant de
lever la main sur le père, Freud hésite, reporte son parricide, tremble, doute, avant, au bord de la tombe, d'oser
une dernière fois braver tous les interdits, y compris ceux
de sa communauté qui, vivant en Europe sous la terreur

nazie, prend effectivement ce texte pour ce qu'il est : un mauvais coup…

Analysant la réception et la postérité de l'ouvrage dans son monumental *Dictionnaire des œuvres psychanalytiques*, Paul-Laurent Assoun écrit : « Ce fut là l'ouvrage de Freud qui déchaîna les critiques les plus passionnelles, comme l'attestent les "lettres à l'éditeur" anonymes, venant de Palestine, du Canada, des États-Unis ou d'Afrique du Sud, dès avant publication. Il est reproché à ce juif incroyant qu'est l'auteur de justifier le reniement des vérités premières de la religion juive, de fournir une nouvelle arme à "Goebbels et aux autres bêtes féroces". Freud se voit traité par une lettre de "vieil imbécile" qui "eût mieux fait d'aller au tombeau sans se déshonorer", lui souhaitant, tels les renégats, de finir dans les camps de concentration des "gangsters allemands" »… Freud savait qu'en publiant cette analyse, il irait au-devant de ce genre d'ennuis. Pourquoi donc ces verges taillées par ses soins pour se faire battre ?

Ce livre pose clairement une question : quel principe se trouve à l'origine de la création du caractère juif ? Certes, on peut parler de caractère juif en général, dans le ciel des idées, mais on peut également renvoyer aux incarnations de ce fameux caractère juif dans le monde même de Freud et aborder les choses via ses parents. La théorie freudienne de la judéité ne saurait faire l'économie de son père et de sa mère, juifs tous les deux. Le violent anticléricalisme de Freud, son farouche athéisme se nourrissent de ce qu'il a vu et vécu dans cette famille emblématique du caractère juif.

Si l'on en croit les témoignages concordants de membres de la famille, Amalia passe pour une mère juive archétypique ! Cliché ou vérité historique ? On la dit haute en couleur, capricieuse et énergique, douée d'une volonté de fer, déterminée à tout faire pour obtenir ce qu'elle désire dans les grandes comme les petites choses. Coquette jusqu'à la fin de sa vie de nonagénaire, on la dit égocentrique, ayant le sens de l'humour et capable de rire d'elle-même. Sa nièce disait : elle « était charmante lorsqu'il y avait des étrangers, mais en ce qui me concerne, j'ai toujours eu le sentiment qu'avec ses proches, c'était un tyran et un tyran égoïste ». Quant à son petit-fils Martin, il affirmait ceci : « Juive polonaise typique avec tous les défauts que cela pouvait comporter » – sans plus de détails ! Puis cela : « Elle avait le verbe haut et la langue bien pendue ; une femme d'un caractère résolu, peu patiente et extrêmement intelligente »… De quoi en effet peser d'un vrai poids dans la vie de son « Sigi en or »…

Le père était juif non pratiquant. Il offre à son fils aîné la Bible qu'il tenait de son père, souvenons-nous, et fait de cet ouvrage le « livre des livres » dans lequel, déclare-t-il, se trouvent réunies toutes les sources de la connaissance intellectuelle.

Mais la judéité des deux personnages est, pour ce que l'on en sait, moins manifeste chez la mère que chez le père. Le cadeau d'une Bible hébraïque peut en effet représenter chez Freud un véritable enjeu œdipien : le judaïsme, c'est la religion revendiquée par le père comme source de toute vérité, elle incarne la Loi du père transmise en bonne et due forme dans la langue identitaire du peuple en question. Freud était petit-fils et arrière-petit-fils de rabbin, l'un de ses ancêtres fut même l'un des plus grands talmudistes de Galicie, sa région natale. Le judaïsme n'est donc pas seulement une histoire de théorie, elle est également une affaire de famille – et plus particulièrement : de famille paternelle.

Quel est le projet clairement revendiqué par Freud dans *L'Homme Moïse et la religion monothéiste*? «Déposséder un peuple de l'homme qu'il célèbre comme le plus grand de ses fils» (7) – peut-on mieux dire? Ce livre se propose donc de tuer le Père des juifs, de commettre le parricide des parricides. C'est donc la religion de son père et des ancêtres de son père, la religion de sa mère, la religion de sa femme, donc la religion de ses enfants si l'on tient pour la judéité transmise par la mère; c'est cette religion mise à mal par la brutalité nazie au pouvoir depuis fin janvier 1933, sans parler de la montée de cette vermine dans la décennie précédente; c'est donc cette religion et nulle autre que Freud attaque dans le pire des contextes – l'embrasement nazi de l'Europe…

Les nazis ont ouvert des camps de concentration, persécutent les juifs transformés en citoyens de seconde zone, puis en sous-hommes constamment tourmentés, brutalisés, maltraités. Ces choses visibles par tous le sont bien sûr par Freud lui-même qui revendique toujours sa judéité, mais n'écrit jamais contre Hitler, contre le national-socialisme, contre la barbarie antisémite, alors qu'il n'hésite pas, régulièrement, à publier de longues analyses contre le communisme, contre le marxisme, contre le bolchevisme, contre l'expérience marxiste-léniniste soviétique… C'est donc dans ce contexte européen d'antisémitisme forcené que Freud s'attaque à Moïse!

Quelles sont les thèses de ce livre qui, sous une tout autre signature, passerait pour un ouvrage antisémite? Un: contrairement à ce qu'affirment les mythes, Moïse n'est pas juif, mais égyptien, ce que montrerait l'étymologie de son patronyme; deux: la circoncision est une vieille pratique bien antérieure aux coutumes juives puisque les pharaons s'y soumettaient ; trois : la religion juive n'est pas juive puisqu'elle descend en droite ligne du monothéisme égyptien d'Akhenaton ; quatre : la civilisation juive est inférieure à celle des bâtisseurs de pyramides ; mais aussi, cinq : le judaïsme est… la religion du Père.

Un an après l'arrivée d'Hitler au pouvoir, en pleine brutalité nazie, Freud écrit ceci : « Examinons d'abord un trait de caractère qui, chez les juifs, prédomine dans leurs rapports avec leur prochain : il est certain qu'ils ont d'eux-mêmes une opinion particulièrement favorable, qu'ils se trouvent plus nobles, plus élevés que les autres » – pour quelles raisons ? Suivent des considérations sur le peuple élu qui permettent de conclure que : « un homme, Moïse, a créé les juifs » (143). Comment ? En enseignant aux juifs qu'ils ont été désignés par Dieu lui-même. Dès lors, ils ont retiré de cette affirmation une force, une certitude, une confiance en eux-mêmes ayant généré, auprès des autres peuples, les chrétiens en l'occurrence, un ressentiment, une animosité, une jalousie, une rivalité constitutives de l'antisémitisme. Où l'on retrouve la thèse freudienne du fils préféré…

Si l'on suit le raisonnement freudien, et que l'on met en perspective des propos éclatés dans la profusion d'un discours redondant, on peut conclure à l'existence d'une relation de causalité entre la parole du père désignant son fils préféré et la haine des fils écartés pour l'enfant élu – l'antisémitisme deviendrait alors par un étrange effet de rebonds une création des juifs eux-mêmes par le premier des leurs, Moïse ? Sous la plume de Freud, ce genre de pensée semble impensable, impossible… Et pourtant !

On aurait pu s'en douter, Freud reprend sa théorie de la horde primitive, du meurtre du père, du banquet can-

nibale et de la naissance de la Loi. La circoncision pratiquée par les juifs agit auprès des chrétiens, ou des non-
juifs, écrit-il, comme une menace de castration. Celle-ci
renvoie au refoulement du « mythe scientifique » des origines. Or, bien que refoulée, cette peur de l'émasculation
réside dans la psyché en vertu de l'héritage phylogénétique. Cette crainte archaïque propose donc une matrice
à l'antisémitisme. Si Freud a raison, cet étrange livre autorise une variation supplémentaire sur la « haine de soi
juive » chère à Lessing en montant un juif antisémite…

Pourquoi donc le meurtre du père incarné par Moïse
se commet-il en regard d'une célébration d'un peuple,
d'une histoire, d'une civilisation présentés comme supérieurs à ceux de son lignage ? Le peuple juif ? Un peuple
égyptien exilé… L'histoire juive ? Un appendice de l'histoire égyptienne… La civilisation juive ? Une civilisation
égyptienne amoindrie… La religion juive ? La religion
d'un pharaon monothéiste. Moïse, le premier des juifs,
l'inventeur du peuple juif ? Un Egyptien bégayant sa
langue… La circoncision ? Un rituel anciennement visible
sur les momies égyptiennes.
La dilection particulière de l'inventeur de la psychanalyse pour les antiquités égyptiennes est bien connue.
Charcot, un temps le dieu de Freud, possédait lui-même
une collection d'antiquités dans son bureau… Ses amis
lui offraient des pièces pour des occasions particulières,
quelques-uns de ses patients également. Il achetait régulièrement des objets moins choisis pour leur valeur esthétique que pour leur signification symbolique. Parfois,
pendant le repas, il plaçait sur la nappe de la table de la
salle à manger sa dernière acquisition comme s'il s'agissait d'un hôte de marque…

L'Egypte fonctionne chez Freud comme un archétype anti-judéo-chrétien, une contre-Rome… Car dans la tradition chrétienne néotestamentaire, l'inceste se trouve formellement prohibé. La mère est vierge, le père ne copule pas mais insémine quand même virtuellement, le fils est engendré par l'opération du Saint-Esprit, le sperme se trouve remplacé par une colombe, ledit fils vit dans un anti-corps dépourvu de sensualité, de virilité, il ne boit ni ne mange, sauf du symbole, il ne s'accouple pas et ressuscite trois jours après sa mort. Une religion du Fils, voilà de quoi déplaire à Freud qui veut être son propre père.

En revanche, l'Egypte incarne la zone géographique et mentale, l'espace ontologique et métaphysique, dans lequel se pratique… l'inceste : Freud le sait puisqu'il écrit sur ce sujet précis dans *L'Homme Moïse et la religion monothéiste* : « Ce qui soi-disant [*sic*] offusque nos sentiments constituait jadis dans les familles régnantes de l'Egypte ancienne, ainsi que chez d'autres peuples de l'Antiquité, un usage répandu et l'on pourrait même dire une tradition sacrée » (162) – le bon temps libidinal… Puis il ajoute : « Par ailleurs ni le monde grec ni le monde germain, tels que nous les représentent les légendes, ne réprouvaient les relations incestueuses. » Epoque bénie dont sa collection pourrait bien signifier la nostalgie…

Souvenons-nous également du malaise vagal, nommons-le ainsi, d'un Freud qui, pour ses cinquante ans, se voit offrir par ses disciples, ses amis, ses proches, une médaille avec le sphinx en avers et son portrait en revers, puis l'énigme rédigée en grec ancien avec assimilation de Freud au sphinx. Or cet animal fabuleux d'origine égyptienne migre en Assyrie puis arrive dans la Grèce d'Œdipe. Dans la collection freudienne d'antiques, on trouve également des pièces assyriennes.

En Grèce, la sphinge, puisqu'elle est féminine, se trouve envoyée par Héra, la déesse du mariage, pour punir Laïos qui est, rappelons-le en passant, le géniteur d'Œdipe ! Le motif de cette punition ? Le père d'Œdipe avait jadis fait violence au jeune Chrysippe, inventant la pédérastie à cette occasion – information à conserver en mémoire pour saisir les attendus de la théorie freudienne de la séduction... Laïos se refusait à donner un enfant à son épouse légitime. Un schéma idéal pour Freud qui pensera longtemps que les pères, dont le sien, abusent de leurs enfants, un fantasme sublime pour lui, puisque son père se refuserait à sa mère, la femme convoitée par l'enfant !

Dès le début de *L'Homme Moïse et la religion monothéiste*, Freud annonce la couleur : certes la communauté juive lui reproche de maltraiter les juifs (dans un temps où l'histoire les détruit méthodiquement), mais pas question pour Freud de se préoccuper de ces questions triviales, la vérité d'abord : « Déposséder un peuple de l'homme qu'il célèbre comme le plus grand de ses fils est une tâche sans agrément et qu'on n'accomplit pas d'un cœur léger. Toutefois aucune considération ne saurait m'induire à négliger la vérité au nom d'un prétendu intérêt national. » Voilà les premières lignes de ce texte susceptible de passer pour un pamphlet autobiographique.

Freud se saisit du mythe de Moïse pour en faire une aventure personnelle avec projection de ses propres fantasmes en ombres chinoises. Voici la structure du mythe tel que Freud le déconstruit : Moïse vient au monde dans une famille de haut rang, il a été abandonné ; sa

238 Le Crépuscule d'une idole

naissance a été précédée par la difficulté : abstinence, stérilité, interdits ; des rêves et des oracles annoncent, le temps de la grossesse, des malheurs à venir à cause de l'enfant ; informé par ces mauvais présages, le père décide de l'abandonner, de le tuer ; l'enfant est recueilli par des gens modestes qui l'élèvent ; devenu grand, Moïse retrouve ses parents et... se venge de son père ! Une fois vengé, Moïse parvient à la renommée bien connue. Freud met alors en perspective deux héros, Œdipe et Moïse, car, écrit-il dans la plus grande candeur et dans la désarmante naïveté d'un aveu autobiographique : « le héros est celui qui s'oppose courageusement à son père et finit par le vaincre » (13).

Dans la logique de son « mythe scientifique », Freud défend l'idée que des « traces mnésiques » (134) se transmettent de génération en génération : l'usage symbolique de la langue, le meurtre du père et le complexe d'Œdipe constituent le matériau de ce qui, pour avoir été important ou s'être répété souvent, voire les deux, traverse les âges et se trouve enfoui dans la psyché de chaque être. Cette propagation plusieurs fois millénaire économise la physiologie, l'anatomie, la chair, le corps et ne concerne que l'inconscient : les prolégomènes de ce « nouveau judaïsme » annoncé par Freud ? Possible...

Voilà comment l'amateur de « mythe scientifique » et le spécialiste du « roman historique » peut affirmer de la façon la plus péremptoire : « les hommes ont toujours su qu'ils avaient un jour possédé [*sic*] et assassiné un père primitif » (136). Peu importe que cette assertion ne soit étayée par aucune preuve... Freud avait pris soin de faire précéder l'annonce de cette thèse par cet aveu épistémologique fantasque : « Je n'hésite pas à affirmer que », etc. En effet, Freud n'a pas hésité, ici comme ailleurs, à *affir-*

mer – comme Moïse énonçant les articles de la Table de la Loi. Méthode de philosophe si l'on veut ; mais pas de scientifique.

Ce qui se trouve sélectionné et transmis de façon phylogénétique-psychique, mais sans l'aide d'un support physiologique, c'est, nous dit le psychanalyste, ce geste important, fort et plusieurs fois réitéré, du meurtre du père : en tuant le Christ, les juifs ont assassiné leur grand homme et répété le geste de la horde primitive. Les juifs ont refusé d'adopter une religion, le christianisme en l'occurrence, qui assume le meurtre de Dieu. Le déicide, parce qu'il est un parricide, prouve l'excellence de la religion du Christ, puisqu'il témoigne de son inscription dans la vérité du « mythe scientifique » du meurtre du père.

Mieux : l'Eucharistie catholique, parce qu'elle répète le banquet cannibale de la scène primitive, prouve l'excellence de la proposition de saint Paul, un juif, de construire une religion sur le meurtre de Dieu qu'est la crucifixion du Christ, son fils devenu Dieu lui-même en se chargeant de tous les péchés du monde. Une partie du peuple juif a suivi cette lecture, et l'on peut parler de judéo-christianisme pour qualifier cette religion qui voit dans le christianisme l'accomplissement et la vérité du judaïsme.

Pendant ce temps, une autre partie du peuple juif refusait d'emprunter la voie paulinienne : « du fait de cette décision, ils se trouvent à l'heure actuelle plus séparés que jadis du reste du monde » (182). *À l'heure actuelle ?* Il faut bien se rendre à l'évidence, c'est l'expression utilisée par Freud dans les dernières pages de son dernier livre publié de son vivant pour expliquer qu'en pleine barbarie nazie, en 1938, les juifs ayant refusé de devenir chrétiens se sont eux-mêmes mis à l'écart du monde – et l'on connaît les conséquences funestes de cette sécession d'avec la religion chrétienne dominante en Europe : Freud l'ignorait évidemment, mais *Auschwitz* allait nommer les conséquences de cette séparation des juifs d'avec la prétendue vérité chrétienne de leur religion...

Mesurons avec effroi combien l'obsession du meurtre du Père génère chez Freud des prises de position extravagantes, délirantes, incompréhensibles, *antisémites même*, si on ne les met pas en relation avec ces règlements de comptes libidinaux, ce combat d'une psyché travaillée dans son tréfonds par le tropisme incestueux. Cette soumission de la théorie psychanalytique à l'impératif autobiographique guide Freud dans chacun de ses pas d'aveugle – comme Œdipe...

X

L'Antigone vierge et martyre

« [Anna] est magnifique, et pleinement
indépendante sur le plan intellectuel, mais
[elle] n'a pas de vie sexuelle. »

FREUD, lettre à Lou Salomé, décembre
1927.

L'inceste aura donc été le grand fantasme de Freud : avec sa propre mère sexuellement convoitée dans le wagon-lit à l'âge de deux ans et demi selon un souvenir prétendument découvert trois décennies plus tard ; avec sa première amoureuse dont il désire la mère alors qu'il est adolescent ; avec sa belle-sœur, sa maîtresse hébergée sous le toit familial pendant une quarantaine d'années ; avec l'une de ses filles qui hante ses rêves érotiques ; mais également et surtout, avec Anna la fille avec laquelle il s'est avancé très loin sur ce chemin. Dans *L'Analyse avec fin et l'analyse sans fin* Freud énonce trois tâches impossibles : gouverner, psychanalyser, éduquer. Il savait de quoi il parlait – du moins pour les deux dernières. Car la relation de Freud avec Anna fut l'apothéose de la déréliction œdipienne...

Rappelons quelques informations déjà vues concernant Anna : elle naît comme un accident de lit, car si ses

parents avaient disposé d'un moyen contraceptif sûr, elle
n'aurait jamais vu le jour; elle doit donc, de ce fait, se
trouver à l'origine de l'abstinence sexuelle définitive du
couple Sigmund/Martha. On découvre que non seulement elle porte le prénom de la fille, cette fois-ci, de
Samuel Hammerschlag, le professeur d'hébreu de Freud
au lycée, mais encore qu'elle en est la filleule, alors que
ses autres frères et sœurs sont prénommés sous le signe
des grands hommes – des maîtres de Freud à ses héros,
tel Cromwell.

Mais Anna, si l'on souhaite une autre hypothèse que
l'écran de fumée proposé par les biographies officielles,
c'est également le prénom clinique d'Anna O., nous
l'avons vu; c'est peut-être surtout le prénom de sa sœur,
l'enfant obtenu par sa mère et son père, ce qui lui permettrait de se retrouver non loin des parages incestueux
qui le hantent: il est le père d'une fille comme son père
le fut avec Amalia – souhait de se substituer au père qui
couche avec sa mère? Enfant non désiré, tard venu,
placé sous le signe de l'anonymat ou de l'hystérie, sinon
du fantasme incestueux, les augures penchés sur le ber-
ceau de la petite fille auraient pu prédire sans coup férir
un avenir sombre à cette petite psyché...

Anna, vue et lue à la lumière d'*Œdipe Roi* de Sophocle
(cette pièce de théâtre fonctionne comme un schéma existentiel pour Freud...), accomplit l'oracle professé par le
fils de Laïos et de Jocaste à l'endroit de sa propre descendance après qu'il eut couché avec sa mère et tué son père:
« Quand vous serez à l'âge des noces/qu'est-ce qui osera,
mes enfants/prendre sur lui des hontes pareilles,/aussi
désastreuses pour vous que pour ses parents ? » Et plus
loin : « Vous en porterez la honte, et qui vous épousera ?/
Personne, mes enfants. Il vous faudra bien finir infé-

condes et vierges. » Anna obéit à l'oracle : à l'âge des noces, aucun homme ne la courtisa ; plus tard, personne ne l'épousera ; finalement elle mourra très probablement vierge et inféconde – mais *psychanalyste pour enfants*…

Dès l'âge de treize-quatorze ans, cette très jeune fille assiste aux réunions de la Société psychanalytique. À lire les minutes des séances auxquelles elle aurait pu participer, on s'étonne qu'un père expose sa très jeune fille à des débats sur la sexualité anale, l'inceste, la confusion hystérique féminine, la détresse libidinale, les perversions sexuelles, les effets nocifs de l'onanisme, les conditions infantiles du masochisme. Entre ce qu'elle pouvait réellement comprendre et ce qui devait résister à l'entendement d'une jeune fille pré-pubère ou juste pubère, on peut se demander ce que Freud a derrière la tête en acceptant que sa petite dernière assiste à ce genre de séances d'adultes dissertant sur les parts sombres de la sexualité humaine…

Faut-il s'en étonner ? Anna souffre d'anorexie… Pas besoin d'être grand clerc, encore moins psychanalyste pour enfants. Le père trouve que sa fille est trop sévère avec elle, trop maigre, trop voûtée : il décide de son départ en Italie pendant huit mois, le temps d'une presque grossesse, avec sa tante Minna, afin de se refaire une santé et surtout de prendre du poids. Mais, sans qu'on puisse préciser la nature de cette étonnante causalité, sa sœur Sophie se fiance, *donc* le voyage n'a pas lieu… Mystère sur les raisons de ce renoncement ! Autre énigme, elle aussi impossible à résoudre (à moins que l'ouverture des containers américains permette un jour d'apporter une réponse grâce à une correspondance…) : Anna sera tenue à l'écart de la cérémonie des fiançailles. Son père lui écrit : « La cérémonie peut très bien se dérouler sans toi, et même sans invités, festivités et ainsi de suite, qui en fait ne t'intéressent absolument pas » (13 décembre 1912)…

À défaut d'une lettre révélant le réel motif, une piste nous est donnée dans un courrier envoyé par Freud à Ferenczi le 20 juillet 1912 : cet événement entrerait en résonance avec un thème sur lequel il travaille : les trois filles du Roi Lear. Que nous apprend d'utile cette pièce de Shakespeare pour dénouer ce nœud familial ? Le Roi décide de diviser équitablement son royaume entre ses trois filles Goneril, Régane et Cordélia – or Freud a lui aussi trois filles, Mathilde, Sophie, Anna. Le partage s'effectue lors d'une grande cérémonie au cours de laquelle Lear demande à chacune de lui exprimer son amour… Les deux aînées chargent la barque et n'hésitent pas à recourir à la flatterie. La cadette, réservée, reste en retrait, alors qu'elle aime passionnément son père. Vexé, le Roi Lear déshérite sa dernière fille et la chasse. Le temps passant, le Roi découvre la supercherie de ses deux aînées fourbes, rusées et menteuses. Fou de douleur, il quitte la cour et trouve alors refuge chez sa fille Cordélia…

La pièce comporte une seconde intrigue également susceptible de plaire à Freud : le comte de Gloucester a deux fils dont l'un, illégitime, lui fait croire que son demi-frère prépare un complot contre son père. Il veut l'héritage auquel il ne peut prétendre à cause de sa bâtardise. Pour se punir de sa naïveté, le comte de Gloucester se fait crever les yeux – faut-il préciser : comme Œdipe ? La pièce se poursuit avec un duel au cours duquel le fils légitime triomphe. Après une incroyable série de rebondissements – malentendus, quiproquos, morts, suicides, reniements, empoisonnements, rétractations –, le Roi

Lear ne peut empêcher la mort de sa fille Cordélia : le rideau tombe sur le spectacle d'un père ravagé par la douleur, serrant le corps de sa fille fidèle jusqu'à la mort.

On ignore à quoi correspondent, dans la famille Freud, les trahisons de Mathilde ou/et de Sophie, les intrigues de filles parricides, le rôle des gendres, les empoisonnements métaphoriques, les suicides allégoriques ou les reniements symboliques, toujours est-il que les Freud semblent avoir connu autour des années 1912 et suivantes une série de psychodrames assimilables à la tragédie en général et à sa formule shakespearienne en particulier. Dans l'incapacité à distribuer clairement les rôles on peut toutefois sans grand risque assimiler Anna à Cordélia, la fille pudique, incapable de surenchère hypocrite pour montrer à son père qu'elle est, des trois sœurs, la plus aimante, exilée dans un premier temps (les fameux huit mois en Italie ?) mais, finalement, héritière du royaume de son père – ce qu'elle paiera tout de même d'un genre de mort symbolique...

Comme toujours, ce fragment d'autobiographie dans la vie de Freud va générer de la théorie. Alerté par une lettre à Ferenczi, on découvre qu'en 1913 il publie *Le Motif du choix des coffrets* dans lequel il est question, entre autres sujets, des trois filles du Roi Lear... Parlant de Cordélia, dont nous verrons de plus en plus et de mieux en mieux combien elle est Anna, Freud nous dit, croisant les mythes qu'il débusque pour soutenir sa thèse, qu'elle est... la déesse de la mort ! Ces trois sœurs incarnent donc les trois Nornes, les Parques, les Moires : Anna/Cordélia, celle qui coupe le fil de la vie.

Comment dès lors vivre avec cette évidence qu'Anna serait la mort ? L'incarnation de la mort. Celle qui sectionne toute existence. Avec une pirouette psychanalytique extraordinaire qui renseigne bien sur l'art sophistique et la rhétorique du magicien Sigmund Freud : en vertu d'un principe posé comme immuable et certain, bien qu'indémontré parce que indémontrable, « il existe dans la vie d'âme des motifs qui entraînent le remplacement par le contraire, sous la forme de ce qu'on appelle formation réactionnelle » (XII. 62), la mort c'est ici… l'amour !

Ne donnons pas tort à Freud lorsqu'il écrit quelques lignes plus loin : « On ne peut concevoir de triomphe plus fort que l'accomplissement de souhait » (*ibid.*) – ce qu'en langage commun on pourrait appeler *prendre ses désirs pour la réalité*… Superbe exemple, ici, en effet, de ce genre d'« accomplissement de souhait » : Freud assimile les trois filles du Roi Lear aux trois siennes en général, et Cordélia à Anna en particulier, il brasse les mythes, les contes et la littérature pour proposer une hypothèse, la découvre, l'annonce, l'énonce, et… il s'agit d'une identification entre sa fille et la mort. Par la magie d'un retournement n'ayant rien de scientifique, mais qu'auto-biographiquement on peut comprendre, Freud, ne voulant pas ceci, explique qu'en fonction d'une mystérieuse vertu dormitive de l'opium psychique, parfois, la mort n'est pas la mort et que, bien mieux, c'est l'amour…

En conclusion, Freud file sa métaphore, toujours préférant l'imaginaire au réel, l'interprétation extravagante à la simplicité et à la vérité du réel : le Roi Lear n'est pas le Roi Lear, mais un vieil homme qui va mourir ; ses trois filles ne sont pas ses trois filles, mais trois façons différentes d'être femme ; le père ne porte pas sa fille morte mais, « si l'on inverse la situation [*sic*], elle nous devient compréhensible et familière » (!) (XII. 64), le père mort est porté par sa fille la déesse (!) – et ce en vertu d'autres trouvailles psychanalytiques : la « mutation du souhait » (*ibid.*) et l'« élaboration régressive » (*ibid.*), variations nouvelles sur le thème de la « formation réactionnelle » et de l'« inversion de souhait »…

Si ces trois filles du Roi ne sont pas ce qu'elles sont, que sont-elles ? Par la grâce de la pensée symbolique, qui signifie l'impossibilité de la pensée, Freud écrit qu'il s'agit des « trois relations à la femme que l'homme ne saurait éviter : la génitrice, la compagne et la corruptrice » – version psychanalytique de la maman ou la putain ? « Ou bien les trois formes que l'image de la mère revêt successivement pour lui au cours de la vie : la mère elle-même, la bien-aimée qu'il a choisie à l'image de celle-ci [*sic*] et, en dernier, la Terre-Mère qui l'accueille de nouveau. Mais le vieil homme cherche en vain l'amour de la femme, tel qu'il l'a d'abord reçu de la mère ; c'est seulement la troisième des femmes du destin, la silencieuse déesse de la mort, qui le prendra dans ses bras » (XI. 65).

Quand, épuisé par des années de cancer, Freud sait l'issue fatale, il rappelle à son médecin sa promesse de lui injecter le produit pour en finir le moment venu et lui dit : « Parlez-en à Anna, si elle pense que c'est juste, alors finissons-en. » Anna/Cordélia incarne donc, selon l'aveu de son propre père, la troisième forme prise par sa mère – Amalia, Martha, Anna réunies dans une même tragédie incarnée par sa fille cadette, pour le plus grand bonheur du père…

Malgré la déontologie définie par Freud lui-même dans *Conseils aux médecins sur le traitement analytique* (1912) qui invite le psychanalyste à ne jamais allonger sur son divan de proches, d'amis ou de membres de sa famille, le père soumet sa fille à une analyse dès l'été

1918 et ce jusqu'en 1922, puis du printemps 1924 à 1929, soit une thérapie étendue sur neuf années à raison de cinq à six séances hebdomadaires… On lira avec un sourire un peu triste cette affirmation de Madame Freud rapportée par Henri F. Ellenberger dans son *Histoire de la découverte de l'inconscient* : « La psychanalyse s'arrête à la porte de la chambre des enfants » (482), disait-elle. Mesurons combien il se passait sous son toit de choses inconcevables à ses yeux…

Pas sûr en effet que Madame Freud ait été tenue au courant du fait que sa fille Anna ait passé presque dix années à raconter sur le divan de son père ses fantasmes sexuels, ses angoisses existentielles, ses soucis libidinaux, ses craintes et ses peurs, sa vie intime, le désert de sa sexualité, du moins l'inexistence d'autrui dans sa vie sexuelle, ses souvenirs d'enfance avec… son père, sa mère, ses frères et sœurs, sa façon de vivre son désir de s'accoupler avec son père et d'évincer sa mère, la périodicité de ses règles provoquées par les médicaments, les évidentes et habituelles confessions faites au divan…

Effacée et soumise, discrète et silencieuse, tout au service de son époux, Martha Freud ne pensait pas grand bien de la psychanalyse en général et de l'activité de son mari en particulier. Le psychanalyste français René Laforgue a fréquenté la famille Freud dans les années 1920, il rapporte dans un ouvrage de souvenirs que Madame Freud voyait dans les théories de son mari « une forme de pornographie »… Gageons qu'elle aura ignoré que cette pornographie unissait si étroitement le père et leur cadette, son mari et sa fille…

Le travail des historiens nous permet aujourd'hui de savoir une partie de ce qui s'est dit sur ce divan. Le texte que Freud fait en effet paraître en 1919 sous le titre *Un enfant est battu*, avec pour sous-titre *Contribution à la connaissance de la genèse des perversions sexuelles* (1919), concerne explicitement Anna. Cette dernière confirme à sa manière ce qu'on y trouve puisqu'elle rédige pour sa part *Fantasme d'être battu et rêverie* (1922), un texte à lire en contrepoint à celui de son père. Cet article fut d'abord une conférence donnée à la Société psychanalytique de Vienne le 31 mai 1922 avant de devenir l'exercice théorique valant adoubement dans le mouvement psychanalytique...

Ce qu'on apprend de l'état psychique d'Anna Freud est consternant... Freud disserte en noyant le poisson : battre un enfant ; être réellement ou fantasmatiquement battu ; voir un enfant battu quand on est enfant ; désir d'enfant qu'un autre enfant soit battu ; un enfant est battu : par qui ? Est-ce toujours le même enfant ? Qui le battait ? Un adulte ou un autre enfant ? On imagine que ce furent là autant de variations sur le thème proposé par Anna lors de ses associations libres. Freud ne répond à aucune de ces questions. Pire si on lit bien, il écrit même : « La connaissance théorique est pour chacun de nous incomparablement plus importante que le succès thérapeutique » (XV. 124) – autrement dit : peu importe la guérison pourvu que la science progresse... S'agissant de sa propre fille, on peut s'étonner de la cruauté de pareil propos.

Car quel est son problème ? Anna fantasme sur des scènes de fustigation infligées par son père. Construisant sa sexualité autour de ce désir sado-masochiste, elle sombre dans des pratiques masturbatoires compulsives... Voilà l'épicentre de cet article noyé par ailleurs dans un nombre incroyable de considérations parasites qui retardent ou empêchent son intelligence véritable.

Allongée sur le divan de son père, Anna raconte qu'elle se masturbe frénétiquement en l'imaginant lui donner des coups. Freud conclut avec sa pierre philosophale : ce fantasme s'enracine dans… le complexe d'Œdipe !

Pas question, pour Freud, de penser en termes historiques, biographiques, voire avec un pur et simple bon sens psychologique. L'hypothèse d'un complexe archaïque remontant aux plus anciens temps d'un meurtre du père, puis d'un banquet cannibale, le dispense de s'interroger sur sa propre responsabilité dans ce qu'il nomme lui-même les *perversions sexuelles* de sa fille. La phylogenèse mythologique est une bien douce chose quand elle exonère d'une réelle ontogenèse analytique ! D'autant que la perspective avouée du père est moins d'alléger les souffrances de sa fille, autrement dit de la soigner, voire de la guérir en lui offrant la possibilité d'une vie sexuelle en dehors de l'onanisme, que de faire avancer la science, *sa* science.

Or, une simple autocritique permettrait au père de constater son implication dans la création des fantasmes de sa fille. Freud se comporte en effet avec elle comme un père jaloux, possessif, tyrannique. Lorsque, à dix-neuf ans, elle envisage d'aller à Londres chez Ernest Jones, le futur hagiographe du héros, Freud multiplie les conseils castrateurs. Il informe Jones : pas question d'une idylle avec sa fille à qui il prescrit d'inscrire cette relation sur le strict terrain de l'égalité et de l'amitié. Alors qu'elle n'a pas abordé la question affective ou sexuelle, il la met en garde : elle doit plus et mieux connaître les choses de la vie avant d'envisager une liaison sérieuse. Freud donne une date : pas avant cinq ans – autrement dit pas avant l'âge de vingt-quatre ans… Dans les courriers préparatoires à ce séjour, Sigmund Freud parle à Ernest Jones de sa « fille unique »… Rappelons tout de même qu'à cette époque, en 1914, Mathilde a vingt-sept ans et Sophie vingt et un…

S'adressant à Anna, son père enfonce le clou : Jones a trente-cinq ans, c'est un monsieur accusant presque le double de son âge à qui il faut une épouse de sa génération plus avertie de la vie. Et puis il ajoute que, fils de pauvre, Jones s'en est sorti « à la force des poignets » (*sic*), de sorte qu'il « lui manque le tact et le sens des égards délicats »… À Jones, il écrit à propos d'Anna : « Elle ne s'attend nullement à être traitée en femme, car elle se trouve encore loin d'éprouver des désirs sexuels, et a plutôt tendance à refuser l'homme [*sic*]. » À quoi le correspondant anglais, futur auteur de *Théorie et pratique de la psychanalyse*, répond par un éloge d'Anna suivi de cette phrase prémonitoire : elle « deviendra certainement une femme remarquable, si son refoulement sexuel ne lui nuit pas » (27 juillet 1914)…

À cette époque, Anna Freud, voûtée sur son ouvrage, tricote compulsivement et envisage de devenir institutrice ! Alors qu'elle n'a pas encore commencé son analyse, elle fantasme à l'automne 1915 un scénario confié plus tard à son père : « Récemment j'ai rêvé que tu étais un roi et moi une princesse, et que par toutes sortes de machinations politiques on voulait nous séparer. C'était déplaisant, même bouleversant. » Elle a vingt ans, son père pas loin de soixante.

En 1916, déjà familière des discussions de psychanalyste à la Société de psychanalyse depuis son jeune âge, elle assiste aux leçons données par son père à l'université – les futures *Leçons d'introduction à la psychanalyse*. Elle s'adonne alors régulièrement à des expériences de

télépathie avec lui : l'un et l'autre expérimentent le
sublime délice qu'il y a à deviner la pensée d'un tiers –
lire dans les pensées les plus intimes de l'autre, voilà un
fantasme d'union intime sans nom ! Suite aux conférences données par son père, elle renonce à devenir
institutrice et décide de devenir psychanalyste. À vingt-
trois ans, elle commence une analyse.

En même temps qu'il décide qu'Anna n'est pas portée
vers les hommes et qu'il impose la loi du père en lui interdisant formellement de mener une vie sexuelle indépendante, l'auteur de *La Morale sexuelle dominante* envoie sa
fille dans les bras des femmes. Quel meilleur moyen de la
garder pour lui seul ; d'éviter qu'elle soit profanée ou
souillée par un autre homme ; de la conserver *ad vitam
aeternam* ; d'en faire la déesse de la mort tout entière
dévouée à la vie de son seul père ?

Freud la dirige vers Lou Salomé et souhaite clairement
favoriser l'amitié entre les deux femmes. À l'amie de
Nietzsche, il écrit le 3 juillet 1922 : « Inhibée à travers
moi, sur le plan masculin, elle n'a pas eu grande chance,
jusqu'à présent, avec ses amies femmes. Il m'arrive [*sic*]
de souhaiter la voir avec un homme de bien, et parfois
[*sic*] je souffre d'avance à l'idée de la perdre. » Trois ans
plus tard, à la même : « J'ai peur que son refoulement
sexuel ne lui joue de mauvais tours. Je ne peux rien pour
la libérer de moi, et personne ne m'y aide » (10 mai 1925)
– mais qui d'autre que lui le pourrait ? Sa mère ? Freud et
Anna la tiennent fermement à l'écart. Ses frères et sœurs ?
Impossible… Sa tante ? Sûrement pas… Personne…

D'autant que la découverte de son cancer de la
mâchoire en 1923 fournit l'occasion de resserrer leurs
liens : elle est la première à savoir, en profite pour évincer

sa mère et devient l'infirmière de son père. Anecdote : cette année-là, âgé de soixante-sept ans, Freud le scientifique se fait ligaturer les canaux spermatiques sous prétexte que ce genre d'intervention chirurgicale rajeunit le sujet et ravive les puissances sexuelles défaillantes – les tenants de la version hagiographique du héros renonçant à la sexualité pour sublimer sa libido dans la production d'une œuvre universelle, la psychanalyse, devront revoir leur copie... En revanche, pour les tenants d'une vie sexuelle active avec tante Minna, et l'hypothèse d'un voyage effectué à Meran pour cause d'avortement, les choses paraissent cohérentes... Les hagiographes l'affirment benoîtement : cette ligature prévenait la récidive de cancer !

Malgré ce geste testiculaire et préventif, Freud eut à souffrir fort longtemps de son cancer. Une trentaine d'opérations, des prothèses toutes plus douloureuses à placer et à porter les unes que les autres – Anna, dont c'est bien sûr la tâche, consacre parfois une demi-heure à l'installer... Dans son testament, Freud demande à ses fils qu'ils renoncent à leur part d'héritage en faveur de leur mère et... de la dot de leur sœur pour son mariage ou tout autre arrangement de son goût... Car Anna est devenue lesbienne – sinon de corps, du moins de cœur. L'élue se nomme Dorothy Burlingham, une Américaine venue à Vienne en 1925. Anna a acheté une maison avec elle, elle est mère de quatre jeunes enfants, séparée d'un mari maniaco-dépressif analysé par Reik d'abord et... par Freud ensuite, bien sûr. Puis, pendant douze années, Freud allongera également sur son divan... la compagne de sa fille !

L'Américaine fait analyser ses enfants et devient analyste à son tour avec pour spécialité... les enfants. Freud lui conseille de divorcer. Elle s'exécute. Son mari saute par la fenêtre. Plus tard, en 1970, l'un de ses fils alcoolique se suicidera aux barbituriques… après s'être allongé dans le lit d'Anna Freud, sa psychanalyste, la probable maîtresse de sa mère… En attendant, Dorothy Burlingham offre son premier chow-chow à Freud qui écrit à Lou en décembre 1927 : « [Anna] est magnifique, et pleinement indépendante sur le plan intellectuel, mais [elle] n'a pas de vie sexuelle. » Et, plus loin : « Que fera-t-elle sans son père ? »

Dans un courrier à Ferenczi daté du 12 octobre 1928, Freud compare Anna à… Antigone. Même comparaison dans une lettre à Arnold Zweig du 12 mai 1935. Doit-on préciser qu'Antigone est issue d'un inceste entre Œdipe et Jocaste, autrement dit, entre Freud et Amalia ? La souffrance du cancer se fait insupportable. La puanteur est telle que les chiens se tiennent à distance de leur maître. Sachant sa fin proche, Freud dit à Schur, son médecin : « Le destin a été bon, qui m'a octroyé la présence d'une telle femme – je parle d'Anna bien sûr. »

Freud avait décidé longtemps en amont que l'heure venue il faudrait en finir avec la vie. Epuisé par les souffrances, à bout de tout, ayant supporté la maladie avec une réelle grandeur d'âme, il demande à son médecin d'avertir Anna : le moment est venu. La première piqûre est faite le 21 septembre 1939, la seconde le lendemain. Freud meurt le 23 septembre 1939 à trois heures du matin. Son corps est incinéré au matin du 26 septembre. Stefan Zweig lit l'oraison funèbre. Les cendres reposent dans le cimetière de Golders Green à Londres. En 1971, Anna rentrera à Vienne après avoir été psychanalyste à Londres pendant toute sa vie. Elle reçoit à son tour une médaille gravée sur laquelle on peut lire : « Anna-

Antigone »… Dans la maison où elle finira ses jours, on la verra quarante-trois ans plus tard emmitouflée dans le loden de son père. Elle meurt le 9 octobre 1982 – sans jamais avoir eu, dit-on, un seul rapport sexuel avec un homme.

Post-scriptum à cette vie tragique : en août 1956, un chauffeur ouvre la porte de la Rolls qu'il vient de stopper devant le domicile d'Anna Freud. Une femme en descend, elle cache ses cheveux blonds sous un feutre, ses yeux bleus derrière des lunettes de soleil : Marilyn Monroe se rend chez la fille de Sigmund Freud. L'actrice tourne un film à Londres, elle va plonger à nouveau dans la dépression nerveuse. Dans la villa luxueuse qu'elle a louée près de Windsor, elle passe des heures au téléphone avec sa psychanalyste Marianne Kris. L'icône des *Hommes préfèrent les blondes* suit une analyse avec elle depuis une année. Son analyste américaine ne peut traverser l'Atlantique pour régler les problèmes du moment de Marilyn. Elle lui conseille de se rendre chez son amie Anna. L'actrice disparaît donc des plateaux pendant une semaine, personne ne sait où elle se trouve. En fait, elle s'allonge sur le divan…

Anna Freud la conduit un jour au jardin d'enfants de sa clinique, elle se détend et s'amuse avec eux. Au cours de cette visite, Marilyn confie à Anna qu'elle a lu *L'Interprétation du rêve* en 1947 et que « Le rêve d'embarras dû à la nudité » (IV. 281) l'a particulièrement intéressée – Freud y analyse le cas d'une personne dénudée partiellement ou totalement nue qui aimerait pouvoir se soustraire au regard de spectateurs mais n'y parvient pas. Il conclut au caractère exhibitionniste du rêveur. L'analyste de Marilyn traitait chez sa patiente ce genre de tropisme récurrent : elle adorait en effet se déshabiller en public...

La méthode d'Anna est la même que celle qu'elle utilise avec les enfants : assise à un bout de la table, elle installe sa patiente à l'autre extrémité. Elle lui fournit des billes de verre et, en fonction de ce que l'autre en fait, elle pose un diagnostic. Marilyn lance les billes les unes après les autres. L'oracle freudien tombe : « Désir d'un contact sexuel »... La méthode paternelle produit ses effets : la bille n'est pas la bille, le lancement de l'une d'entre elles n'est pas le lancement de l'une d'entre elles et ainsi de suite jusqu'à ce que l'interprétation, via la stratégie symbolique, débouche sur un diagnostic. Ce jeu banal fournit le prétexte à la sentence du gourou.

Dans le carton des archives du « Centre Anna Freud », la fiche concernant Marilyn Monroe consigne cette expertise : « Instabilité émotionnelle, impulsivité exagérée, besoin constant d'une approbation extérieure, ne supporte pas la solitude, tendance aux dépressions en cas de rejet, paranoïaque avec poussées de schizophrénie. » L'actrice a repris le tournage. Rentrée aux États-Unis, elle a envoyé un très gros chèque à la fille de Sigmund Freud.

Plus tard, John Huston a envisagé le tournage d'un film sur Freud, il aurait eu pour titre *Freud. Passion secrète.* Le docteur viennois y aurait soigné une patiente hystérique et Marilyn Monroe était pressentie pour le rôle. Le réalisateur sollicita un certain Jean-Paul Sartre pour écrire le scénario... Le philosophe rédigea deux versions qui totalisent cinq cents pages – sept heures de film selon Huston après qu'il eut reçu un manuscrit « gros comme [s]a cuisse »... Mais les deux hommes ne parvinrent pas à s'entendre.

Marilyn Monroe, analysée par Anna Freud, le fut aussi, avant, par Marianne Kris, et ce pendant quarante-sept séances réparties sur trois mois, puis internée dans une clinique psychiatrique, enfin analysée à nouveau avec un second psychanalyste, Ralph Greenson, formé à Vienne dans les années 1930 et reçu au domicile de Freud en personne. Il sera son analyste de janvier 1960 au 4 août 1962, jour de sa mort. Quand il lui conseillera d'acheter une maison, elle se rendra au Mexique pour acquérir quantité de meubles qui se trouvaient dans le propre domicile de son analyste... Il obtiendra de l'actrice qu'elle renonce à jouer dans le film de Huston.

Quelques heures avant le suicide de l'actrice, son psychanalyste avait longuement parlé au téléphone avec elle. Comme il avait été la dernière personne à l'avoir vue vivante et la première à la découvrir morte, Ralph Greenson a été un temps soupçonné de l'avoir tuée, avant d'être innocenté. À trente-six ans, l'actrice s'était bel et bien suicidée par ingestion de barbituriques. Si effectivement son psychanalyste ne l'a pas tuée, lui et sa science n'auront pas empêché qu'elle meure. Son testament léguait un quart de sa fortune et de ses droits d'auteur à venir à sa psychanalyste Marianne Kris qui, à sa mort, fit de la Fondation Anna Freud la légataire de cette immense fortune... Chaque mois, les royalties issues de la légende Marilyn Monroe entrent dans les caisses de la Fondation Anna Freud à Londres...

TROISIÈME PARTIE

Méthodologie
Un château en Espagne

1

La cour des miracles freudiens

> « Ce sont des conditions matérielles qui m'incitèrent à entreprendre l'étude des maladies nerveuses. »
>
> FREUD, *Autoprésentation* (XVII. 63).

À l'évidence, la biographie de Freud impose sa loi dans sa théorie, de sorte qu'on ne trouvera pas, contrairement à ce que la légende voudrait faire croire, un long et droit continuum dans l'œuvre complète conduisant d'une généalogie simple, via l'auto-analyse, à la formulation définitive d'un corpus homogène, épargnée par les contradictions, les revirements, ignorant les repentirs. La pensée du psychanalyste, on l'a vu, obéit aux affres d'une vie quotidienne, subit la loi de l'histoire, celle de son petit monde et de l'histoire universelle. La pensée de Freud n'est donc pas un continuum scientifique, car elle épouse les variations existentielles de son auteur.

En plus de cinquante années, entre 1886 et 1939, Freud a beaucoup écrit, plus de six mille pages publiées en dehors des correspondances. Au départ, beaucoup de comptes rendus, puis des avant-propos, des préfaces ou des postfaces, des supports à conférences ou à des allocutions, des notices. Souvent de petits textes, de brèves analyses ou des articles rassemblés pour constituer des ouvrages. Sinon des leçons données – *Leçons d'intro-duction à la psychanalyse* ou *Nouvelle suite des leçons d'introduction à la psychanalyse*. Plus tard, des nécro-logies… L'ensemble apparaît comme une grande mosaïque constituée de fragments hétérogènes : les *Études sur l'hystérie* écrites avec Breuer dans ses jeunes années, 1895, par exemple, n'ont pas grand-chose à voir avec l'*Abrégé de psychanalyse*, un ouvrage de synthèse rédigé en 1938 dans son exil londonien alors qu'il a quatre-vingt-deux ans.

Cette pensée en archipel, sinon en fragment, a beau-coup changé. À partir d'un certain nombre de prélève-ments judicieusement effectués, on peut faire dire à Freud une chose et son contraire : éloge de l'hypnose, critique de celle-ci. Ou, plus important : le tenant de la psychanalyste intégriste pure et dure se réclamera de l'extrême abstraction conceptuelle de *Métapsychologie* ou des textes de *La Technique psychanalytique* pour justi-fier le caractère purement verbal de sa thérapie, mais le lecteur de l'*Abrégé de psychanalyse*, son testament intel-lectuel, son legs théorique, s'appuiera sur l'hypothèse formulée par un vieil homme d'un avenir dans lequel la chimie rendrait la psychanalyse caduque (51) – autrement dit : entre la vérité idéale anhistorique d'une pure doc-trine intellectuelle et le pragmatisme indexé sur la dialec-tique progressiste de l'histoire, que choisir ? La parole datée de Freud pour le verbe et contre le médicament ? Ou sa proposition prospective pour le médicament contre le verbe ? Le divan ou les neuroleptiques ? Le texte de Freud peut légitimer les deux…

Une lecture attentive de l'œuvre complète met au jour

nombre de contradictions, d'incohérences, de positions hétérogènes. Laissons derrière nous la démarche qui consiste à croiser la biographie et l'œuvre pour croiser désormais les textes entre eux. On n'y trouvera évidemment pas un fil d'Ariane dévidé en ligne droite par un génie porteur de ses intuitions les plus géniales dès les premières heures de son travail, mais des errements, sinon des errances. Les vingt volumes de l'œuvre complète ressemblent moins à un Schönbrunn conceptuel qu'au palais du facteur Cheval avec ses assiettes brisées, ses tessons de bouteilles et sa maçonnerie épaisse...

Exemple : dans son *Autoprésentation*, il écrit qu'il « veut vivre du traitement des maladies des nerfs » (XVII. 63) – ce que confirme un autre aveu dans le même ouvrage : « Ce sont des conditions matérielles qui m'incitèrent à entreprendre l'étude des maladies nerveuses. » Mis à la porte du laboratoire d'anatomie du cerveau à cause de ses théories sur l'hystérie masculine, dit-il, et de son usage amateur de l'hypnose, il doit trouver une solution. Désormais Freud économise la recherche, la physiologie, l'anatomie, la médecine et invente de quoi soigner sans le recours à la médecine classique : il devra trouver sans pouvoir chercher – sinon dans son esprit... Dès lors, de la cocaïne au divan en passant par l'imposition des mains, l'électrothérapie, le magnétisme, l'hypnose, la méthode cathartique, celle de l'association libre, le trajet freudien ressemble au labyrinthe d'un Dédale cherchant à échapper au Minotaure de la pauvreté et de l'anonymat.

Suivons donc Freud dans ce labyrinthe thérapeutique. En 1884, il veut être riche et célèbre. Lisons une confidence faite à Martha : il court « après l'argent, après une situation et un nom » (7 janvier 1885). Sa naissance coiffée l'annonçait. Sa mère le lui avait prédit. Une voyante l'avait annoncé. Un poète bateleur avait confirmé la chose dans un café du Prater. Ses lettres à Fliess y reviennent sans cesse : le futur compagnon de Copernic et Darwin dans l'histoire de l'humanité a rencontré Martha Bernays, il aspire à la respectabilité bourgeoise, veut se marier afin d'installer une femme heureuse dans un intérieur confortable, il aspire à une ribambelle d'enfants, il souhaite fonder une famille susceptible de réjouir son épouse à même de s'épanouir et de réaliser son destin de femme au foyer – celui de toute femme sur cette planète selon lui…

La médecine l'ennuie. La recherche ne permet pas de se hisser d'un seul coup au sommet d'une réputation nationale, encore moins mondiale. Pour ce faire, il devrait effectuer une découverte digne de ce nom. L'enseignement à l'université pose problème : attendre son tour dans le jeu des chaises musicales de la promotion, pour un homme pressé, n'est pas digne d'un génie se sachant né pour ça. Son travail dans un laboratoire comme jeune impétrant ne permet pas d'envisager une élévation dans la hiérarchie avant l'élection de plus anciens que lui. Pour l'instant, il ne gagne pas sa vie, il emprunte, contracte des dettes, est l'obligé de tel ou tel généreux donateur, Breuer par exemple, qu'il transforme en ennemi potentiel – à cause, justement, de sa générosité…

Dans cette configuration d'un Freud jeune homme désireux de découvrir rapidement de quoi faire sa place dans la bourgeoisie de Vienne, obsédé par la trouvaille capable de permettre son mariage, le jeune médecin désargenté croit trouver une pierre philosophale avec la cocaïne. Grand lecteur, mais aussi grand cachottier sur ses lectures, Freud a lu dans une revue l'article d'un chirurgien militaire faisant une panacée de cette nouvelle substance dont à l'époque on ignorait tout. On l'administrait aux soldats, et la hiérarchie militaire constatait l'amélioration des performances physiques et mentales de ses troupes ! Freud écrit à sa fiancée : voilà « une aubaine pour pouvoir nous installer »… Dans une autre revue, il découvre un autre texte, il prête à cette substance le pouvoir de libérer de… la morphine ! L'armée qui fournit ses recrues en cocaïne, et une drogue qui dispense de se droguer, voilà en effet deux nouveaux horizons prometteurs !

Freud se procure donc la fameuse poudre, l'essaie, en consomme souvent, régulièrement. Nous sommes en 1884, mais il écrira encore à son ami Fliess dix années plus tard, le 12 juin 1895 pour être précis : « j'ai besoin de beaucoup de cocaïne »… Soit au moins une décennie de cocaïnomanie. Il en propose à sa fiancée, lui prescrit les doses, précise de Paris où le fiancé se trouve qu'elle agit comme un tonique sexuel et qu'il se propose de le lui prouver lors de leurs retrouvailles à Vienne, il en consomme pour se désinhiber avant d'aller aux soirées mondaines données par Charcot, soirées dans lesquelles le jeune médecin rencontre le Tout-Paris.

Nombre de ses comportements, sinon telles ou telles propositions théoriques, certains de ses enthousiasmes, suivis par un total désaveu de ce qu'il aura produit dans la frénésie euphorique de l'effet de la substance, une partie de ses humeurs sinusoïdales, cette fameuse « psychonévrose fort grave » révélée par Ernest Jones lui-même, ses problèmes d'arythmie cardiaque, la disparition de sa libido, ses délires paranoïdes envers ceux qui n'adhèrent pas à la totalité de ses thèses, ses paniques multiples, ses problèmes de cloison nasale, ses catarrhes à répétition, tout ceci n'est vraisemblablement pas sans relation avec cette habitude contractée de bonne heure dans son existence.

Je pose l'hypothèse que ces séries d'enthousiasmes et de dépressions produisent aussi leurs effets théoriques dans sa pensée. Ainsi, probablement, lors de la rédaction de l'*Esquisse d'une psychologie scientifique*. À ce propos, Freud écrit à Fliess le 20 octobre 1895 : « Pendant une nuit de labeur la semaine écoulée, la charge de douleur ayant atteint ce degré qui produit l'état optimal pour mon activité cérébrale, les barrières se sont brusquement levées, les voiles sont tombés, et l'on put tout pénétrer du regard, depuis le détail des névroses jusqu'aux conditions de la conscience. Tout semblait s'emboîter, les rouages s'ajustaient, on avait l'impression que maintenant la chose était vraiment une machine et qu'elle fonctionnerait aussi d'elle-même prochainement. » Puis, le 29 novembre 1895 : « Je ne comprends plus l'état d'esprit dans lequel je me trouvais quand j'ai élucubré la *Psychologie* ; je n'arrive pas à concevoir comment j'ai pu te l'infliger »… En octobre, l'*Esquisse* était géniale, quatre semaines plus tard, elle est bonne à mettre au panier. C'était en juin de cette année que Freud confiait son besoin de cocaïne…

Lors de ses expérimentations, Freud constate que la cocaïne produit sur lui une véritable euphorie : sa mélancolie se volatilise, ses performances physiques et psychiques se trouvent multipliées, sa neurasthénie et ce que l'on nommerait aujourd'hui son état dépressif disparaissent. Dès lors, extrapolant de son cas à la généralité, une méthode appelée chez lui à devenir une habitude, Freud affirme qu'elle guérit les affections névrotiques, soigne les états psychiques défaillants et ce sans accoutumance affirme-t-il péremptoirement contre d'aucuns qui, plus lucides, signalent son effet addictif… Il a trouvé la pierre philosophale avec laquelle les problèmes psychiatriques se trouveront résolus. Il s'en ouvre dans une lettre à Martha : avec cette découverte, il va faire fortune – à tous les sens du terme.

Démarquant à peine les articles lus, Freud pose l'hypothèse présentée comme sienne que la cocaïne sert à se débarrasser de la dépendance à la morphine. Au printemps 1884, il expérimente sur son ami Fleischl-Marxow intoxiqué jadis à la seconde substance pour calmer des douleurs consécutives à une amputation d'un pouce après infection de celui-ci suite à une coupure dans un laboratoire. Le jeune docteur impatient intervient à la Société de psychiatrie et, péremptoire, affirme qu'en vingt jours, il a obtenu d'excellents résultats.

En 1885, Freud rapporte une *première version* des choses dans un article intitulé *Sur la cocaïne*. On peut y lire ceci : « sans hésitation [*sic*], je conseillerai d'administrer la cocaïne par injection ». Puis il confesse avoir pratiqué cette méthode, ce qui a eu pour effet d'améliorer considérablement l'état du patient chez qui la dépendance à la morphine a totalement disparu. Sûr de lui, il assure qu'avec la cocaïne on va enfin pouvoir soigner dépression, mélancolie, hystérie, hypocondrie…

Cinq ans plus tard, dans une *seconde version*, celle de *L'Interprétation du rêve* (1900), Freud ne dit plus du tout la même chose. Car, entre les deux, son ami est mort de la prescription freudienne d'injection sous-cutanée du produit… Freud prétend désormais qu'il avait explicitement interdit l'injection et clairement prescrit l'ingestion ; il parle de son « malheureux ami *qui s'était empoisonné à la cocaïne* [italiques de Freud !]. Je lui avais conseillé l'utilisation par voie interne, oralement, pendant que la morphine lui était retirée ; mais il s'était une fois administré des injections de cocaïne ». Et, plus loin, revenant sur cette affaire : « Comme je l'ai dit, je n'avais jamais songé qu'on pût prendre la drogue par injection »… La confrontation des deux versions permet de juger de la probité du personnage…

Or, lorsqu'il intervient à la Société de psychiatrie, puis quand il rédige son article, Freud sait pertinemment que l'état de son ami empire puisqu'il lui rend visite à l'hôpital et peut se rendre compte par lui-même que la cocaïne ne sevrait pas de la morphine, qu'elle ne supprimait pas les troubles du patient et, pire, qu'elle ajoutait une seconde dépendance à la première. Au quotidien, son ami souffrait de convulsions, d'agitation, d'excentricités, d'insomnies, d'abattement, de délirium, d'hallucinations, de confusion, de détresse, d'envie suicidaire : Freud l'a constaté dans la chambre même du malade, son ami. La preuve ? Des lettres à sa femme dans lesquelles il la tient régulièrement et dans le détail au courant de la dégradation du malade – le 12 mai 1884, il écrit : « avec Fleischl, les choses vont si mal que je ne puis me réjouir d'aucun succès »… Des confidences faites à ses proches et des aveux dispersés dans des correspondances diverses – on comprend qu'elles puissent être inaccessibles aux chercheurs critiques… – confirment ce constat d'échec et la lucidité de Freud sur l'insuccès de sa thérapie. Peu importe, Freud a besoin de transformer ce fiasco en succès : il en va de son *projet originaire* (pour le dire dans le langage sartrien de la psychanalyse existentielle) d'être un grand homme, peu importent les moyens.

Trois ans plus tard, la supercherie découverte, Freud détruit les preuves : l'article *Sur la cocaïne* disparaît de sa bibliographie officielle, celle qu'il envoie, par exemple, aux institutions universitaires pour être admis comme professeur à la faculté – une disparition que ses hagiographes, probablement Freud oublieux de leur lecture de *Psychopathologie de la vie quotidienne*, mettent sur le compte d'un tour joué par son inconscient ! (Notons que la référence de ce texte pourtant signé de Freud est étrangement absente des 1 500 pages du *Dictionnaire des œuvres psychanalytiques* de Paul-Laurent Assoun publié en 2009 et que la publication de l'édition des vingt et un volumes des *Œuvres complètes* commence fort opportunément avec des textes de… 1886 !)

Un psychanalyste fort zélé vole même au secours du maître en expliquant que la disparition de ce texte dans la bibliographie de Freud procédait d'un désir inconscient motivé par un geste d'amitié à l'endroit de son ami mort, car, ce que Freud écartait dans cette affaire, c'était moins la seringue ayant servi aux injections, qu'un substitut au phallus… En « oubliant » *Sur la cocaïne* dans la bibliographie de ses *Œuvres complètes*, Freud n'aurait donc pas voulu, pour rester poli, *sodomiser* son ami – ce que pourtant, d'une certaine manière…

Après l'échec de la cocaïne, Freud ouvre son cabinet privé en 1886. Pendant quatre années, jusqu'en 1890, il pratique l'électrothérapie. La vieille galvanothérapie, la franklinisation, les chocs électriques, l'électrochoc, la secousse voltaïque, tout ce fatras fait partie de l'attirail thérapeutique depuis plus d'un siècle… Dans une lettre à Fliess, Freud signale qu'il pratique « le traitement galvanique » (24 novembre 1887). À l'époque, ce traitement est en vogue. Lui qui a très envie de franchir rapidement les échelons universitaires pour disposer d'un poste en faculte, envisage de publier sur ce sujet. Le matériel coûte cher, un confrère propose de le lui fournir.

Dans sa *Contribution à l'histoire du mouvement psychanalytique*, Freud aborde le sujet mais, par crainte probable du ridicule, transforme cette période peu glorieuse pour son scientisme à deux sous en « thérapie fondée sur la physique » (XII. 251) – voilà qui est plus noble… Pour intégrer cet épisode digne du Professeur Tournesol dans la légende psychanalytique, Freud ajoute qu'il s'aperçut bien vite, évidemment, que « les succès du traitement électrique dans les troubles nerveux étaient des succès de la suggestion » (*ibid.*). Habile lecture rétrospective…

Pourquoi, dès lors, cette légende de la « thérapie électrique » comme révélatrice de l'efficacité suggestive débouchant directement sur la clairière de l'hypnose qui, bien vite, conduira à la psychanalyse en 1896 alors qu'en 1910, Freud semble si peu croire à l'efficacité de sa méthode révolutionnaire qu'il prescrit « une cure par sonde (ou psychrophore) » pour calmer l'onanisme d'un patient ? C'est en effet dans une lettre à Ludwig Binswanger, un praticien qui tâche de marier psychanalyse et phénoménologie, qu'on découvre en effet qu'à cette époque (9 avril 1910, l'année de publication des *Cinq leçons sur la psychanalyse*…) Freud croit à l'efficacité de cette médecine extravagante…

Pourquoi extravagante ? Parce que ces soins s'apparentent aux *folies thérapeutiques* censées soigner les *folies maladives*… Car les médecines de la folie furent longtemps folles et nous regarderons probablement un jour les nôtres avec le même regard amusé que celui avec lequel nous envisageons aujourd'hui les émétiques et les saignées de Diafoirus ! La technique à laquelle Freud soumet un patient en 1910 ne laisse pas d'étonner. De plus, elle permet de douter de la validité de la psychanalyse : car Freud a écrit *La Méthode psychanalytique de Freud* en 1904, *De la psychothérapie* en 1905, *Perspective d'avenir de la thérapeutique analytique* en 1910 et, la même année, *À propos de la psychanalyse dite « sauvage »* pour détailler le rituel de la séance, du divan, des honoraires, de la libre association, mais, ce vers quoi il dirige J.v.T. (les initiales du patient névrotique de Binswanger), c'est un sondage de l'urètre avec un cathéter creux dans lequel circule de l'eau froide… Voilà donc, en 1910, les soins auxquels l'inventeur de la psychanalyse théoriquement parachevée destine un malade souffrant d'une « dépression mélancolique » dont la pathologie la plus grave consiste à se masturber souvent !

Selon la légende dorée de la psychanalyse, l'électrothérapie laisse place à l'hypnose : Freud ayant constaté le fort pouvoir guérisseur de la suggestion dans la thérapie galvanique, il se dirige donc d'un pas sûr vers sa découverte. Ainsi, l'hypnose fait partie du moment nécessaire dans ce mouvement prétendument scientifique de la découverte de la nouvelle discipline. L'hypnose, on le sait, c'est donc Jean-Martin Charcot, puis Josef Breuer.

Les historiens de la médecine soulignent l'existence de maladies qui brillent un temps, puis disparaissent. Certes, certaines se trouvent franchement éradiquées par un médicament, une substance, mais l'hystérie, par exemple, a disparu de la nosologie contemporaine sans que la médecine ait clairement trouvé un remède ou une prophylaxie adéquats. Le XIXe siècle fut le temps béni de l'hystérie et des hystériques, mais plus personne aujourd'hui n'utilise ce concept passé d'ailleurs dans le vocabulaire courant pour désigner tout et n'importe quoi

– d'une femme inquiétante par sa féminité exacerbée à une extravagance comportementale en passant par une altérité cocasse.

Pour expliquer la disparition du mot, des historiens de la médecine avancent l'idée que la chose se trouve mieux définie : nombre d'hystériques ayant fait les beaux jours des théâtralisations de la Salpêtrière seraient aujourd'hui clairement étiquetés sous des pathologies devenues visibles et identifiables grâce à l'existence d'un matériel d'investigation perfectionné permettant un diagnostic précis : des épilepsies neuronales en l'occurrence, des lésions microscopiques de l'encéphale, des atteintes de la matière nerveuse ; et ces lectures scientifiques invalide-raient les lectures magiques.

Le grand théâtre hystérique a besoin de spectateurs, en témoignent la présence de photographes afin de fixer pour l'éternité une séance de Charcot et tirer le portrait des convulsives ou immortaliser aux sels d'argent les corps cataleptiques ou catatoniques, celle des mondains du moment, la figure du maître comme athanor de ces pulsions plastiques. On y voit aussi un peintre, André Brouillet, réaliser une œuvre appelée à devenir célèbre : *Une leçon de médecine avec le Dr Charcot à la Salpêtrière* (1887). La peinture est devenue l'icône de ce moment historique dans l'histoire de la psychiatrie.

Entre le 13 octobre 1885 et le 28 février 1886, Freud fut donc l'un de ces spectateurs fascinés par ce théâtre d'hystériques dans lequel le professeur Charcot a officié de 1862 à 1893, soit plus de trente années, comme un demi-dieu décidant du vouloir des patients par des gestes, des incantations, un verbe, une scénographie de son propre corps magnétisant l'assemblée. En juillet 1912, Ludwig Binswanger écrit une lettre à Freud pour signaler à son correspondant qu'il est frappé par son « énorme volonté de puissance, plus exactement de maîtrise des hommes » (29 juin 1912). Il poursuit : « Une preuve en est que vous ayez d'abord voulu étudier le droit et que les ministres jouent un si grand rôle chez vous. Cela me semble significatif. Vous êtes un maître-né et avoir orienté cet instinct de maîtrise vers la maîtrise psychique des hommes a été une sublimation exceptionnellement réussie. N'est-il pas vrai que dans toute votre œuvre scientifique cette pulsion de maîtrise de l'humanité est à l'œuvre ? Combien cette pulsion est en relation avec votre complexe paternel apparaît d'ailleurs clairement dans *L'Interprétation du rêve* » (4 juillet 1912). Que répond Freud à cette déclaration ? Qu'il est d'accord ! *Maîtriser psychiquement les hommes*, puis, plus tard, *maîtriser l'humanité* ? Freud ne voit pas d'objection : il acquiesce à ce bon diagnostic…

L'hypnose, c'est donc la solution. Être l'équivalent de Charcot à Vienne ? Voilà l'issue de cette interminable attente d'une réputation qui tarde. De retour en Autriche, Freud propose donc au maître de la Salpêtrière de traduire son œuvre. Sans en référer à l'auteur, il rédige des notes en bas de page. Lors de la parution du livre, Charcot lui envoie une lettre pour le féliciter de ces ajouts. Construisant sa légende, au mépris de ce qui eut vraiment lieu, Freud écrira que Charcot prit mal cette licence – le sculpteur de sa propre statue continuait donc d'affirmer que, si maître il y eut, le disciple ne fut pas docile, servile, soumis et qu'il manifesta son autonomie, son indépendance intellectuelle, son esprit critique.

Fin 1887, *tout en continuant l'électrothérapie*, Freud met son cabinet à l'heure de l'hypnose. Le 28 décembre 1887, il écrit à Fliess : « Je me suis mis à l'hypnose et je suis parvenu à toutes sortes de succès, petits mais remarquables. » On aimerait savoir ce que furent ces petits succès qui, malgré leur modestie, sont remarquables ! En revanche, on apprend ceci : « J'ai en ce moment, allongée devant moi, une dame sous hypnose et je puis donc tranquillement continuer à écrire »… On verra plus tard combien ce que Freud nomme l'« attention flottante » du psychanalyste dans la cure permet en effet ce genre de pratique. Depuis, on sait que Freud dormait parfois lors de séances payées fort cher – mais puisque seuls les inconscients communiquent lors de ce genre de séances, la psychanalyse n'y voit pas matière à reproche.

Cependant Freud ne parvient pas à endormir facilement les patients même si, comme il l'écrit à Fliess, le nom de Charcot contribue à remplir son cabinet (4 février 1888) ! Comme certains clients résistent, et que le ridicule couvre l'hypnotiseur dont les chalands ne parviennent pas à entrer dans l'état idoine, malgré les gestes, les mots et les incantations, et après avoir payé la séance en monnaie sonnante et trébuchante, le psychanalyste renonce à cette méthode. Et, pour les bonnes raisons du renard de La Fontaine, Freud, trouvant décidément ces raisins trop verts, écrit dans *De la psychanalyse* qu'il renonce à l'hypnose à cause de son caractère « mystique » (19)… L'honneur du scientifique adepte des passes somnambuliques est sauf !

La cocaïne en 1884-1885, l'électrothérapie entre 1886-1890, la balnéothérapie dans le même temps, mais sur une très courte durée parce qu'elle n'est pas assez rentable ; en effet, car « envoyer quelqu'un dans un établissement d'hydrothérapie après une unique consultation n'était pas une source de revenus suffisante » (*Autopré-*

sentation, XVII. 63), l'hypnose de 1887 à 1892, la psychrophorie jusqu'en 1910 (!), laissent donc place à la technique de l'imposition des mains sur le front, une mise en scène empruntée à Bernheim.

L'hypnotiseur français Hippolyte Bernheim travaille à Nancy. Charcot enseigne que l'hypnose fonctionne avec les seuls hystériques – l'avenir lui donnera raison… Bernheim affirme pour sa part que tout est affaire de suggestion, tout le monde peut donc s'y prêter avec succès. Une thèse intéressante pour le Freud mauvais hypnotiseur. Il rend visite au Nancéien en 1889… Après Charcot, il traduit donc son rival et donne une édition du principal ouvrage de l'adversaire de son Dieu parisien : *De la suggestion et de ses applications à la thérapeutique.* Plutôt deux fers au feu qu'aucun…

Dans ses *Études sur l'hystérie*, Freud rapporte sa pratique de l'imposition des mains. Pour soigner une hystérique, il préconise donc un… *massage de l'utérus.* Freud se contente de théoriser, puis il invite un praticien à effectuer le geste et affirme triomphalement à propos de la santé mentale de la patiente : « un de nos gynécologues les plus en vue, qui par massage lui redressa l'utérus, si bien qu'elle demeura plusieurs mois exempte de tous maux » (III. 95). En 1893, Freud fait donc masser les utérus pour les remettre en place et supprimer les symptômes hystériques… Rappelons que toutes les bonnes encyclopédies rapportent que le mot psychanalyse date de 1896, mais le passage consacré à l'analyse de ce cas parle déjà, en 1893, d'une patiente « allongée sur le divan » (II. 98) – convenons de la possibilité de parler, avant le mot, de la chose psychanalytique.

Rapportant le cas d'une patiente, Miss Lucy R., Freud explique que, pour aller au-delà des résistances des personnes allongées sur un divan, ou pour faire face à la situation d'échec dans laquelle il se trouve quand, approchant un doigt des yeux du malade, il annonce qu'il va dormir… et ne dort pas, il ajoute donc cette technique du corps, ce passage à l'acte physique avec contact et pour unique objectif de « les obliger à communiquer » (II. 129).

Quand il sollicite un patient réticent à donner des informations sur sa pathologie, il agit comme ceci : « Je posais les mains sur le front du malade ou prenais sa tête entre mes deux mains et disais : "Cela va vous venir à l'idée maintenant sous la pression de la main. À l'instant où j'arrêterai la pression, vous verrez quelque chose devant vous ou quelque chose vous passera par la tête, une idée qui vous viendra, et cela, vous l'attrapez. C'est cela que nous cherchons" » (II. 129). Résultat ? Succès garanti – selon Freud bien sûr…

En 1909, dans *De la psychanalyse*, Freud explique à nouveau son procédé comme il l'avait fait dans ses *Études sur l'hystérie*, notamment dans le chapitre intitulé « Sur la psychothérapie de l'hystérie » (II. 293) : allonger le patient sur un divan, l'inviter à la décontraction, le solliciter verbalement, annoncer qu'au moment de la pression relâchée des mains un souvenir surgira. Dès lors, par l'avènement du souvenir caché, le patient enregistre la disparition du symptôme et le psychanalyste parvient à une guérison systématique…

Ainsi, nul besoin de parvenir à hypnotiser réellement, une performance dans laquelle Freud n'excellait pas vraiment, on l'a vu : cette nouvelle technique qui ajoute la main sur le front à la vieille pratique hypnotique permet au psychanalyste de ne pas perdre la face puisque l'impossibilité d'hypnotiser chaque fois se trouve mise sur le compte, non pas de l'incapacité de l'analyste ou de son incompétence, mais sur celui du patient qui manifeste une résistance ! Freud n'est pas doué pour endormir ses patients ? La faute en incombe à l'inconscient du patient qui résiste, mais jamais à lui...

Après ce voyage dans le labyrinthe thérapeutique de Freud, du miracle de la cocaïne (1884) à l'abandon de la méthode hypnotique pourtant vantée comme performante, en passant par le dépassement du moment de l'imposition des mains (1888) qui, dixit Freud, soignait et guérissait, sans oublier, dans les cas d'onanisme, les prescriptions d'intromission d'une sonde urétrale (1910) avec laquelle on obtenait d'excellents résultats, on mesure l'errance de Freud entre l'âge de vingt-huit et cinquante-quatre ans – soit *un quart de siècle de consultations dans son cabinet*...

Lisons donc avec une réelle stupéfaction cette phrase extraite de *Contribution à l'histoire du mouvement psychanalytique* (1914) qui montre un Freud modeste, écrivant que de 1902, date du début des réunions de la Société psychologique du mercredi, jusqu'en 1907, présentée comme la date de la certitude théorique dans sa pensée, il doutait de lui : « Moi-même je n'osai pas exposer une technique encore inaccomplie et une théorie se trouvant en constante mouvance avec cette autorité qui eût vraiment évité aux autres de faire maintes fois fausse route et finalement de s'égarer » (XII. 268).

Evitons de lire *Sur la cocaïne*, les *Essais sur l'hystérie*, ou bien encore *De la psychanalyse*, sinon les correspondances dans lesquelles Freud n'a jamais douté de l'excellence de sa méthode au moment où il s'était entiché de l'une plutôt que d'une autre, pour imaginer qu'il n'a jamais été péremptoire, sûr de lui, annonçant qu'il disposait de la pierre philosophale à même de soigner et de guérir les pathologies mentales ! Nul souci, pendant ces deux décennies, d'insister sur le caractère « inaccompli » de son travail, sur le devenir instable de sa pensée, sur sa nature incertaine et sur sa « constante mouvance » de sa doctrine – et, pire, de ses thérapies...

Où se trouve donc le vrai Freud ? Est-ce le vendeur de cocaïne décrétée substance à tout faire en 1885 ? Ou le promoteur de l'électrothérapie de 1886-1887 ? Sinon le prescripteur des bains et massages hydrothérapiques pendant la même époque ? À moins qu'il ne s'agisse du marchand de rêve hypnotique de 1888 ? Auquel il faudrait ajouter le toucheur de front ? Que faire alors de l'ordonnance avec sonde urétrale et giclées d'eau froide dans la verge de l'année 1910 ?

L'écriture de la légende, à l'aide des textes autobiographiques dont c'est si souvent la fonction, *Contribution à l'histoire du mouvement psychanalytique* (1914) et l'*Autoprésentation* (1925), met bon ordre à ce capharnaüm avec la fiction d'une découverte linéaire, chaque moment erratique étant présenté comme préparant l'accès au saint des saints : la psychanalyse devenue icône parfaite et intouchable. Dans cette configuration de réécriture de l'histoire : exit le moment cocaïnomane ; l'électrothérapie apprend à Freud que l'effet de cette thérapie se trouve dans la *suggestion* ; pas un mot sur le recours au psychrophore dont le mot même est introuvable dans l'œuvre complète – heureusement que les correspondances parlent, d'où l'intérêt pour les thuriféraires de les contrôler, de les détruire ou d'en interdire l'accès ; silence sur les balnéothérapies et autres billevesées thermales – pratiquées si longtemps par Freud en compagnie de sa belle-sœur ; de même, l'imposition des mains supplée l'incapacité à hypnotiser véritablement, mais ses ratages lui font découvrir la *résistance*, concept majeur de la psychanalyse pour tâcher d'expliquer psychanalytiquement ses limites…

Un individu qui, dans son cabinet, se réclamerait aujourd'hui de l'électricité, du magnétisme, de la cocaïne, de la sonde urétrale, de l'hypnose, de l'haptonomie comme on dit désormais, du thermalisme pour soigner, guérir, trouverait sans difficulté des pages et des analyses dans l'œuvre complète de Freud (entre 1884 et 1910, ce qui n'est pas une petite amplitude chronologique, un quart de siècle, je le rappelle…) pour justifier toutes ces pratiques contradictoires, hétérogènes dont l'efficacité dans certains cas ne s'expliquerait que par l'effet placebo – comme pour la psychanalyse, on le verra.

Dans cette cour des miracles de la thérapie freudienne, faisons une place à un texte absent de l'édition des *Œuvres complètes*. Ce mémoire se lit dans le cadre de la publication d'une correspondance avec Wilhelm Fliess, puisque ce fut un manuscrit envoyé à son ami sans perspective éditoriale. Cette *Esquisse d'une psychologie scientifique* date de 1895, elle entre dans l'errance freudienne, entre la méthode d'association libre de 1892 et le psychrophore de 1910. Nous avons déjà vu combien ce texte devait, dans son surgissement euphorique, puis dans son rejet total un mois plus tard, aux probables effets de la grosse consommation de cocaïne de son auteur.

Mais ces pages méritent un regard attentif, car le neurologue qui va vers la thérapie des maladies mentales par désir de gagner sa vie vite et bien, l'opportuniste désireux d'obtenir le même succès mondain et matériel que

Charcot avec l'hypnose, le théoricien fumeux de l'étiologie sexuelle des pathologies mentales qui parle d'hystérie
masculine et se faire rire au nez par l'institution, cet
homme-là, donc, n'a pas totalement renoncé aux *tentations du performatif autobiographique* constitutif du socle
de sa méthode.

Avec l'*Esquisse d'une psychologie scientifique*, Freud
propose en effet comme son titre l'indique… une *psychologie scientifique*, autrement dit, le contraire de la *psychologie littéraire* définissant son œuvre, sa pensée et sa
démarche. Ce texte illustre bien l'ambivalence de Freud
(je le montrerai plus loin dans « Comment tourner le dos
au corps ? ») et sa longue hésitation entre *déni du corps*,
oubli du corps, sinon mépris du corps, la position qui
triomphera, et *souci du corps*, la position refoulée.

Car cette *Esquisse* (1895) et, quarante-deux ans plus
tard, les considérations sur la possibilité que la chimie
rende un jour la psychanalyse caduque consignées dans
L'Analyse avec fin et l'analyse sans fin (1937) défendent
une même position. Comme un pont sur l'ensemble de
l'œuvre, elles prouvent l'existence d'un Freud scientifique, vraiment scientifique, qui ne disserte plus sur des
topiques atopiques, sur des métaphores et des métony-
mies revendiquées comme telles, mais qui réfléchit sur
des quantités d'énergie physiques, l'économie des forces
nerveuses, les productions neuronales, les vitalités biologiques.

Nous sommes loin – et pourtant c'est la même année,
1895 – des *Études sur l'hystérie* dans lesquelles Freud, on
s'en souvient, prônait l'idée d'une hypnose avec imposition des mains pour soigner, et « guérir », les psychopathologies. Dans ce texte évincé des *Œuvres complètes* et
longtemps inaccessible, il s'agit de comprendre les méca-

nismes du refoulement à partir des neurones. Certes, on retrouve le tropisme freudien du péremptoire, de l'affirmation gratuite posée sans preuves, sans démonstrations, sans travaux de laboratoire validant ses hypothèses, dans cette vérité assenée sur le mode assertorique de l'existence de trois types de neurones caractérisés par trois lettres de l'alphabet grec : « phi », « psy » et « oméga », autrement dit, les neurones qui *réceptionnent* les stimuli, les *transmettent* et les *font affluer à la conscience*.

Ces neurones, distincts bien qu'ayant une même structure, entretiennent des relations économiques, autrement dit de gestion des flux nerveux : investissements quantitatifs, transferts de qualités, stimulation d'énergie, interactions excitantes, conjonctions de quantités, processus d'éconduction, décharge de tensions psychiques, et autres modalités d'agencements. Nous sommes loin des hypothèses de meurtre du père et de horde primitive, sinon de complexe d'Œdipe, archétypiques transmis par une immatérielle biologie des psychés. On découvre ici un Freud errant, essayant une hypothèse scientifique, physique, s'emballant pour elle, la trouvant révolutionnaire avant, très vite, de s'étonner d'avoir pu s'enthousiasmer pour ce qui ne lui semble plus d'aucun intérêt. Cette tentation scientifique ne le quittera jamais, elle sous-tendra toute son existence ses analyses métapsychologiques.

Certes, l'épistémologie d'un Gaston Bachelard ferait peut-être ses choux gras de cette *Esquisse* à même d'illustrer les mécanismes de l'obstacle épistémologique scientiste : avec sa quantité d'énergie nommée « Q » (en allemand, aucun jeu de mots n'est possible…), ses aventures de l'énergie psychique (excitation, substitution, conversion, décharge) susceptibles de rendre compte des

états psychiques, son recours à l'habillage de formula-
tions apparemment scientifiques (trois neurones baptisés
en grec, les états libres et liés de la qualité, les processus
primaires et secondaires, les tendances du système nerveux au compromis, les règles biologiques de l'attention
et de la différence, les indices de qualité, de réalité et de
pensée, etc.), Freud pourrait bien, tout en revendiquant
le vocabulaire scientifique, se retrouver dans le préscientifique à caractère littéraire…

Mais ce moment scientiste dans l'économie de la pensée freudienne vaut symptôme de son ambivalence :
Freud le philosophe jadis tenté par la philosophie, mais
déçu par la discipline, devenu thuriféraire de mauvaise
foi d'une activité considérée comme incapable d'apporter dans les meilleurs délais fortune et réputation, ses
objectifs monomaniaques ; Freud lecteur et amateur des
hypothèses philosophiques refoulées de Schopenhauer et
de Nietzsche sur une biologie métaphysique de l'univers
– voir le *vouloir* du premier et la *volonté vers la puissance*
du second ; Freud récusant toute vision globale du
monde chère, selon lui, aux philosophes, et revendiquant
la patiente expérimentation du scientifique, tout en proposant sa propre vision du monde globale et générale ;
Freud se réclamant de Copernic et Darwin, et nullement
des auteurs du *Monde comme volonté et comme représentation* ou d'*Ainsi parlait Zarathoustra*, mais pensant
comme les philosophes plus que comme l'astronome ou
le naturaliste ; ce Freud-là, donc, manifeste avec cette
Esquisse surgie de son être, poussée par la force de la
cocaïne, un désir refoulé : partir de la matière du monde
pour le comprendre.

Mais toute sa carrière durant, il refoulera cette matière
du monde pour lui préférer la matière d'un autre monde

– celui de ses rêves et de ses songes, de ses désirs et de ses fantasmes. La cocaïne a probablement eu raison, un bref temps, de ses inhibitions. Ce manuscrit sans titre envoyé à son ami, puis longtemps perdu, avant d'être retrouvé dans la correspondance, a connu une étonnante odyssée : vendu à un libraire par la veuve de Fliess après la mort de son mari, repéré par son amie Marie Bonaparte à qui Freud en demande la disparition (il avait pour sa part détruit les lettres reçues de Fliess), acheté tout de même par elle, déposé à la banque Rothschild après l'entrée des nazis dans Vienne, sauvé de la Gestapo et déposé à la légation du Danemark, traversant la Manche enveloppé dans un tissu imperméable, le texte finira par paraître en 1950 à Londres – et six années plus tard à Paris. On entend dans ces pages la voix qui parle dans *Au-delà du principe de plaisir*, un texte dans lequel le corps réapparaît un peu, bien que noyé dans un océan conceptuel – mais cet océan conceptuel semble plus consistant que l'océan de brumes qui enveloppe tant d'autres de ses ouvrages.

II

La chasse aux pères pervers

> Sur l'étiologie sexuelle des névroses par le père :
>
> «Malheureusement mon propre père a été l'un de ces pervers. »
>
> FREUD, lettres à Fliess, 8 février 1897.

Freud erre donc sur le terrain de la thérapie. Mais également sur celui de l'étiologie sexuelle des névroses. Ainsi, la *théorie de la séduction* montre un homme certain de sa doctrine en vertu de laquelle les pères abusent de leurs enfants, ce qui provoque le trauma de tout névrosé venant le consulter, avant qu'il n'effectue un repli en rase campagne, non sans difficultés, par incapacité à avouer son erreur. Dans cette seule affaire, Freud aura erré longtemps et, plus grave, causé plus d'un dégât dans des familles et auprès de personnes évidemment déjà très fragiles.

Travaillé par des pulsions incestueuses, Freud voit de l'inceste partout. De sorte qu'il élabore une théorie de l'origine traumatique des psychopathologies à partir d'une source unique : l'abus de ses progénitures par le géniteur : l'abus d'une petite fille par son père. Cette

ardeur à transformer le père en monstre et à vouloir vérifier cette hypothèse personnelle dans tous les cas qu'il lui
est donné d'examiner le conduit sur la voie dangereuse
d'une universalisation de sa maxime obsessionnelle. Cette
théorie dite de la séduction fut également un nouvel échec
sur le terrain de la psychothérapie – un de plus.

Freud affirme donc qu'à l'origine de toute pathologie
se trouve toujours un abus sexuel du père sur son enfant
dans ses plus jeunes années. Des preuves ? Aucune. La
chose est posée a priori comme une vérité absolue, elle
se donne telle une parole d'évangile. Freud opère à
l'inverse des scientifiques qui émettent une hypothèse et
tâchent de la vérifier en multipliant les expérimentations.
Il croit une chose, elle devient illico une vérité, dès lors il
n'a de cesse de la retrouver partout chez les autres, pour
ce faire il projette sa monomanie sur tout ce qu'il appréhende intellectuellement.

La généalogie de cette effrayante théorie de la séduction se trouve, comme souvent, dans une lettre à Fliess
(8 février 1897) consacrée à l'étiologie sexuelle des
névroses. Son père vient de mourir seize semaines plus
tôt, le 23 octobre 1896. Freud, qui a passé sa vie à vouloir la mort du père, coupable d'empêcher l'accès au lit
de la mère, pourrait déclarer une trêve puisque son géniteur disparu lui laisse la voie libre pour accéder à sa mère
enfin veuve… Mais non. Il lui faut tuer encore le cadavre
et s'acharner sur le corps en décomposition du père.

Lisons : « Malheureusement mon propre père a été
l'un de ces pervers et a été responsable de l'hystérie de
mon frère (dont les états correspondent tous à une identification) et de celle de quelques-unes de mes plus jeunes
sœurs. La fréquence de cette relation me donne souvent
à penser. » On frémit à la lecture de cette dénonciation

calomnieuse, de cet outrage au mort transformant sans preuve son père en violeur de l'un de ses fils et de quelques-unes de ses quatre filles ! Combien de victimes de la sexualité perverse de Jakob Freud dans la famille sans que la mère en dise rien ou s'en rende compte ? Freud ne le dira pas, la mère ne saurait disposer d'une responsabilité dans ce procès à charge du seul père…

À ce fantasme rapporté dans une lettre, Freud ajoute un rêve concernant sa fille Mathilde. Un *fantasme* et un *rêve*, voilà de bien maigres preuves pour une théorie si lourde qui engage l'humanité sur la voie d'un universel inceste commis par les pères sur leurs enfants ! Ce fameux rêve incestueux, souvenons-nous, dans lequel le père avoue avoir eu des « sentiments exagérément tendres » (31 mai 1897) pour sa fille lui permet d'extrapoler : nullement dérangé par le contenu sexuellement consanguin de ce songe, l'analyste y voit la preuve de la validité de son hypothèse selon laquelle les pères abusent du corps de leurs enfants…

Résumons : Freud confesse donc un *souhait* plus qu'il ne présente le résultat de recherches menées selon une méthode scientifique avec vérifications multiples et répétées des hypothèses par un processus susceptible d'être reproduit ; mais, malgré l'extrême fragilité épistémologique d'un souhait, Freud affirme que ce simple vœu œdipien assure la disparition de ses doutes sans s'interroger une seule seconde sur le fait que ce qui a eu raison si facilement de ses doutes… c'est un souhait, autrement dit : son désir d'avoir raison…

Freud théorise la question de l'abus sexuel des enfants par leur père dans *Sur l'étiologie de l'hystérie* (1896). Il prend soin de préciser qu'il n'évolue pas sur le terrain de l'hypothèse, de l'avis péremptoire, de la fantaisie théorique, mais qu'il a travaillé sur dix-huit cas et obtenu ses certitudes après examens cliniques, observations de patients, analyses concrètes. «Je pose donc l'affirmation [*sic*] qu'à la base de chaque cas d'hystérie, se trouvent – reproductibles par le travail analytique, malgré l'intervalle de temps embrassant des décennies – un ou plusieurs vécus d'expérience sexuelle prématurée, qui appartiennent à la jeunesse la plus précoce. Je tiens ceci pour un dévoilement important, pour la découverte d'une source du Nil de la neuropathologie» (III. 162). Apprécions au passage que Freud *pose l'affirmation que*, alors qu'il lui suffirait de préciser qu'il est *parvenu à la conclusion que*, mais voilà, le cheminement n'est pas vraiment le même... Qui parlait de ce genre d'accidents comme de voies d'accès à l'inconscient de leurs auteurs ?

Le temps qu'il souscrive à cette théorie, Sigmund Freud soigne en conséquence... Dans son cabinet, en 1897, il se sert donc de ce fantasme du père séducteur pour régler les problèmes de ses patients ! Toujours obsédé par la reconnaissance, la célébrité et l'argent, il écrit à Fliess que cette découverte va lui valoir «la contemplation d'un renom éternel»... Depuis dix années qu'il attendait ce moment, il ne cache pas sa joie.

Or une lecture attentive des lettres à Fliess permet de voir que les dix-huit cas revendiqués pour asseoir et confirmer cette théorie n'existent que dans l'esprit de Freud. Car: deux mois après avoir présenté ses thèses *Sur l'étiologie de l'hystérie* à la Société neurologique de Vienne, il écrit à Fliess (4 avril 1897) qu'il déplore n'avoir pas un seul nouveau cas ! Pire: il n'a réussi à terminer aucune cure en cours. Comment aurait-il pu dès lors disposer en consultation de dix-huit cas sur ce seul et unique sujet – l'hystérie ? Un mois plus tard il rapporte une fois encore n'être pas parvenu a mener à bien une seule thérapie auprès de ses patients. Même remarque dans une lettre de janvier 1897. Idem en mars. Donc Freud ment sur ces dix-huit cas : ils n'ont jamais existé et relèvent du mensonge destiné à faire accroire au sérieux scientifique de sa thèse fantasque qui procède de sa propre psychopathologie, du moins de ses fantaisies existentielles et autobiographiques.

À Fliess, Freud raconte l'histoire d'une patiente : une femme vient le consulter, elle souffre de difficultés d'élocution, elle a développé un eczéma tout autour de la bouche, on note également des lésions aux commissures des lèvres, la nuit, sa bouche s'emplit de salive. Diagnostic ? Son père l'a contrainte à une fellation à l'âge de douze ans, ce souvenir a été enfoui et travaille sa psyché. En conséquence, le refoulement cause cette pathologie. « *Habemus papam !* » (3 janvier 1897) s'écrie Freud content de lui et de sa trouvaille… Quelles preuves ? Aucune. Son envie qu'il en soit ainsi, rien d'autre…

Freud donne son interprétation tout de go. La jeune femme y souscrit d'abord puis, on appréciera la formulation : « elle commit la bêtise de demander des comptes au vieux lui-même » ! Bêtise, en effet, que de vouloir confronter les hypothèses fantasmatiques d'un thérapeute à la réalité, à la vérité historique qui, pour la patiente, implique son propre père ! Devant cette incroyable accusation transformant un père en violeur de sa fille, Freud analyse la protestation d'innocence de l'homme injustement accusé : il nie ? C'est donc vrai… De même, la patiente refuse cette hypothèse ? Le refoulement aidant, voilà bien la preuve de la vérité…

Car l'alternative est simple : soit on avoue, et l'on

confirme la vérité; soit on refuse, et l'on confirme plus et mieux encore, puisqu'on manifeste de la sorte la puissance du refoulement, cause de la pathologie. Dans les deux cas, Freud triomphe. Il écrit en effet, devant le déni du père et la rébellion de la fille : « Je l'ai menacée de la renvoyer et je me suis convaincu [*sic*] qu'elle a déjà acquis une grande part de certitude qu'elle ne veut pas reconnaître »... La sagesse populaire dit pour qualifier ce genre de bonneteau dans lequel on gagne à tous les coups : « Pile je gagne, face tu perds »...

Autre cas présenté à son correspondant berlinois le 22 décembre 1896 : un patient confesse son horreur de se raser doublée d'une incapacité à boire de la bière. Normal : l'enfant a dû assister à une scène au cours de laquelle la bonne s'est assise les fesses nues (« *podice nudo* », écrit-il en latin comme chaque fois que sa propre déraison s'emballe : souvenons-nous du *pater* violeur ou de la *matrem* nue...) dans un bol à raser peu profond rempli de bière « pour se faire ensuite lécher » ! Situation très probable, en effet, et certainement à l'origine de la pathologie en question !

Le même mois de cette même année, Freud soigne une femme souffrant de maux de tête. Élémentaire : son frère endure lui aussi les mêmes maux et raconte qu'à douze ans il léchait les pieds de ses sœurs le soir quand elles se déshabillaient. Migraine du frère, migraine de la sœur, mais pourquoi ce transfert de pathologie ? Explication : « lui est venu dans l'inconscient le souvenir d'une scène où elle regarde (à quatre ans) papa, en pleine ivresse sexuelle, lécher les pieds d'une nourrice. C'était ainsi qu'elle avait deviné [*sic*] que le goût particulier du fils venait du père. Que celui-ci avait donc [*sic*] été aussi le séducteur du fils. Maintenant elle pouvait s'identifier à

lui et prendre ses maux de tête à son propre compte »
– CQFD…

Ce genre de parole autorisée d'un thérapeute qui renvoie les malades chez eux avec le diagnostic que l'hétéro-
généité de leurs maux – eczéma, bégaiements, migraines,
inhibitions, phobies – relève d'une seule et même cause,
un traumatisme infantile dû à un abus sexuel qui implique
leur père, ne peut rester sans effets concrets dans le réel le
plus trivial : les enfants s'ouvrent à leurs parents de cette
assertion venue d'un médecin ayant pignon sur rue, et les
pères insultés ne peuvent tolérer bien longtemps ce genre
de grave mise en cause de leur intégrité morale.

À l'évidence, ces fictions dangereuses sorties du cabinet du Dr Freud affectent les relations entretenues par
les enfants avec leurs pères. Dès lors, on imagine mal la
constitution d'une clientèle durable avec ce genre d'exercice consistant à ramener toute pathologie au viol du
père dans l'enfance… À Vienne, on ne saurait tenir longtemps boutique en délivrant chaque fois pareilles pro-
phéties destructrices d'êtres que le thérapeute est censé
aider à se reconstruire ! Le tropisme parricide de Freud y
trouve son compte, on n'en doute pas, mais la clientèle se
maintient difficilement avec semblables délires. La déraison freudienne trouve ici ses limites.

Freud va donc renoncer à cette théorie-là, comme il a
renoncé à la panacée de la cocaïne, à l'excellence de
l'électrothérapie, à la pertinence de la balnéothérapie,
aux résultats formidables de l'hypnose, y compris dans
sa formule haptonomique, avant, plus tard, de renoncer
également à l'intromission des sondes dans l'urètre des
onanistes pour les guérir de cette fâcheuse psychopathologie qu'est tout bonnement… la masturbation ! Le cabi-

net menaçait de se vider de sa clientèle, la théorie justifie donc une nouvelle fois l'abandon de ce qui se présentait comme une technique de soin imparable. Fin de la théorie de la séduction…

La chose est annoncée sobrement dans une lettre à Fliess, bien sûr : « Je vais te confier le grand secret qui, au cours des derniers mois, s'est lentement fait jour en moi. Je ne crois plus à mes *neurotica* » (21 septembre 1897) – comme toujours, le latin signale la gravité… Suit alors une explication bien dans l'esprit du personnage qui lui permet d'aller de la découverte des sources du Nil à même de lui assurer une reconnaissance éternelle au reniement pur et simple, sans condition…

Première raison : Freud précise qu'avec cette méthode, il ne put jamais mener à bien aucune thérapie ! Si l'on en croit sa correspondance avec l'ami Fliess, il n'aurait donc adossé sa théorie qu'à trois cas : l'eczémateuse à la fellation, le barbu aux fesses dans la bière, la migraineuse aux doigts de pied léchés. Des patients qu'il aurait même été incapable de guérir avec sa méthode pourtant présentée à son correspondant comme révolutionnaire. Dix-huit cas ? Sourions, ce chiffre fantasque masque la fantaisie sous des allures de scientificité…

Rappelons qu'il avait écrit dans *Sur l'étiologie de l'hystérie* : « La mise en relief du facteur sexuel dans l'étiologie de l'hystérie n'est issue, du moins chez moi, d'aucune opinion préconçue. […] Seules les investigations de détail les plus laborieuses m'ont converti, à vrai dire lentement, à l'opinion que je soutiens aujourd'hui. Si vous soumettez au plus sévère examen mon affirmation que même l'étiologie de l'hystérie résiderait dans la vie sexuelle, elle s'avère soutenable si j'indique que j'ai pu, dans quelque dix-huit cas d'hystérie, reconnaître cette corrélation pour chacun des symptômes et, là où les circonstances le permettaient, la confirmer par un succès thérapeutique » (III. 158). Voilà ce qui fut proféré le 21 avril 1896 dans la conférence à l'Association pour la psychiatrie et la neurologie où, selon son propre aveu, l'assemblée a réservé un accueil glacial à cette théorie. Lisons avec un œil amusé cette confidence consignée dans *Psychopathologie de la vie quotidienne* : « Il faut peut-être voir une conséquence de mes recherches psychanalytiques dans le fait que je suis devenu presque incapable de mentir » (237) – tout est dans le *presque*…

Deuxième raison : « La fuite des personnes qui pendant un certain temps avaient été les mieux accrochées. » N'épiloguons pas sur ce sujet : c'était faire preuve de naïveté que de croire à la fidélité d'une clientèle après avoir annoncé aux patients que leurs problèmes relevaient de viols infligés par leurs pères dans leur enfance !

Comment réagir face à tous ces doutes ? Freud répond : « Je dois reconnaître en eux le résultat d'un travail intellectuel honnête et vigoureux, et je dois être fier, après avoir ainsi approfondi le problème, d'être encore capable d'une telle critique. » Puis plus loin : « Ce qui est curieux aussi, c'est l'absence de tout sentiment de honte, là où il pourrait pourtant avoir sa raison d'être. » Mais encore : « J'ai à vrai dire plus le sentiment d'une victoire que celui d'une défaite (ce qui n'est pourtant pas justifié). » Et enfin : « Bien sûr, je pourrais être très mécontent. L'espoir d'une renommée éternelle était si beau, ainsi que celui d'une richesse assurée, la complète indépendance, les voyages, le fait de mettre les enfants à l'abri des graves soucis qui m'ont privé de ma jeunesse. Tout cela dépendait de l'hystérie, de son aboutissement ou non. » Finalement, ce regret : « Dommage qu'on ne puisse vivre, par exemple, de l'interprétation du rêve »...

Autrement dit : face à ce désastre d'une théorie fantaisiste, extravagante, fausse, avec laquelle Freud détruit des gens déjà pas mal abîmés en même temps que leurs pères, le Docteur au divan confesse : l'honnêteté intellectuelle de son travail ; la fierté de se voir capable d'une autocritique (!) ; l'absence de toute vergogne alors que, de son aveu même, il devrait en ressentir ; le sentiment d'avoir remporté une victoire (re !). Pas un mot pour les patients brisés, pour les dommages collatéraux dans la famille, aucun remords pour autrui. Mais des regrets pour lui-même : il ne sera pas riche, pas célèbre, pas à même de mener la vie bourgeoise à laquelle il aspire. Un souhait agissant comme une piste : ce serait si bien de vivre d'une activité dans laquelle l'erreur ne serait pas payée comptant comme dans le cas de la théorie de la séduction ! Bientôt, la psychanalyse lui permettra ce rêve.

Freud a du mal à renoncer véritablement à sa théorie de la séduction. Déjà dans sa lettre à Fliess, il explique que, parmi les raisons de son renoncement – la troisième donc –, il se trouvait également qu'il devait faire des pervers de tous les pères, donc du sien... Une affirmation difficile à soutenir si l'on y réfléchit bien ! Dans une lettre datée du 3 octobre 1897, Freud innocente finalement son père : « Je ne peux seulement indiquer que chez moi le vieux ne joue pas un rôle actif. » Dès lors, il doit expliquer les raisons de son échec. Un éclair de sincérité traverse cette lettre tellement remplie de monstres : « Le constat certain qu'il n'y a pas de signe de réalité dans l'inconscient, de sorte que l'on ne peut pas différencier la vérité et la fiction investie d'affect » (21 septembre 1897). De fait, *la fiction investie d'affect*, voilà un aveu brillant de tous les feux d'une pépite dans ce bourbier épistolaire. Mais comme toujours quand Freud approche du feu de la vérité, il s'en écarte aussi vite pour retourner à ses fantasmes glacés…

Comment s'y prend-il pour effectuer ce voyage dans l'obscurité ? Par la manifestation d'une évidente mauvaise foi. Toujours sur cette question de la théorie de la séduction, il affirme dans un sursaut d'orgueil lui donnant l'impression de ne s'être jamais trompé que le traumatisme se trouve si profondément enfoui qu'il ne remonte jamais à la surface. Dès lors, ce n'est pas parce que les patients ne le reconnaissent pas que le traumatisme sexuel n'a pas existé dans leur enfance, qu'il n'a pas eu lieu véritablement, réellement, concrètement… Le traumatisme refoulé ne peut surgir à la conscience, dès lors, Freud a raison, le patient a tort – le déni du malade prouve bel et bien la vérité de la théorie freudienne.

Quand il revient sur cette théorie de la séduction dans son *Autoprésentation*, Freud commence en donnant l'impression d'une autocritique et parle en effet « d'une erreur à laquelle j'ai succombé pendant un temps et qui n'aurait pas tardé à devenir fatale pour tout mon travail » (XVIII. 81). Donc, il y a eu erreur ; dont acte. Mais à qui la faute ? Pas à lui, Sigmund Freud, mais aux patients : car ces malades racontent des choses et sa seule et unique faute consiste à les avoir crus ! Freud n'a donc jamais postulé cette funeste théorie de la séduction, puis projeté ses fantasmes parricides sur ses patients, puisqu'il a été trompé : le père n'abuse pas les enfants, mais Freud a été abusé par ces anciens enfants, voilà désormais la formule de la légende…

« Au cas où quelqu'un viendrait à hocher la tête avec

méfiance quant à ma crédulité, je ne puis lui donner tout à fait tort, mais j'alléguerai que c'était l'époque où j'usais intentionnellement de contrainte vis-à-vis de mon sens critique, pour rester impartial et réceptif aux nombreuses nouveautés auxquelles j'étais quotidiennement confronté […]. Lorsque je me fus ressaisi, je tirai de mon expérience des conclusions correctes, à savoir que les symptômes névrotiques ne se rattachent pas directement à des expériences vécues affectives, mais à des fantaisies de souhait et que pour la névrose la réalité psychique a plus de significativité que la réalité matérielle » (XVII. 81-82). Jamais Freud n'a cru si bien dire !

Les *fantaisies de souhait* désignent en effet le névrosé. Mais qui manifeste des fantaisies de souhait ? Les malades ? Freud répond oui, sans hésiter… Car, pour sa part, il reconnaît ses fautes (un aveu constitutif d'autant de qualités !) : il a péché par excès d'impartialité (!), il se retenait de réfléchir par honnêteté intellectuelle (!), il se faisait réceptif à tout par curiosité scientifique (!), il a cru ce qu'on lui disait sans prendre garde qu'il s'agissait de gens qui, tous, prenaient leur désir pour la réalité – mais lui, bien sûr, bien que psychanalyste découvreur du continent inconnu de l'inconscient, il ignore les travers de ses patients. Coupable ? Oui, mais seulement d'avoir été trop honnête, trop absorbé par sa tâche de découvreur d'un nouveau monde scientifique, trop intègre, trop objectif – trop héroïque en quelque sorte…

La découverte du complexe d'Œdipe, écrira Freud, prouvera, par sa parenté avec la théorie de la séduction, qu'il ne s'était donc pas vraiment trompé… Là comme ailleurs, cette erreur n'en fut pas une puisqu'elle préparait, comme tout ce qui a précédé, la vérité universelle à venir : l'avènement de la psychanalyse. Dans l'œuvre complète de Sigmund Freud, on ne trouve donc jamais d'erreurs, jamais de contradictions, jamais de revirements, jamais de reniements, jamais de fautes, jamais d'hésitations, mais une lente progression vers la vérité. Les injections de cocaïne, les décharges électriques, les cures d'eau, les passes hypnotiques, l'intromission de sonde dans la verge, l'imposition des mains, l'allongement sur le divan, le verbe parricide, tout cela ne se contredit nullement et va dans la même direction – puisque Freud le dit…

III

Un conquistador dans une obscure clarté

> « Gardons-nous de laisser faussement croire à certains que la complexité du monde est telle que toute explication doit nécessairement comporter une parcelle de vérité. Non, notre esprit a conservé la liberté d'inventer [*sic*] des rapports, des relations qui n'ont aucun équivalent dans la réalité, et il attache évidemment un grand prix à cette faculté en en faisant dans les sciences et ailleurs encore un important usage. »
>
> FREUD, *L'Homme Moïse et la religion monothéiste* (145).

L'ambivalence freudienne se manifeste dans l'abondance de moments dans lesquels il revendique l'hypothèse alternant avec d'autres qui le montrent sûr de lui, passant de la proposition à l'affirmation sans preuve. L'assertorique constitue le mode d'expression freudien type : il ose une proposition, sans montrer d'où elle vient, et pour cause, il lui faudrait mettre en évidence son caractère purement performatif, puis, imperceptiblement, il passe du côté de la certitude sans autre besoin démonstratif que son affirmation pure.

Ainsi, dans *L'Interprétation du rêve* (1900), Freud écrit : « Nous sommes bien obligés de construire en pleine obscurité » (IV. 603) – il se peut donc même, poursuit-il, que sa psychologie du rêve ne soit pas juste… Ce qui ne l'empêche tout de même pas de proposer une liste incroyable d'équivalences symboliques dont il ne doute pas une seule seconde : toute clé devient phallique et toute serrure devient vagin, ou bien, sans qu'on sache pourquoi, la cravate est un pénis, la calvitie une castration, ou le rêve de vol une érection… Puis Freud de théoriser longuement sur « La significativité du souhait inconscient » dans un chapitre entier.

Même chose dans les *Trois essais sur la théorie sexuelle* (1905) où, constatant « une clarté insuffisante » (VI. 114), il revendique l'hypothèse. Il s'affirme sceptique sur sa « compréhension des processus de la période enfantine de latence ou d'ajournement », il avoue connaître peu de chose sur les influences réciproques entre la zone érogène orale et le plaisir de manger ou l'anorexie. Même remarque sur la relation entre zone érogène et plaisir intellectuel. Ignorance également sur les transitions entre le plaisir préliminaire infantile et la détermination de l'objet sexuel de l'adulte : pourquoi ce type particulier de fétichisme ? Méconnaissance aussi de l'essence et de l'origine de l'excitation sexuelle. Impuissance et tâtonnements sur plaisir et déplaisir. Incapacité à distinguer libido du moi et autres énergies à l'œuvre dans le moi : « Une continuation de la théorie du moi n'est pour le moment possible que par la voie de la spéculation » (VI. 157). Idem avec l'impossibilité d'élucider clairement le rapport entre les activités de la zone génitale et les autres sources de la sexualité. Il parle du « caractère lacunaire de [s]es vues sur la vie sexuelle infantile » (VI. 172), mais propose tout de même une théorie des stades en bonne et due forme. Sur la question de la fixation des impressions de la vie sexuelle, Freud parle d'une « hypothèse psychologique provisoire » (VI. 180). Dans les dernières lignes du livre, il évoque des « conclusions insatisfaisantes qui résultent de ses investigations sur les troubles de la vie sexuelle » (VI. 181) car il lui manque des connaissances… en biologie !

Un semblable scepticisme baigne *La Morale sexuelle « culturelle » et la nervosité moderne* (1908). Ainsi, lors de l'analyse de la généalogie de l'homosexualité : comment, dans le processus de constitution d'une identité sexuelle, l'objet élu peut-il devenir le corps du semblable sexuel ? À cette époque Freud ne sait pas et revendique le point d'interrogation. Quelques années plus tard, en 1914, dans *Pour introduire le narcissisme* et dans *De la sexualité féminine* (1931), puis dans *Quelques conséquences psychiques de la différence des sexes au niveau anatomique* (1925), il propose des hypothèses plus précises pour tenter de répondre vraiment et définitivement à cette question.

Totem et tabou illustre lui aussi ce scepticisme latent dans le développement de la pensée de Freud. Une fois encore, dans cet ouvrage aussi bien que dans *Psychologie des masses et analyse du moi* (XVI. 61), il revendique l'hypothèse faute de pouvoir observer. En effet, la géographie et l'histoire étant ce qu'elles sont, Freud ne peut se déplacer dans le temps et remonter jusqu'à la préhistoire pour vérifier la validité de son « mythe scientifique » concernant l'existence d'une horde primitive, d'un meurtre du père, d'un banquet cannibale et d'une réaction à ce meurtre comme généalogie de la morale ; pas plus qu'il ne peut effectuer un voyage dans l'espace qui le conduirait en terre australienne vers les peuplades primitives aborigènes dont il pense qu'elles fonctionnent en humanité fossile des âges les plus primitifs. Dès lors, sur cette question de la horde primitive, il soutient une « hypothèse qui peut paraître fantastique » (XI. 360). L'ouvrage se trouve parsemé de précautions d'emploi méthodologiques.

Ouvrons *Métapsychologie* (1915). L'auteur confie dans une note en bas de page : « Le caractère incertain et tâtonnant de ces discussions métapsychologiques ne doit naturellement, en aucune façon, être voilé ou enjolivé. Seule une étude plus approfondie nous permettra de parvenir à un certain degré de vraisemblance » (XIII. 257). Peut-on mieux dire, même si la chose se trouve formulée dans une simple notule, que la science en train de se faire s'effectue dans la nuit déjà signalée et que la clarté tarde à venir, même si, confiance en soi freudienne oblige, un travail assidu conduira probablement à cette lumière un jour.

La même progression dans l'obscurité accompagne Freud qui, dans *Deuil et mélancolie* (1917), écrit qu'il lui manque nombre de données utiles pour conclure définitivement sur les sujets annoncés dans le titre : « Nous abandonnons donc d'emblée toute prétention à une validité de nos résultats » (XIII. 261). Freud suspend donc son jugement en attendant de plus amples résultats à même de permettre une conclusion digne de ce nom. Ce qui ne l'empêche tout de même pas de présenter un certain nombre de thèses certifiées justes sur cette question. Le scepticisme, chez lui, n'est pas structurel, mais conjoncturel.

Dans *Au-delà du principe de plaisir*, Freud affirme ne pas être convaincu par ses propres hypothèses qui abondent, particulièrement dans cet ouvrage, et semblent si souvent problématiques quand on souhaite les articuler avec l'enseignement de l'œuvre depuis le début… Concernant ces fameuses nouvelles hypothèses, il écrit : « je ne demande pas non plus aux autres d'y croire. Plus exactement : je ne sais pas dans quelle mesure j'y crois ». Puis : « Seuls ces croyants qui exigent de la science un substitut du catéchisme qu'ils ont abandonné en voudront au chercheur de poursuivre ou même de remanier ces vues » (XV. 338). Il en appelle à des découvertes à venir…

Qu'on se le dise : la contradiction ou le catéchisme, il n'existe pas d'autre alternative. Et comme personne ne voudra se trouver du côté des dévots récitant pieusement un catalogue de recettes, il faut bien consentir à épouser les contradictions freudiennes – autrement dit souscrire à un autre catéchisme, moins bien ficelé… Et ce en attendant les solutions qui ne manqueront pas de venir : puisque Freud passe son temps à chercher, donc, son génie aidant, il trouvera le temps venu…

L'*Autoprésentation* propose une analyse intéressante pour rassembler la diversité de ces prises de position sceptiques en une formule épistémologique : dans le divers de ce capharnaüm théorique, l'unité de l'ensemble réside dans la *nature métaphorique* du discours freudien. En l'occurrence, des métaphores spatiales pour signifier le fonctionnement de la vie psychique. Or, il ne s'agit pas de prendre des métaphores pour la réalité. Et si les métaphores changent, il n'en reste pas moins que la réalité demeure. Sigmund Freud ne saurait mieux avouer que la psychanalyse relève de la *psychologie littéraire* – exactement comme celle de Proust dans *À la recherche du temps perdu*.

Les métaphores utilisées pour signifier les modalités de la vie psychique ne renvoient donc pas à des zones du cerveau, à rien de somatique, ou d'anatomique : « Ces représentations et autres similaires appartiennent à une superstructure spéculative [*sic*] de la psychanalyse, dont chaque pièce peut être sacrifiée ou échangée sans dommage ni regret, dès l'instant où une insuffisance est avérée » (XVII. 80). Quoi qu'il ait pu en penser, cette fameuse *superstructure spéculative* installe Freud, selon son propre aveu, dans le camp honorable des philosophes – aux côtés de Schopenhauer ou de Nietzsche !

Dans *La Question de l'analyse profane*, Freud souligne le caractère dynamique et plastique de la psychanalyse. En tant que science, notre auteur y tient, elle se constitue, elle avance, elle progresse. Rien n'assure qu'elle restera sous sa forme au moment de son examen : la psychanalyse se trouve donc être, selon Freud lui-même, une *allégorie dialectique*, une métaphore susceptible de conformations nouvelles. Jamais achevée, toujours en mouvement, elle évite ainsi d'être véritablement saisie. La théorie assure donc son insaisissabilité. Efficacité polémologique garantie…

Exemple nouveau : dans *Malaise dans la civilisation*, le philosophe disserte abondamment sur un certain nombre de thèses : le processus de verticalisation de l'homme ; le passage de la quadrupédie à la bipédie ; la libération de la main qui s'ensuit ; le développement concomitant du cerveau ; la généalogie du néocortex ; le passage du stimulus olfactif au stimulus visuel ; l'isolement des femmes pendant la période menstruelle ; la fondation de la famille générée par ces propositions ; la généalogie de la culture et de la civilisation – une longue odyssée, donc, pour expliquer la formation du monde moral. Puis cette

phrase : « Cela n'est qu'une spéculation théorique »
(XVIII. 286). Ou bien encore : « Ce ne sont là actuelle-
ment que des possibilités incertaines, non corroborées
par la science » (XVIII. 293). Puis, sur le refoulement des
pulsions comme généalogie de la culpabilité, Freud écrit :
« Même si cette théorie n'est exacte que par approxima-
tion [*sic*], elle mérite notre intérêt »…

Autre exemple : dans l'*Abrégé de psychanalyse*, Freud
écrit : « La psychanalyse suppose un postulat [*sic*] fonda-
mental qu'il appartient à la philosophie de discuter mais
dont les résultats justifient la valeur. » Il continue en précisant que les « provinces » des topiques (*inconscient, préconscient, conscient* et *ça, moi, surmoi*) sont « postulées »
(*sic*). Puis : « Nous postulons [*sic*] que le moi se soit
obligé de satisfaire tout à la fois les exigences de la réalité
du ça et du surmoi, tout en préservant sa propre organisation et en affirmant son autonomie » (39).

Je me fais donc fort, encouragé par l'invitation faite par
Freud, de discuter philosophiquement ce postulat mais,
dès à présent, et sans plus de renseignements, sur la seule
foi du terme utilisé par Freud, nous pouvons affirmer que
le postulat incarne exactement le contraire d'une découverte obtenue par une méthode bien conduite : on postule ce qu'on n'aura ni prouvé, ni démontré, ni obtenu
par un raisonnement scientifique ou au moyen d'une
méthode expérimentale. Dès lors, on peut tout aussi bien
postuler une chose que son contraire – l'existence d'une
chimère ou sa non-existence…

Ce scepticisme avoué se double d'un grand nombre de
contradictions repérables tout au long du trajet intellectuel freudien développé sur plus d'un demi-siècle de
publications. En effet, durant sa longue vie intellectuelle,

Freud a beaucoup changé d'avis, modifié ses propos, il est revenu sur certaines de ses affirmations : il y eut le Freud fliessien qui, dans de nombreuses lettres de la correspondance, croyait aux périodes biologiques de son ami, à la magie du nez assimilé à l'organe sexuel, aux fantaisies numérologiques à même de tout expliquer, puis celui qui a brûlé tout cela ; il y eut le Freud expérimentant la télépathie, pratiquant des expériences de transmission de pensée avec sa fille, rédigeant des lettres favorables à l'occultisme en affirmant voir ici une matière utile pour la psychanalyse parente à plus d'un titre de ce monde-là – voir *Psychanalyse et télépathie* (XVI. 101) –, puis celui qui écrivit doctement ne pas croire à ces histoires, celui de *Rêve et télépathie* (XVI. 121) ; il y eut le Freud qui vilipende la morale sexuelle parce qu'elle réprime les instincts et génère la plupart des névroses, trouve que son exigence est trop élevée et qu'une pareille obligation, par sa rigueur, ne produit que de la négativité psychique ; puis celui qui condamne l'homosexualité ou la masturbation comme autant de perversions – lire les pages affligeantes de *La Sexualité dans l'étiologie des névroses* ; il y eut le Freud de la première topique dans *L'Interprétation du rêve*, puis vingt ans plus tard celui de la seconde topique dans *Au-delà du principe de plaisir* ; il y eut le Freud exigeant que l'analyse soit payée et coûte au patient, une relation théorisée d'ailleurs dans l'économie d'une psychanalyse réussie – lire *De la psychothérapie* (15) –, puis le Freud qui, rare envolée lyrique sociale et soucieuse des pauvres qu'il accable si souvent par ailleurs – par exemple dans *Le Début du traitement* (92) –, souhaite dans *Les Voies nouvelles de la thérapie psychanalytique* une « thérapie populaire » gratuite délivrée dans les dispensaires (139), un souhait sans suite, on s'en doute ; il y eut un Freud faisant de la religion la cause des névroses, celui de *Malaise dans la civilisation* et de *L'Avenir d'une illusion*, puis celui qui met en perspective l'affaiblissement des religions et l'augmentation des névroses dans *La Morale sexuelle « culturelle » et la nervosité moderne* ; il y eut le Freud pessimiste de *Malaise dans la civilisation*, qui n'attendait aucun changement possible, aucun progrès dans l'évolution du monde, puis celui *Du rabaissement généralisé de la vie amoureuse* qui ose l'hypothèse optimiste de nouvelles orientations possibles pour la civilisation (XI. 141)…

Et puis, on s'en souvient : le Freud croyant à la théorie de la séduction et le consignant dans ses *Études sur l'hystérie*, puis celui qui n'y croit plus ; le Freud théorisant la possibilité d'une psychologie scientifique, et celui qui récuse ce texte pour tabler sur un inconscient radicalement psychique ; le Freud croyant à l'excellence de la cocaïne (voir *Sur la cocaïne*), aux merveilles de l'électrothérapie couplée au thermalisme, le Freud enseignant les succès de l'hypnose, avec ou sans imposition des mains, le Freud du psychrophore, et puis celui qui range sans façon tout cela au magasin des accessoires ; le Freud défendant mordicus la cure par la parole dans les textes regroupés par les éditeurs sous la rubrique *La Technique psychanalytique*, et le dernier Freud émettant l'hypothèse que la psychanalyse pourrait bien être un jour rendue inutile par les progrès de la chimie dans *L'Analyse sans fin et l'analyse avec fin* ; ou bien encore : le Freud interdisant l'analyse de ses proches dans *Conseils aux médecins sur le traitement analytique* (1912) (71), et celui qui analyse sa fille six ans plus tard, puis la maîtresse de sa fille, enfin les enfants de la maîtresse de sa fille. Où se trouve donc le vrai Freud ? Le bon Freud ? Le Freud disant juste ?

N'ignorant rien de ces volte-face théoriques, Freud a donc pris soin de les théoriser afin de mieux les diluer. Ainsi, dans ses *Leçons d'introduction à la psychanalyse*, il écrit : « Au cours de mes travaux, j'ai modifié, changé mes vues sur quelques points importants, les remplaçant par de nouvelles, ce que j'ai naturellement [*sic*] chaque fois communiqué au public » (XIV. 253). Puis, plus loin : « Je ne me prive pas d'apporter à toutes mes doctrines remodelages et rectifications, ainsi que l'exigent les progrès de mon expérience. » Enfin : « S'agissant de mes découvertes fondamentales, je n'ai rien trouvé à changer jusqu'ici et j'espère que cela continuera ainsi. » Résumons : Freud avoue des *changements*, des *modifications*, des *remodelages*, des *rectifications*, mais rien sur le fond, évidemment...

On cherchera en vain ces fameuses communications *naturellement* portées à la connaissance du public, car Freud affirme une chose, puis plus tard une autre, parfois contradictoire, on vient d'en lire un catalogue succinct, mais ne revient jamais sur une chose dite dans la perspective d'une franche et claire critique. L'épisode de la cocaïne montre bien que, loin de publier des mises au point, de diffuser des regrets, de rédiger des aveux, de confesser des errances ou d'avouer des erreurs, il préfère effacer les traces de ce qu'il aura pensé un jour et soutenu fermement avant de devoir faire marche arrière parce que le réel lui aura donné tort – ainsi avec la mort de son ami morphinomane et ses deux théories contradictoires sur l'usage de la cocaïne...

Le scepticisme affiché régulièrement dans l'œuvre et les contradictions relevées dans les livres publiés trouvent en effet leur résolution dialectique avec la

figure du conquistador, une posture franchement revendiquée par Freud et qui, on s'en doute, réduit à néant
par ses méthodes tout ce qui pourrait sembler errance
ou contradiction. Freud évolue dans un capharnaüm
existentiel, il revendique le continuum idéologique, mais
pour effectuer ce tour de passe-passe il sort les armes du
conquistador dont chacun sait qu'il ne s'embarrasse pas
d'éthique...

À quoi ressemble ce conquistador ? Avant d'en donner
une définition, faisons un détour par *L'Homme Moïse et
la religion monothéiste*, un texte dans lequel Freud crée la
catégorie oxymorique du « roman historique ». Dans cet
ouvrage, il entretient d'héritage archaïque, de transmission phylogénétique, de passage d'être en être, depuis
l'origine des temps, de cette histoire de meurtre du père
et de banquet cannibale de son corps, puis il précise :
« tout en admettant que nous n'avons comme preuves de
ces traces mnésiques dans notre hérédité archaïque que
les manifestations recueillies au cours des analyses, manifestations qui doivent être ramenées à la phylogenèse, ces
preuves [*sic*] nous paraissent cependant suffisamment
convaincantes pour nous permettre de postuler [*sic*] un
pareil état des choses. S'il n'en est pas ainsi, renonçons
donc à avancer d'un seul pas dans la voie que nous suivons, aussi bien dans le domaine psychanalytique que
dans celui de la psychologie collective. L'audace est ici
indispensable ».

Voilà donc une phrase qui montre en toute clarté la
méthode de Freud : des preuves obtenues par l'analyse,
leur caractère assez convaincant pour, non pas les
admettre comme telles, mais postuler qu'elles prouvent !
De deux choses l'une : ou la preuve prouve, et l'on n'a pas
besoin de postuler ; ou l'on postule, et les preuves n'ont

donc rien prouve… Mais prouver et s'appuyer sur les preuves pour postuler, voilà un étrange mécanisme épistémologique ! De fait, la résolution de cette contradiction a bien besoin d'une mobilisation de l'*audace*.

L'épistémologie freudienne se résume en effet à ce simple mot : l'*audace*, autrement dit – l'étymologie en témoigne –, un certain type d'effronterie, un désir, un vouloir, une avidité à dire, faire ou penser. Depuis le Moyen Age, le sens moderne suppose même une certaine arrogance. Dans une note, toujours le lieu stratégique dans une œuvre, Freud revendique « la liberté d'inventer [*sic*] des rapports, des relations qui n'ont aucun équivalent dans la réalité, et [j'] attache évidemment un grand prix à cette faculté en en faisant dans les sciences et ailleurs encore un important usage » (145). À ce point de l'analyse, on s'en serait douté…

La première qualité du conquistador, la voici donc : l'audace… Autrement dit : ni le souci de vérité, ni l'envie de vertu, ni l'exigence de raison, ni la volonté scientifique. Dans une lettre à Fliess, on peut lire ceci : « J'espère que de ton côté tu ne te laisseras pas détourner d'exprimer tes idées publiquement, même si ce ne sont que des suppositions. » Puis, plus fort, ce plaidoyer *pro domo* : « On ne peut se passer de ceux qui ont le courage de penser du nouveau avant de pouvoir le démontrer » (8 décembre 1895). Voilà donc tout Freud résumé dans cette phrase : on n'a pas besoin de preuves pour affirmer et, quand on agit de la sorte, on ne montre ni suffisance, ni arrogance, ni prétention, ni morgue, ni insolence, mais, il fallait y penser : du *courage*…

On comprendra dès lors que, se voulant absolument scientifique, une revendication martelée à mille endroits de son œuvre, Freud puisse sans sourciller revendiquer le

« mythe scientifique » ou parler d'un « roman historique »
pour nommer ses fictions sur la horde primitive ou
l'inexistence d'un Moïse juif. Ainsi, ce qui, dans l'œuvre
complète, apparaît sous les rubriques de l'*hypothèse*, du
postulat, de la *présupposition*, du *tâtonnement*, de la *spéculation*, de la *possibilité* – autant de mots utilisés par
Freud pour caractériser ses affabulations – devient par
l'opération du Saint-Esprit, l'autre nom du pur vouloir
de Freud, vérités constitutives de la psychanalyse…

IV

La fiction performative de l'inconscient

> Propos de Sigmund Freud rapportés par Ludwig Binswanger : « L'inconscient est métapsychique et nous le prenons simplement pour réel ! »
>
> FREUD-BINSWANGER, *Correspondance*
> (deuxième visite de Binswanger à Vienne,
> 15-26 janvier 1910).

Dans son *Autoprésentation*, Freud explique qu'après avoir donné à la Société des médecins viennois un exposé au cours duquel il présenta ce qu'il avait vu et appris lors de son séjour à Paris chez Charcot, on lui réserva le plus mauvais accueil : ce 15 octobre 1886, il avait en effet défendu l'existence d'une hystérie masculine. Or, pour les praticiens traditionnels, s'appuyant sur l'étymologie d'hystérie qui renvoie explicitement à « utérus », cette pathologie ne peut être que féminine. Dès lors, proposer l'oxymore *hystérie masculine* constitue une aberration nosologique.

La brochette de médecins opposés à Freud lui demande donc de trouver à Vienne même ce genre de cas afin de le présenter à la Société des médecins. Freud se met en quête d'individus susceptibles d'étayer sa thèse, mais les médecins-chefs des services dans lesquels il se présente lui refusent d'accéder à ces personnes pour les observer et travailler sur leurs cas. Finalement, en dehors de l'institution hospitalière, Freud découvre un cas et le présente à la Société. Accueil poli, sans plus.

La version donnée par Freud ? Il cessa tout de go d'aller à la Société des médecins. Ernest Jones lui-même montre qu'il n'en est rien et que le psychanalyste continua de s'y rendre… En exhibant cette autojustification, Freud explique qu'on lui refusa de reconnaître le caractère révolutionnaire de cette idée, présentée comme sienne, qu'il existe des cas d'hystérie masculine. Dès lors, trop en avance sur son temps, et devant un aréopage d'anciens incapables de saisir la nouveauté de son propos, Freud aurait été écarté de la carrière institutionnelle. Or le même Jones rapporte que, dans l'assemblée de médecins, il y en eut pour consentir à cette idée présentée par Freud comme subversive et originale.

Dans la fabrication de sa propre légende, Freud place juste après l'épisode de cette communication à la Société des médecins cette phrase singulière : « Lorsque peu après on me ferma l'accès du laboratoire d'anatomie du cerveau et que plusieurs semestres durant je n'eus aucun local où pouvoir faire mon cours, je me retirai de la vie universitaire et associative » (XVII. 63). On peut ainsi imaginer qu'après avoir exposé ces thèses, et à cause de leur contenu, l'institution se serait débarrassée de lui. Freud, coupable d'avoir eu raison trop tôt ? Voilà l'hypothèse de la légende dorée.

Or, on l'a vu, l'accueil de son exposé ne fut pas une réprobation unanime, bien au contraire, il y eut même un neurologue pour acquiescer et surenchérir en expliquant que, de fait, lui aussi avait étudié des cas d'hystérie masculine, il expliqua même qu'il les avait diagnostiqués vingt ans avant l'exposé freudien ; un autre déclara n'avoir rien entendu là qui fût nouveau pour un médecin viennois ; un troisième et un quatrième penchaient pour une étiologie traumatique neuronale, mais rien qui aurait témoigné d'une franche animosité, ni même d'une unanimité contre le jeune homme qui, rentré de Paris avec des idées qu'il croyait neuves et révolutionnaires, n'a pas ébranlé le parterre de vieux médecins aguerris. De fait, ces mandarins viennois rompus à l'institution ne se sont pas répandus en éloges, en bravos, en démonstrations d'enthousiasme à l'endroit d'un Freud attendant qu'on l'accueille comme un messie sur ce sujet.

L'explication paraît moins prosaïque que la légende : contre l'idée que, devant un parterre de vieillards rétrogrades portés par l'institution viennoise n'ayant rien compris aux thèses novatrices d'un jeune médecin de trente ans leur apportant la vérité sur un plateau, on doit bien plutôt voir un Freud vexé de n'avoir pas été coopté immédiatement après cette prestation qu'il estimait révolutionnaire. D'où cet épisode d'un Freud privé de laboratoire, puni par les universitaires, condamné à être un scientifique maudit, errant, mis à la porte pour cause de génie... Or Freud veut « vivre du traitement de la maladie des nerfs » (*ibid.*)...

Comme la Société des médecins ne pouvait lui être utile pour accélérer le mouvement, il prétend l'avoir quittée – mais s'y rend encore à plusieurs reprises... Or, en vérité, il a lui-même quitté le laboratoire, à la porte duquel personne ne l'aura mis car, connaissant Freud, si la chose avait bien eu lieu comme il le prétend, on aurait inévitablement su par qui, quand, comment, de quelle manière et pour quelles raisons l'institution l'aurait évincé ! Le coupable aurait eu son nom gravé dans le marbre noir de la légende freudienne : il incarnerait aujourd'hui l'icône démoniaque par excellence.

Freud a tout bonnement détesté ces gens qui ne révéraient pas assez son génie et… ouvert son cabinet dans la foulée le dimanche de Pâques 1886, jour du Passage chez les Hébreux, autrement dit, jour de la sortie d'Egypte sous la conduite de Moïse, un moment inaugural du don des Dix Commandements et de la pérégrination en direction de la Terre promise. Freud annonce donc la couleur : les médecins de l'institution viennoise n'ont pas voulu assurer sa carrière ? Pas de problème : il reprend à son compte la légende de la colère de Moïse et se place sous les auspices d'un fondateur de religion. On comprend que le *Moïse* de Michel-Ange ait pu le préoccuper pendant de si longues années…

Freud, qui écrit donc dans son *Autoprésentation* (XVII. 68) qu'il cessa de nourrir la vie associative dont il prétend s'être retiré dès 1886, intervient… dans une association de médecins viennois le 21 avril 1896, autrement dit dix années après ce prétendu renoncement ! Preuve, s'il en est, qu'il espérait toujours un soutien de l'institution viennoise et de ses réseaux, contrairement à ce qu'il affirmait, et que ladite institution ne lui refusait pas non plus ses invitations : pour quelles raisons en effet inviter *ici* à exposer ses thèses un médecin qu'on aurait privé *là* de laboratoire ?

Voilà donc notre prétendu scientifique maudit expliquant aux doctes membres du Collège des médecins viennois les idées contenues dans *La Sexualité dans l'étiologie des névroses*. Devant ce public choisi de médecins, de neurologues, de sexologues, on retrouve Krafft-Ebing, le fameux auteur de la *Psychopathia sexualis* ayant tant inspiré Freud. Dans une lettre à Fliess, Freud écrit qu'avec

cette intervention, il a l'intention de choquer le bourgeois. Ce texte serait en effet « passablement impertinent
et essentiellement destiné à faire esclandre, ce à quoi il
parviendra d'ailleurs » (4 janvier 1898).

Qu'en est-il de ce brûlot ? On y lit que les neurasthénies, les névroses diverses, et autres affections psychopathologiques, ont toutes pour cause un dysfonctionnement
de la sexualité. Ces considérations sur « les estropiés de la
sexualité » (III. 229) permettent à Freud de poursuivre le
combat de toute son existence contre la masturbation
– une pratique qu'il semble bien connaître : « L'action
principale qui nous est possible en faveur des neurasthé-
niques relève de la prophylaxie. Si la masturbation est la
cause de la neurasthénie dans la jeunesse, et si plus tard,
par la diminution de puissance qu'elle crée, elle parvient
aussi à une significativité étiologique pour la névrose
d'angoisse, la prévention de la masturbation dans les deux
sexes est une tâche qui mérite plus de considération
qu'elle n'en a trouvé jusqu'à présent » (III. 232-233).
Voici donc la feuille de route proposée à l'assistance : pour
empêcher la venue des névroses, travaillez donc à la prévention de l'onanisme… Comment ? En parlant de la
sexualité, en débattant de ces sujets, en n'ayant pas honte
d'aborder le problème publiquement – un travail à même
de remplir les cent années à venir selon Sigmund Freud !

En attendant, le Docteur des âmes veut de la respectabilité, de la réputation, de l'argent, un statut social, de
quoi entrer dans le cercle de la bourgeoisie de sa ville.
Son souhait originaire consiste à honorer la prophétie
rapportée par sa mère : devenir célèbre – et riche par la
même occasion. Ses études de médecine, plus longues
que le cursus normal, lui avaient permis de décrocher son

diplôme de médecin. Son avancement dans la carrière d'enseignant n'est pas à son goût : des collègues attendent moins longtemps que lui pour changer de statut, acquérir un grade supérieur et toucher les royalties de ces promotions. Le trajet délibérément solitaire d'un Rastignac viennois a pu déplaire dans la capitale autrichienne. Ne pas avoir le sens de la corporation suppose qu'on ait celui de la solitude… Mais Freud n'avait ni l'un ni l'autre.

En mars 1897 pourtant, le comité des habilitations donne son accord. Mais le ministre ne suit pas. En 1900, vexé de ne pas se voir intégré dans le corps des professeurs extraordinaires, Freud effectue une visite chez un mandarin qui lui conseille le piston – auquel il consent. Une ancienne patiente, Elise Gomperz, intervient sans succès. Il sollicite une autre cliente, la baronne Ferstel, elle intervient directement auprès du ministre en faveur du « médecin qui l'avait guérie » (lettre à Fliess, 11 mars 1902). Le prix à payer ? Offrir une peinture au musée que projetait le ministre. La chose fut promptement exécutée et la promotion obtenue dans les meilleurs délais. Freud ne se tient plus de joie et raconte à son ami de Berlin les satisfactions qu'il en retire.

La chose n'est pas encore officielle que déjà il écrit ceci : « me voilà couvert de vœux et de fleurs, comme si le rôle de la sexualité était tout d'un coup officiellement reconnu par Sa Majesté, la signification du rêve confirmée par le Conseil des ministres, et la nécessité d'une thérapie psychanalytique de l'hystérie passée au parlement à la majorité des deux tiers »… Humour, bien sûr, mais l'auteur du *Mot d'esprit et ses rapports avec l'inconscient* plus qu'un autre connaît la relation qui existe entre la plaisanterie et l'inhibition longtemps contenue…

Ravi de ce nouveau statut qui le comble et satisfait son

orgueil, Freud regrette de n'avoir pas plus tôt « pris la
décision de rompre avec la vertu et de faire les démarches
appropriées, comme le font aussi les autres humains ».
Une fois n'est pas coutume, il se traite d'âne… De fait,
vertueux jusque-là, comme on l'a vu, Freud expérimen-
tait pour la première fois les prospérités du vice et les
malheurs de la vertu ! Faussement naïf, ce vieux jeune
homme de quarante-six ans confesse à Fliess : « J'ai appris
que ce vieux monde est gouverné par l'autorité comme le
nouveau par le dollar. J'ai fait ma première courbette
devant l'autorité, je peux donc espérer être récompensé.
Si l'effet dans les sphères éloignées est aussi grand que
dans les sphères proches, il se pourrait que mes espoirs
soient justifiés. » Pour mémoire, Freud écrivait dans
L'Interprétation du rêve : « Je ne suis pas, que je sache,
ambitieux » (IV. 172).

Vexé de n'être pas adoubé par les mandarins qu'il
aimerait avoir comme pairs, mortifié d'avoir attendu si
longtemps sa nomination, offusqué que la corporation
médicale se montre si peu coopérative avec l'un de ses
éléments, jouant en solitaire, Freud tourne donc massivement le dos à la médecine, à l'anatomie, à la physiologie,
aux neurologues, aux médecins, au cerveau, au système
nerveux, au laboratoire, mais, selon son habitude, il
renonce à ce qu'il convoitait par incapacité d'y accéder,
non par constat d'une incompatibilité épistémologique.
Ecrivant sa légende avec une plume en or, il transforme
son dépit en gloire : la carte postale du héros maudit de la
science se trouve ainsi mise au point – elle cache le désappointement d'un Rastignac viennois mortifié de ne pas
être intégré dans les cercles comme il faut de la bonne
société autrichienne. Désormais, contre l'institution sou-

cieuse de vérités scientifiques et de preuves tangibles, Freud fourbit une arme extraordinaire : *un inconscient psychique invisible mais omnipotent…* Copernic et Darwin s'éloignent pour laisser place à un mixte de Christophe Colomb et de Mesmer.

Désormais dans l'incapacité de *travailler sur le somatique* pour n'avoir pas voulu continuer à cheminer avec des anciens peu enclins à reconnaître ses mérites de jeune homme pressé, Freud décide de *travailler sur le psychique*, un chantier qui n'exige pas la patience du chercheur, l'humilité du travail d'équipe, la persévérance dans l'ombre avec la perspective d'une vie terne, sans argent, sans célébrité, sans mondanités. Cette audace revendiquée comme un principe lui permet de filer à pleine vitesse vers la reconnaissance mondaine, les joies de la notoriété et la gratification financière.

Voici donc rangés au magasin des antiquités les travaux sur la sexualité des anguilles et les dissections de cerveaux d'enfants. Désormais, Freud travaille sur l'invisible, l'impalpable, l'immatériel, l'incorporel, l'imperceptible, le spirituel donc. Contrairement à une légende tenace faisant de Freud un penseur matérialiste (où donc se trouvent les atomes de son inconscient psychique ?), le philosophe auteur de *Métapsychologie* se range dès lors dans le camp des idéalistes, des platoniciens, des kantiens. Le noumène exposé par Kant dans l'*Esthétique transcendantale* de la *Critique de la raison pure* intéresse Freud qui questionne Binswanger sur ce sujet lors de sa deuxième visite à Vienne, au 19, Berggasse, entre le 15 et le 26 janvier 1910.

Ludwig Binswanger rapporte ceci dans son journal : « Au cours d'un de ces entretiens, j'avais repris une de ses formules de la séance du mercredi : "L'inconscient est métapsychique et nous le prenons simplement pour réel !" Cette phrase prouve que sur cette question Freud s'est résigné. Il dit que nous faisons *comme si* l'inconscient était une réalité à l'image du conscient. Mais en véritable chercheur scientifique [*sic*], il ne dit rien quant à la *nature* de l'inconscient, parce que nous ne savons rien de certain ou plutôt nous ne pouvons l'inférer qu'à partir du conscient. Il affirme que, de même que Kant a postulé la chose en soi derrière l'apparence, il a postulé, derrière le conscient accessible à notre expérience, l'inconscient, mais qui ne pourra jamais être un objet d'expérience directe. » Et Binswanger de conclure : « La comparaison avec Kant ne me semble pas tout à fait correcte dans le détail. » Au cours d'une troisième visite à Vienne, entre le 17 et le 18 mai 1913, Freud revient sur ce sujet : « Freud m'a demandé si "la chose en soi" de Kant ne serait pas comme ce que lui [Freud] entendrait par "inconscient". Je l'ai nié en riant et laissé entendre que les choses se situaient sur des plans tout à fait différents. »

Binswanger peut donc rire de la demande freudienne, et il a raison s'il s'agit de faire une lecture kantienne de Kant, mais Freud ne peut faire qu'une lecture freudienne de Kant, de même qu'un philosophe projettera ses préoccupations personnelles sur le concept de chose en soi chez Kant et que Nietzsche, par exemple, y verra un avatar du monde intelligible platonicien renforcé par le spiritualisme chrétien et Schopenhauer avant lui, l'autre nom de son *vouloir vivre*. Freud défend donc ici une lecture freudienne du noumène kantien, autrement dit une lecture… schopenhauérienne.

La lecture du *Monde comme volonté et comme représentation* prouve à longueur de pages cette thèse que le vouloir et le noumène signifient exactement la même chose. Schopenhauer écrit en effet clairement : « la volonté, c'est-à-dire la chose en soi proprement dite » (livre II, § 29, 213). L'ensemble de son œuvre s'appuie sur cette assimilation : le monde comme volonté assimilable à la chose en soi kantienne, le noumène définitivement inconnaissable et le monde comme représentation, identifiable au phénoménal, susceptible d'être imparfaitement connu par les sens et la raison, mais tout de même objet de connaissance.

Chez Schopenhauer ce dualisme recouvre également celui qui anime le platonisme : le ciel des idées inconnaissables, vaguement appréhendables intellectuellement par l'usage d'une raison sainement conduite, et le monde sensible qui participe sur un mode dégradé de cet univers intelligible matrice de tout univers phénoménal. On le sait par la fameuse allégorie de la caverne, l'Idée suppose une procession intellectuelle exigeant que le philosophe se dépouille de tout ce qui, en lui, trahit sa nature sensible, donc sa matérialité la plus triviale, et, sollicitant la part divine en lui, son âme donc, d'une substance identique à celle des Idées à même d'entrer en contact avec elle grâce à son homologie ontologique.

Que dit Kant du noumène dans sa *Doctrine transcendantale du jugement* ? Qu'il nomme « une chose qui doit être conçue non comme objet des sens, mais comme une chose en soi (uniquement par un entendement pur) » (228). Ce concept limite les ambitions de la connaissance sensible et les audaces d'une raison par trop critique : « Le concept d'un noumène est donc simplement un *concept limitatif* qui a pour but de restreindre les prétentions de la sensibilité » (229). D'une certaine manière, le noumène effectue la police de la raison critique en empêchant son fonctionnement au-delà de ce que Kant juge estimable. Pour ce luthérien prussien, la raison doit être libre, certes, mais elle doit épargner la liberté, l'immortalité de l'âme et Dieu, postulats de la raison pure sans lesquels aucun monde chrétien n'est possible. Le noumène est arme de guerre antimatérialiste.

Voilà pour quelles bonnes raisons intellectuelles Freud, qui a tourné le dos au monde phénoménal du laboratoire, à l'univers sensible des gonades d'anguilles, s'inscrit dans une filiation philosophique, lui qui pourtant dit exécrer la philosophie. Il ne choisit pas sans raison militante la référence nouménale du criticisme kantien : elle constitue le meilleur argument pour lutter contre l'empirisme, le sensualisme, le matérialisme, le pragmatisme qui conduisent toute réflexion scientifique digne de ce nom. On ne s'étonnera pas de lire sous la plume du Nietzsche imprécateur du *Crépuscule des idoles*, sous la rubrique « Flânerie d'un inactuel », cette saillie de feu : « Je garde rancune aux Allemands de s'être mépris sur *Kant* et sa "philosophie des portes dérobées", comme je l'appelle – ce n'était *point* là le type de l'honnêteté intellectuelle » (§ 16)…

La référence au nouménal kantien interdit tout travail scientifique : avec elle nous entrons dans l'épistémologie théologique – si l'on me permet ce redoutable oxymore. Elle permet en effet à Freud de revendiquer les « mythes scientifiques » de *Totem et tabou*, le « roman historique » de *L'Homme Moïse et la religion monothéiste*, elle l'autorise également à entretenir par courrier Ferenczi de ses « fantaisies scientifiques » (8 avril 1915), mais, bien qu'évoluant dans ce registre éthéré, Freud se fâche quand Krafft-Ebing accueille son exposé sur l'étiologie sexuelle des névroses en parlant d'un « conte de fées scientifique »…

Freud désireux de convoquer le nouménal pour définir et conceptualiser son inconscient montre tout de suite
son jeu : cette notion architectonique dans l'édifice psychanalytique se trouve définitivement hors d'atteinte de
toute appréhension scientifique. La science exige en effet
une méthode expérimentale qui suppose l'observation,
donc l'usage de ses cinq sens, de la totalité de son corps,
de son cerveau, de son intelligence. Regarder, observer,
comparer, répéter les expériences, regarder à nouveau,
observer encore, déduire, essayer des hypothèses, élaborer un protocole de vérification, mener de longues, lentes
et patientes recherches en laboratoire ou sur le terrain
clinique hospitalier, travailler en équipe, croiser les résultats. À l'inverse, le registre nouménal se suffit de l'affirmation performative définie chez le linguiste Austin par
cette étrange alchimie en vertu de laquelle la production
d'un énoncé crée ce qu'il énonce – autrement dit : Freud
crée l'inconscient en prononçant son nom… Cette magie
de la création d'un monde par le seul fait de son énoncia-
tion définit la méthode de Freud : *il dit, et les choses sont.*

Dans les six mille pages de l'œuvre complète de Freud,
on chercherait en vain une définition claire et précise de
l'inconscient. À la manière des adeptes de la théologie
négative pour qui dire Dieu c'est l'amoindrir, pour la
bonne et simple raison qu'affirmer une qualité, c'est
exclure la qualité contraire et qu'on ne saurait imaginer
un Dieu auquel manquerait une qualité, de sorte que
toute démonstration se trouve interdite à qui demande-
rait une preuve, Freud prend soin d'empêcher le débat
de l'interdire d'un point de vue méthodologique.

En effet, dans l'*Autoprésentation*, décidément le grand
livre de l'écriture de soi comme une légende, Freud va
au-devant de l'objection : « De façon répétée j'ai entendu

déclarer avec dédain qu'on ne pouvait faire aucun cas d'une science dont les concepts suprêmes étaient aussi imprécis que ceux de libido et de pulsion en psychanalyse. Mais il y a à la base de ce reproche une totale méconnaissance de l'état des choses. Des concepts fondamentaux clairs et des définitions aux contours précis ne sont possibles dans les sciences de l'esprit que dans la mesure où celles-ci veulent inclure dans le cadre d'une formation de système intellectuelle un domaine de faits. Dans les sciences de la nature dont la psychologie fait partie, une telle clarté des concepts suprêmes est superflue [*sic*], voire impossible » (XVII. 105). Suivent des considérations sur l'incapacité de la zoologie, de la botanique dans leurs débuts à définir correctement l'animal et la plante, sur l'impossibilité pour la biologie de proposer en 1925 un contenu à la notion de vivant, sur le fait que la physique même s'est longtemps trouvée dans l'incapacité de préciser le sens exact des notions de matière, de force, de gravitation… Dès lors, la psychanalyse balbutiante n'a pas à produire les gages nosologiques et conceptuels que d'autres sciences, parmi les plus honorables, ont été dans l'incapacité de donner dans un même état embryonnaire. Voici donc le performatif freudien à l'abri de l'obligation risquée de définir clairement inconscient, libido, pulsion…

Comment faire, dès lors, quand on appréhende la psychanalyse par ses grands concepts puisqu'une définition n'est ni possible ni pensable ? Ouvrons le célèbre et incontournable *Vocabulaire de la psychanalyse* de Laplanche & Pontalis à l'article *Inconscient* : « S'il fallait faire tenir en un mot la découverte freudienne, ce serait incontestablement en celui d'inconscient. » Voilà donc la chose dite : l'inconscient constitue la clé de voûte de la psychanalyse. Mais ce concept, on ne peut le dire, le nommer, le préciser, en donner une définition claire et distincte. *L'Interprétation du rêve* théorise même cette impossibilité car on y lit que l'inconscient nomme le refoulé et que, par définition, le refoulé est par nature invisible…

Bien qu'impossible à définir, Freud tente tout de même de dire l'indicible qu'est selon lui l'inconscient. Pour ce faire, il n'économise pas les schémas, avec figures, flèches, indications de mouvements, abréviations identifiables à des valeurs algébriques (« Pc », « Ics », « S », « S' », « S'' », « M ») qui crédibilisent la revendication scientifique pour figurer le fonctionnement de l'appareil psychique dans lequel l'inconscient agit dans l'ombre puisqu'il tire toutes les ficelles de ce théâtre de marionnettes de valeurs inconnues et indicibles. À quoi il ajoute : « Il serait naturellement [*sic*] oiseux de vouloir indiquer par des mots la signification psychique d'un tel système » (IV. 592). De fait, puisque le mot se fait rétif, la démonstration n'aura pas lieu : on demande donc au lecteur de *croire sur parole*.

Après la figuration schématique et algébrique, Freud renvoie à une métaphore photographique pour exprimer métaphoriquement le fonctionnement de l'appareil psychique puisqu'il « faut éviter soigneusement la tentation de déterminer la localité psychique de quelque façon anatomique que ce soit » (IV. 589). Ainsi, dans la logique de cette comparaison, « la localité psychique correspond alors à un lieu à l'intérieur d'un appareil où l'un des stades préliminaires de l'image se produit. Dans le microscope et la longue-vue, ce sont là, on le sait, des localités en partie idéelles, des régions où n'est située aucune partie constituante concrète de l'appareil » (*ibid.*).

Voici donc un espace sans dimension, un lieu atopique auquel on nous demande de croire sur parole, de souscrire sans preuves : faut-il se satisfaire de pareilles perspectives ? Non. Car dans l'œuvre complète, il existe un certain nombre de considérations susceptibles de permettre un portrait en creux de cette figure dont la nature serait de se dérober. Eparpillées, disséminées, fragmentaires, ces informations permettent une image impressionniste, sinon pointilliste de l'inconscient : on ne saura pas *ce qu'il est* mais on saura *ce qu'il contient*. Même si le contenu ne contribue pas à la définition du contenant par les objets qu'on y trouve, on apprendra ainsi peut-être un peu plus de l'ineffable qu'en sollicitant des schémas ornés d'inconnues algébriques coefficientées de lettres, sinon en appelant à ouvrir des appareils photographiques, des télescopes ou des longues-vues pour tenter d'y voir une invisible chambre noire entre deux lentilles polies…

Les *Leçons d'introduction à la psychanalyse* enseignent l'existence d'un fond phylogénétique transmis d'âge en âge et qui remonte à la plus haute période de l'humanité. L'inconscient primitif des premiers hommes se trouve donc toujours actif dans le dispositif psychique des contemporains de l'appareil photographique freudien… Que trouve-t-on en héritage de nos ancêtres des cavernes ? Le complexe d'Œdipe bien sûr, donc la horde primitive, le meurtre du père, le banquet cannibale, la crainte de la castration, la séduction enfantine, la capacité au symbolique, l'excitation de l'enfant par la vision de la sexualité de ses parents. Certes, ces « traces mnésiques » ne sont pas à concevoir comme des images, encore moins tel un film, sur le mode du souvenir classique dans la mémoire traditionnelle. Ce sont des souvenirs sans images, des mémoires sans formes, des forces d'une certaine manière, mais des forces sans quantités mesurables, des puissances agissantes, des affects actifs sur le terrain pulsionnel...

La lecture de *Considérations actuelles sur la guerre et sur la mort* nous enseigne, mais toujours sur le mode performatif, que l'inconscient ignore la mort : « Comment notre inconscient se comporte-t-il à l'endroit du problème de la mort ? La réponse s'impose [*sic*] : presque exactement comme l'homme originaire. De ce point de vue, comme de tant d'autres, l'homme des premiers temps continue de vivre inchangé dans notre inconscient. Ainsi notre inconscient de croit pas à la mort propre, il se conduit comme s'il était immortel » (XIII. 151).

Pourtant, à la page suivante, Freud énonce, performatif encore, que « notre inconscient pratique le meurtre même pour des vétilles » (XIII. 152) car il souhaite la mort des individus qui se mettent en travers de notre route. Voilà donc pour quelles raisons l'inconscient peut ignorer la mort mais la vouloir en même temps, autrement dit, méconnaître une chose mais y aspirer ardemment en vertu de ce fort utile trait de caractère qui ignore la contradiction.

Verrouillage idéal, en effet, que cet autre performatif en vertu duquel Freud pose qu'« en lui les opposés coïncident » (XIII. 151). Dès lors, on ne peut rien dire de l'inconscient, mais, avers de la médaille, on peut aussi tout dire et le contraire de tout – en vertu de ce statut épistémologique d'exception : l'inexistence de la logique qui régit habituellement la raison raisonnable et raisonnante, par exemple avec le principe de non-contradiction, ne saurait concerner cette force faisant pourtant la loi d'une façon très structurée si l'on en croit Freud.

Dans *Au-delà du principe de plaisir*, Freud signale que l'inconscient veut devenir conscient – performatif là encore. Voilà son tropisme naturel, son discours de la méthode… À quoi le philosophe ajoute que dans l'« Ics » règne la toute-puissance du principe de plaisir : l'inconscient veut donc jouir sans entraves, il désire la vie répandue, il souhaite l'expansion sans limites des forces hédonistes. Corrélativement, il tâche d'éviter tout déplaisir. Soumis au principe de réalité qui contraint au renoncement, au refoulement, il subit donc des pressions non pas sur la quantité pulsionnelle mais sur ses trajets.

Autre texte, *Le Moi et le ça* : Freud y affirme, en vertu d'une même stratégie performative : « Le refoulé est pour nous le prototype de l'inconscient » (XVI. 260). À quoi il ajoute, avec la même audace épistémologique : « Nous voyons [*sic*] que nous avons deux sortes d'inconscient, le latent, cependant capable de conscience, et le refoulé, en soi et sans plus non capable de conscience » (*ibid.*) – ainsi l'inconscient latent se nomme préconscient, alors que le strict inconscient se trouve limité au refoulé.

Un nouvel artifice rhétorique permet de préserver le caractère mystérieux de la chose : si l'inconscient finit tout de même par être su, il cesse de l'être pour entrer dans une autre catégorie conceptuelle, une autre figure métaphorique, le « Pcs » dans le catalogue de l'algorithme freudien. L'artifice sophistique qui permet l'organisation théorique du caractère insaisissable consiste à affirmer qu'on peut saisir cette notion impossible à appréhender d'au moins deux manières : l'une est dite dynamique, l'autre descriptive. On l'aura compris, la dimension dynamique arrive à point nommé pour rendre compte d'un glissement, d'un déplacement, d'une disparition de ce qui doit rester introuvable bien que décrété tout-puissant.

L'*Abrégé de psychanalyse* nous apprend que la première topique articulant « Ics », « Pcs » et « Cs » proposée au lecteur dans *L'Interprétation du rêve* en 1900 laisse place à une seconde topique en 1923 dans *Le Moi et le ça*. Nouvelles perspectives sur un même objet imperceptible autrement que par le biais, le travers, l'ombre portée, l'oblique de la métaphore ou la licence de l'allégorie. Mais l'*Abrégé*, le testament théorique de Freud qui résume un demi-siècle de travail, l'ultime texte inachevé, ajoute des considérations rarement ébruitées et pourtant assez inattendues. Freud explique en effet que cette seconde topique signifie métaphoriquement avec *ça, moi et surmoi* et qu'elle ouvre des perspectives nouvelles pour la psychologie car : « ce schéma général d'un appareil psychique est valable aussi pour les animaux supérieurs qui ont avec l'homme une ressemblance psychique » (6).

Dans *Métapsychologie*, déjà, Freud écrivait : « S'il existe chez l'être humain des formations psychiques héritées, quelque chose d'analogue à l'instinct des animaux, c'est là ce qui constitue le noyau de l'*Ics* » (XIII. 233). Dès lors, concluons que l'*Homo sapiens* de l'âge du téléphone partage avec l'homme des cavernes et certains mammifères supérieurs un même foyer obscur, impénétrable, infracassable, bien que tout-puissant, qui se nomme l'inconscient...

Enfin, l'inconscient a la mémoire longue et n'oublie rien. Ce qui a eu lieu trente ans plus tôt demeure emmagasiné : une humiliation, par exemple, et Freud songe à son enfance, à son père humilié par un antisémite, mais aussi à son géniteur l'humiliant pour un usage déplacé du seau hygiénique, tout ceci stagne dans cette mémoire immatérielle et produit des effets – ou le pourrait – de longues décennies plus tard. Dans l'inconscient tel que Freud le veut, le voit, le pense, l'affirme, le crée, le passé n'existe pas, l'oubli non plus : tout est présent, éternellement présent, immuable, inchangé.

À défaut de savoir *ce qu'est* l'inconscient, on a pu entr'apercevoir un peu *ce qu'il contenait*. Freud explique également *ce qu'est sa dynamique*. La première topique scénographie en effet l'articulation de trois acteurs principaux : l'« Ics », le « Pcs » et le « Cs ». Dans l'« Ics » se trouvent donc des pulsions, des instincts dont le mouvement naturel consiste, sur le mode d'un principe d'Archimède psychique, à remonter à la surface vers le « Cs » en vertu du principe performatif lui aussi qui veut que l'« Ics » veut devenir « Cs ». Trois possibilités s'offrent alors à cette aspiration de l'inconscient vers le conscient : *une première*, la *satisfaction* pure et simple, car les désirs inconscients ne présentent aucun danger, aucun risque et auront été autorisés par la censure, qui sépare « Pcs » et « Cs », à parvenir au « Cs » qui décidera de la réalisation du souhait. Dès lors, devenu conscient, ce désir se trouve facilement réalisé, la tension disparaît du même coup.

Les deux autres possibilités destinales concernent des désirs socialement impossibles à la présentation du « Cs » parce que la censure figurant la force de la morale, la puissance de la loi, le poids des interdits, le pouvoir des mœurs, en empêche le surgissement. D'où *une deuxième possibilité* : la *sublimation*, autrement dit, la réalisation détournée d'un désir socialement inacceptable en désir socialement acceptable : une pulsion érotique imprésentable au « Cs » nourrit par exemple une création artistique, une production intellectuelle, une œuvre philosophique, elle recycle ainsi un instinct, une pulsion. Les analyses effectuées par Freud dans le domaine de l'art sur le *Moïse* de Michel-Ange, *La Vierge, l'Enfant Jésus et sainte Anne* de Léonard de Vinci, ou la *Gradiva* de Jensen proposent de suivre dans le détail psychanalytique le trajet d'une sublimation.

La *troisième possibilité*, dans le cas de l'impossible présentation d'un désir inconscient au «Cs», se trouve être le *refoulement*. Dans ce cas, la censure effectue un travail radical, elle ne se laisse pas tromper au profit d'une sublimation, assimilable à une séduction réussie du désir à l'endroit de la censure. Dès lors, ce désir se retrouve renvoyé à l'«Ics» dont il vient et où il va rester pour effectuer le travail de sape psychique constitutif de toutes les psychopathologies.

La psychanalyse se propose de nommer ce refoulement, de le conscientiser par le travail analytique puis, de ce fait, par le simple processus de mise au jour à la conscience de ce refoulement et du retour du refoulé, de guérir le patient. La verbalisation du refoulé, la détection des raisons de ce refoulement, la plupart du temps un traumatisme libidinal ancien, voilà qui, par la grâce du verbe de l'analyste, fait se volatiliser le symptôme – c'est du moins l'enseignement de Freud.

Mais comment prendre connaissance de cet inconscient invisible mais plénipotentiaire? Y a-t-il des voies d'accès inattendues mais efficaces pour pénétrer cette forteresse? Ignorant *ce qu'il est*, un peu averti de *ce qu'il contient*, éclairé sur les grandes lignes de *sa dynamique*, on peut enfin ajouter qu'on dispose de moyens d'en savoir un peu plus en proposant *ce qui le perfore*: à savoir le rêve, le cauchemar, le lapsus, l'acte manqué, le mot d'esprit, la plaisanterie, l'ironie, l'oubli d'un certain nombre de choses : les noms propres, les noms communs, les noms de lieux, des objets, des impressions ou des projets, mais aussi des maladresses, des erreurs de calcul, l'étourderie, et tout ce que Freud nomme la psychopathologie de la vie quotidienne.

Voici donc un étrange paradoxe : pour détourner une image bien connue, l'inconscient semble être un cercle dont le centre est partout et la circonférence nulle part ; il donne l'impression d'exister telle une figure nouménale pensée par le cerveau d'un philosophe idéaliste ; il résiste aux mots et seules les allégories optiques, les métaphores spatiales, les images algorithmiques laissent entendre que, peut-être, on pourrait en approcher un peu l'ombre ; il flotte dans le ciel des idées comme une pure chose en soi invisible bien qu'omnipotente ; il ne se dit pas, mais veut tout ce qui est ; il en impose comme une forteresse imprenable, inaccessible, sombre et menaçante, abritant d'étranges manigances – mais un bouton mal ajusté, une alliance perdue, un objet brisé, une clé de maison égarée, une adresse mal rédigée sur une enveloppe, une monnaie mal rendue, une boulette faite avec la mie de pain, un trousseau de clé tripoté, un calembour, une correspondance de train manquée, le choix d'un chiffre au hasard, un rêve d'énurésie et mille autres petits détails accidentels de la vie quotidienne éventrent la citadelle et livrent ses secrets. Voici donc une redoutable chose en soi invisible dont une immense constellation phénoménale ne cesse de menacer les prérogatives : le Dieu de l'inconscient nouménal se cache, certes, il résiste au dévoilement, bien sûr, mais le Diable gît dans le détail phénoménal. La psychanalyse se fait compagnon de route du Diable sous le soleil noir de ce Dieu-là.

V

Comment tourner le dos au corps ?

> « Notre topique psychique n'a, provisoi-
> rement [*sic*], rien à voir avec l'anatomie. »
>
> FREUD, *Métapsychologie* (XIII. 214).

Le déni freudien de la chair ne va pas sans retour du
refoulé – pour parler son langage… Car le parti pris de
tourner le dos au corps pour se soucier d'un inconscient
psychique nouménal, autrement dit verrouillé pour n'être
pas inquiété par la raison raisonnable et raisonnante, ne
saurait rayer d'un trait de plume conceptuel le corps, la
chair, la matière de l'être. Freud revendique l'hypothèse, il
multiplie les précautions de langage, il tâtonne, va et vient,
il erre dans la thérapie autant que dans la doctrine, il
recourt à des métaphores, il disserte sur des images, il
pousse jusqu'au bout les conséquences d'une fiction
conceptuelle, il développe brillamment une pensée à partir
d'un idéogramme spatial, il jongle avec les concepts comme
un kantien aguerri, mais il sait, au fond de lui, qu'en dernier
recours, c'est le corps qui parle – et non le langage… Le
langage qui parle ? Une tautologie de linguiste…

Lorsqu'il élabore sa seconde topique, dans *Le Moi et le
ça*, Freud entretient du « plasma germinal » – il laisse de

la sorte apparaitre un peu de ce qu'il refoule. Les topiques agissent comme des métaphores spatiales pour tâcher de dire l'indicible inconscient. Lorsqu'une figure de style semble plus pertinente pour mieux signifier, Freud en change volontiers : il n'a pas la religion de ses images. Dès lors, saisissons cette revendication dialectique de Freud lui-même pour la mettre en avant dans la perspective d'un *après Freud* à même de dépasser et conserver ce que fut la psychanalyse dans la première moitié du XXe siècle.

Ajoutons à cela cette idée exposée dans *L'Interprétation du rêve* : « Même s'il est vrai que le psychique, dans notre exploration, peut être reconnu comme le facteur occasionnant primaire d'un phénomène, une avancée plus en profondeur saura un jour trouver une voie se poursuivant jusqu'au fondement organique de l'animique. Mais le psychique dût-il, dans l'état actuel de nos connaissances, constituer la station terminale, il n'a pas pour autant à être nié » (IV. 72). Autrement dit : Freud revendique ici la vérité *ponctuelle* de sa doctrine en attendant que, le temps passant (il utilise le futur, et non le conditionnel), une ouverture se fasse en direction du « fondement organique de l'animique ».

Ce fameux inconscient psychique postulé et créé sur le mode performatif pourrait donc bien n'être que le nom *provisoire* rendu caduc par une découverte à venir. Et cette trouvaille, Freud ne l'envisage pas sur le terrain du psychisme, du progrès dans la psychanalyse, sa créature, mais sur celui du somatique. L'inconscient ? Une hypothèse *temporaire* dans l'attente d'une découverte véritablement scientifique ? Trente-huit années après, cette thèse exposée dans *L'Interprétation du rêve* (1900) se trouve corroborée par les conclusions de l'*Abrégé de psychanalyse* (1938) qui envisage la chimie capable de soigner et de mettre la psychanalyse au rebut. Un « fondement organique » de l'appareil psychique sur lequel on pourrait intervenir, pour en modifier les aberrations psychopathologiques, par des « substances chimiques » ? Voilà un Freud dialectique qui, de ce fait, accède ici à l'universel dans l'humanité par l'inscription de son travail dans l'histoire.

Recueillons donc ces moments freudiens qui, malgré la toute-puissance du psychisme, disent que l'inconscient n'est pas, comme le dieu aristotélicien, une cause incausée ou un premier moteur immobile, mais qu'il est mû lui aussi. Par qui – ou quoi ? Par ce fameux « plasma germinal » partout présent dans l'œuvre. Certes, Freud emprunte cette expression au médecin biologiste August Weismann (1834-1914) – à qui l'on doit aussi la théorie selon laquelle les caractères acquis par un individu ne peuvent se transmettre héréditairement. Pour ce biologiste, le plasma germinal suppose que les organismes pluricellulaires se constituent de *cellules germinales* contenant l'information héréditaire et de *cellules somatiques* qui assurent les fonctions vitales. Les premières ne sont influencées ni par ce que le corps apprend, ni par une capacité acquise au long de la vie. Elles ne peuvent donc transmettre ces acquis à la génération suivante.

Cette thèse se retrouve chez Freud. Par exemple dans *Métapsychologie* : « L'individu est un appendice temporaire et éphémère du plasma germinatif, quasi immortel, qui lui fut confié par la génération » (XIII. 170). L'individu dispose donc d'une double existence : en tant qu'il est à lui-même sa propre fin ; mais également comme maillon d'une longue chaîne dans laquelle il prend sa place. Schopenhauer dirait : comme représentation et comme vouloir... Ou bien : individu à part entière, au sens courant du terme et membre de l'espèce – mortel dans le premier cas, immortel à sa façon dans le second.

Dans le texte freudien, nous retrouvons donc les « pulsions du moi » et les « pulsions sexuelles » : les unes au service de la conservation de nos existences individuelles ; les autres pour assurer la permanence de l'espèce. Dès lors, il existe un *plasma germinal immortel*, assimilable peu ou prou au *vouloir* schopenhauérien ou à la *volonté vers la puissance* nietzschéenne, sinon à l'*Inconscient* d'Eduard von Hartmann, porté par chacun d'entre nous le temps de sa courte vie sur terre ; puis un *plasma germinal mortel* disparaissant en même temps que nous. Disons-le autrement, dans un vocabulaire kantien revu et corrigé par Schopenhauer lu par Freud (!) : un plasma germinal nouménal et un plasma germinal phénoménal – ou, pour le reformuler dans le langage platonicien, un plasma germinal intelligible et un plasma germinal sensible…

En idéaliste convaincu, Freud pose que nous sommes composés d'un *soma mortel*, une partie vouée à la mort, destinée au néant, réductible au corps, à l'exception de la substance sexuée et héréditaire ; et d'un *plasma germinal immortel* utilisé aux fins de reproduction de l'espèce et de sa continuation dans le temps. Dans *Le Moi et le ça*, il écrit : « L'expulsion des substances sexuelles dans l'acte sexuel correspond dans une certaine mesure à la séparation du soma et du plasma germinal » (XVI. 290) – on ne s'en serait probablement pas douté, mais voilà, c'est ainsi… D'où l'analogie, souligne l'auteur, entre jouir et mourir, et autres rapprochements convenus entre l'éjaculation et la petite mort.

Le freudisme incarne donc un vitalisme masqué par la revendication forcenée d'un panpsychisme. Car Freud ne se soucie aucunement du corps, de la chair, des nerfs, des neurones et dirige son analyse sur la libido, les instincts, les pulsions, il construit la totalité de son édifice sur l'inconscient, et l'on découvre, au détour de phrases dissimulées dans la totalité de l'œuvre complète, une doctrine vitaliste classique car inconscient, libido, pulsions, instincts et autres forces psychiques signifiées métaphoriquement se trouvent à l'origine de tout, certes, mais à l'origine de cette origine, on trouve… le somatique ! Les dernières lignes de la dernière page de *L'Analyse avec fin et l'analyse sans fin*, un texte de l'ultime Freud, énoncent : « Pour le psychique le biologique joue véritablement le rôle du roc originaire sous-jacent » (268).

Cette reconnaissance d'une généalogie somatique à tout ce qui est psychique se trouve donc partout présente dans l'œuvre. Inventaire de ce chemin balisé de petits cailloux : en 1905, dans *Trois essais sur la théorie sexuelle*, Freud s'interroge sur la formation de l'identité sexuelle et renvoie pour élucider ce problème à des connexions « dans l'organisme » (VI. 145). Plus question, donc, de schémas et d'algorithmes, d'inconnues de nature algébrique ou de métaphores littéraires, photographiques ou optiques. S'il avoue ne pas très bien savoir d'où vient l'excitation sexuelle, Freud écrit tout de même qu'elle entretient des relations de causalité avec « des substances particulières issues du métabolisme sexuel » (VI. 155) – il parle en effet clairement du « chimisme sexuel » (*ibid.*).

Plus tard, en 1913, dans *L'Intérêt que représente la psychanalyse*, Freud écrit : « Ce serait une grave erreur d'aller supposer que l'analyse vise ou cautionne une conception purement psychologique des troubles de l'âme. Elle ne saurait méconnaître que l'autre moitié du travail psychiatrique a pour contenu l'influence des facteurs organiques (mécaniques, toxiques, infectieux) sur l'appareil animique » (XII. 109). Insistant sur « le facteur indubitablement organique », il théorise la mise à l'écart de la biologie pour éviter le parasitage du jugement analytique et ajoute : « mais une fois le travail psychanalytique accompli, il nous faut retrouver le rattachement à la biologie » (XII. 116). Voici de claires pétitions de principe !

On aurait aimé, en effet, que cette thèse, si juste, soit aussi celle du psychanalyste insoucieux de ces facteurs organiques quand il analyse ses cas célèbres : cette vérité théorique affirmée, Freud n'a eu de cesse de la nier pour s'engouffrer pleinement dans une thérapie purement verbale et défendre une étiologie exclusivement marquée au sceau du symbolique et du fantasme. Le cas (sur lequel je reviendrai) d'Emma Eckstein paraît emblématique de ce déni du corps et de cette polarisation exclusive, sinon extraordinairement butée, sur les seuls mécanismes psychiques. Freud *théorise* d'une façon exacte et juste ce que pourtant il ne *pratique* pas sur son divan.

L'année suivante, 1914, dans *Pour introduire le narcissisme*, on peut lire à nouveau ceci : « Toutes nos conceptions provisoires [*sic*] de psychologie devront être un jour basées sur des rapports organiques » (XII. 224). Mais aussi : « L'hypothèse [*sic*] de pulsion du moi et des pulsions sexuelles séparées, et donc la théorie de la libido, repose pour une très petite part sur un fondement psychologique et trouve essentiellement son appui sur la biologie » (XII. 223). Toujours l'inscription des hypothèses dans une logique dialectique et la pensée qu'avec le temps, le mouvement conduira inévitablement vers la physiologie, l'anatomie, le corps somatique en lieu et place du corps psychique.

1915 : *Métapsychologie*. Freud recourt beaucoup à la biologie pour asseoir sa théorie de la pulsion. La théorie du plasma germinal lui permet, on l'a vu, de penser les pulsions du moi et les pulsions sexuelles en regard de l'autoconservation et de la reproduction de l'espèce. Puis il envisage « les relations entre l'appareil animique et l'anatomie » car « c'est un résultat inébranlable de la recherche que l'activité animique est liée à la fonction du cerveau comme à nul autre organe » (XIII. 213). La localisation de l'activité psychique dans les zones neuronales ne s'est pas faite non pas pour des raisons structurelles mais conjoncturelles. De sorte que, selon ce texte, on pourrait envisager un jour une localisation – qui autoriserait même aujourd'hui, ou demain, une visualisation de l'inconscient par imagerie médicale… En effet : « notre topique psychique n'a, provisoirement [*sic*], rien à voir avec l'anatomie » (XIII. 214) – on aura bien lu *provisoirement* et non *définitivement*… Conclusion : la topique psychique se trouve donc momentanément métaphorique, rien n'interdit qu'elle ne devienne un jour anatomique…

Au-delà du principe de plaisir (1920) aborde la question de la pulsion de mort en relation avec la biologie. Dans ce texte psychanalytique de la plus haute densité philosophique, Freud voit dans les protozoaires, les paramécies, les animalcules, les infusoires autant de voies d'accès au vivant pensé comme animé par un principe de nirvana en vertu de quoi ce que veut la vie, finalement, c'est l'état d'avant la vie – autrement dit : le retour au néant. Pour cette nouvelle doctrine, le psychanalyste doublé du philosophe, sinon l'inverse, revendique des « emprunts à la biologie » (XV. 334). Lisons : « Nous avons à attendre d'elle les éclaircissements les plus surprenants et nous ne pouvons pas deviner quelles réponses elle donnerait dans quelques décennies aux questions que nous lui posons » (*ibid.*). Et ceci : « Peut-être justement des réponses susceptibles de renverser d'un souffle tout notre édifice artificiel d'hypothèses. » Conclusion : si la vérité du moment semble

bien être à la psychanalyse, celle de demain, selon l'aveu
même de Sigmund Freud, pourrait bien être à la biologie…

Trois années plus tard, dans *Le Moi et le ça* (1923),
Freud écrit que « le moi est avant tout corporel »
(XVI. 270), puis : « Sur la base de réflexions théoriques
appuyées sur la biologie, nous fîmes la supposition [*sic*]
d'une pulsion de mort à quoi est assignée la tâche de
ramener le vivant organique à l'état sans vie, tandis que
l'Eros poursuit le but de compliquer la vie en rassemblant de façon toujours plus extensive la substance
vivante éclatée en particules, et par là naturellement de la
conserver » (XVI. 283).

Jamais Freud n'a été aussi clairement vitaliste que dans
cette page où il écrit qu'il existe pulsion de vie et pulsion
de mort dans « chaque morceau de substance vivante ».
Puis quelques lignes plus loin : « Une substance pourrait
prendre en charge la représentation majeure de l'Eros »
(XVI. 284). De sorte que pulsion de vie et pulsion de
mort s'incarnent bel et bien – au sens étymologique.
Elles ne sont donc pas métaphoriques, fictives, allégoriques, mathématiques, algorithmiques mais substan-
tielles, concrètes, matérielles…

1926, année de parution de *La Question de l'analyse
profane*, même basse continue pour une semblable mélo-
die : les pulsions se localisent dans le moi corporel. Elles
nomment des besoins physiologiques qui cherchent à
obtenir satisfaction. Car le vitalisme freudien définit également un hédonisme : les pulsions cherchent leur satisfaction, car elles veulent « la domination du principe de
plaisir », elles évitent la frustration, le refoulement, le
déplaisir d'un engorgement ou d'une stagnation dynamique. Leur tropisme naturel ? La chute de tension du
besoin par une réponse appropriée à l'exigence – un pro-

cessus qui ne manque pas de générer un plaisir. Conséquemment, l'accroissement de tension d'un besoin produit le déplaisir. Une fois de plus, à l'origine de tout ce
dispositif se trouvent le corps, la physiologie, la biologie.

Enfin, en 1938, dans l'*Abrégé de psychanalyse*, livre
ultime d'un penseur au bout d'un demi-siècle de pensée
et de quatre-vingt-trois années de vie, Freud confirme dès
les premières lignes de cet ouvrage inachevé que le cerveau et le système nerveux constituent les lieux du psychisme : « De ce que nous appelons psychisme (ou vie
psychique) deux choses nous sont connues : d'une part
son organe somatique, le lieu de son action, le cerveau
(ou le système nerveux), d'autre part nos activités de
conscience dont nous avons une connaissance directe »
(5). L'ouvrage s'ouvre ainsi, il se termine sur les points de
suspension d'une œuvre inachevée à cause de la mort.

Voici donc de 1900 à 1938 un certain nombre de ces
cailloux avec lesquels se balise un chemin vitaliste. Freud
n'a pas varié sur ce sujet. Or cette affirmation que
l'inconscient fait la loi, malgré son invisibilité, mais que,
au bout du compte, le psychisme repose sur un socle
biologique indéniable, installe Freud dans une position
inconfortable. De fait, cette ambivalence travaille le texte
de l'œuvre complète, mais ponctuellement, partiellement,
de manière lointaine, en pointillé, bien que de façon
constante et régulière, alors que presque toute la place est
prise par les aventures immatérielles d'une vie psychique
déconnectée de la matière corporelle en général ou du
plasma germinal en particulier, de la biologie ou de la
physiologie, de l'anatomie ou de la matière charnelle, des
neurones ou du cerveau. Comment rendre compte de cet
écartèlement, à savoir que le somatique est généalogique,
mais se polariser sur le seul psychique ?

Freud n'était pas un très bon poseur de diagnostic... Ainsi cette anecdote rapportée dans son *Autoprésentation* : jeune médecin en second, il travaille sur des maladies organiques du système nerveux, puis dissèque et localise avec précision des foyers dans l'encéphale. Sa renommée, dit-il, enfle ! Des médecins américains affluent même dans son service dans lequel il enseigne sa science en anglais. Or, un jour, il ne parvient pas à diagnostiquer... une névrose prise pour une méningite.

Mais, chez Freud, l'aveu se trouve toujours effacé par une information qui l'annule : « À ma décharge, remarquons que c'était l'époque où à Vienne même de plus grandes autorités avaient coutume de diagnostiquer la neurasthénie comme tumeur cérébrale » (XVII. 60). Devant cette erreur de diagnostic, ceux qui étaient venus apprendre et savaient se sont détournés de Freud – l'événement fut-il déclencheur du désir d'aller parfaire ses connaissances en névrose auprès de Charcot ? Toujours est-il que dans l'autobiographie de Freud le passage concernant son départ pour la Salpêtrière suit immédiatement l'aveu de son erreur de diagnostic... Faut-il voir dans la vexation personnelle de cet échec le désir de tourner le dos au somatique et de ne plus se soucier que du psychisme ?

Pas toujours performant dans la compréhension des affections psychologiques, Freud ne l'était guère non plus dans celle des corps... En vérité, il savait que ses errances l'avaient conduit à commettre de graves erreurs médicales. L'emballement pour la cocaïne, suivie de la mort de son ami ; ses tâtonnements avec l'électrothérapie ; son bricolage avec l'hypnose pour laquelle il avoue ne pas être très doué, malgré l'ajout du gadget haptonomique ; sa prescription de l'invasive et monstrueuse thérapie à base de sondes et d'injections d'eau glacée dans la verge ; à quoi il faut ajouter des expériences traumatisantes dans son trajet personnel : Emma Eckstein par exemple ou l'accident que je nommerai *le cas Mathilde*.

L'histoire se trouve rapportée dans *L'Interprétation du rêve*. Freud parle d'«une triste expérience médicale» (IV. 147) : une erreur de prescription médicamenteuse occasionnant la mort de la jeune femme. Pour sa défense, Freud précise qu'il prescrivait de façon continue cette substance dont tout le monde à l'époque ignorait la toxicité. Le déni de cette erreur médicale, outre qu'elle ne lui arrache aucun regret, ni un mot de compassion, provoque une réaction violente chez le fautif : il refuse la causalité somatique au profit d'une causalité magique, le déni du corps s'effectuant au profit de la psyché. Loin du plasma germinal, nous retrouvons les fantasmes immatériels du thérapeute.

Lisons son explication : «La malade qui succomba à l'intoxication portait le même nom que ma fille aînée. Je n'y avais jamais pensé jusqu'ici ; maintenant cela m'apparaît presque comme une mesure de rétorsion du destin. Comme si le remplacement des personnes devait se poursuivre en un autre sens ; cette Mathilde-ci à la place de cette Mathilde-là ; œil pour œil, dent pour dent. C'est comme si j'allais chercher toutes les occasions me permettant de me reprocher le manque d'une conscience scrupuleuse comme médecin» (IV. 147). Freud refoule donc cette erreur médicale qui entraîne la mort de sa patiente non parce qu'il s'agit d'une preuve de son impéritie, mais parce que la morte portait le même nom que sa fille.

De la même manière, l'épisode du décès de son ami Ernst Fleischl-Marxow en 1895, à cause, on s'en souvient, de sa prescription d'injections sous-cutanées de cocaïne pour guérir d'une morphinomanie, ne génère aucun remords, aucune pitié chez Freud dont on sait pourtant qu'il fut totalement coupable (lui aussi le savait, puisqu'il a détruit les preuves publiées de cette culpabilité…), mais un déni suivi d'une reconstruction de cet épisode. Quelques lignes avant d'aborder le cas Mathilde, Freud rappelle la mésaventure fatale et donne sa version légendaire : « Un ami cher, déjà mort en 1895, avait hâté sa disparition par l'abus de ce remède » (IV. 147) – en l'occurrence la cocaïne. En 1900, le thérapeute Sigmund Freud a déjà au moins deux morts sur la conscience, et ce par le seul effet de son incompétence…

Dans une note de *Psychopathologie de la vie quotidienne*, Freud rapporte une autre histoire allant dans le même sens. Toujours déni du somatique, refus du corps et polarisation sur le psychique. Au moment où il rédige les pages de cet ouvrage, il rapporte le détail d'un oubli : consultant son livre de comptes, Freud ne parvient pas à associer les initiales d'un individu à la somme des honoraires reportés en face de ce repère. Pourtant, en compulsant le cahier, Freud constate qu'il a soigné cette personne dans un sanatorium et qu'il a donc eu le loisir de la côtoyer pendant plusieurs semaines. Impossible, dans un premier temps, de se remémorer l'identité du personnage. Puis il se souvient d'une jeune fille de quatorze ans.

« L'enfant souffrait d'une hystérie évidente et éprouva, sous l'influence de mon traitement, une amélioration rapide et considérable. Après cette amélioration, les parents me retirèrent leur enfant ; elle se plaignait toujours de douleurs abdominales, qui jouèrent d'ailleurs le rôle principal dans le tableau symptomatique de son hystérie. Deux mois plus tard, elle mourut d'un sarcome des ganglions abdominaux. L'hystérie à laquelle l'enfant était

incontestablement [*sic*] prédisposée [*sic*] avait été provo-
quée par la tumeur ganglionnaire et alors que j'étais
impressionné surtout par les phénomènes bruyants, mais
anodins, de l'hystérie, je n'avais prêté aucune attention à
la maladie insidieuse, mais incurable [*sic*], qui devait
l'emporter » (156-157).

Explication : même en cas de mort d'une fillette, Freud
ne doute pas une seule seconde de l'excellence de son
diagnostic – une fois de plus, hystérie – ni de rien
d'autre... D'ailleurs, elle était prédisposée à cela, et ce de
manière incontestable – qui contestera donc ? De même,
il ne doute pas de sa thérapie : il l'a soignée, elle a donc
connu une amélioration considérable – dès lors, elle
quitte l'institution dans laquelle on la traite ; on sent au
passage que la formulation freudienne laisse entendre
que, si les parents ne lui avaient pas repris la jeune fille,
l'issue n'aurait pas été fatale ; bien qu'il avoue tout de
même une pathologie somatique qu'il confesse n'avoir
pas décelée – c'est tout de même lui le médecin diplômé
de l'université, le praticien hospitalier habilité à prendre
des décisions, y compris contre les parents s'ils commettent une faute en retirant leur enfant du sanatorium.

Freud ne veut pas perdre la face : il n'a pas diagnostiqué la tumeur, certes, ce serait tout de même une erreur
médicale grave de la part d'un médecin, bien sûr, mais
elle était à l'origine de l'hystérie, ce sur quoi il ne reviendra pas. Pourrait-il douter un peu de lui quand il avoue
avoir été distrait par une pathologie qui, peut-être,
n'existe pas réellement, et qui l'aurait fait passer à côté
d'une affection mortelle qui, elle, existait bel et bien ?
Nullement. Une jeune fille est morte, mais sa responsabilité ne saurait être engagée puisqu'il s'est occupé de la

seule chose qui vaille – l'hystérie, même si cette affection n'a existé que dans son souhait…

Rappelons ceci : Freud précise qu'il a soigné vite et bien l'improbable hystérie, ce qui le met à l'abri d'une quelconque responsabilité du décès, puisque la faute en incombe au cancer – que, tout de même, le Dr Freud, après huit années d'études de médecine à l'université de Vienne, n'aura pas diagnostiqué… Troisième mort pour un même médecin… Sans être rompu aux subtilités de la psychanalyse, le lecteur comprendra sans difficulté les mécanismes de l'*oubli* et se dispensera du détail des chapitres concernant ce sujet dans la *Psychopathologie de la vie quotidienne*. On voit bien pourquoi l'individu a toujours intérêt à ne pas se souvenir de ce qui affecte la belle idée qu'il se fait de lui-même.

Un cas emblématique aide à comprendre le fonctionnement de Freud en matière de clivage du moi, de déni, de refus du corps et de la chair, doublé de sa polarisation obsessionnelle sur ce qu'il nomme la vie psychique : Emma Eckstein. Quelques lettres à Fliess permettent d'en suivre le détail – on comprend que la famille de Freud, sa fille en premier lieu, ait souhaité tenir loin du regard des lecteurs ces pages redoutables pour le grand homme… Dans cet échange, on découvre au grand jour des traits de caractère du personnage très peu à son honneur : une mauvaise foi butée chez un individu qui refuse de reconnaître ses torts et préfère tout incendier plutôt que d'avouer une erreur avérée.

Emma Eckstein a trente ans en janvier 1895. Depuis deux ou trois années, Freud l'analyse pour, selon lui, des troubles hystériques avec, comme symptômes, des douleurs gastriques et des règles douloureuses avec hémorragie – des maux qui la tourmentent depuis l'adolescence. Freud récuse toute approche somatique et refuse même tout examen médical… L'hypothèse de l'analyste ? Une étiologie sexuelle et rien d'autre. Plus particulièrement, grande obsession freudienne : une masturbation refoulée à l'origine de tous ses symptômes. Convenons que le passage à l'acte onaniste tout autant que son refoulement constituent de la même manière les névroses, ce dont témoignent le cas du patient au psychrophore et celui de la cliente en question… Or qui échappe à l'alternative : se masturber ou ne pas se masturber, deux causes dissemblables d'une même pathologie ?

Freud explique pour quelles raisons il est parvenu à cette conclusion, et elle relève toujours du mode performatif – il crée la vérité en la nommant. Quelle est cette vérité nommée ? Tous les gastralgiques sont des masturbateurs : « C'est un fait bien connu », écrit-il… Fliess & Freud communient dans un certain nombre d'extravagances : une théorie numérologique à prétention scientifique par exemple, mais également cette étrange idée d'une correspondance intime entre le nez et les organes génitaux…

En 1893, Freud envoie un manuscrit à Fliess et l'entretient des « relations multiples qui existent entre le nez et l'organe sexué » ! Toujours le performatif… Le 8 octobre 1895, Freud invite son ami à publier ses conclusions sous la forme d'un « fascicule séparé, *Nez et sexualité féminine* » ; l'ami s'exécute et publie en 1897 un livre intitulé *Les Relations entre le nez et les organes sexués féminins*… Dans les lettres qui suivent, Freud parle de cet ouvrage en le baptisant *Nez et sexe*. Rappelons que le psychanalyste parlait de son ami comme du « Kepler de la biologie » (30 juillet 1898) !

D'où cette idée de Freud : il faudrait opérer le nez

d'Emma Eckstein pour en finir avec sa pathologie hystérique. Fliess se rend donc de son domicile de Berlin à
Vienne pour effectuer une opération chirurgicale fin
février 1895, en l'occurrence l'ablation du cornet nasal
moyen gauche, puis il repart chez lui, laissant la patiente
aux soins de son ami. Deux semaines plus tard, Freud
rend compte par lettre de l'état de la cliente : elle souffre
d'un œdème facial, d'hémorragie nasale, de caillots, de
sécrétions purulentes fétides, de douleurs et d'un état
infectieux… Du somatique lourd, donc.

On ignore la réponse de Fliess car Freud a pris soin de
détruire toute la correspondance avec son ex-ami. Freud
prend des précautions, il va effectuer un compte rendu qui
risque de blesser son confrère, mais il espère qu'il se remettra vite de l'information suivante : malgré le drain et les
nettoyages, les symptômes somatiques persistent. Jusqu'à
ce qu'un assistant, nettoyant la plaie, saisisse quelque
chose qui s'avère être « un morceau de gaze long d'un bon
demi-mètre » (8 mars 1895) oublié dans la cavité nasale par
le chirurgien et son compère ! À la suite de quoi, la patiente
fait un malaise après avoir perdu beaucoup de sang et vu
son pouls chuter. Pendant ce temps, passé dans la pièce
d'à côté, Freud boit un peu d'eau et, selon ses propres
mots, se trouve *pitoyable* – une sensation qui ne durera pas
longtemps, on s'en doute, et qu'il fera payer un jour. Il
avale un cognac, revient dans la pièce. Emma Eckstein
constate les dégâts et lui dit : « Voilà le sexe fort ! »…

Quelques jours plus tard, nouveaux nettoyages, cure-
tages. Freud regrette d'avoir obligé Fliess à quitter Berlin,
venir à Vienne, opérer, repartir, laisser sa patiente – il
plaide coupable et n'aurait pas dû mettre son ami dans
l'embarras ! Il ajoute que ce genre de chose peut arriver à
tout le monde. Pas un mot pour la victime. Freud revient

quelque temps plus tard sur cette affaire dans une autre lettre. Une nouvelle opération a été nécessaire : « Ce n'était rien, et on n'a rien fait », écrit-il le 23 mars 1895 ! Puis il ajoute : « Elle échappera au défigurement » – ce que ne confirme pas la nièce d'Emma, pédiatre, qui pour sa part écrit : « Son visage a été défiguré [...] l'os a été creusé et l'un des côtés s'est affaissé »...

Dans une lettre du 28 mars 1895, Freud repart à l'assaut et tape encore plus fort : humilié de s'être senti *pitoyable*, vexé d'avoir été ridiculisé comme un spécimen inachevé du sexe fort, il réapparaît, agressif : « Naturelle-ment, elle commence à former de nouveau des hystéries venues de ces temps derniers, qui sont alors décomposées par moi. » La meilleure façon de ne pas parler du corps d'Emma, de sa chair blessée, de son visage défiguré, de leur échec cuisant, de leur erreur chirurgicale, consiste donc à faire reprendre du service à la thèse hystérique.

Une année plus tard, teigneux donc, Freud tape encore plus fort : « Je vais te prouver que tu as raison, que ses saignements étaient hystériques, qu'ils se sont produits du fait de la *désirance* et probablement à des dates sexuelles. (La fille ne m'a pas encore procuré les dates, du fait de la résistance) » (26 avril 1896). Voici donc le mécanisme dévoilé au grand jour : l'opération ratée, la gaze oubliée, infectée, empuantie, les hémorragies consécutives à l'erreur chirurgicale, tout ça compte pour zéro. L'origine du problème ? Le désir libidinal d'Emma pour Sigmund – rien d'autre. Une attirance sexuelle refoulée, voilà tout...

Le 4 mai, Freud revient à la charge : « Elle a saigné du fait de la *désirance*. » Circonstance aggravante : en temps normal, de toute façon, déjà, elle perdait naturellement beaucoup de sang, alors... Quand elle se coupait, enfant, l'hémorragie était considérable... Les maux de tête à l'époque de ses premières règles ? Un effet de la suggestion. La suite serait risible si elle n'était pitoyable : « C'est pourquoi elle accueillit avec joie les violents saignements de ses périodes, preuve [*sic*] qu'elle était bel et bien malade, ce qu'on finit par admettre. »

Son désir de saigner ? Celui d'une jeune femme pour un irrésistible médecin nommé Sigmund Freud… Voilà pour quelle raison, quand le psychanalyste réapparaît dans la chambre après la découverte de cette gaze oubliée, elle a fait un malaise ! Non pas à cause de la perte de sang, de l'effondrement du pouls, mais parce qu'« elle trouva réalisé dans son état de malade l'ancien souhait d'amour ». De sorte que, au bord de la perte de conscience, « elle se sentit heureuse comme jamais »… L'idée qu'une chute de la pression artérielle pourrait entraîner un évanouissement n'effleure pas l'esprit de Freud qui persiste dans ses fantaisies sur l'étiologie sexuelle de toute pathologie.

Emma Eckstein quitte donc l'hôpital pour une maison de repos le soir même. Elle a mal dormi. Pour quelles raisons ? L'angoisse, le stress, l'inquiétude ? N'y pensez pas… La raison est bien plus cliniquement évidente : « Du fait de l'intention inconsciente de sa désirance qui était de m'y attirer, écrit Freud, et quand je ne vins pas cette nuit-là, elle eut un nouveau saignement, moyen infaillible pour éveiller de nouveau ma tendresse »… Comme elle a saigné spontanément trois fois et que l'hémorragie a duré quatre jours (!), Freud conclut : ceci « doit avoir une signification »…

Dix ans plus tard, âgée de quarante ans, Emma Eckstein souffre toujours. Son visage définitivement défiguré, Freud diagnostique… une rechute dans la névrose ! Il lui propose de reprendre l'analyse. Elle refuse et demande l'avis d'une jeune femme médecin qui retire un abcès abdominal volumineux. Quelques années plus tard, on lui a enlevé l'utérus avec un diagnostic enfin sérieux : myome – autrement dit, tumeur bénigne du tissu musculaire, probablement responsable des hémorragies depuis les années d'adolescence…

Cloîtrée, inactive, alitée, défigurée, Emma Eckstein mourra d'un accident vasculaire cérébral en 1924. En 1937, Freud affirmera sans sourciller qu'elle avait été traitée avec succès par la psychanalyse. Si elle avait rechuté, c'était à cause de l'hystérectomie qui avait réveillé la névrose ! Dans *L'Analyse avec fin et l'analyse sans fin*, Freud fait donc tomber sa sentence, comme un dernier coup asséné à la morte : « Elle ne redevint jamais normale jusqu'à la fin de sa vie. » Précisons qu'entre-temps, elle était devenue psychanalyste, preuve du formidable talent de magicien de Sigmund Freud ! Remarque finale : dans les mille cinq cents pages de la biographie d'Ernest Jones, le nom d'Emma Eckstein ne se trouve nulle part mentionné…

L'un de ses patients célèbres, le fameux Homme aux loups, porte un jour à la connaissance de Freud cette phrase de Nietzsche extraite de *Par-delà le bien et le mal* : « "J'ai fait cela" », dit ma mémoire. – "Impossible !" dit mon orgueil, et il s'obstine. En fin de compte, c'est la mémoire qui cède »… Elle explique toutes les erreurs de diagnostic de Freud : sa mémoire, en effet, pouvait lui dire qu'il avait commis des fautes graves en matière de diagnostic, de pronostic et de soins, mais son orgueil lui fera toujours affirmer que tout cela était impossible.

Dans l'économie de la pensée freudienne, cette idée de Nietzsche devient *clivage du moi* et *déni*. Dans *Le Clivage du moi dans le processus de défense* (1938) Freud explique qu'en cas de conflit entre la revendication de la pulsion et l'objection faite par la réalité, il y a déni de réalité quand il n'y a pas reconnaissance du danger accompagné d'angoisse. Pour éviter le danger, l'angoisse, la négativité déplaisante, le souvenir blessant, le sujet affirme que le réel n'a pas eu lieu. Du moins que ce qui a eu lieu n'est pas à entendre comme l'évidence le voudrait.

Dès lors : un jeune médecin nommé Sigmund Freud se trompe en prenant une névrose pour une méningite ? La communauté médicale tout entière commet à l'époque ce genre de confusion. Un ami morphinomane traité par lui avec de la cocaïne en intraveineuse pour le sevrage ne guérit pas, puis meurt ? Freud avait pourtant pris soin de prescrire l'ingestion et non la piqûre – même si un texte prouve le contraire... Une jeune fille présentée par ses soins comme hystérique meurt d'un sarcome que le médecin Sigmund Freud n'a pas vu ? La fillette de quatorze ans avait été soustraite à la sagacité médicale de Freud par ses parents – et d'ailleurs l'hystérie existait bel et bien, causée par le cancer qui, lui, a entraîné la mort, et non son impéritie professionnelle. Une femme prénommée Mathilde, comme sa fille, meurt à cause d'une erreur de prescription médicamenteuse perpétrée par Freud ? Tout le monde à l'époque ignorait la toxicité mortelle du remède. Une patiente diagnostiquée comme hystérique souffre horriblement ? Elle est inconsciemment amoureuse de lui et manifeste un amour de transfert. Même si on retrouve dans sa cavité nasale un demi-mètre de gaze infectée oubliée là après l'opération par son ami ? Affirmatif : amour de transfert...

Freud tourne donc le dos au somatique, trop problématique. Certes, il en reconnaît l'importance et, dans un même mouvement, il assure même que l'essentiel se trouve dans le plasma germinal, dans la biologie, dans l'épicentre matériel des cellules où s'affrontent pulsion de vie et pulsion de mort, dans l'anatomie, dans la physiologie, il parle même du système nerveux et localise l'activité psychique dans le cerveau après avoir précisé que tout ce qui s'affirme sur l'inconscient ou l'appareil psychique se formule sur le mode métaphorique, par défaut, dans l'incapacité historique où se trouve le psychanalyste d'en savoir plus sur la nature des mécanismes biologiques.

Dès lors, Freud sait le corps, mais il évince le corps. L'œil et l'intelligence tout à l'observation de son monde créé sur le principe performatif, il ne se soucie plus du réel, il n'en a cure. Le problème n'est plus la vérité matérielle du monde, l'épaisseur de la chair des hommes, mais la supériorité de l'univers conceptuel qu'il a fabriqué, produit magnifique de la sublimation si bien analysée par ses soins... Le corps disparaît, comme par enchantement : trop exigeant, trop revendicatif, trop présent, trop lourd, trop inquiétant, trop peu amusant pour un conquistador avide de découvrir un Nouveau Monde. Certes, la vérité de la vie psychique est biologique, Freud a passé sa vie à le dire, mais à quoi bon une vérité morne et triste, qui n'ouvre aucune perspective de conquête, qui n'autorise aucune réalisation de son rêve de célébrité universelle, qui empêche l'épiphanie de son destin, puisque la fiction ouvre de bien plus intéressantes potentialités ? Freud va donc tourner le dos aux paillasses des laboratoires : la gloire viendra d'un divan.

QUATRIÈME PARTIE

Thaumaturgie
Les ressorts du divan

I

Sigmund au pays des merveilles

> « Les règles de la pensée logique ne
> jouent pas à l'intérieur de l'inconscient et
> l'on peut appeler ce dernier le royaume de
> l'illogisme. »
>
> FREUD, *Abrégé de psychanalyse*, 32.

Le déni du corps et le refus du réel conduisent Freud
vers un monde créé de toutes pièces par ses soins, un
monde auquel il a donné les pleins pouvoirs. Le psychanalyste, tout à son déni du tangible, se donne corps et
âme à des fictions, des concepts, des idées, des noumènes.
Il anime avec un grand talent philosophique ce théâtre
d'ombres dans une œuvre complète monumentale qui
rivalise avec celle de Kant, de Hegel ou d'un grand nom
de l'idéalisme allemand, Schelling ou Fichte, sinon d'un
romantique du genre Novalis.

À la manière d'un enfant qui préfère son univers à celui
des adultes, il a inventé un monde magique dans lequel
la vie avec des fictions qui apaisent vaut mieux qu'une
existence en compagnie de vérités qui inquiètent. Freud
chemine en compagnie d'Alice de Lewis Carroll, de
l'autre côté du miroir, là où tout un cinéma bigarré de

personnages conceptuels s'anime pour le plus grand plaisir des spectateurs de cette projection infinie : libido, pulsions, instincts, inconscient, Œdipe, horde primitive, meurtre du père, refoulement, sublimation, Moïse, névrose, psychopathologie, voici les grands acteurs de ce manège philosophique enchanté.

Le rapport entretenu par Freud au réel est magique : dans son monde, le sarcome n'existe pas, les bandes de gaze non plus, ni les morphinomanes, pas plus que les tumeurs à l'utérus ou les erreurs de prescription pharmaceutique. En revanche, la farandole freudienne anime des images de père à occire, des désirs de coucher avec la mère, des souhaits d'inceste, des envies de meurtre, des prurits masturbatoires, des utérus en folie, des scènes de parents copulant, des nourrissons onanistes, des banquets cannibales, des rêves en anamorphose, des enfants battus, et tout un capharnaüm souvent sexuel qui fâchera Freud offusqué, outré, heurté, choqué, offensé, scandalisé qu'on parle de son *pansexualisme* !

Ce monde magique aurait été sans importance notable si Freud n'avait eu le désir d'y convertir l'humanité tout entière, fustigeant les êtres de bon sens qui préféraient le réel à sa fiction. Peu importe, après tout, qu'un homme se crée un univers et préfère y vivre plutôt que de dérouler son existence dans un espace où il se sent étranger. Un artiste, ce que fut Freud, ne cesse de prendre ses désirs pour la réalité et l'on n'en voudra pas à un musicien d'entendre le monde avec sa seule oreille, et non celle d'autrui, ou à un peintre de voir avec son œil et pas avec celui de son voisin.

Or Freud ne s'est pas contenté de créer un monde magique, il y a conduit nombre de personnes et souhaité y faire entrer l'humanité tout entière, sans exception, insultant les insolents qui se refusaient à prendre son théâtre pour le monde vrai, les traitant de névrosés, de malades, de refoulés ayant mille choses à se reprocher dans la boue épaisse de leur vie psychique. Pour ce faire, il a inventé un dispositif pour accéder à son cirque chimérique : le divan. Allongé sur ce meuble appelé par ses soins à devenir concept, l'impétrant se voyait proposer, aujourd'hui encore, un billet d'accès au monde magique, à l'univers enchanté dans lequel tournoient les créatures du philosophe artiste.

Voilà qui n'aurait pas posé problème s'il s'était agi d'un voyage comme on en effectue dans une peinture, un opéra, un roman, un poème, un film, une photographie, une gravure. Mais Freud a prétendu qu'en réalisant ce voyage en sa compagnie, on guérirait de névroses, psychoses, malaises, neurasthénies, hystéries, angoisses, phobies et autres pathologies de l'âme. Cette promesse de thérapie suppose le partage de la croyance que l'entrée dans ce monde apporte la santé recouvrée, la paix de l'âme et la fin de toute psychopathologie.

Dans son cabinet viennois, Freud proposait donc de soigner la déconnexion du réel par une avalisation de cette déconnexion doublée par l'adoubement d'un autre monde à même de guérir du réel. Autrement dit, il proposait une fuite, un voyage organisé dans un monde de fiction, à la manière des religions qui, pour faire supporter le monde ici-bas, inventent un au-delà dans lequel les choses paraissent tellement plus simples… Pour en finir avec la douleur existentielle de ce monde-ci, un tour dans cet univers-là : après y avoir vu ses parents faisant la bête à deux dos, un repas de chair humaine paternelle, un fils copulant avec sa mère, un nourrisson s'introduisant l'index dans l'anus, un père sodomisant la bonne, c'est sûr, les choses finiraient par aller beaucoup mieux… Freud penseur des Lumières ? Allons donc…

Le monde magique de Freud tourne radicalement le dos à un univers où la raison de Voltaire ferait la loi ! N'est pas Nietzsche qui veut… La légende propose en effet d'inscrire le psychanalyste viennois dans le panthéon des grands libérateurs auquel l'humanité doit tant parce qu'il l'aurait débarrassée de mythes, de fictions, de fables, des fantaisies, d'affabulations ! Or Freud n'a cessé de revendiquer la sagesse populaire, le mythe, la proximité avec l'occultisme – lire et relire le très instructif *Psychanalyse et télépathie*, un texte jésuitique à souhait dans lequel son auteur, ne voulant pas paraître trop nettement compagnon de route, recourt aux plus grandes prudences, mais souligne en passant, dans une analyse apparemment neutre et objective, nombre de points de convergence entre les deux mondes : un même traitement dédaigneux par l'institution, une mauvaise réputation commune de mysticisme, un identique mépris venu de la science officielle, une généalogie semblable à rechercher du côté des « pressentiments obscurs mais indestructibles du peuple » (XVI. 102), voilà, écrit le philosophe des Lumières viennoises, ce qui permet cette conclusion : « Une alliance et une communauté de travail entre analystes et occultistes paraîtraient aussi faciles à concevoir que riches en perspective » (*ibid.*). On aura vu plus voltairien comme déclaration d'*Aufklärer*…

Certes, ce petit chef-d'œuvre de rhétorique sophistique poursuit sur ce qui sépare et jure ses grands dieux qu'un chemin en commun n'est pas envisageable. Sa correspondance le prouve : il sait, pour des raisons stratégiques, qu'un aveu de proximité franc et massif avec les occultistes discréditerait à jamais la psychanalyse. Dans ses textes publiés, Freud prévient donc le lecteur qu'il ne prendra pas parti, qu'on chercherait en vain chez lui la moindre adhésion aux thèses occultistes. Certes, il revendique ouvertement l'impartialité, mais parle des « faits [*sic*] de télépathie » (XVI. 121) et disserte sur « le fait incontestable [*sic*] que la télépathie est favorisée par l'état de sommeil » (*ibid.*). Si l'on veut ne pas prendre parti et rester impartial, il existe probablement d'autres moyens que de parler des *faits* télépathiques…

Freud écrit à Eduardo Weiss, qui l'interroge à propos de l'occultisme (24 avril 1932) : « Mon point de vue n'est pas celui d'un rejet arrogant *a limine*. [...] Je suis prêt, il est vrai [*sic*], à croire que, derrière tout phénomène soidisant occulte, se cache quelque chose de nouveau et de très important : le fait [*sic*] de la transmission de pensée, c'est-à-dire de la transmission des processus psychiques à d'autres personnes à travers l'espace. J'en possède la preuve [*sic*] basée sur des observations faites en plein jour et j'envisage de m'exprimer publiquement sur ce point. Il serait naturellement néfaste pour votre rôle de pionner de la psychanalyse en Italie de vous déclarer en même temps partisan de l'occultisme »…

Donc : l'occultisme se soucie d'objets identiques à la psychanalyse ; les pensées et autres formes psychiques se transmettent dans l'espace ; Freud appuie cette thèse sur des expériences pratiquées par lui, on s'en souvient, avec sa fille Anna dont il dira, à Karl Abraham, qu'elle avait « la sensibilité télépathique » (9 juillet 1925) ; mais s'affirmer compagnon des occultistes serait suicidaire pour la psychanalyse…

D'autres lettres au même interlocuteur (8 mai 1932)

ajoutent au jésuitisme freudien : l'occultisme, oui ; les occultistes, non ; sur le sujet, on préférera… les psychanalystes pour leur… scientificité ! Mais toujours le même discours sur le fond : « Qu'un psychanalyste évite de prendre parti publiquement sur la question de l'occultisme est une mesure d'ordre purement pratique et temporaire [*sic*] uniquement, qui ne constitue nullement l'expression d'un principe. Rejeter d'une façon méprisante ces études sur l'occultisme sans s'y intéresser signifierait en fait suivre le lamentable exemple de nos adversaires. »

Le ton franc de la correspondance tranche avec le style hautement diplomatique des textes consacrés à cette question – *Psychanalyse et télépathie* (1921) et *Rêve et télépathie* (1922). En stratège avisé et en habile tacticien, Freud sait la nécessité de marquer ses distances et de les tenir, pour d'évidentes raisons d'occupation du champ intellectuel viennois, européen et mondial. La ligne officielle ? La psychanalyse est une science… Avouer un compagnonnage avec l'occultisme entraînerait de facto un discrédit dommageable pour la cause.

Dans *Psychopathologie de la vie quotidienne*, Freud questionne les faits occultes sur leur signification : que trouve-t-on derrière une transmission de pensée, une télépathie et autres « forces suprasensibles » (278) ? De purs produits de l'imagination ? Réponse : « Loin de moi l'idée de formuler un jugement aussi rigoureux et absolu sur des phénomènes dont l'existence a été attestée même par des hommes très éminents au point de vue intellectuel » (*ibid.*). Nous voici donc affranchis : les faits occultes sont avérés, il ne s'agit aucunement de fictions, de récits imaginaires, d'affabulations. *Le Réel occulte*, voilà effectivement l'objet *scientifique* du psychanalyste.

Ce qui manque ? Des études, des analyses, des réflexions. Non pas des condamnations ou un souverain mépris, mais d'authentiques élucidations. Nulle mise en cause du fait occulte, mais un souci de le comprendre : le monde de Freud n'est donc pas incompatible avec le monde occultiste. Lisons encore : « Lorsqu'on aura réussi à prouver la réalité [*sic*] d'autres phénomènes encore, ceux, par exemple, qui sont à la base du spiritisme, nous ferons subir à nos "lois" les modifications imposées par ces nouvelles expériences, sans bouleverser de fond en comble l'ordre des choses et les liens qui les rattachent les unes aux autres » (279). On a bien lu : Freud parle du spiritisme, autrement dit, pour rester neutre et s'appuyer sur la définition donnée par Littré de *spiritisme*, de la « Superstition des spirites ». Dans le même dictionnaire, on lit à l'entrée *Spirite* : « Personne qui prétend communiquer avec les esprits des morts par l'intermédiaire d'un médium »…

Freud n'exclut donc pas le spiritisme de son monde enchanté : s'il avait procédé avec cette pratique occultiste comme avec la religion monothéiste, ses pages auraient une autre saveur sur le sujet, on s'en doute. La virulence critique du penseur dit des Lumières ne ménage guère la religion en général et le judéo-christianisme en particulier, mais elle demeure introuvable à propos de la télépathie, de la transmission de pensée et du spiritisme.

Sur la transmission de pensée, les choses sont claires : « Je crois à la *transmission de pensée* et continue de douter [*sic*] de la "magie" », écrit-il à Fliess le 5 mai 1901 – ce qu'une édition récente rend par *lecture des pensées*, une expression intellectuellement moins compromettante… On constate que *douter* n'est pas affirmer clairement son incroyance radicale : dans *Malaise dans la civilisation* et

L'Avenir d'une illusion, Freud ne doute pas de Dieu ni de la religion, il affirme clairement son athéisme et son refus des consolations adossées à des arrière-mondes.

Freud tâche de donner une explication scientifique à ses croyances : la pensée se transmettrait sur le principe d'ondes matérielles… Imparable. Mais lesquelles ? De quel type ? Et comment une pensée pourrait-elle circuler intacte dans l'espace, partir d'un émetteur qui ne dirait rien et parvenir sans dommage au récepteur qui prendrait connaissance du message dans sa substance en comprenant ce qui aurait été formulé de manière ondulatoire ?

Le raisonnement présente toutes les apparences d'un développement scientifique, mais les apparences seulement, car il manque tout ce qui n'est pas performatif dans cette affaire. Pour la télépathie, Freud précise qu'il faut une empathie, un désir de communiquer entre deux personnes qui entretiennent une relation de complicité affective. De plus, le matériau télépathique est obligatoirement constitué par un événement fâcheux – un accident, un deuil, un traumatisme. Pour quelles raisons ? Freud n'en dira pas plus. C'est ainsi…

Plusieurs fois dans son existence, Freud prétend avoir vécu des moments relevant de l'occulte. Transmission de pensée et télépathie, donc, mais aussi : entendre prononcer son nom en l'absence d'interlocuteur ; rêver de la mort de son fils au front ; écrire un courrier à quelqu'un en se croyant sous l'empire d'une force télépathique venue de Hongrie – Ferenczi en l'occurrence qui, de son côté, affirmait correspondre de la sorte outre-Atlantique… Régulièrement il interrogeait tel ou tel pour savoir ce qu'il ou elle pensait, disait ou faisait à un moment précis où il avait cru remarquer un incident notable.

Par exemple, quand il brise par inadvertance sa bague de fiançailles, le futur auteur de la *Psychopathologie de la vie quotidienne* entre dans une réelle panique. Lui qui croit que tout, absolument tout, fait signe ici-bas, et ce en référence au monde enchanté de la vie psychique, lui qui accorde au plus petit détail une portée universelle, lui qui reconstruit sans vergogne chez les autres un monde à partir d'un vase brisé ou d'une veste mal boutonnée, lui qu'une hésitation dans le débit d'une parole met sur la voie de la découverte d'un continent ignoré du monde entier, il se met à angoisser comme le plus fragile de ses patients.

Le 26 août 1882, Freud écrit une lettre à Martha et lui demande si, le jour de la rupture de l'anneau, à l'heure précise de l'incident, elle l'aimait moins, elle s'ennuyait plus, ou bien même si elle lui avait été infidèle ! Dans la foulée, sans craindre la contradiction ou le ridicule, le scientifique parade : lui n'a eu aucune crainte en présence de la bague cassée, son cœur n'a pas frémi, à aucun moment, bien sûr, il n'a craint la rupture des fiançailles ou imaginé (quelle idée !) qu'il occupait une moindre place dans l'esprit de son amie – mais alors : pourquoi ces questions à la ligne d'avant ? Des questions « de mauvais goût » pour reprendre sa terminologie… Précisons : Martha a répondu à la demande de son amoureux : à ce moment-là, elle mangeait un gâteau… Pas de quoi fouetter un inconscient !

Disons-le clairement pour qui n'aurait pas encore compris, Freud est superstitieux – ce qui s'articule mal avec la raison scientifique et le mode de pensée rationnel. Une fois de plus, la correspondance avec Wilhelm Fliess fourmille de preuves. Ainsi, dans les montagnes du Harz, en Basse-Saxe, il existe une coutume pour conjurer le mauvais sort : tracer trois croix latines à la craie sur les portes. Freud connaissait cette région pour y passer régulièrement des vacances. Le Comité secret, qui a réuni un temps les plus fidèles parmi les fidèles freudiens, s'y rendit pour le rencontrer.

Or, dès qu'il entend conjurer quelque chose dans un courrier à son ami, Freud trace trois croix sur sa lettre... Ainsi, le signe cabalistique se trouve-t-il associé au féminin (5 novembre 1899), aux choses interdites présentes dans la *Psychopathologie de la vie quotidienne*, sans qu'on sache lesquelles (8 mai 1901), à un rêve dont on ignore également le contenu (26 avril 1904). On retrouve également ce signe en dehors de la correspondance privée, dont celle de Jung, puisque *L'Interprétation du rêve* y recourt dans un passage où le psychanalyste ne souhaite pas écrire le nom de sa fille Mathilde atteinte d'une diphtérie (IV. 150) afin de ne pas attirer le mauvais sort sur elle !

Cette superstition se manifeste également dans la croyance au délire numérologique. Fliess était un partisan convaincu d'une théorie fumeuse des cycles justifiant que tout arrive en vertu d'une logique contenue dans les chiffres. Une longue citation de calculs, parmi tant d'autres du même acabit, dispense de commentaire. Elle remplit une partie de la lettre datée du 1er mars 1896 – l'année de parution de *Sur l'étiologie de l'hystérie*. Freud entretient des premières contractions de sa femme Martha enceinte d'Anna : « La naissance a eu lieu le 3 décembre. La période menstruelle est revenue le 29 février. Martha a toujours été régulière depuis la puberté. Sa période dure un peu plus de 29 jours, disons 29 ½. Il y a donc du 3 décembre au 29 février : 88 jours = 3 × 29 1/3.

$$28$$
$$31$$
$$29$$

$$88 \div 3 = 29\,^{1}/_{3}\;\text{jours}$$
$$-\,28$$

Du 10 juillet au 3 décembre il y a : $5 \times 29\,1/5$

$$21$$
$$31$$
$$30$$
$$31$$
$$30$$
$$3$$

$$146 \div 5 = 29\,^{1}/_{5}$$
$$-\,46$$
$$-\,1$$

Compte tenu d'une période d'un peu plus de 29 jours, la naissance s'est donc [*sic*] produite à la bonne date et les premiers mouvements de l'enfant se sont produits à la cinquième échéance de menstruation. » Voilà pourquoi votre fille est muette…

Mais Freud peut faire plus névrotique encore, sans le prétendu support légitimant d'une science, celle de son ami Fliess. Ainsi ses paniques numérologiques avec son numéro de téléphone. À Vienne, l'administration des télécommunications lui avait attribué le numéro « A 1817 O » qui le ravissait parce qu'en lui se trouvaient réunis ses deux chiffres fétiches « 18 » et « 17 », encadrés par le « A » et le « O », *alpha* et *oméga*. Mais un numéro précédent « 1 43 62 » l'avait mis dans tous ses états parce qu'il correspondait à une menace de mort : *car* âgé de « 43 » ans, et *puisque L'Interprétation du rêve* venait de paraître, d'où le « 1 », *alors* il allait mourir à « 62 » ans...

Angoissé, paniqué, terrorisé par la mort, Freud confie à Fliess qu'il mourra à... « 51 » ans. Voilà donc le chiffre « 62 » écarté. Le plus sérieusement du monde, il écrit le 22 juin 1893 : « J'ai une idée de compromis, que je ne peux pas fonder scientifiquement, c'est que je vais encore souffrir pendant, 4, 5 ou 8 ans de troubles variables, avec de bonnes et de mauvaises périodes, et qu'ensuite, entre 40 et 50 ans, je mourrai tout d'un coup d'une rupture cardiaque. » Difficile, en effet, de fonder cette idée scientifiquement...

Rappelons toutefois deux choses. *La première* : à cette époque, juin 1892, Sigmund Freud reçoit depuis plus de six ans au 19, Berggasse et allonge sur son divan une clientèle privée qu'il prétend soigner et guérir à partir de sa théorie, moyennant finances. *La seconde* : Freud ne mourra pas d'un seul coup, victime d'un infarctus, à cinquante et un ans, mais des suites d'un long et douloureux cancer qui l'éprouvera pendant seize années et aura raison de lui à l'âge de quatre-vingt-trois ans.

Très doué pour analyser la paille dans l'œil du voisin et, comme tout le monde, assez incapable de constater qu'une poutre dans son œil l'empêche de voir correctement, Freud développe une analyse de la *Psychopathologie de la vie quotidienne* dans laquelle il explique qu'on a beau faire, choisir par hasard un chiffre dont on croit qu'il nous passe par la tête sans raison, c'est toujours obéir au plus rigoureux des déterminismes de la vie psychique. Dans le monde enchanté de Freud, le hasard n'existe pas : il n'y a que pure nécessité magique.

Pour asseoir sa thèse, Freud renvoie dans le corps de son analyse à une lettre écrite à un ami dans laquelle, au moment de la correction des épreuves du manuscrit de *L'Interprétation du rêve*, il confia sa fatigue devant une tâche aussi rébarbative. Il ajoute que, dût-il rester 2 467 fautes, il ne se trouvait plus le courage de lire et relire son texte. Pourquoi « 2 467 » ? Réponse donnée par Sigmund Freud lui-même – et l'on verra ici à l'œuvre la *logique de la pensée magique* qui imbibe l'œuvre complète du théoricien. Premier indice : Freud a lu dans un journal qu'un général connu par lui au moment où il effectuait son service militaire partait à la retraite. Première conclusion : rencontre en 1882, retraite en 1899, soit 17 années pour parcourir le chemin de la vie active à la cessation des activités.

Second indice : Freud rapporte le fait divers à son épouse qui s'interroge : son mari ne devrait-il pas lui aussi partir à la retraite ? Seconde conclusion : l'épouse n'est pas charitable – elle le trouve tout juste bon à sortir du rang ? Il refait son calcul. Lisons l'analyse fantasque dans le très sérieux *Psychopathologie de la vie quotidienne* : « J'ai fêté ma majorité, c'est-à-dire mon 24ᵉ anniversaire, pendant que je faisais mon service militaire (je me suis absenté ce jour-là sans permission). C'était donc en 1880 ; il y a, par conséquent, 19 ans de cela. Tu retrouves ainsi dans le nombre 2 467 celui de 24. Prends mon âge et ajoutes-y 24 : 43 + 24 = 67 ! » [*sic* pour le point d'exclamation…]. Ce qui veut dire que, face à l'étonnement de sa femme, Freud se donnait encore vingt-quatre ans avant d'envisager l'âge de sa propre retraite. Notre calculateur sent donc monter en lui une joie irrépressible puisqu'il découvre qu'il lui reste encore presque un quart de siècle de travail pour achever son grand œuvre !

Compagnonnage avec l'occultisme, croyance en la transmission de pensée, expérimentation de la télépathie, scepticisme à l'endroit de la magie, et non pas condamnation franche et claire, adoubement du fait spirite, pratique personnelle de rites de conjuration du mauvais sort, y compris dans l'œuvre psychanalytique publiée, adhésion totale à la numérologie faussement scientifique de Wilhelm Fliess, adhésion également à la numérologie superstitieuse en pratique, mais aussi en théorie, Freud vit bien au pays des merveilles... La légende d'un penseur des Lumières se fissure, la carte postale d'un *Aufklärer* du XXᵉ siècle se gondole, la fiction d'un digne héritier des philosophes du XVIIIᵉ siècle européen pâlit...

II
Le royaume des causalités magiques

> Quelle est l'essence de la magie ?
> « La mécompréhension qui lui fait mettre
> des lois psychologiques à la place des lois
> naturelles. »
>
> FREUD, *Totem et tabou* (XI. 293).

Sigmund Freud a lu l'*Esquisse d'une théorie générale de la magie*, un texte daté de 1902-1903 écrit par Marcel Mauss puisqu'il se trouve cité en note dans *Totem et tabou* (XI. 286). Qu'en aura-t-il pensé dans le fond ? Nul ne sait... On a vu que Freud *doute* de la magie, ce qui signifie qu'il ne la condamne pas absolument. Quand il souhaite manifester une franche opposition, il évite habituellement les périphrases et ne tourne pas autour du pot : affirmer que la religion est une névrose obsessionnelle, que Moïse l'Egyptien a inventé le peuple juif, que le christianisme a réprimé la morale sexuelle sont autant de vérités clairement énoncées et soutenues théoriquement avec constance. Pourquoi donc la magie, voire l'occultisme, ne suscite jamais chez lui de critique virulente, radicale, franche, nette, précise, sans équivoque ?

Totem et tabou contient des analyses sur la magie.

Aucune n'est dépréciative. Que dit Freud dans ces pages ? Il distingue l'enchantement de la magie : l'un suppose l'art de se concilier les esprits, de les apaiser, de les faire passer de son côté, de les défaire de leur puissance ; l'autre, en tant que technique animiste, agit dans un monde où le mystère de la nature n'a pas encore été complètement explicité, elle cherche à soumettre certains processus naturels à la volonté de l'homme, elle prétend protéger les hommes contre toute négativité, enfin elle confère la faculté de nuire.

Puis il examine des comportements magiques : comment faire pleuvoir, activer la fécondité, obtenir du succès à la chasse, nuire à un ennemi, s'approprier la force ou les vertus d'un mort. Il commente des analyses de folkloristes, d'anthropologues, d'ethnologues. Puis donne une définition intéressante quand on souhaite, comme je le veux, mettre en perspective psychanalyse et pensée magique. Qu'est-ce qui, selon Freud, constitue la définition de la magie, son essence ? « La mécompréhension qui lui fait mettre des lois psychologiques à la place des lois naturelles » (XI. 293). On aura bien lu : une méconnaissance du réel, une ignorance du mécanisme de ce qui est visible dans la nature, une incapacité à rendre raison de ce qui résiste à la connaissance scientifique, et voilà le surgissement de… *lois psychologiques* comme explications à ce qui semble inexplicable parce qu'inexpliqué.

À l'évidence, et nous venons de le voir, Freud a souligné pendant tout son trajet intellectuel, un demi-siècle de pensée et d'écriture, que les hommes se trouvant à la charnière du XIXe et du XXe siècle, ses contemporains, donc lui par la même occasion, ne disposaient pas de réponses scientifiques dignes de ce nom pour résoudre

les questions majeures concernant la généalogie des psychopathologies, des névroses et, plus généralement, du
fonctionnement de l'appareil animique. D'où, selon
l'aveu même de Freud, son orientation vers le psychique,
puisque le somatique résistait à la connaissance – l'inconscient métaphorique contre le plasma germinal anatomique, une métaphore magique pour faire pièce à une
obscurité scientifique.

Dès lors, on pourrait appliquer cette phrase de Freud
à Freud lui-même et avancer l'hypothèse que la psychanalyse obéit au mécanisme de cette pensée primitive,
autrement dit : pensée première, pensée des origines qui
postule une causalité magique temporaire en lieu et place
d'une causalité scientifique à venir. Les lois psychologiques freudiennes seraient donc là par défaut, dans
l'attente que les lois scientifiques dispensent de recourir
à ce pis-aller préscientifique. Nombre d'affirmations du
psychanalyste étayent cette hypothèse – notamment
celles, déjà citées, d'un avenir dans la biologie de l'âme et
dans la chimie de la psyché. En attendant, Freud inscrit
son discours dans la logique de la *pensée magique* – cela
dit sans esprit polémique, avec le souci de conférer à ce
mot le sens donné par Marcel Mauss ou Claude Lévi-
Strauss.

Une autre citation de Freud sur la magie fonctionne à
merveille concernant la psychanalyse : « Ressemblance et
contiguïté sont les deux principes essentiels des processus d'association, c'est la domination de l'association des
idées qui s'avère être effectivement l'explication de toute
l'extravagance des prescriptions magiques » (XI. 292).
La lecture de *L'Interprétation du rêve*, notamment toutes

les pages consacrées à la symbolique des objets presents dans le rêve, illustre parfaitement cette thèse.

Le principe de ressemblance expliquerait nombre d'actions magiques : par exemple, pour faire tomber la pluie, le primitif imiterait le bruit de l'ondée avec des instruments de musique ou des chants pour obtenir la fécondité d'un champ, il mimerait l'accouplement sexuel avec la terre pour obtenir les faveurs du gibier, il effectuerait des danses rituelles revêtu de peaux d'animaux, en somme, il ferait *comme si*, et, *de fait*, il obtiendrait l'objet de ses convoitises : l'eau qui tombe, la moisson généreuse, la nourriture abondante.

Que fait Freud quand il interprète un rêve ? Il fait *comme si* et, *de fait*, il obtient du sens. Par exemple, dans le cas du «rêve d'une jeune fille agoraphobe par suite d'angoisse de tentation» rapporté dans *L'Interprétation du rêve* (IV. 406), une patiente raconte qu'elle se promène dans la rue, en été, «portant un chapeau de forme curieuse, dont la pièce du milieu est dressée vers le haut, dont les parties latérales pendent vers le bas (description marquant ici un temps d'arrêt) et ce, de telle sorte que l'une est plus basse que l'autre». Gaie, joyeuse, sereine, elle passe devant une troupe de jeunes officiers tout en se disant qu'ils ne peuvent rien lui faire.

Interprétation : Freud fait *comme si* le chapeau n'était pas un chapeau et, *de fait*, il obtient, par la grâce de la pensée magique, «un organe génital masculin avec sa pièce du milieu dirigée vers le haut et les deux parties latérales pendant vers le bas» (*ibid.*). Question du docteur : la dame aurait-elle un mari doté d'un organe sexuel avantageux ? Réponse positive de la dame au chapeau… Avec même, détail anatomique confirmant la justesse de l'interprétation, un testicule plus bas que l'autre exactement comme les parties latérales du couvre-chef ! N'est-ce pas stupéfiant ? Dès lors, une dame se promenant avec une aussi charmante anatomie symbolique sur son chignon n'a rien à craindre des militaires aux chapeaux probablement minuscules…

Un autre exemple de fonctionnement de la pensée analogique comme signature de la pensée magique est illustré par l'assimilation du cigare au phallus. Le diable est dans les détails, et tout Freud se trouve ramassé dans sa relation aux cigares… À vingt-quatre ans, il commence avec des cigarettes, comme son père fumeur jusqu'à l'âge de quatre-vingt-un ans. Puis il embraye sur les cigares, une passion qui le possédera toute son existence puisque sa mort des suites d'un cancer de la mâchoire, après une trentaine d'opérations et quinze années de souffrances sans nom, paraît assez clairement être en lien direct avec sa consommation de cigares : « C'est le tabac qu'on accuse d'être à l'origine de cette rébellion des tissus », écrit Freud à Jones le 25 avril 1923. Freud fumait en effet une vingtaine de cigares par jour… On le sait désormais, il souffrait en effet d'un certain nombre de somatisations, dont des arythmies cardiaques et un catarrhe nasal abondamment détaillé dans nombre de lettres à son ami Wilhelm Fliess – quantité de pus, qualité des couleurs, relation des odeurs et taille des caillots, fréquence des écoulements, rien ne manque…

Pour le soigner, son interlocuteur lui enjoint d'arrêter de fumer. Freud essaie et tient son ami au courant de ses exploits : rien, puis une rechute, un ou deux cigares par jour, puis un par semaine, avant de revenir à sa dose habituelle – le fameux paquet de vingt que va chercher chaque jour Paula Fichtl, une domestique de la maison.

Mais Freud rapporte à son ami que l'arrêt des cigares produit chez lui un redoublement des symptômes : trois ou quatre fois par jour, il souffre de troubles cardiaques, d'arythmie, de tension, d'oppression, de sensations de douleurs près du cœur, de paralysie du bras gauche, de dyspnée, le tout s'accompagnant d'une dépression psychique associée à ses idées de mort...

Commentant son « abstinence » – un mot choisi par lui qui en connaissait le poids conscient et inconscient... –, Sigmund Freud écrit à Wilhelm Fliess le 19 avril 1894 : « Je n'ai depuis ce moment (cela fait trois semaines aujourd'hui) véritablement plus rien eu de chaud entre les lèvres »... Dès lors, on ne s'étonnera pas qu'il théorise ainsi la tabagie : « J'en suis venu à croire que la masturbation est la seule grande habitude, le "besoin primitif", et que les autres appétits, tels les besoins d'alcool, de morphine, de tabac, n'en sont que les substituts, les produits de remplacement » (toujours à Fliess, le 22 décembre 1897). Dès lors, *L'Interprétation du rêve* témoigne (IV. 432), la cigarette ou le cigare équivalent symboliquement au phallus...

Tout Freud est donc là : la psychonévrose du personnage avec une tabagie comme addiction compulsive ; d'extravagantes équivalences symboliques – cigare = phallus, fumer = se masturber ; la tyrannie des pulsions personnelles dans l'économie intellectuelle du personnage ; le déni de la mort associé au refus d'arrêter son tabagisme compulsif ; le tropisme « toxicomane » (un mot de Jones lui-même...) – douze ans cocaïnomane. Mais aussi, et surtout, cette étrange façon de considérer que sa personne échappe à la théorie qu'il prétend valable pour le restant de la planète.

Ainsi, lorsque, faisant référence à sa doctrine du cigare

onaniste, un ami psychanalyste bien inspiré l'interroge sur le sens de cette passion pour les havanes, Freud répond : « Parfois aussi, un cigare n'est qu'un cigare. » Dès lors, en vertu de la docte théorie de Sigmund Freud, tout fumeur sur la planète tétouille le sein de sa mère et s'active dans la logique d'un onanisme de substitution – sauf lui qui se contente de fumer…

Une autre correspondance entre les analyses freudiennes de la magie et la théorie psychanalytique se trouve explicitement dans cette citation de *Totem et tabou* : « Chez les primitifs la pensée est encore dans une grande mesure sexualisée, et […] de là proviennent la croyance à la toute-puissance des pensées, la confiance inébranlable en la possibilité de dominer le monde » (XI. 299). À quoi on ajoutera cette autre phrase : « En résumé nous pouvons dire maintenant : le principe qui régit la magie, la technique du mode de pensée animiste, est celui de la *toute-puissance des pensées* » (XI. 295). Un autoportrait à la pensée magique ?

Substitution d'une pensée magique par défaut de pensée scientifique disponible ou possible, « Domination de l'association d'idées » dans la logique mentale primitive, « Sexualisation de la pensée » et « Croyance à la toute-puissance des pensées » dans la psyché des peuples les plus anciens, ne s'agit-il pas d'autant de principes actifs dans l'œuvre complète de Sigmund Freud ? Rappelons que Freud analyse dans ce livre, c'est d'ailleurs le sous-titre de *Totem et tabou*, « Quelques concordances dans la vie d'âme des sauvages et des névrosés ». Or chacun sait que Freud n'est pas un sauvage au sens donné par lui dans cet ouvrage.

Freud a donc soigné sur le principe de la causalité magique : *d'un côté*, des symptômes, des douleurs, des souffrances, des psychonévroses, des pathologies mentales et l'ignorance dans laquelle se trouvent les médecins de l'âme, Freud compris, quoi qu'il en pense, d'expliquer, de guérir et de soigner ; *de l'autre*, une pensée magique affirmant l'étiologie sexuelle de toutes les névroses, le rôle généalogique de la séduction sexuelle des enfants par leur père, la nature originelle traumatique libidinale de toute souffrance mentale. Entre deux, la parole de celui qui, effectuant la liaison à l'aide de sa causalité magique, réunit ce qui n'entretient aucune relation de cause à effet dans la réalité…

Le cas d'Emma Eckstein a déjà permis de voir comment fonctionnait cette logique dans l'esprit de Freud : d'un côté, les hémorragies, les règles douloureuses, les migraines d'une jeune femme ; de l'autre, le désir hystérique de la patiente amoureuse de son médecin, Freud lui-même, selon sa propre interprétation ; entre les deux : la parole d'un thérapeute juge et partie faisant *comme si* cette femme avait refoulé un désir onaniste, puis, plus tard, manifesté un amour de transfert, ce qui, *de fait*, expliquerait l'hystérie diagnostiquée par ses soins et les saignements associés…

Une jeune femme médecin pose-t-elle un autre diagnostic, hors pensée magique, plus inspiré par la science et décèle-t-elle une tumeur dans l'utérus, avant de procéder à l'hystérectomie nécessaire ? Freud maintient la thèse rutilante de sa pensée magique : certes, il ne nie pas ici le somatique – comment le pourrait-il d'ailleurs ? –, mais il le fait passer au second plan : ce qui prime, c'est bel et bien l'hystérie et s'il ne parvient pas à soigner sa patiente selon l'ordre de ses raisons magiques, la faute en incombe au chirurgien qui, par son geste, a réveillé le mal hystérique… Imparable !

Un autre cas permet de confirmer la permanence de la causalité magique dans la pensée freudienne – et aussi, malheureusement, dans sa thérapie… Katharina est la fille d'un aubergiste chez qui il passe des vacances en 1893. Informée du métier de son hôte, elle lui confie son malaise : les yeux brûlants, la tête lourde, des bourdonnements horribles dans les oreilles, des défaillances au bord de l'évanouissement, la poitrine oppримée, l'incapacité à reprendre son souffle, la gorge serrée, des angines récurrentes et des hallucinations – tableau clinique lourd…

Freud la questionne et obtient cet aveu, nous sommes en pleine période de théorie de la séduction chez le docteur viennois : elle a surpris son père dans le lit avec la bonne, un père qui, on s'en doute, a fait des avances sexuelles à sa fille – qui a refusé. Freud ne l'a ni examinée, ni auscultée, il n'a prescrit aucun examen clinique, mais, causalité magique, il diagnostique une hystérie. Aujourd'hui, au regard du tableau clinique, et en vertu d'une causalité scientifique, un médecin diagnostiquerait probablement une épilepsie du lobe temporal…

Même comportement avec Mary R. affligée d'hallucinations olfactives – elle sent une odeur de pudding brûlé. Avec cette seule information, Freud pose son diagnostic : hystérie… Elle a pourtant été traitée pour une infection nasale chronique associée à des caries de l'os ethmoïde – entre le nez et le crâne –, une opération au cours de laquelle elle a perdu l'usage de ce sens à la suite de quoi les symptômes se sont manifestés, une information qui semble pourtant ne pas manquer d'intérêt nosologique.

Mais Freud ne veut pas en entendre parler : hystérie, voilà le sésame de toute sa pensée magique. Le

psychanalyste échafaude alors le scénario explicatif suivant : Mary R. avait été éconduite par son employeur à
qui elle avait déclaré son amour. Dès lors, ceci,
l'éconduction, explique cela, l'hallucination olfactive.
Selon quelles raisons scientifiques ? Le performatif,
encore et toujours… Un médecin au fait de la science
contemporaine soignerait probablement une parosmie
causée par la détérioration du nerf olfactif lors de
l'opération…

Dans les *Suppléments à l'interprétation du rêve* (1911),
Freud revient sur une remarque fréquemment adressée à
la psychanalyse concernant le symbolisme, un parti pris
souvent à l'origine de l'opposition à sa doctrine pour
défendre son option : « aucun de ceux qui travaillent en
psychanalyse ne peut renoncer à l'hypothèse [*sic*] d'une
telle symbolique » (XI. 3). La pensée symbolique est
l'autre façon de nommer la pensée magique. Elle inter-
cale entre le réel et le jugement porté sur lui des considérations qui agissent en anamorphose du monde : ce qui
est est *plus* que ce qui apparaît, *autre* que ce qui apparaît,
différent de ce qui apparaît. On ne peut mieux conjurer
le réel et faire advenir l'imaginaire investi de toutes les
qualités du réel congédié.

Dans l'exemple précédent, un chapeau n'est pas un
chapeau, mais signifie, symbolise, vaut pour autre chose :
en l'occurrence le pénis de l'époux de la rêveuse. Qu'est-
ce qui permet à Freud de conclure ? Son extrapolation :
car l'hypothèse chapeau = pénis se trouve à ses yeux
confortée par une nouvelle association dans l'association : ce chapeau pend des deux côtés du visage ? Eh
bien puisque l'équation chapeau = pénis est valable,
alors parties latérales du chapeau = parties latérales du

sexe du mari, donc : testicules. Les testicules viennent en appui, si je puis dire, de l'hypothèse de Freud qui trouve sa vérification, du moins à ses yeux, par son outrance. Plus le symbole symbolise, plus la vérité du symbole se voit hypothétiquement confirmée. Selon les principes de la pensée symbolique, le réel est faux, le virtuel est vrai. L'immanence matérielle est une fiction, car seul le symbole est réalité.

On ne produit pas pensée plus platonicienne avec déconsidération du sensible phénoménal et culte de l'idée intelligible. Le Freud souhaitant à tout prix que son inconscient soit nouménal avoue son désir d'inscrire sa discipline dans la grande tradition de la pensée idéaliste qui investit tous ses efforts dans la promotion de l'imaginaire et du symbolique en lieu et place du réel et de sa matérialité tangible. La psychanalyse s'active dans la caverne platonicienne, elle disserte sur des idées, elle tourne le dos à la vérité des objets du monde. Son univers est un contre-monde, un anti-monde, un monde inversé, un théâtre dans lequel les chapeaux sont des pénis, les serrures des vagins, les boîtes des utérus, l'argent des matières fécales, une dent qui tombe un désir d'onanisme, la chute des cheveux la castration…

Pourquoi donc ces équivalences posées de façon purement arbitraire : poisson, serpent, cravate, asperge, tronc d'arbre, bougie, parapluie, aéronef, nez = pénis ; boîte, coffret, coffre, armoire = sexe féminin ; cigare = phallus, sinon par pure analogie formelle ? Pour quelles raisons une table avec le couvert mis = féminité, sinon par le glissement phallocratique et autobiographique d'un Freud associant bêtement la mère et l'épouse (qui assure la cuisine, le couvert, les repas) au féminin dont, selon lui, c'est le destin que de vaquer à ces tâches… Comment expliquer enfin qu'un rêve dans lequel on trouve des cambrioleurs entrés par effraction dans une maison = des parents qui réveillent un enfant pour le mettre sur un pot, sinon par pur caprice performatif ?

Cette pensée analogique illustre le degré zéro de la réflexion. *L'Interprétation du rêve* n'a pas effectué un seul progrès sur le terrain de l'assimilation symbolique depuis *La Clé des songes* d'Artémidore au IIe siècle de notre ère. L'onirocritique antique et celle de Freud procèdent des mêmes principes : poser arbitrairement des équivalences, installer selon le caprice de l'interprète un signe d'égalité entre une chose et une autre – avec chez Freud un tropisme sexuel évident : dans son esprit, un fragment du réel signifie toujours quelque chose de sexuel. La dissertation, le commentaire, ce qui se présente comme une analyse, une *interprétation,* permet alors moins l'accès à une vérité universelle que l'entrée dans la subjectivité de l'exégète. Dans ses propositions d'analyse de rêves, Freud découvre moins la vérité d'autrui que sa propre vérité. Le rêve est la voie royale qui mène à l'inconscient de l'interprète…

La preuve : quand plusieurs psychanalystes s'essaient à donner chacun leur lecture d'un même rêve, ils ne parviennent pas à une conclusion objective débouchant sur une version semblable, mais chaque fois, ils proposent l'exposé de leur propre fantasme qui suppose la projection de leurs obsessions. Pour un même objet d'analyse, on obtient des diagnostics hétérogènes et personnels du genre : complexe d'Œdipe freudien, infériorité d'organe adlérien, archétype jungien, stase d'orgone reichienne, objet petit « a » lacanien et autres constructions topiques performatives avec lesquelles se construit l'histoire de la psychanalyse.

Car s'il existait *une seule interprétation* pour *un même fait psychique* et si tous les psychanalystes se retrouvaient systématiquement, sans se concerter, sur une même interprétation, alors on pourrait parler de vérité, de science, de certitude puis envisager l'inscription du travail de Freud et des psychanalystes dans la lignée des découvertes définitives de Copernic en astronomie ou de Darwin en sciences naturelles. Mais l'interprétation en apprend plus sur l'interprète que sur l'interprété. Pour tous les astrophysiciens, la Terre est ronde, tourne sur elle-même et autour du Soleil selon un trajet elliptique ; pour tous les scientifiques, l'homme est le produit de l'évolution d'une espèce de singe au cours de l'histoire de l'humanité ; pour tous les psychanalystes, un même fait psychique relève d'une multiplicité de lectures, ce qui plaide pour penser la psychanalyse comme un perspectivisme (de type nietzschéen…) et non une discipline scientifique.

La croyance au pouvoir de la pensée symbolique suppose un postulat théorique donné par Freud dans son *Abrégé de psychanalyse* : « Les règles de la pensée logique ne jouent pas à l'intérieur de l'inconscient et l'on peut appeler ce dernier le royaume de l'illogique » (32). Pouvait-on espérer pareil aveu ? Voici donc formulé par Freud lui-même le principe de la causalité magique. Puisqu'il s'occupe du royaume de l'illogique, il lui faut inventer une langue, un langage, un monde, un univers entier : une utopie conceptuelle, une atopie mentale, une uchronie verbale, et habiter cet imaginaire avec la candeur d'un enfant prenant ses désirs pour la réalité. Les enfants revêtent des panoplies pour affronter des ennemis inexistants, Freud se taille sur mesure un costume de

conquistador afin de découvrir des mondes chimériques.
Au royaume de l'illogique, le psychanalyste est roi.

Toujours amateur d'allégories, de métaphores, Freud
pose que l'inconscient équivaut à une énigme à déchiffrer – œdipe oblige ! Dans une lettre à Fliess (6 décembre
1897), le noumène freudien perd son caractère inaccessible à la connaissance pour devenir signe et plus particulièrement inscription, à la manière d'une langue ancienne
dont il faudrait découvrir la pierre de Rosette pour la lire
aussi facilement que le grec ou le latin, sinon les hiéro-
glyphes. Déchiffrer, traduire, voilà donc la tâche du psychanalyste.

Mais comment faire avec une langue dont on nous dit
qu'y règne l'illogique ? Qu'est-ce, d'ailleurs, qu'une
langue illogique, sinon une glossolalie, autrement dit, une
langue inventée par un individu pour son seul usage,
c'est-à-dire une langue interdisant toute communication
– un oxymore… Face à une glossolalie, deux possibilités
se présentent : la première, rire et proclamer la nudité du
roi qui baragouine un sabir solipsiste ; la seconde : le psit-
tacisme, autrement dit, la manie du perroquet qui répète
cet idiome avec sérieux et gravité, convaincu que cette
langue ne voulant rien dire fait sens, puisqu'une poignée
de disciples y souscrit de manière appliquée. Soit : démys-
tifier ou s'agenouiller pour prier.

La pensée symbolique incarne par excellence la pensée
sectaire des psittacistes. Elle suppose apprentissage de la
fausse langue, vérification des connaissances auprès du
maître, position de soumission du disciple, interrogation
du mystère auquel on répond par un autre mystère qui
entraîne l'assentiment de la secte, rituels répétitifs d'une
série d'incantations verbales avec les objets sacrés de la
religion miniature – la vingtaine de concepts avec laquelle

on reconnaît le parler freudien, le parler jungien, le parler lacanien. Freud propose donc un monde avec sa langue, il la parle. Dès lors, convaincus et désireux de servitude volontaire, ses disciples l'apprennent et constituent ainsi le foyer sectaire susceptible de donner un jour naissance à une religion.

Freud propose une théorie du rêve qui justifie et légitime le renoncement à la pensée rationnelle et donne les pleins pouvoirs à la pensée symbolique. Alors que *L'Interprétation du rêve* ressemble à plus d'un titre à *La Clé des songes* d'Artémidore, il veut se démarquer de la vieille onirocritique pour se présenter comme l'auteur d'un travail révolutionnaire qui propose quelques nouveautés – dont celle qui fait du rêve non pas l'annonce prémonitoire de *ce qui aura lieu*, mais la résolution nocturne d'un problème diurne et la présentation en anamorphose de *ce qui n'a pas pu avoir lieu*, à cause d'un refoulement ·de nature sexuelle, évidemment…

Le gros livre intitulé *L'Interprétation du rêve* dit en fait peu de choses, du moins elles se résument à peu de lignes et les quelques thèses freudiennes doivent beaucoup à la littérature scientifique de l'époque. Un nombre de pages considérable commente d'ailleurs une abondante bibliographie sur le sujet pour montrer combien tout le monde s'est trompé. Évidemment, toute mention d'un travail qui, avant Freud, développerait les idées que Freud présente dans le corps de ce gros livre n'a aucune chance de s'y trouver.

Pourtant, l'idée d'un rêve dissocié de la prémonition n'est pas neuve ; celle qui fait du rêve la résolution d'une énigme de l'état de veille non plus ; nombre de scientifiques écrivaient ces choses là depuis longtemps. Sans aller chercher sur les rayonnages d'une bibliothèque, on peut renvoyer à Nietzsche qui écrit clairement dans son *Zarathoustra* : « De ce rêve, ô Zarathoustra, ta vie même nous donne la clé » (*OC*, 156) – ou d'autres textes du philosophe sur ce même sujet…

Le fort volume regorge d'analyses de rêves – une petite cinquantaine de Freud, à peu près deux cents pour les autres. Commentaire critique de la bibliographie, analyse d'une grande quantité de rêves avec abondance de détails, reste peu de chose pour la doctrine que Freud martèle régulièrement dans le courant de sa démonstration. S'il fallait faire un résumé de ses thèses, il tiendrait dans une page, sinon dans une citation. La thèse se ramasse en une poignée de mots : *le rêve est un accomplissement de souhait inconscient refoulé.* Autrement dit : il réalise dans le sommeil ce qui est interdit à l'état de veille. Voilà.

Mais les choses ne semblent pas aussi sommaires qu'on pourrait s'y attendre : le désir de coucher avec sa mère, pour prendre un fantasme freudien récurrent, ne se manifeste pas aussi crûment dans le rêve ! Trop simple… Nulle part Freud n'explique pour quelles raisons l'inconscient, qui ignore le temps, la mort, la morale, la contradiction, la logique, complique ainsi les choses ! Au nom de quoi ? Pourquoi ne pas y aller franchement, clairement, directement ? Sigmund Freud rêve d'entrer dans le lit de sa génitrice ? Pourquoi donc, souhait refoulé, ne rêve-t-il pas la scène telle qu'elle se passerait si elle devait avoir lieu : un fils dans le même lit que sa mère, copulant avec elle ? L'inconscient serait-il prude au point de recourir à un mécanisme complexe de formation du rêve que Freud prétend avoir découvert ?

Quel motif justifie que l'inconscient travestisse, dissimule, déplace, modifie, change les perspectives, au point qu'un fils désireux d'inceste rêve d'aéronefs disant l'érection, d'énurésie signifiant la puissance, d'une petite maison entre deux grosses indiquant la voie sexuelle à suivre pour mener à bien son projet libidinal ? Pourquoi devrait-il rêver d'un endroit déjà connu par lui pour signifier l'organe sexuel de la mère – en vertu de cette loi performative que chacun se souviendrait du vagin par lequel il est sorti du ventre de sa mère pour entrer dans le monde… Pourquoi tant de complications sans raisons valables ? Pour une instance psychique insoucieuse de l'histoire et de la morale, l'inconscient semble très soucieux de tours et de détours pour cacher son jeu !

Freud délivre donc sa théorie du rêve, comme Copernic et Darwin leurs découvertes scientifiques. Veut-on savoir ce qui mérite la plaque de marbre apposée sur la maison ? Allons-y : *première chose*, il existe, dans le rêve, un *contenu réel* et un *contenu manifeste* ; voici donc une première piste : le réel ne sera pas le réel, car seul sera *réel* le *manifeste* à décoder. Le réel du rêve importe peu, car sa fiction, voilà la réalité. Le contenu du rêve ne doit pas se prendre au pied de la lettre – voilà l'aveu du déni de réalité à la base du mécanisme magique freudien. Il s'agit donc de « deux langues distinctes » (IV. 319), or il se fait que seul Freud parle le bon idiome. Le contenu réel use d'*images* ; le contenu manifeste, de *signes*…

Deuxième chose, le travail du rêve suppose trois étapes : condensation, déplacement et présentation. Qu'en est-il de chacune de ces instances ? Le travail de *condensation* suppose la réduction de la diversité des matériaux utilisés pour un même rêve à très peu de choses, voire à un

contenu pauvre et laconique ; le travail de *déplacement*
correspond, comme son nom l'indique, à une translation,
à un changement de perspective : de sorte qu'au nom de
cette hypothèse bien utile, ce qui se retrouve dans un rêve
peut très bien n'entretenir aucune relation avec son interprétation puisqu'un tremblé, un bougé, aura eu lieu
– pour quelles raisons cette vibration si opportune ? On
n'en saura rien, mais Freud le pose ainsi – performatif
toujours ; enfin, le travail de *présentation*, par lequel
l'inconscient ajoute au brouillage en rassemblant des
choses séparées dans le temps et l'espace, en présentifiant
dans un nouvel espace-temps n'obéissant plus du tout
aux lois logiques qui régissent la vérité de ces deux
instances…

Le travail de présentabilité agit en occasion par excellence de la convocation du symbole et de sa légitimation… Freud affirme que le rêve sexuel l'emporte sur
tous les autres car, dans notre société, la répression libidinale est la plus forte. Puis il énonce, cœur de la centrale
nucléaire conceptuelle freudienne : « Lorsque je souligne
auprès des patients la fréquence du rêve œdipien – avoir
un commerce sexué avec sa propre mère –, j'obtiens
comme réponse : je ne puis me souvenir d'un tel rêve.
Aussitôt après surgit pourtant le souvenir d'un autre rêve,
méconnaissable et indifférent, qui s'est répété fréquemment chez l'intéressé, et l'analyse montre que c'est un
rêve de même contenu, à savoir une fois encore un rêve
œdipien. Je puis assurer [*sic*] que les rêves camouflés de
commerce sexuel avec la mère sont, à beaucoup près,
plus fréquents que les rêves sincères » (IV. 446).

Donc : Freud affirme d'un rêve anodin dans lequel ne
se trouvent ni père ni mère qu'il est œdipien ; le patient
s'étonne, le psychanalyste réitère : la preuve du rêve œdi-

pien, c'est qu'il ne l'est apparemment pas, il cache donc un rêve plus refoulé ne pouvant être par conséquent qu'un rêve œdipien ; la clinique permet prétendument à l'analyste d'affirmer ce dont il a besoin pour justifier son interprétation, qui est une projection : la plupart des rêves sont œdipiens, y compris et surtout ceux qui paraissent aux antipodes de cette affirmation étendue à l'universel…

Voici donc, en flagrant délit, les modalités d'action de Freud dans cette opération d'organisation de la disparition du réel. Opération de bonneteau effectuée avec l'excellence d'une sophistique et d'une rhétorique devenues aujourd'hui une théorie enseignée dans le monde entier. De sorte que le fils désireux de coucher avec sa mère pourra bien, par la grâce des jongleries entre contenu réel et contenu manifeste, condensation, déplacement, présentation, autrement dit défiguration, rêver qu'il se trouve à la proue d'un navire, urinant par-dessus bord, jouissant des embruns, voyant passer des dauphins ayant le visage de son supérieur hiérarchique, cela signifiera *incontestablement* l'envie œdipienne du rêveur – sûrement pas le fantasme de l'interprète…

À cet arsenal qui permet à Freud de substituer la causalité magique à la causalité rationnelle ou scientifique, il faut en ajouter un troisième : après le *sophisme du contenu manifeste et du contenu latent*, le *sophisme du travail du rêve* avec les trois stades, condensation, déplacement, présentation, il faut maintenant convoquer le *sophisme du pur contenu de l'idée incidente* présent dans un petit texte cardinal dans l'économie de la justification rationnelle de l'irrationnel et de la légitimation rhétorique de la causalité magique – Lacan ne s'y est pas trompé qui,

Freud au carré pour l'affabulation, a utilisé fort habile-
ment la thèse de ce très bref article.

Ces quelques pages intitulées *La Dénégation* sont
parues dans une revue en 1925 – un texte apparemment
oublié par Paul-Laurent Assoun dans son *Dictionnaire
des œuvres psychanalytiques* ! Pourtant, il vaut son pesant
d'or freudien ! Que dit-il ? En substance que, pour un
analyste, *non = oui*, ce qui, on s'en doute, permet
d'ouvrir toutes les portes qui résisteraient pour entrer
dans le merveilleux monde enchanté des causalités
magiques ! Voici comment fonctionne ce sésame des psychanalystes : « La manière dont nos patients apportent,
au cours du travail analytique, leurs idées incidentes nous
donne l'occasion de quelques observations intéressantes.
[…] "Vous demandez qui peut être cette personne dans
le rêve. Ma mère, ce n'est pas elle." Nous rectifions :
donc [*sic*] c'est sa mère. Nous nous octroyons [*sic*] la
liberté, lors de l'interprétation, de faire abstraction [*sic*]
de la négation, et d'extraire le pur contenu de l'idée incidente » (XVII. 167).

On ne peut mieux faire savoir que, peu importe la
vérité, la parole du patient, ce que pourrait enseigner une
parole non autorisée, le verbe psychanalytique fait la loi :
si la pensée logique ne fonctionne pas dans l'inconscient,
voir l'*Abrégé* (32), elle ne fonctionne pas non plus dans le
cerveau du psychanalyste ; et l'on comprendra d'autant
mieux que le règne de l'illogique triomphe dans la psychanalyse, puisque l'analyste ne recourt pas à sa raison, à
son intelligence, à sa conscience lorsqu'il se trouve derrière son patient, mais à son… inconscient, ce qui est
clairement dit dans *Conseils aux médecins sur le traitement analytique* (66) – j'y reviendrai dans « Le divan, un
tapis volant au gaz hilarant »…

Nier, c'est affirmer le refoulé, et comme le refoulé, par définition, définit ce qui demeure inconnu à la conscience du patient, seul le psychanalyste, puisqu'il s'avance en maître du refoulé, peut établir cette équivalence qui pulvérise le principe de non-contradiction : *non = oui*. De sorte que l'interprétation, par la grâce de l'interprète bénéficiant d'un statut d'extraterritorialité épistémologique, peut affirmer ce que l'interprète voudra, même si, et je dirai même *surtout* si, le patient récrimine.

De la même manière qu'au moment de la théorie de la séduction, Freud voyait dans le déni d'abus sexuel la preuve de la vérité de ce qui est dénié, le psychanalyste théorise pour ses disciples cette règle dictatoriale : *l'analyste dit le vrai parce qu'il est analyste* ; corrélativement, le patient dit faux, puisqu'il est le patient. On découvre ici l'impératif catégorique qui, derrière le divan, organise conceptuellement, légitime théoriquement et justifie dialectiquement la répartition des rôles entre la domination de l'analyste et la servitude de l'analysé, passeport d'entrée dans le monde merveilleux des causalités magiques.

Sur quoi débouche cette sophistique qui écarte la pensée rationnelle telle qu'elle se pratique depuis qu'elle constitue l'honneur de la philosophie – de Démocrite à Nietzsche, via les Lumières historiques du XVIIIᵉ siècle –, pour adouber l'occultisme, la télépathie, la transmission de pensée, le spiritisme, pour inviter aux causalités magiques, célébrer le monde enchanté du nouménal tout en tournant le dos au phénoménal, discréditer l'univers sensible et jubiler des jongleries conceptuelles effectuées

avec les objets intelligibles, les Idées pures ? Sur de
pitoyables conclusions…

On lira et relira, ce qui fut mon cas lors de ma découverte de cette analyse indigente de Freud, cet exemple
illustrant à ravir la pensée magique freudienne. Dans *Le
Début du traitement*, un texte de 1913, Freud écrit ceci :
« Lors de la première séance, un jeune et spirituel philosophe aux goûts artistiques exquis se hâte d'arranger le
pli de son pantalon. Je constatais [*sic*] que ce jeune
homme était un coprophile des plus raffinés, *comme il
fallait s'y attendre* [c'est moi qui souligne tant la ficelle est
grosse…] dans le cas de ce futur esthète » (98).

Passons sur le coup de pied de l'âne freudien au philosophe qui lui permet d'abîmer la corporation, dont il
est pourtant, en associant philosophie et posture de
dandy, et tâchons de comprendre le prodige qui permet
d'associer un geste, *arranger les plis de son pantalon* (probablement après s'être allongé sur le divan, ce qui peut
bêtement se comprendre sans invoquer Œdipe…), et le
diagnostic fort peu amène d'être *un coprophile des plus
raffinés*… Causalité magique dans toute sa superbe ! Car
refaire le pli d'un pantalon froissé ne semble pas scientifiquement signifier l'aveu d'une dilection particulière
pour les matières fécales…

Cette vérité assenée comme une découverte scientifique susceptible de lui valoir la reconnaissance éternelle
de l'humanité procède de la pure et simple affirmation
de Freud. Nous évoluons toujours dans le plus pur performatif : il nomme l'équivalence, il crée dès lors la réalité qu'il signifie. Comme le prêtre ou le maire déclarent
les candidats au mariage mari et femme et, par leur formule, réalisent l'union, le psychanalyse déclare le souci
du pli de son pantalon signe de la coprophilie, et voilà le

philosophe esthète étiqueté selon le vocabulaire de la nosologie psychanalytique ! Freud prétend avoir analysé mille rêves pour fonder sa *science* des rêves – comme il le dit et comme on peut encore le lire aujourd'hui. Était-ce bien utile pour livrer des explications dont beaucoup font penser à un pur et simple démarquage de *La Clé des songes* d'Artémidore ?

Pas plus là qu'ailleurs Freud n'évolue dans la science. Le performatif qui constitue la clé de voûte de son édifice a pour généalogie la projection, la suggestion, l'attente même de l'analyste. Ce que Freud veut découvrir, il le trouve après avoir projeté ses propres fantasmes. La psychanalyse agit en révélateur de son autoportrait. J'en veux pour preuve cette analyse produite dans *L'Interprétation du rêve* : un jeune garçon de quatorze ans souffre de tics compulsifs, de vomissements hystériques, de maux de tête, « etc. » [*sic*]. Freud lui demande de fermer les yeux et de lui confier ce qui lui passe par l'esprit. Il parle alors d'une scène dans laquelle il joue aux dames avec son oncle. L'adolescent commente les coups possibles et les combinaisons interdites. Sur le damier se trouvent un poignard, un objet que possède son père, une faucille et une faux. Suit l'image d'un paysan fauchant son champ. Voici donc le *contenu manifeste* de ce rêve éveillé.

Commentaire de Freud : le patient a eu une enfance difficile, son père était dur, coléreux ; sa mère douce et tendre ; les deux ne s'entendaient pas. Divorce du couple et remariage du père. La pathologie du garçon se déclenche après la présentation de la nouvelle mère. Solution : « Une réminiscence tirée de la mythologie a donné le matériel » (IV. 674). Voici donc le *contenu latent* de ce récit : « La faucille est celle avec laquelle

Zeus émascula son père, la faux et l'image du paysan dépeignent Cronos, ce vieillard violent qui dévore ses enfants et dont Zeus tire vengeance d'une manière qui n'est guère celle d'un enfant. Le mariage du père fut une occasion de lui retourner les reproches et menaces que l'enfant avait autrefois entendu prononcer parce qu'il jouait avec ses organes génitaux (le jeu de damier ; les coups interdits ; le poignard par lequel on peut occire). Ici ce sont des souvenirs longtemps refoulés et leurs rejetons restés inconnus qui, par la voie détournée qui leur est ouverte, se glissent comme des images apparemment dénuées de sens dans la conscience » (*ibid.*).

Sauf à croire que nous naissons informés des arcanes complexes de la mythologie grecque, comment imaginer qu'un jeune garçon de quatorze ans peut rêver ce genre de choses extrêmement précises, pointues, qui supposent une très bonne connaissance du mythe, donc une lecture attentive des passages qu'Homère et Hésiode consacrent à cette histoire dans l'*Iliade* et la *Théogonie* ? Certes, Freud croit à l'existence d'une phylogenèse psychique à même d'inscrire dans la vie animique les histoires mythologiques de façon héréditaire. Mais elles se trouveraient dans la psyché avec autant de détails ? Le père Ouranos, la mère Gaïa, le fils Cronos, la faucille fabriquée par la mère, la complicité du fils avec la mère pour castrer son père au moment où le mari va se coucher avec son épouse, les testicules tranchés et jetés dans la mer, tout cela, et le restant de toutes les mythologies, se trouverait dans le détail de la psyché, comme un matériel disponible à tout moment, à disposition de l'inconscient ?

Si oui, en effet, le rêve éveillé du jeune garçon de quatorze ans renvoie bien à la faucille de l'émasculation – mais comment croire qu'un être de cet âge dispose, juste en fermant les yeux et en confiant les images qui lui traversent l'esprit, des références mythologiques qui, *comme par hasard*, obsèdent Freud ? Car le père castré au moment où il va entrer dans le lit de sa femme, la complicité de la mère avec l'un de ses fils, les autres ayant refusé d'accomplir le geste symboliquement parricide, l'abolition de la virilité du géniteur par sa progéniture, voilà des obsessions freudiennes avant d'être celles de ce garçon sortant du collège.

La pensée symbolique, Freud a raison, n'est pas logique ; elle est fantasmatique, magique, analogique, projective, occulte, elle obéit à un autre ordre que celui de la raison, un ordre déraisonnable, illogique, insensé, elle procède de jeux de mots, d'homophonies, de glissements sémantiques, de paroles autorisées par les habitants du même monde irréel, fictif, finalement infantile, dans lequel les désirs sont pris pour la réalité, le réel devenant, par la grâce de l'anamorphose interprétative, l'agencement d'un monde à part, qui obéit à d'autres lois, d'autres temps, d'autres espaces, d'autres repères que ceux du monde courant, banal, de tout un chacun qui ne cherche pas à vivre dans le ciel des idées. Nietzsche écrivait dans *Sur Démocrite* que le matérialiste véritable enseigne ceci : « Contente-toi du monde donné. » Au regard de cette invite programmatique, Freud fut incontestablement le plus antimatérialiste des philosophes du XXᵉ siècle...

III

Le divan, un tapis volant au gaz hilarant

> « Mon moral dépend beaucoup de mes
> gains. L'argent est pour moi un gaz hila-
> rant. »
>
> FREUD, lettre à Fliess, 21 septembre 1899.

Freud a créé un monde, et comme tous les artistes qui
écrivent, romanciers ou poètes, il en a inventé les règles du
jeu et proposé une formule littéraire. Mais il a également
fait de cette création conceptuelle une proposition thérapeutique. De sorte que la psychanalyse dit deux choses : la
première exprime un corps de doctrine : *la* psychanalyse, la
discipline signée du nom de Freud. Mais il existe également
une autre façon d'utiliser ce mot, *une* psychanalyse, qui dit
autre chose – bien que la seconde découle de la première.

Dans *Cinq leçons sur la psychanalyse*, Freud écrit de la
psychanalyse qu'elle est une « nouvelle méthode d'investigation et de guérison » (X. 5) – *la psychanalyse*, nouvelle
méthode d'investigation, *une psychanalyse*, la méthode
de guérison, car, la chose se trouve clairement dite, sans
aucune restriction : en tant que thérapie, elle permet
d'éliminer les souffrances (X. 36). La théorie de la compréhension de la vie animique, du fonctionnement du

psychisme, de l'étiologie des névroses, de la logique du rêve, des arcanes de la métapsychologie, de la psychopathologie de la vie quotidienne, débouche sur la possibilité d'une pratique dont il nous est dit dans les *Cinq psychanalyses* d'abord, mais dans toute l'œuvre ensuite, qu'elle incarne la panacée en matière de recouvrement de la santé mentale. On a pu voir déjà combien la légende souffrait d'une comparaison avec l'histoire ! Nous irons plus loin dans « Une abondance de guérisons de papier ».

La psychanalyse, Freud la voudrait science parmi les sciences. Mais au détour de telle où telle phrase, on retrouve toujours un auteur moins fasciné par la rigueur des scientifiques que par les narrations mythologiques, les récits légendaires, les contes folkloriques, les adages populaires. Dans *La Question de l'analyse profane*, il revendique l'inscription de sa discipline dans ce lignage non scientifique, voire antiscientifique. Voilà pourquoi, revenant sur l'histoire de Cronos dévorant ses enfants, il précise qu'on comprend avec la psychanalyse qu'il en va de la castration : Freud cherche la lumière dans l'obscurité des mythes. D'où cette phrase étonnante : « La mythologie vous donnera le courage de croire [*sic*] à la psychanalyse » (XVIII. 35)…

Que signifie *croire à la psychanalyse* quand on dispose de deux acceptions pour un même terme ? Croire à la psychanalyse comme théorie explicative du monde ? Croire au pouvoir guérisseur de la pratique ? Croire aux deux parce que l'une n'existe pas sans l'autre et qu'on ne saurait imaginer une vision du monde sans les soins qu'elle prétend apporter ? Croire que Freud dit vrai dans ses livres, sur quelque sujet que ce soit et quoi qu'il dise ? Croire que Freud a soigné et résolu les cas qu'il affirme avoir guéris ? Croire que sa discipline est une science ? Et

puis *croire*, voilà une drôle d'invitation ! Parle-t-on de
croire à l'héliocentrisme de Copernic comme on croirait à
la fable chrétienne de la création du monde par Dieu
dans la Genèse ? Ou de croire aux thèses de Darwin sur
la généalogie animale de l'homme ? On croit aux dogmes
d'une religion, aux préceptes d'une secte, aux catéchismes qui supposent une adhésion sans raison, mais
croire en la psychanalyse, quelle étrange formule venant
d'une personne qui ne perd jamais une occasion de se
dire homme de science... Voyons donc ce que significa-
rait : croire à la psychanalyse comme thérapie...

Le divan est à Freud ce que le tonneau est à Diogène : un
raccourci pour exprimer le maximum avec un minimum
– une image, un mot, une formule, un objet. Aux yeux du
grand public, qui peut même tout ignorer de Freud et du
freudisme, la psychanalyse se réduit à ce meuble particulier : un lit qui n'en est pas un, un fauteuil qui s'anamorphose en lit, un boudoir viennois recouvert de tapis avec
un oreiller, et, derrière, un homme qui écoute, ne dit rien,
parle peu, ou pas, puis empoche une somme d'argent en
liquide après avoir regardé sa pendule et mis fin à la confession après une heure – en attendant la suivante...

Le passage entre la pensée magique exposée par le
psychanalyste et la pratique thérapeutique revendiquée
dans le cabinet s'effectue sur ce divan : il agit comme un
tapis volant conduisant des concepts performatifs à la
santé recouvrée, il mène des mots aux maux, du papier
au corps, des livres à l'âme, donc à la chair. Allongé sur
ce vaisseau régressif, porté par les eaux amniotiques d'un
flot verbal, le patient vogue vers l'utérus de son âme dont
il sortira purifié. Freud l'écrit, Freud le dit, Freud le
pense, Freud le croit – donc c'est vrai.

Que se passe-t-il donc sur ce divan ? Qu'est-ce qui s'échange entre l'analyste et l'analysé ? *Des mots*. Freud l'écrit simplement dans *La Question de l'analyse profane* : « Il ne se passe rien d'autre que ceci : ils se parlent » (XVIII. 9). Voilà donc ce qu'est une psychanalyse : la parole d'un patient dite à une personne qui se tait – et, ainsi, dit qu'elle soigne. Donc : pas d'auscultations, pas d'examens cliniques, pas de stéthoscope ou d'instrument pour prendre la tension ou la température, pas de matériel médical, pas d'ordonnance, pas de médicaments, rien d'autre que ce dispositif destiné à soigner par la parole.

Un divan, donc, avec des coussins, afin que le patient s'installe confortablement, presque assis, pas vraiment allongé, non pas comme s'il devait dormir, mais dans une position de franche décontraction, le dos légèrement relevé : il faut lui éviter tout effort musculaire, toutes les sollicitations sensuelles, sensorielles – écouter, sentir, regarder… Au 19, Berggasse, une couverture était posée à l'extrémité du divan, elle pouvait être utilisée pour recouvrir les pieds. L'analyste s'installe confortablement lui aussi. Dès la première séance, il sollicite une parole libre, sans contrainte, sans souci de la cohérence : il s'agit de formuler ce qui vient à l'esprit, sans contrôle, sans censure, sans interdiction. L'entrée en analyse suppose l'arrêt de tout traitement chimique. Aucun tiers, bien sûr, n'est admis dans l'enceinte du cabinet. Cette règle ne souffre aucune exception.

Cette méthode procède d'une longue évolution qui suppose Josef Breuer et Charcot. Le divan, on l'a vu, (II. 98) existe déjà en 1893, lors de la collaboration avec Breuer. Dans *Le Début du traitement*, Freud aborde ce qu'il nomme le « cérémonial [*sic*] imposé pendant les séances » (93) : « Je tiens à ce que le malade s'étende sur un divan et que le médecin soit assis derrière lui de façon à ne pouvoir être regardé. Cet usage a une signification historique, il représente le vestige de la méthode hypnotique d'où est sortie la psychanalyse. » Freud explique qu'il souhaite ceci parce qu'il ne supporte pas d'être regardé huit heures par jour, voire plus, puis pour que le patient n'interprète pas les signes lisibles sur le visage. Argument doctrinal : éviter la contamination de l'inconscient de l'analysé par les mimiques perceptibles sur le visage de l'analyste. Argument trivial : Freud le fournit lui-même dans une lettre à Fliess datée du 15 mars 1898 : « Je dors pendant les analyses l'après-midi »… Des patients témoigneront. Par exemple, Helen Deutsch, future psychanalyste, confiera que Freud s'était endormi au moins à deux reprises lors de son analyse…

Est-ce grave que le psychanalyste dorme pendant qu'il mène une analyse alors qu'on le paie pour écouter ce qu'on lui dit ? Non, répond Freud… Et de mettre sur pied une théorie qui, comme toujours, justifie ses faiblesses existentielles : l'analyste peut dormir car il se sert « de son propre inconscient comme d'un instrument », écrit-il dans *Conseils aux médecins sur le traitement analytique* (67), et non de son conscient. Freud ne dit pas comment l'inconscient de l'analyste peut fonctionner lorsque ce dernier dort, mais, ici comme ailleurs, il en va de causalités magiques. Dans l'analyse, les inconscients communiquent, et les lois de l'inconscient sont impénétrables !

Freud développe une autre théorie pour justifier ses assoupissements, ses endormissements, ses siestes effectuées derrière le divan : il ne s'agit pas pour l'analyste d'être rigoureusement éveillé, strictement attentif à ce qui se dit, concentré sur la parole, souhaitant ne rien perdre de ce qui se manifeste. Nul besoin de plan préconçu. Aucun intérêt à prendre des notes, le griffonnement sur le papier pourrait perturber le patient qui échafauderait alors des théories fautives en associant l'usage du crayon à la nécessité de noter une information importante, ce qui troublerait le bon déroulement de la cure. Il faut, concept *pro domo* magnifique, une « attention flottante » (62), autrement dit une écoute distraite, qui évite de se polariser sur quelque chose en particulier, qui laisse faire, laisse couler. Cette *attention flottante* est nécessaire, théorise le praticien, car une journée d'analyse, huit heures donc si l'on en croit sa confidence, ne permet pas huit heures d'attention soutenue…

L'analyste ne prélève donc rien dans le flot de paroles déversé, pour la bonne raison qu'il ignore ce qui serait important. Il se laisse surprendre. L'affectivité est strictement condamnée, l'homme de l'art n'est pas là pour aimer ou être aimé, plaire ou être bien vu. Toute la journée, le temps passant, de patient en patient, il laisse faire sa « mémoire inconsciente » (63) et, si besoin, le soir, après l'analyse, il peut consigner par écrit des dates ou telle ou telle chose qu'il estimera importante.

À quoi ressemblent les premiers moments de l'analyse ? Que dit l'analyste la première fois ? Il propose un traitement de un à deux mois, à l'essai. Pendant ce temps, il procède à un entretien afin de découvrir si l'analyse pourra être menée dans de bonnes conditions. Il explique les conditions d'horaire et d'honoraires : un jour est fixé avec son heure, ce sont désormais le jour et l'heure du patient. Toute séance fixée et non honorée doit être payée. La périodicité est arrêtée : une séance par jour, sauf dimanches et fêtes. Dans un cas plus léger, trois séances par semaine. Quelques heures pour Gustav Mahler lors d'une promenade avec le maître…

Freud précise bien que l'analysé peut mettre fin à

l'aventure selon son désir et sans avoir à donner de raison. Ce qui ne correspond pas, bien sûr, au moment où le psychanalyste jugera, lui, que les choses peuvent s'arrêter parce que l'analyse serait finie. Si l'on en croit *La Méthode psychanalytique de Freud*, au départ, le patient s'engage pour un traitement dont la durée va « de six mois à trois ans » (18). De son côté, l'analyste peut lui aussi arrêter le traitement pour convenance personnelle. L'Homme aux loups, quant à lui, aura été analysé pendant plus d'un demi-siècle…

Qui peut être analysé ? La psychanalyse est déconseillée à un certain nombre de personnes : le personnage confus, le dépressif mélancolique, le caractère mal formé, la constitution dégénérée, le patient dépourvu de sens moral, celui auquel l'intelligence manque, l'individu au-delà de cinquante ans, alors qu'il n'y a pas d'âge minimum, la personne qui n'a pas fait la démarche personnelle d'entamer une analyse et se retrouve sur le divan conduite par un tiers, l'anorexique hystérique. Dans *L'Intérêt que présente la psychanalyse*, Freud signale que « dans les formes les plus graves des troubles mentaux proprement dits la psychanalyse n'arrive à rien sur le plan thérapeutique » (XII. 99). Convenons que, prudent, Freud écarte beaucoup de monde, ce qui donnera lieu à cette boutade pas totalement fausse : la psychanalyse ne guérit que les gens bien portants.

Une plaisanterie que semble confirmer cette citation extraite de *De la psychothérapie* : « Il nous est agréable de constater que c'est justement aux personnes de la plus grande valeur, aux personnalités les plus évoluées, que la psychanalyse peut le plus efficacement venir en aide » (18). Puis, modeste comme à l'accoutumée, Freud ajoute « que, dans le cas où la psychothérapie analytique n'apporte qu'un faible secours, toute autre méthode aurait à coup sûr [*sic*] échoué totalement [*sic*] » (*ibid.*). Donc : la psychanalyse de Freud ne soigne pas tout, mais ce qu'elle ne soigne pas, les autres ne le guérissent pas non plus ; de surcroît, elle obtient plus de succès que les autres…

Ajoutons qu'il existe une autre catégorie de gens insoignables : les pauvres… Freud manifeste un cynisme sans nom en théorisant son mépris du peuple : d'abord, l'analyse est trop coûteuse pour leurs bourses vides… Pas question de faveurs marchandes, on le verra, payer de fortes sommes = payer de sa personne, donc assurer la rapidité de la guérison ! Ce que ne sauraient faire les ouvriers, les gueux, les chômeurs, les travailleurs, d'autant que Freud souscrit à l'idée répandue que, contraints de gagner leur vie, les pauvres disposent de moins de temps pour tomber dans la névrose !

Et puis, plus cynique encore, et là la citation s'impose : « Le névrosé pauvre ne peut que très difficilement se débarrasser de sa névrose. Ne lui rend-elle pas, en effet, dans la lutte pour la vie, de signalés services ? Le profit secondaire qu'il en tire est très [*sic*] considérable. La pitié que les hommes refusaient à sa misère matérielle, il la revendique maintenant au nom de sa névrose et se libère de l'obligation de lutter, par le travail, contre sa pauvreté » (*Le Début du traitement*, 92)… Précisons que Freud avait fait précéder sa considération théorique d'un aveu : « Tout en étant fort éloigné de tenir ascétiquement l'argent pour méprisable » (*ibid.*), etc.

Quand on aura donc écarté les pauvres et les gens trop mal portants, préféré les personnes évoluées et de la plus haute valeur, autrement dit les patients riches issus de la bourgeoisie viennoise, le succès sera plus facile. Mais quelles sont les conditions de la réussite ? Freud ne craint pas de l'afficher clairement dans ses *Leçons d'introduction à la psychanalyse* : la confiance, le patient doit faire preuve de patience, de docilité et de persévérance. L'analysé s'en remet à l'analyste et croit qu'il assurera l'analyse jusqu'au bout, puis qu'elle débouchera sur un succès. Disons-le autrement : pour guérir, le patient doit croire que le thérapeute va le guérir. Le mystère et la magie du traitement se trouvent tout entiers dans ce contrat : abandon corps et âme entre les mains du guérisseur...

Le patient doit croire dans les pouvoirs de l'analyste et le psychanalyste en imposer à son client. Dans *Les Chances de l'avenir de la thérapie psychanalytique*, Freud rapporte avoir constaté ceci : « Nos chances thérapeutiques augmentent quand la confiance générale se tourne vers nous » (69). L'autorité doit émaner du thérapeute comme avec le magicien, le sorcier, le chaman dont l'aura irradie. Freud affirme qu'à l'époque où ses patients arrivaient chez lui, dans ses débuts, et découvraient un intérieur modeste, qu'ils constataient son peu de renom et son manque de titres universitaires, ils pensaient que, très probablement, cet homme ne devait pas disposer du pouvoir qu'il prétendait avoir car, s'il avait été un bon médecin, il aurait gagné de l'argent, donc il n'habiterait pas un lieu pareil...

Dans cette configuration chamanique, qu'est-ce qu'un bon analyste ? Si la psychanalyse connaît des échecs, ce n'est pas à cause de la psychanalyse, mais du patient qui n'a pas suffisamment foi en cette aventure. Dans *La Question de l'analyse profane*, la chose se trouve clairement dite : « Le névrosé se met au travail parce qu'il accorde la croyance [*sic*] à l'analyste » (50). Dès lors, « le facteur personnel » (44) joue un rôle considérable : il faut à cette personne une « certaine finesse d'oreille » (*ibid.*) acquise par la seule pratique analytique...

Certes, l'analyste a été formé pendant deux années à la

technique psychanalytique, mais nullement par la théorie : en ayant été lui-même analysé par un autre psychanalyste. De sorte que, d'une certaine manière, on devient
analyste de père symbolique en fils – avant que les femmes
n'y accèdent avec Lou Salomé, puis Marie Bonaparte et
tant d'autres par la suite… –, la seule filiation à laquelle
Freud, obsédé de parricide, consente. La cooptation,
voilà le mode de production et de reproduction de l'analyste. S'être allongé sur le divan permet de se connaître,
de ne rien ignorer des arcanes de son inconscient, donc,
d'éviter les projections de son propre cas sur la réalité de
la personne analysée. Informé sur les modalités du règlement de son complexe d'Œdipe, sur d'éventuels traumas
infantiles, sur la manière dont il a traversé les stades de la
constitution de l'objet sexuel, sur le détail de sa vie animique, le psychanalyste, clair sur lui-même, au fait de son
identité libidinale et psychique, n'abordera pas le patient
en le contaminant avec ses propres névroses.

L'analyste qui analyse a été analysé par un analyste
ayant été analysé – la reproduction incestueuse ne fait
aucun doute : on reste entre soi, dans une même famille,
d'où les psychodrames avec les enfants rebelles que
furent Jung et Ferenczi, avant tant d'autres. On remarquera que, sur le principe généalogique mythique, le premier homme, le géniteur de tout le lignage, l'Adam de la
Genèse, c'est Freud lui-même et en personne : *in fine*, le
père unique de tous les enfants semble un double du père
de la horde primitive. Un père chez lequel on revient tous
les cinq ans afin de se faire à nouveau analyser.

Certes on assure la fidélité au corpus doctrinal et
méthodique, on prétend théoriquement garantir l'objectivité du travail analytique, mais on fige également
l'aventure dans la répétition, la ritualisation, sinon la

sacralisation de ce que Freud nomme le *cérémonial*…
L'homme qui, un jour, annoncera la fin de l'analyse, qui
effectuera la synthèse de cette aventure, qui parlera
enfin, économisera le plus possible les mots lors de l'analyse. Il n'intervient pas, ou très peu. Il ne questionne pas.
Il ne sollicite ni ne suscite. Il ne donne aucun conseil,
sauf cas exceptionnels – et, ici comme ailleurs, Freud ne
sera pas toujours freudien en donnant régulièrement des
conseils de vie quotidienne à ses patients…

Qu'est-ce qui nous assure que son silence est juste, ou
que, quand elle arrive, sa parole tombe au bon moment ?
« Question de flair » (44), répond Freud qui, décidément, en appelle à l'animalité du psychanalyste : une certaine *finesse d'oreille*, un certain *flair*, des talents qui, si
l'on reprend *Malaise dans la civilisation*, étaient ceux des
premiers hommes – ceux des « surhommes » de la horde
primitive… Tout ceci se rassemble sous la rubrique
vague, imprécise, et nullement scientifique de l'« équation personnelle » (*ibid.*), ce qui désigne tout bonnement
la subjectivité du personnage.

Voilà pour quelle raison, l'homme ayant passé sa vie à
faire de la psychanalyse une science, et plus particulièrement une science de la nature – et nullement une science
humaine… –, l'auteur vindicatif qui fustige les universitaires n'ayant pas compris la nature sérieuse de sa discipline, le polémiste rageant contre les sceptiques rangeant
sa production du côté des fantaisies, peut écrire, sans
craindre la contradiction, que la psychanalyse est « un art
de l'interprétation » (54). En effet, on aura bien lu, un
art, donc autre chose qu'une science…

Nous voilà donc bien loin de la science, de ses
méthodes, de son objectivité, de ses découvertes de lois
universelles, vérifiables par la répétition des expériences

ayant permis de les obtenir, loin de formules résumant les trouvailles de façon définitive, pour la durée des temps, à la manière du principe d'Archimède ou du théorème d'Euclide. Freud revendique donc l'art – et donnons-lui raison. Mais l'artiste ne passe pas pour le parangon de l'épistémologie rigoureuse, il évolue bien plutôt dans le *poïétique* grec, autrement dit dans la production arbitraire et subjective du créateur de formes inédites – ainsi qu'un romancier auteur de sagas littéraires.

De même que la réussite de la science analytique repose en grande partie sur le caractère et le tempérament de l'analyste, le scientifique plaide pour le caractère non scientifique de l'analyse : la fameuse « équation personnelle » sur laquelle repose le succès de l'analyse ne saurait produire ses effets dans l'astronomie copernicienne ou dans l'évolutionnisme darwinien. Nul besoin, en effet, de prendre en considération le talent d'artiste de Copernic ou le génie poétique de Darwin pour que leurs propositions accèdent au statut de vérités scientifiques !

Freud pose une question qu'on peut effectivement se poser : qu'est-ce qui nous prouve qu'on n'est pas en présence d'un charlatan ? S'il pose très précisément cette question, c'est parce qu'il a dû faire face à ce problème en 1924. Un confrère fit en effet une réputation de charlatan au psychanalyste Theodor Reik convoqué en justice pour ce motif. Freud aborde donc ce sujet dans un article intitulé *La Question de l'analyse profane*. Un autre psychanalyste, Wilhelm Stekel, avait porté plainte contre Reik pour exercice de la profession par un non-médecin – le sens, ici, du mot *profane*. L'affaire fit les manchettes des journaux viennois. Freud envoie à la presse un article intitulé *Le Dr Reik et la question du bousillage de la cure* pour défendre la pratique de la psychanalyse par des personnes n'ayant jamais fait d'études de médecine – le cas de sa fille Anna, institutrice de formation…

Freud explique ce qu'est une analyse : rien d'autre qu'un échange de paroles entre le patient et l'analyste. Le psychanalyste défend le pouvoir des mots, leur puissance, leur capacité à détruire ou à construire, leur force thérapeutique aussi. Pour ce faire, il insiste sur le pouvoir enchanteur du verbe et revendique l'*enchantement* : « Ne méprisons d'ailleurs pas le mot » et, plus loin : « Mais après tout le mot à l'origine était un enchantement, une action magique, et il a conservé encore beaucoup de son ancienne force » (XVIII. 10). Voilà pourquoi l'échange verbal sur le divan est assimilable à une action magique : le psychanalyste connaît le pouvoir enchanteur de sa parole, il se sait l'acteur principal de cet *enchantement*, un mécanisme qui n'est donc pas récusé ni refusé par le fondateur de la psychanalyse. On conviendra que l'enchantement ne fait habituellement pas partie de l'arsenal du scientifique !

Pour en venir au charlatan : quel est-il ? Pour Freud, non pas celui qui n'a pas de diplômes mais « celui qui entreprend un traitement sans posséder les connaissances et les capacités requises » (XVIII. 56). Rhéteur cynique et sophiste jésuite, Freud conclut que, selon cette nouvelle définition, « les médecins fournissent aux charlatans le plus fort contingent » (*ibid.*)… Joli retournement de situation : pour soigner les maladies mentales, le médecin est souvent un charlatan alors que l'institutrice révolutionne la discipline !

Dès lors, dans cette configuration précise, quel individu décide qui est charlatan et qui ne l'est pas ? Freud lui-même puisque lui seul décrète qui peut être analyste et qui ne le peut pas. Certes, *théoriquement*, tout analyste doit avoir été analysé, la thèse est strictement freudienne, mais, *pratiquement*, Freud a décidé que, par exemple,

Karl Abraham, médecin fondateur de la Société berlinoise de psychanalyse et président de l'Association internationale de psychanalyse, ou bien Otto Rank, n'avaient pas besoin de s'être allongés un jour sur le divan pour disposer du droit d'allonger des patients à leur tour – sans pour autant devoir être traités de charlatans.

Le psychanalyste Otto Rank manifestait-il d'évidents troubles comportementaux en souffrant d'une phobie du contact qui l'obligeait à porter des gants en permanence ? Peu importe : il était un disciple fidèle et zélé, avait dédié son *Traumatisme de la naissance* au maître, poussé même le zèle jusqu'à faire de Freud le père de *son* idée, il occupait la fonction de secrétaire de l'association psychanalytique, il appartenait au Comité secret – donc Rank, *analyste non analysé*, n'était pas un charlatan. Des dérives théoriques manifestées par Rank eurent plus tard raison de cette protection. Virant de bord, Freud exigea alors de lui une analyse bâclée, fit conclure à des problèmes de santé mentale, puis exécuta froidement son ancien protégé.

L'État n'a pas à mettre son nez dans les affaires des psychanalystes. La loi n'a aucun droit sur la corporation des divantiers et leurs agissements. L'évaluation et le jugement des effets de la psychanalyse en provenance de l'extérieur de la confrérie sont nuls et non avenus. Les statistiques sur l'efficacité des soins dans un cabinet d'analyste sont totalement impensables (XIV. 478). La santé publique, l'intérêt général sur le terrain médical, le souci sanitaire de la communauté, voilà qui compte pour zéro. Le charlatanisme ne relève ni du code civil ni du code pénal. L'analyste n'a pas de comptes à rendre aux tribunaux pour ce qui se trame dans le secret de son cabinet. Précisons en passant que, dans ces pages, Freud revendique également qu'on ne légifère pas *non plus* en

matière... d'occultisme (XVIII. 64) ! Freud revendique
donc une extraterritorialité juridique pour sa profession
et celle de ses disciples. Nous en sommes toujours là : la
corporation refuse aujourd'hui l'évaluation par qui n'est
pas membre de la tribu, autrement dit un individu à la
fois juge et partie...

Freud légitime donc l'autolégitimation : il enferme ainsi
sa discipline dans un cercle infernal. Quiconque n'est pas
psychanalyste, à l'époque adoubé par le maître, n'a aucun
droit à juger de la psychanalyse. Le maître est un juge
absolu et, comme tout dictateur, sa parole se confond à la
loi : elle fait loi. Ainsi peut-il écrire à la fois qu'un psychanalyste doit avoir été analysé pour pouvoir analyser, puis
donner l'autorisation à certains analystes zélés, choisis et
élus par ses soins, de pratiquer sans avoir suivi une cure
didactique ; qu'un analyste ne peut allonger sur son divan
un proche ou un membre de sa famille, puis analyser sa
fille, la maîtresse de sa fille, les enfants de la maîtresse de
sa fille ; qu'il faut un rituel, un « cérémonial » à l'analyse,
avec allongement sur le divan, réservation d'une plage
horaire dans la journée, étalement des séances dans la
semaine, répétition des rencontres pendant une certaine
durée, sans parler du nécessaire isolement du monde pour
éviter les parasitages sensoriels, puis analyser en marchant
dans un jardin un patient célèbre, Gustav Mahler en
l'occurrence, une poignée d'heures durant un après-midi.
La parole du maître est la Loi, elle fait le Droit.

Que peut-il arriver lors d'une analyse ? Le patient est
prévenu : pas question d'éprouver une quelconque satisfaction, la cure n'est pas une partie de plaisir. Mieux, sinon
pire, dans *Les Voies nouvelles de la thérapie psychanalytique*, il est dit que l'analyse doit se faire « dans un état de
frustration » (135)... Les souffrances ne doivent pas dispa-

raître trop rapidement – Freud, qui *hait* les Américains, leur reproche beaucoup de choses sur leur façon de mener une analyse, mais tout particulièrement ce désir de soigner vite et d'obtenir une guérison rapidement… Le souci de l'analyste viennois n'est pas le recouvrement de la santé par le malade, mais la recherche, l'approfondissement de la théorie, écrira-t-il à plusieurs reprises, plus soucieux de construire une doctrine que de guérir des malades.

Par exemple, cette citation extraite des *Leçons d'introduction à la psychanalyse* : « Nous avons le droit, et même le devoir, de pratiquer la recherche sans prendre en considération un effet utile immédiat. À la fin – nous ne savons ni où ni quand –, cette petite parcelle de savoir se transposera en pouvoir, et même en pouvoir thérapeutique. Si la psychanalyse, dans toutes les autres formes d'affection nerveuse et psychique, présentait aussi peu de succès que dans les idées délirantes, elle resterait quand même un moyen irremplaçable de recherche scientifique » (XIV. 264) – autrement dit, même si le soin ne marche pas ici, la doctrine fonctionne ailleurs…

Comme toujours, Freud construit des théories pour justifier ses *affirmations arbitraires*, ses *lubies*, ses *intuitions*, ses *vœux très chers* – pour reprendre les mots de Nietzsche pour qui le philosophe ne fait jamais que donner une forme universelle à des problèmes autobiographiques concrets, sinon triviaux. Ici : la nécessaire longue durée de l'analyse et le besoin de frustrer le patient d'une santé rapidement recouvrée. Argument théorique, doctrinal et noble : un résultat trop rapide risquerait de conduire à une fausse victoire, un genre de succès de dupe dissimulant la probabilité d'une rechute rapide pour cause de soins insuffisamment menés en profondeur. Donc, il faut la durée, la théorie l'exige…

Comme la frustration a causé la maladie du patient, le psychanalyste se doit de recréer les conditions dans lesquelles le traumatisme a eu lieu pour replonger l'analysé dans la situation à même de lui permettre de connaître l'origine du processus pathologique. Car, dans la cure, l'échange de paroles vise à faire dire au patient plus qu'il n'en sait lui-même en l'obligeant à chercher dans les profondeurs obscures de son inconscient le refoulé qui cause les symptômes – puisque la doctrine enseigne que la conscientisation du refoulement lève les symptômes et guérit... Un succès trop rapide risquerait de détruire les symptômes sans que le temps ait été pris d'accéder à leur cause. D'où le risque de voir réapparaître la névrose quelque temps plus tard pour cause d'analyse mal conduite. Or Freud veut bien faire les choses...

Mais on peut imaginer également que cette théorie, honorable d'un point de vue théorique et déontologiquement séduisante, cache de bien plus triviales explications, notamment des motifs de trésorerie... Car, avec une pareille théorie, le psychanalyste peut dès lors justifier la maîtrise, la possession et la soumission d'une clientèle captive qui assure ses rentrées d'argent sur une longue durée. La sécurité budgétaire sait alors faire opportunément bon ménage avec le corpus doctrinal : les patients soignés plus longtemps, c'est bien pour le succès de la thérapie, certes, mais c'est également bien pour les finances du ménage qui vit des mots du divan.

L'argent constitue un point doctrinal freudien : le patient doit payer régulièrement, en liquide, avec une somme qui lui coûte réellement parce qu'elle lui coûtera symboliquement. La chose se trouve gravée dans le marbre doctrinal dans *Le Début du traitement* : « L'analyste ne conteste pas que l'argent doive, avant tout, être considéré comme un moyen de vivre et d'acquérir de la puissance, mais il prétend qu'en même temps d'importants facteurs sexuels jouent leur rôle dans l'appréciation de l'argent et c'est pourquoi il s'attend à voir les gens civilisés traiter de la même façon les questions d'argent et les faits sexuels, avec la même duplicité, la même pruderie, la même hypocrisie » (90).

Dès lors, le psychanalyste aborde la question de l'argent franchement, sans fausse honte : il demande à être payé à dates fixes et rapprochées, mensuellement par exemple. Pas question pour l'analyste de jouer au philanthrope faussement désintéressé : « On sait que le fait de pratiquer un traitement à bas prix ne contribue guère à faire apprécier ce dernier » (*ibid.*). Ainsi : « En indiquant le montant de ses honoraires, l'analyste a le droit d'affirmer que son dur travail ne lui permet jamais de gagner autant que d'autres médecins spécialistes » (91). Pas de cadeaux, donc…

Et encore : « C'est pour les mêmes motifs qu'il peut refuser de pratiquer des traitements gratuits, même lorsqu'il s'agit de confrères ou de parents de ceux-ci. Cette dernière condition semble aller à l'encontre de la fraternité médicale, mais rappelez-vous qu'un traitement gratuit exige plus de l'analyste que de tout autre médecin, à savoir : une partie notable de son temps disponible (un huitième ou un septième peut-être) – temps dont il pourrait tirer un profit matériel – et cela pendant des mois. En admettant qu'il pratique deux traitements gratuits dans la même période de temps, cela réduirait d'un quart ou d'un tiers ses possibilités de gain, ce qui équivaudrait aux conséquences de quelque grave accident traumatisant » (*ibid.*). Pas de fraternité donc – la doctrine le dit : la gratuité augmente la résistance, donc elle retarde ou empêche la guérison… En d'autres termes : payez et vous guérirez, mieux : payez cher et vous guérirez vite.

La même raison explique que Freud ne souhaite pas du tout soigner les pauvres… Une fois encore, il mobilise la théorie pour justifier ses opinions et ses croyances. La théorie qui couvre ce forfait moral personnel se nomme le *bénéfice de la maladie*… En effet, certaines personnes ne guérissent pas dans la cure analytique à cause, non pas du psychanalyste, encore moins de la psychanalyse, mais à cause d'elles-mêmes. En effet, certains patients restent malades car ils obtiennent un avantage supérieur, un gain incomparable, au fait de persister dans la pathologie, dans la douleur, dans la souffrance, dans le mal, plutôt que de recouvrer la santé.

Les Voies nouvelles de la thérapie nous l'enseignent : « Les nécessités de l'existence nous obligent à nous en tenir aux classes sociales aisées » (140) – pas question de soigner toute la misère du monde… L'État pourra s'occuper du traitement du peuple, autrement dit, précise Freud : d'hommes qui boivent, de femmes frustrées, d'enfants dépravés ou névrosés. Mais si un jour l'État se soucie d'eux et, à l'aide de dispensaires gratuits, laisse le cabinet privé aux riches, alors « nous découvrirons probablement que les pauvres sont, moins encore que les riches, disposés à renoncer à leurs névroses parce que la dure existence qui les attend ne les attire guère et que la maladie leur confère un droit de plus à une aide sociale » (141) !

Autant dire que Freud ne fait pas mystère de sa position : il avalise la possibilité d'une médecine à deux vitesses, une pour les riches, payante et onéreuse, la sienne, et une pour les pauvres, gratuite, une « psycho-thérapie populaire » (*ibid.*), celle des dispensaires d'aide sociale auxquels il réserve un traitement théorique dédaigneux. Dans ces lieux destinés au peuple, on pourrait distribuer un peu d'argent, ajoute-t-il à ses considérations théoriques – de quoi soigner le prolétariat par l'aumône et un peu de « suggestion hypnotique »… Tout un programme politique : un peu de charité et beaucoup d'hypnose ! On est loin du divan freudien installé dans les beaux quartiers de Vienne et des honoraires exorbitants fixés par le psychanalyste. Freud bourgeois libéral, manifestant pendant toute sa vie une sensibilité de gauche ? Une autre carte postale à déchirer…

Freud, on l'a vu, refuse d'aborder le problème de l'argent avec hypocrisie. Donnons-lui raison et considérons donc franchement le problème : *combien coûte une psychanalyse dans le cabinet de Freud ?* À l'évidence, le théoricien ne s'abaisse pas à pareille trivialité. On a beau revendiquer un rapport clair à l'argent, décomplexé, théoriser même que chacun se trouve tout entier dans son rapport à l'or, on ne trouvera rien dans l'œuvre complète pour résoudre cette énigme en termes concrets. Jung confesse qu'une séance au 19, Berggasse coûtait très cher. Certes, mais combien ?

Dans tout ce que j'aurai lu pour ce livre (près de dix mille pages) je n'ai guère rencontré de considérations de cet ordre. Soit on passe pudiquement sur le sujet. Soit, autre façon de faire, tout aussi efficace pour ne pas s'attarder, plus hypocrite aussi, on donne des sommes en dollars 1920, en schillings autrichiens, en monnaie d'avant-guerre, en monnaie dévaluée d'après-guerre, de sorte que le lecteur dispose de renseignements qui n'en sont pas. Ainsi, dans les mille pages de la biographie de Peter Gay apprend-on tout juste : « À vingt dollars la séance, puis vingt-cinq, Freud gagnait bien sa vie ; mais [*sic*] il se faisait vieux et il

avait toujours besoin de devises fortes » (521). Qu'est-ce
que *bien gagner sa vie* dans l'esprit du biographe ?

Ailleurs dans ce gros livre regorgeant de détails pour
tant d'autres sujets, on apprend sur la question de
l'argent que la Première Guerre mondiale lui a coûté
40 000 couronnes (445) ; qu'avant 14-18 il avait économisé plus de 100 000 couronnes (*ibid.*) ; qu'il disposait à
La Haye d'un compte en devises fortes (444) ; que, vers
1925, il prenait donc 25 dollars la séance, ce qui correspondait à des « honoraires relativement [*sic*] élevés »
(679) ; qu'à son départ en exil, il a laissé à ses sœurs
60 000 schillings (724). Voilà la moisson – pauvre…
Bien sûr, aucun équivalent en monnaie contemporaine
n'est donné qui permette de savoir à quoi correspondent
ces sommes qui, de façon évasive et lapidaire, laissent
entendre que Freud gagnait bien sa vie, certes, mais sans
davantage de précision.

J'ai donc effectué moi-même les recherches nécessaires afin de parler en équivalent euros 2010 – avec
l'aide d'un ami comptable… Voici le résultat de mon
enquête : Freud prenait donc à peu près 415 euros par
séance en 1925 – y compris celles au cours desquelles il
effectuait sa sieste ; avant la guerre de 14, il avait mis de
côté à peu près 8 millions d'euros ; après le conflit, il
aurait perdu environ 3 250 000 euros ; à ses sœurs qui
périront en déportation, il aurait laissé 350 000 euros…
Voici qui permet d'y voir plus clair.

Dans *Le Début du traitement* (93), Freud explique qu'il a
installé son siège derrière le divan pour éviter d'avoir à
subir le regard des patients – des clients : « Je ne supporte
pas que l'on me regarde pendant huit heures par jour (ou
davantage) » (*ibid.*). Concluons donc qu'une journée dans
la vie du Dr Freud voit passer huit patients – sinon plus. En

1921, il en confesse dix… Une simple multiplication, *en prenant l'hypothèse basse*, permet de savoir qu'en fin de journée, on retrouve dans sa cassette, la plupart du temps en liquide bien sûr, une somme correspondant à 3 300 euros. En 1913, dans *Le Début du traitement*, lorsqu'il indique la fréquence des séances, Freud propose *une par jour* sauf dimanches et fêtes (85). Trois par semaine pour les moins atteints. De sorte qu'à la fin du mois, on atteint la somme de 80 000 euros. Multipliés par onze mois : le divan rapporte annuellement environ 875 000 euros.

On comprend que, dans la théorie, bien sûr, la gratuité passe pour empêcher le bon déroulement de la cure ; que les pauvres n'ont aucun intérêt à s'allonger sur le divan, pour cause de *bénéfice de la maladie* puisqu'ils obtiennent plus de la société en étant névrosés que guéris ; que les séances aient besoin d'être rapprochées et ce pour des cures longues ; et que le tropisme américain d'une cure rapide puisse poser des problèmes… de doctrine !

De même, on conçoit mieux que le psychanalyste soit seul habilité à décider de l'opportunité de mettre fin à l'analyse ! Quel est d'ailleurs le bon moment ? Dans *L'Analyse avec fin et l'analyse sans fin* Freud résout le problème simplement : « Il faut s'en remettre à l'intuition » (234)… À quoi le dernier Freud, celui de 1937 donc, ajoute qu'une analyse… n'est jamais finie ! Certes, il faut viser la disparition des symptômes, mais on ne supprime jamais définitivement une revendication pulsionnelle. Le psychanalyse théorise le caractère infini et interminable de l'analyse. « Il n'est pas inutile, pour éviter tout malentendu, d'expliciter davantage ce que l'on entend par la formule : liquidation durable d'une revendication pulsionnelle. Sûrement pas l'amener à disparaître au point qu'elle ne refasse jamais parler d'elle. C'est en général impossible et ce ne serait pas non plus du tout souhaitable [*sic*] » (240). Et pourquoi ?

On peut comprendre en effet pour quelles raisons, doctrinales et théoriques bien sûr, il n'est pas souhaitable de guérir définitivement un patient et que, *magister dixit*, il faut apprendre à vivre avec son mal. Dans le vocabulaire viennois on parle d'une pulsion négative « totalement intégrée dans l'harmonie du moi » (*ibid.*). Autrement dit, reformulé dans un vocabulaire basique : supporter sa souffrance, *faire avec*. Où l'on saisit la parenté entre psychanalyse et méthode Coué.

Freud avait pourtant pris ses précautions : pour que l'analyse fonctionne, il fallait éviter les pathologies trop lourdes et inappropriées, donc choisir des gens pas trop atteints ; écarter les pauvres par principe ; choisir de préférence des sujets cultivés, diplômés, intellectuellement « dociles » et convaincus des bienfaits de la guérison par les mots ; privilégier les clients issus d'une bourgeoisie capable de payer le coût élevé d'une longue cure ; sélectionner le patient qui ne risquera pas de faire échouer la thérapie par amour de sa propre maladie ; savoir enfin qu'une analyse, au bout du compte, n'est jamais finie, qu'il est dans sa nature d'être interminable et que, pour bien faire, il faut préparer le patient à l'idée de devoir composer avec son mal toute sa vie… Fallait-il vraiment tout ce détour pour parvenir à l'indigence de pareille conclusion ?

IV

Une abondance de guérisons de papier

« Il est incontestable que les analystes n'ont pas complètement atteint, dans leur propre personnalité, le degré de normalité psychique auquel ils veulent faire accéder leurs patients. »

FREUD, *L'Analyse avec fin et l'analyse sans fin.*

« Il faut peut-être voir une conséquence de mes recherches psychanalytiques dans le fait que je suis devenu presque [*sic*] incapable de mentir. »

FREUD, *Psychopathologie de la vie quotidienne.*

« On appelle la cure psychanalytique "un blanchiment de nègre". Pas tout à fait à tort si nous nous élevons au-dessus du niveau reconnu de la médecine interne. Je me console souvent en me disant que si nous sommes si peu performants au niveau thérapeutique, nous apprenons au moins pourquoi on ne peut pas l'être davantage. »

FREUD, lettre à Binswanger, 28 mai 1911.

Freud a toujours conclu ses analyses en signalant qu'elles débouchaient sur des succès. Anna O. ? En 1892 Freud affirme dans ses *Études sur l'hystérie* : « J'ai déjà décrit le fait merveilleux [*sic*] que, du début jusqu'à la terminaison de l'affection, tous les stimuli issus de l'état second et leurs conséquences étaient éliminés durablement par l'expression verbale dans l'hypnose. » Quelques lignes plus loin, il parle même clairement de « la guérison finale de l'hystérie » (II. 65). Le cas Dora ? Elle a réglé son problème et est « de nouveau acquise à la vie », affirme en 1905 le *Fragment d'une analyse d'hystérie* (VI. 301). Le Petit Hans ? Une « analyse conduisant à la guérison », assène en 1909 l'*Analyse de la phobie d'un garçon de cinq ans* (IX. 128). L'Homme aux rats ? Guéri lui aussi, puisque Freud explique en 1909 ce qui se serait passé « si la maladie s'était prolongée » (*Remarques sur un cas de névrose de contrainte*, IX. 214). L'Homme aux loups ? Les dernières lignes de l'ultime note d'*À partir de l'histoire d'une névrose infantile* publié en 1918 ne font aucun doute : Freud a soigné et guéri le patient peu de temps avant le déclenchement de la Première Guerre mondiale. Un « morceau non encore surmonté du transfert » restait à analyser, non pas que la cure fût inefficace, bien sûr, car elle avait bien soigné ce qu'elle avait soigné (!), mais elle n'avait pas tout soigné ! À ce détail près, le patient a été guéri puisque Freud utilise le mot de « rétablissement » (XIII. 118).

Pourquoi donc, en 1974, au début des *Entretiens avec l'Homme aux loups*, Sergueï Pankejeff affirme-t-il tout de go à la journaliste qui conduit cet échange : « Vous savez, je vais très mal ; ces derniers temps j'ai eu des dépressions effroyables » ? Le cas le plus célèbre de Freud a quatre-vingt-sept ans et cet homme prétendument guéri depuis soixante ans, capable de mener une vie normale, rétabli sur le papier, précise qu'il se rend pourtant toujours, tous les mardis après-midi, en consultation (60), bien qu'il ne croie plus à l'efficacité d'aucune thérapie…

L'aplomb avec lequel Freud publie les résultats prétendument positifs de sa thérapie analytique dans ses articles et ses livres – notamment dans *Cinq psychanalyses*, qui se veut sa bible –, leur diffusion dans des circuits éditoriaux honorables, par des universitaires reconnus, dans les lieux institutionnels incontestés, leurs commentaires lors de congrès de psychanalystes, de rencontres internationales interdisciplinaires, tout cela a contribué à entretenir une mythologie relayée depuis un quart de siècle par la grande presse : *la psychanalyse soigne et guérit.*

Sigmund Freud a précisé théoriquement que sa méthode ne fonctionnait pas avec tout le monde, qu'une analyse pourrait bien être interminable, que certains échecs existent (puisqu'ils procèdent de résistances, du bénéfice de la maladie, de restes transférentiels…), mais nulle part il ne rapporte un cas d'échec (ce qui contribuerait pourtant à crédibiliser son propos théorique) en fournissant le détail et les raisons d'un ratage. Si l'insuccès existe sur le papier, pourquoi ne fait-il nulle part l'objet d'une étude de cas, ou même d'une mention de telle ou telle clinique inaboutie ? Pourquoi n'existe-t-il pas une galerie de portraits négatifs à même d'illustrer la thèse freudienne et qui montrerait son auteur sous un autre jour que celui du guérisseur à qui aucune pathologie ne résiste ?

Car le défaut de preuves des limites de la psychanalyse expressément notifiées par Freud dans *L'Intérêt que présente la psychanalyse* (XII. 99) se double d'une présentation des seuls cas exhibés comme des réussites. La légende a besoin du brouillard toujours dissipé par l'histoire et l'historien. Ainsi, l'un d'entre eux parmi les plus pertinents dans le domaine de la psychanalyse, Henri Ellenberger, a-t-il montré combien le cas Anna O. présenté dès 1892 comme un succès total était en réalité un échec lamentable.

D'autres travaux d'historiens montrent qu'il en va de même pour la totalité des cas présentés par Freud comme des guérisons. Selon les thuriféraires de la discipline, puisque la pratique le confirme, la théorie est donc vraie. Or la légitimité scientifique de Freud n'a jamais dépassé les bornes du performatif qui le caractérise. Puisque la construction éditoriale des *Cinq psychanalyses* montre fort opportunément un succès sur le terrain de l'*hystérie*, un autre sur celui de la *phobie*, un suivant sur la *névrose obsessionnelle*, un antépénultième sur la *paranoïa* et un dernier sur la *névrose infantile*, la preuve existe : Freud excelle dans tout le spectre de la psychopathologie de son temps !

Freud l'a fait savoir dans ses *Leçons d'introduction à la psychanalyse* : peu importent les guérisons, ce qui compte, finalement, c'est l'avancée de la doctrine. Pour un conquistador, l'audace représente la première des vertus… Cette affirmation tombe bien, car, en effet, les guérisons furent loin d'être au rendez-vous, ce que des enquêtes scrupuleuses effectuées par des historiens dignes de ce nom montrent aujourd'hui à quiconque veut savoir.

Le docteur viennois n'aimait pas ses patients, la chose se trouve rarement soulignée, elle produirait en effet le plus mauvais effet… Ludwïg Binswanger rapporte néanmoins une visite faite à Freud entre le 25 et le 28 mai 1912 à Kreuzlingen. Dans les *Souvenirs de Sigmund Freud*

(56), on peut lire ceci : « Une autre fois, je lui ai demandé en quels termes il était avec ses patients. Réponse : "Je leur tordrais bien le cou à tous." Là, ma mémoire ne se trompe certainement pas. » Plus tard, en 1932, cette détestation des clients se trouve confirmée dans le *Journal clinique* de Sandor Ferenczi : « Je dois me souvenir de certaines remarques de Freud, qu'il a laissé tomber en ma présence, comptant manifestement sur ma discrétion : "Les patients, c'est de la racaille. Les patients ne sont bons qu'à nous faire vivre, et ils sont du matériel pour apprendre. Nous ne pouvons pas les aider, de toute façon" »…

Ce constat d'inefficacité de la cure psychanalytique se retrouve dans une lettre de Freud à Binswanger du 28 mai 1911 avec une étrange métaphore : « On appelle la cure psychanalytique "un blanchiment de nègre". Pas tout à fait à tort si nous nous élevons au-dessus du niveau reconnu de la médecine interne. Je me console souvent en me disant que si nous sommes si peu performants au niveau thérapeutique, nous apprenons au moins pourquoi on ne peut pas l'être davantage. » Doit-on commenter ?

Qu'importent la clinique, les résultats, les guérisons puisque seul compte l'échafaudage de cette vision du monde à laquelle Freud consacre la totalité de son temps. En esthète soucieux de produire une belle œuvre d'art, le psychanalyste n'a aucun souci de la vérité ou de la santé, de la justesse ou de la guérison. Pour quoi faire ? Que son château soit magnifique, immense, imposant, majestueux, impressionnant, voilà l'essentiel – peu importe qu'il s'agisse d'une construction de papier, d'une fiction inhabitable, d'une œuvre d'art aussi vraie qu'un roman ou un opéra.

Dans les *Études sur l'hystérie* Freud écrit : « Je m'étonne moi-même […] que mes histoires de malades se lisent comme des romans et qu'elles ne portent pour ainsi dire pas [*sic*] ce cachet sérieux propre aux écrits des savants. » Tant d'ingéniosité sidère ! Des cas narrés sur le mode romanesque, un plaisir à se retrouver dans le registre littéraire, une jubilation non feinte à ne pas pratiquer le genre sérieux propre aux scientifiques, Freud n'aura jamais aussi bien avoué à son corps défendant que le prix Nobel auquel il aspirait ne saurait en aucun cas être le prix Nobel de médecine, mais celui de littérature.

Pour se détendre des consultations de la journée, le Dr Freud lisait régulièrement des romans policiers et, de fait, la facture littéraire de ses grands cas (Dora, Hans, l'Homme aux loups, l'Homme aux rats, etc.) procède de ce genre qui excelle dans la psychologie de personnages impliqués dans une énigme à résoudre. Œdipe veille… Le cadavre se trouve dans un placard, il s'agit de trouver le coupable : autrement dit, l'inspecteur découvre des indices, les symptômes, il lui faut mettre la main sur le coupable, une fellation faite au père, une coucherie avec la mère, la découverte de la copulation des parents.

Mais si ces cas se lisent comme des romans, c'est que ce sont de petits romans, des nouvelles pour être précis. Car, les historiens l'ont montré depuis un demi-siècle, Freud récupère des matériaux dispersés dans l'étude de plusieurs cas cliniques pour les rassembler dans une seule et même figure avec laquelle il crée un personnage conceptuel ou un caractère au sens de La Bruyère : Dora est *l'*Hystérique, Hans *le* Phobique, Schreber *le* Paranoïaque, l'Homme aux loups *le* Névrosé. Le portrait se trouve alors brossé dans la perspective de constituer une galerie de prototypes psychopathologiques. La fiction établit une nosologie destinée à fonder la discipline et à légitimer son efficacité théorique et pratique.

À la manière d'un peintre de la Renaissance italienne qui concentre des temps et des espaces différents dans une création esthétique qui homogénéise le tout par l'artifice de son art, le narrateur confond des temps divers et multiples dans le même espace intellectuel de son récit. Ainsi, il réorganise la chronologie pour tâcher de crédibiliser son hypothèse, toujours un postulat en rapport avec ses propres obsessions… De sorte que, parfois, ce qui a eu lieu *avant, dans le temps de l'histoire*, et devrait donc être une *cause*, se trouve inséré *après, dans la fiction du récit* et devient de cette manière un *effet*… Là encore, Freud jongle avec les causalités magiques pour le plus grand bonheur du récit, certes, mais aux antipodes de la démarche scientifique dont il ne cesse de se réclamer tout en se réjouissant de n'en pas respecter les codes ! Si la vérité historique se trouve pulvérisée, la vérité littéraire se nourrit de cet indéniable talent romanesque du psychanalyste.

Mais le matériau de Freud, qui n'aimait pas ses patients mais leur préférait la fiction inventée à partir d'eux, était un matériau historique véritable, avec des gens réels, des souffrances authentiques, des pathologies incarnées, des malaises profonds à être, à vivre, des douleurs concrètes. Sous couvert de respecter l'anonymat de ses patients, les cas étaient présentés sous de faux noms, mais peut-être aussi dans le but d'éviter que le patient récuse l'histoire écrite sur son compte… Ou pour pouvoir, à travers un personnage conceptuel, un héros de fiction, créer une figure utile à la fondation, à la légitimation, à la perpétuation de la discipline psychanalytique, quoi qu'en pensent les protagonistes enrôlés de force dans cette guerre pour imposer l'affabulation freudienne comme science…

Or ces chairs blessées devenues chair à canon psychanalytique se sont trouvées instrumentalisées. Car tous les moulinets freudiens concluant chaque analyse par une satisfaction affichée cachent finalement une série de mensonges : Freud n'a pas résolu les cas qu'il prétend avoir guéris. Ou alors, disons-le autrement : Freud a bien guéri les cas de papier, les fictions, les cas théoriques, les personnages conceptuels, certes, mais pas les êtres véritables cachés derrière ces noms d'emprunt, ces patronymes destinés à la scène théâtrale freudienne…

Ainsi, Freud a bien guéri Anna O. mais pas Bertha Pappenheim, il a guéri Dora mais pas Ida Bauer, il a guéri le Petit Hans mais pas Herbert Graf, il a guéri l'Homme aux rats mais pas Ernst Lanzer, il a guéri l'Homme aux loups mais pas Sergueï Pankejeff ; autrement dit, il a guéri sur le papier, dans le silence de son bureau, à longueur d'articles et de pages, il a guéri pour les biographes que sont les hagiographes, il a guéri pour la légende et les encyclopédies, les dictionnaires et les disciples, mais il n'a pas guéri les corps auxquels, pour ce faire, il tournait le dos une fois de plus… Les guérisons freudiennes sont nouménales, intellectuelles, théoriques – mais le réel donne tort à la cohorte des croyants aux pouvoirs du magicien. L'histoire de ces guérisons de papier mérite qu'on s'y attarde…

J'ai déjà considéré le cas d'Anna O. et montré combien il relevait de la première fiction destinée à produire la Genèse du texte sacré freudien. Ajoutons à cela les Evangiles que constituent les *Cinq psychanalyses*, un ouvrage fabriqué comme un recueil de cas prototypiques destiné à fonctionner en manuel de psychanalyse clinique, en catéchisme de la thérapie analytique, en petits récits de la grande légende freudienne. Dans la préface au premier cas, Dora, Freud précise que les patients peuvent bien ne pas vouloir qu'on expose leurs problèmes sur la place publique, mais peu importe leur souhait puisque ce qui compte, c'est la science qui servira à d'autres patients dans le futur. De sorte que ce qui pourrait passer pour une sorte de trahison du secret professionnel, d'indiscrétion majeure à l'endroit de personnes ayant livré dans le secret du cabinet médical la part sombre de leur psyché, devient sous la plume de Freud un geste héroïque, courageux et scientifique dont le bénéfice lui revient entièrement bien sûr.

Ainsi peut-on lire dans *Fragment d'une analyse d'hystérie* cette justification servant à légitimer le fait de dévoiler l'intimité d'Ida Bauer alias Dora : « Communiquer publiquement ce qu'on croit savoir de la causation et de l'agencement de l'hystérie devient un devoir, s'en s'abstenir devient une lâcheté déshonorante, pourvu qu'on puisse éviter le dommage personnel direct infligé à tel malade » (VI. 188). Sous la plume de Freud, trahir le secret médical devient donc un devoir, le préserver, une lâcheté…

Dans une note en bas de page de sa *Contribution à l'histoire du mouvement psychanalytique*, Freud aborde la question des réserves faites par un patient souhaitant qu'on n'utilise pas ses confessions à des fins publiques. Freud écrit : « Je me sers de sa communication sans solliciter son assentiment parce que je ne puis admettre [*sic*] qu'une technique psychanalytique puisse prétendre [*sic*] être protégée par la discrétion » (XII. 312). La chose a le mérite d'être clairement dite : l'indiscrétion devient donc une vertu scientifique, la discrétion, une veulerie…

On comprend dès lors que Freud puisse écrire cette étrange phrase de *Psychopathologie de la vie quotidienne* à propos de Dora qui rejoint la cohorte des « pauvres gens qui ne peuvent même pas garder leur nom ». Puis, plus loin (259) : « Lorsque ensuite je cherchai un nom pour une personne qui n'avait pas le droit de garder le sien propre, aucun autre ne me vint à l'esprit que "Dora" » – le prénom d'une domestique de sa sœur… Chacun appréciera la signification métaphorique de ce devenir domestique des patients de Freud sacrifiés à la cause du maître.

Que peut bien signifier *n'avoir pas le droit* de garder son nom ? En vertu de quelle juridiction ? Selon quel tribunal ? Avec quel juge ? Décision unilatérale de Freud : la science commande, pas le patient. Se soucier de l'intimité du client qui a payé, cher, s'est allongé sur le divan pour y confier le détail de sa vie sexuelle la plus intime, puis souhaiter que ce secret le reste et ne soit pas porté à la connaissance du plus grand nombre, dont les parents, amis, enfants, dont la famille, les pères et mères ? Peu importent ces considérations triviales et vulgaires : la science psychanalytique doit faire plier toute résistance, il en va du salut de futurs patients. On peut bien sacrifier une poignée de victimes innocentes ici et maintenant quand il est question du bonheur de l'humanité dans un avenir certain mais lointain – on reconnaît là une logique familière aux idéologues du XXe siècle…

Freud prend des précautions : l'analyse a été publiée de manière différée, elle est parue dans une revue scientifique confidentielle, l'anonymat a été respecté, la cliente était guérie. « Naturellement, je ne puis empêcher que la patiente elle-même n'éprouve une sensation pénible si sa propre histoire de malade venait par hasard [*sic*] à lui tomber entre les mains. Mais elle n'apprendra rien qu'elle ne sache déjà, et elle pourra bien se demander qui d'autre qu'elle pourrait y apprendre qu'il s'agit de sa personne » (VI. 188). On saisit mieux que le désir de tordre le cou de ses patients confié par Freud à Binswanger puisse aussi prendre cette forme *sublimée*...

Les historiens critiques, mais aussi les biographes autorisés dont Ernest Jones et Peter Gay, affirment que Freud ne respectait pas l'anonymat dans les correspondances, les congrès, les réunions d'analystes, dont la Société psychanalytique de Vienne. Il livrait les secrets du divan à qui bon lui semblait et n'a jamais gardé le silence dès qu'il s'agissait des détails croustillants de fantasmes sexuels, de vie intime et de secrets d'alcôve. Freud confie ainsi à Jones, puis à Ferenczi, les informations intimes livrées par leurs maîtresses sur son divan. Sous prétexte de faire avancer la science, les analystes échangeaient les aveux de cabinet. Quand Freud décida de transformer l'ami de la veille en ennemi à cause du manque de zèle de son disciple, il utilisa sans vergogne ce qu'il avait appris lors de l'analyse – plus d'un ami disgracié en fit cruellement les frais...

Examinons les cinq cas constitutifs de la doxologie freudienne. En 1900, Dora se trouve présentée à Freud à l'âge de dix-huit ans, malgré elle, conduite par son père qui, jadis, fut soigné pour les suites d'une syphilis par le même Freud alors neurologue. Le père, un homme d'affaires tuberculeux, entretenait une relation adultère avec la femme de son ami qui, lui, faisait de son côté des propositions à la jeune fille de la famille... À quatorze ans, Dora avait déjà refusé les avances de l'ami de son père.

La jeune fille répond avec une gifle aux demandes pressantes du monsieur qui, sentant le vent mauvais, retourne la situation en faisant croire que c'est Dora qui lui a fait des avances, ce qui n'aurait rien d'étonnant au vu des lectures libertines qu'il lui invente ! Le barbon égrillard transforme la jeune fille qui se refuse à lui en obsédée sexuelle dont il serait la victime. Lorsqu'elle arrive au cabinet, Dora tousse, souffre d'une extinction de voix, de dépression, d'irritabilité, elle songe au suicide et se trouve régulièrement affligée de migraines.

En temps normal, on pourrait imaginer, sans convoquer Œdipe, la horde primitive ou le banquet cannibale d'un père massacré par ses fils, sans allonger la patiente sur son divan, sans convoquer le ban et l'arrière-ban métapsychologique, en appeler au simple bon sens : une jeune fille de quatorze ans repousse naturellement un homme de quarante-quatre ans qui cherche à la mettre dans son lit parce qu'il répugne à une adolescente de consentir aux avances sexuelles d'un homme âgé… Dégoûtée, puis écœurée de constater que, comme toujours, le bourreau endosse les habits de la victime et transforme une proie qui se refuse en obsédée sexuelle, il n'y a rien d'anormal, pour un être normal, à ce que Dora se sente mal dans sa peau et somatise…

Or Freud ne l'entend pas ainsi : une adolescente repoussant les avances sexuelles d'un libidineux qui pourrait être son père est… une hystérique – puisque le cas qu'elle illustre dans les *Cinq psychanalyses* est donné comme emblématique de cette pathologie… D'où l'interprétation du docteur viennois : l'homme s'approche d'elle, *donc* il a le sexe en érection, *donc* il se frotte contre elle, *donc* elle sent le membre turgescent au travers des vêtements, *donc* … elle est excitée ! Il ne vient aucunement à l'idée de Freud que la conclusion pourrait être : *donc* elle est dégoûtée.

Dès lors, ceci explique cela : une adolescente se refusant à un vieux est une hystérique ! Le *non* de la jeune fille, toujours en vertu de la sophisterie dialectique du théoricien de la psychanalyse, doit être entendu comme un *oui*. L'analyse développée dans *La Dénégation* nous avait habitués à ce genre de transmutation des valeurs : théoriquement, la protestation exprime un désir, le refus prouve une acceptation, la négation signifie l'affirmation, donc pratiquement repousser des avances lubriques d'un homme ayant plusieurs fois son âge équivaut à se réjouir de ses propositions libidinales…

Ainsi, la gorge nouée s'explique : elle a bien sûr songé à une fellation… Lors de la consultation, manipule-t-elle compulsivement le fermoir de son petit porte-monnaie ? Elle trahit de cette manière non pas un malaise existentiel, une irrépressible anxiété due à la situation à laquelle un menteur lubrique la contraint, mais, évidemment, une activité masturbatoire débordante… Souffre-t-elle de difficultés respiratoires ? Rien à voir avec une oppression de la cage thoracique causée par l'angoisse, non : elle répète les halètements de ses parents qu'elle aurait surpris pendant un acte sexuel…

Et si l'analyste sollicite un rêve pour faire avancer son roman scientifique et que Dora parle d'une boîte à bijoux à sauver lors d'un incendie ? Condensation, déplacement et présentation, la mise en route de cette sophisterie permet de prouver que cette jeune fille souffre d'un désir inconscient de coucher avec l'ami de son père, donc avec son père – alors même qu'en jouant de la pensée symbolique la plus élémentaire on pourrait rétorquer à Freud que sauver sa boîte à bijoux (sexuels) de l'incendie (libidinal) d'un quasi-quinquagénaire signifierait plutôt vouloir lui échapper qu'y consentir…

Si l'on en croit sa conclusion à la publication du cas, Dora a recouvré la paix après l'analyse : elle s'est mariée, s'est détachée de son père et la vie a repris ses droits, nous dit en substance la dernière phrase de la centaine de pages de cet exposé. Or il n'en fut rien… En effet, un an et demi après cette interprétation extravagante qui la culpabilisait et disculpait le quinquagénaire pédophile, elle revint affligée d'une névralgie faciale que Freud interpréta comme… un remords tardif causé par la gifle donnée au vieux séducteur ! Preuve, donc, qu'elle regrettait de l'avoir frappé et qu'elle aspirait donc bien à coucher avec lui – preuve aussi, en passant, que malgré la dénégation de Dora, Freud avait bien raison de diagnostiquer l'hystérie…

Freud ajouta que, comme il venait d'être nommé professeur et que l'information avait été diffusée dans la presse, Dora n'avait pas pu ne pas le savoir. De sorte qu'en lui infligeant sa névralgie faciale jusque dans son cabinet, elle transférait l'agressivité destinée à l'ami de son père à… Freud lui-même ! D'aucuns pensent que ce cas Dora à peine maquillé et publié dans la presse doit se lire comme un genre de vengeance de Freud vexé que la jeune femme n'ait pas consenti à ses analyses pour le moins douteuses et ait mis fin elle-même à la cure le 31 décembre 1900. Le texte de cette analyse extravagante fut refusé deux fois par deux directeurs de rédaction différents au motif que le secret médical s'y trouvait violé. Il parut modifié mais trop peu pour qu'on n'y apprenne pas l'identité de la patiente.

Des années après, Dora était devenue atrabilaire, souffrait de boiterie et était affligée de vertiges de Ménière.

Des troubles digestifs chroniques longtemps négligés d'un point de vue somatique débouchèrent sur un cancer du côlon qui, diagnostiqué trop tard, l'emporta en 1945. Lorsqu'il acheva la rédaction de son analyse, Freud écrivit à Fliess : « C'est la chose la plus subtile que j'aie écrite jusqu'ici, et elle produira un effet encore plus rebutant que d'habitude » (25 janvier 1901) – en effet...

Deuxième cas : le Petit Hans. En 1907, le fils d'un musicologue et d'une comédienne se trouve éduqué selon les principes de Freud qui, dans *Analyse de la phobie d'un garçon de cinq ans*, parle d'eux comme de ses « plus proches disciples » (IX. 6). Pas de frustrations susceptibles de générer des traumatismes, pas de répression de la sexualité, pas de menaces de castration, pas de contraintes, pas de culpabilité liée au corps sexué, donc, pas de risque de favoriser une névrose... Le père, analyste, vient régulièrement aux séances du mercredi. Il note les rêves de l'enfant, se soucie de son évolution, guette ses moindres mots, remplit des cahiers de remarques le concernant.

Mais, bien qu'éclairés, ces parents se montrent tout de même encore un peu marqués par l'obscurantisme, car la mère menace son fils de faire venir le docteur pour qu'il lui coupe son « fait-wiwi » (IX. 7) (« fait-pipi » dans les anciennes traductions...) quand elle découvre l'onanisme sans équivoque de sa progéniture. À quoi les parents ajoutent, lors de la naissance de la sœur, que les cigognes l'avaient apporté. Preuve que le freudisme familial connaissait des limites, ce qui servira aux hagiographes pour expliquer le surgissement d'une névrose chez un enfant de cinq ans éduqué dans les idées freudiennes...

Le Petit Hans se met en effet à craindre de manière

phobique d'être mordu par un cheval. De même, il a peur des chutes de chevaux, des accidents fréquents sur le pavé humide de Vienne – et l'on imagine le fracas d'un attelage glissant sur la chaussée à hauteur d'enfant. De sorte qu'il évite tous les endroits où il pourrait rencontrer cet animal. Par ailleurs, au zoo, le grand sexe des éléphants et des girafes le fascine. Toujours freudiens en diable, les parents expliquent que la taille du pénis est en relation avec la grosseur et la grandeur des animaux – pas question de comparer le père et la bête…

Interprétation et diagnostic de Freud : le père du Petit Hans a le visage barré par une grosse moustache – comme… un cheval portant une muselière ! Donc, en vertu de la pensée magique freudienne, puis de l'artifice symbolique grâce à quoi une chose n'est jamais ce qu'elle est, mais toujours autre chose, enfin que dans ce registre de fiction pure l'analogie ou la ressemblance produisent des collisions mentales présentées comme des vérités, dans cet univers intellectuel pour lequel comparaison vaut raison, on imagine la suite : le cheval n'est pas le cheval, mais autre chose que le cheval, il sera donc… le père. La preuve par la moustache – qui n'est pas moustache mais muselière…

Dès lors, en vertu du complexe d'Œdipe, le Petit Hans désire s'unir sexuellement avec sa mère, que Freud trouve fort jolie, mais son père le lui interdit. D'où menace de castration. La phobie d'être mordu par un cheval s'analyse donc comme la crainte de voir son pénis coupé selon la logique classique de l'émasculation. La peur d'une chute de cheval doit également se mettre en relation avec cette analyse qui, une fois de plus, rabat les problèmes concrets sur la fameuse fiction du triangle œdipien.

Des années plus tard, le Petit Hans devenu grand

rapporte que cette scène n'avait rien à voir avec l'interprétation freudienne. Ses parents ont divorcé, il officie
comme directeur d'un opéra dans lequel il effectue aussi
des mises en scène. Il avoue ne pas adhérer à l'hypothèse freudienne. En revanche, il confesse une causalité
triviale, très peu magique donc, pas du tout mystérieuse,
et n'ayant rien à voir avec le fatras de fantasmes sexuels
d'adulte : le 7 janvier 1908, lors d'une promenade, il
avait assisté, scène extrêmement traumatisante, à l'effondrement d'un cheval de trait à ses pieds.

Une tonne de muscles qui glisse sur le sol et s'affale
dans un fracas sonore de harnachements déchirés, les
quatre fers ripant sur le pavé avec des étincelles, l'animal
qui se débat avant de tenter de retrouver sa position
debout, sans parler d'hypothétiques bris de timons, de
roues ou de versement de sa charge, on peut imaginer
que, pour un enfant d'environ un mètre de haut, le traumatisme ait pu légitimement entraîner la crainte des chevaux sans qu'on ait besoin d'invoquer la phobie de la
castration… Naturellement, l'enfant cessa d'avoir peur
quelques mois plus tard : Freud fit de ce cheminement
psychologique naturel un succès thérapeutique à mettre à
son actif…

À dix-neuf ans, au printemps 1922, Herbert Graf, alias
le Petit Hans, visite Freud et affirme qu'il ne se souvient
de rien. En vertu de la logique mise en place par Freud
lui-même, ne pas se souvenir d'une chose prouve la vérité
de cette chose. Car, selon la théorie du refoulement, cette
chose se trouve d'autant plus vraie qu'on ne se souvient
pas d'elle : Hans/Herbert n'a aucune souvenance de ce
que montre l'analyse ? Voilà donc bien la démonstration
de sa justesse. Et la chute véritable du vrai cheval dans
une vraie rue de Vienne ? La chose ne mérite pas même

434   *Le Crépuscule d'une idole*

d'être commentée : la réalité du monde est toujours une fiction pour Freud qui pense en retour que seules ses fictions sont vraies…

Troisième cas : après une *hystérique* et un *phobique*, voici une *névrose obsessionnelle* avec l'Homme aux rats. Dans les premières lignes des *Remarques sur un cas de névrose de contrainte*, Freud prend soin de dire qu'il ne peut livrer toute la vérité, rien que la vérité, à cause de la « curiosité indiscrète » (IX. 135) des Viennois… De sorte que si la vérité n'est pas toujours vraie, incriminons-en l'honnêteté du rédacteur souhaitant préserver l'anonymat de son patient ! Les distorsions freudiennes effectuées sur le réel procèdent donc d'un haut souci éthique…

Freud précise : s'il ne parvient pas à pénétrer tout le mystère de la névrose de contrainte, il ne saurait être question toutefois d'en référer aux limites de son intelligence ou aux bornes de sa raison : la faute en incombe aux résistances du patient ! Toutefois, en fin d'analyse, Freud confesse avoir bel et bien soigné et guéri l'Homme aux rats. Le voilà donc, malgré une théorie qui lui échappe dans le détail, capable d'une pratique avec laquelle, malgré la méconnaissance de ce qu'il soigne, il obtient tout de même des résultats thérapeutiques complets.

Les notes détruites montraient que l'analyse n'a pas duré « à peu près un an » (IX. 135) comme il est écrit dans ses *Remarques*, mais *trois mois et vingt jours*. De même que l'analyse du Petit Hans avait été faite à partir de notes fournies par son père et que Freud n'a véritablement rencontré l'enfant de cinq ans que *quelques instants* en mars 1908, ou que Dora aura été analysée *onze semaines* seulement entre octobre 1900 et le 31 décembre de la même année, l'Homme aux rats n'a pas été si long-temps que ça allongé sur un divan : sept séances au total. Ne parlons pas du Président Schreber analysé sur le papier et *jamais* rencontré…

Les 26 et 27 avril 1908, Freud devait intervenir au Ier Congrès international de psychanalyste à Salzbourg. Mais il n'avait encore rien préparé le 19 avril, une lettre à Jung en témoigne : « cela deviendra sans doute un mélange d'observations isolées et de communications générales, se rattachant à un cas de névrose obsession-nelle » (19 avril 1908). Venus de six pays, une quarantaine d'invités attendaient l'intervention du père fondateur : il décide une semaine avant la date fatidique de présenter le cas de l'Homme aux rats. Le jour dit, Freud effectue une performance d'orateur et, dit la légende, tient son public en haleine cinq heures durant.

L'Homme aux rats est un juriste brillant de vingt-neuf ans, intelligent, cultivé, c'est d'ailleurs lui qui porte à la connaissance de Freud cet aphorisme célèbre de *Par-delà le bien et le mal* sur le déni expliqué par le renoncement de la mémoire devant la puissance de l'orgueil… Freud citera plus d'une fois ce texte du philosophe allemand. Lorsqu'il consulte, Lanzer détaille ses symptômes : désir de faire souffrir, soi et les autres, envie soudaine de tuer ou de se trancher la gorge avec un rasoir, mais aussi peur de perdre son père ou la femme qu'il aime. Suit une série incroyable d'histoires extrêmement embrouillées. Puis cette information : enfant, il aurait subi une fessée infli-gée par son père, probablement en punition d'un forfait sexuel.

Rapportant les détails de sa vie sexuelle, Ernst Lanzer précise que sa première aventure amoureuse eut lieu avec une demoiselle répondant au nom de Robert. Or Robert, voilà un patronyme masculin ! Par ailleurs, Lanzer rapporte une histoire entendue dans une caserne. Il s'agit d'une torture : des rats grouillent dans un pot que le tortionnaire attache au fondement de sa victime, de sorte que les animaux peuvent pénétrer le rectum du supplicié.

Dès lors, Freud échafaude une théorie : une fois de plus le rat n'est pas le rat, mais autre chose que le rat... Nul besoin d'aller chercher très loin : rat = pénis. Puis, par un long détour permettant à Freud de poser ses équivalences symboliques sur le mode performatif, le rat devient l'analogon du père. De sorte que ce supplice raconté expose le propre fantasme de celui qui le rapporte. Conclusion du docteur viennois : l'Homme aux rats aimerait se faire sodomiser par son père...

Quelques semaines après la fin du traitement dont Freud affirme qu'il s'est achevé par « un complet rétablissement de la personnalité et [...] la suppression de ses inhibitions » (IX. 135), il écrit à Carl Gustav Jung que l'Homme aux rats, Ernst Lanzer, n'avait aucunement réglé ses problèmes... Le congrès ayant eu lieu, la guérison a été annoncée, à quoi bon le reste, la science n'avait-elle pas progressé selon le vœu le plus cher de Freud ? La mort de l'Homme aux rats au début de la Première Guerre mondiale supprima toute trace de l'être dont l'immortalité revint alors à Freud : il n'eut plus à craindre qu'un être en chair et en os ne récuse ses hypothèses.

Quatrième cas : le Président Schreber (1842-1911). Cette avant-dernière des *Cinq psychanalyses* montre bien que Freud n'a pas grand souci du corps et de la vérité concrète de son patient puisqu'il ne l'a jamais rencontré et que son analyse procède de sa seule lecture des volumineux *Mémoires d'un névropathe* publié en 1903. On ne peut mieux incarner cette thèse répandue dans l'œuvre et la correspondance que la chair du patient compte pour peu puisque seule la science importe... Ainsi cette lettre à Eduardo Weiss : « Seuls peu de malades sont dignes des efforts que nous leur consacrons, si bien que notre position ne doit pas être thérapeutique, mais que nous devons nous estimer heureux d'avoir dans chaque cas appris quelque chose » (11 février 1922). Peu importe donc l'homme et sa santé mentale, puisqu'il s'agit de parfaire le catalogue des psychopathologies en illustrant un volet de la nosologie : la paranoïa.

Schreber fut président de cour d'appel, un juriste renommé ayant sombré dans la folie après avoir été battu à des élections. Après un séjour de plusieurs semaines dans un hôpital psychiatrique, il a retrouvé ses fonctions avant une rechute suivie de neuf années d'enfermement. Il rédige alors ces fameux *Mémoires d'un névropathe* dans lesquels il propose une théorie fumeuse de l'univers appuyée sur une théologie extravagante. Une mission lui aurait été donnée exigeant de lui un changement de sexe afin de rendre au monde sa félicité perdue...

Le Président Schreber fait donc l'objet d'une analyse publiée par Freud en 1911 sous le titre *Remarques psychanalytiques sur un cas de paranoïa décrit sous forme autobiographique* – l'année de la mort du patient involontaire. Dans les premières lignes, Freud écrit : « Il est possible que le Dr Schreber vive encore aujourd'hui et qu'il soit retiré si loin du système délirant incarné par lui en 1903, et qu'il ressente comme pénibles ces remarques sur son livre » (X. 232) – mais peu importe...

Au moment où Freud écrit ces lignes, le cas exhibé sur la place publique vient de mourir : le Président

Schreber meurt le 14 avril 1911 et, sans que Freud se soit soucié de l'avis de son sujet, le texte paraît à l'été 1911. Il sera lu au Congrès international de psychanalyse de Weimar le 22 septembre de la même année. Pour justifier la publication de son travail, Freud cite le texte du malade qui justifiait la publication de ses *Mémoires* bien que des informations concernant des gens identifiables s'y trouvent et ce au nom de l'intérêt supérieur de la science – autrement dit de ses fantasmes de malade. Dès lors, Freud s'appuie clairement sur un délire de paranoïaque pour justifier et légitimer son geste indélicat : si un fou interné se permet de passer par-dessus ses scrupules, alors pourquoi pas lui ?

Le Président souffre d'angoisse, il craint d'être torturé, il s'imagine victime d'un nombre considérable d'hallucinations. Freud se concentre sur le texte publié par le paranoïaque car la paranoïa l'intéresse au plus haut point. En effet, lorsqu'il s'empare de ce sujet, Freud souffre du différend avec Adler puis avec Jung. Qu'il se soucie, indépendamment du corps vivant de Schreber, de proposer une théorie générale de la paranoïa au moment où il pense que certains de ses disciples lui en veulent personnellement parce qu'ils ne souscrivent pas aveuglément à ses thèses ne manque pas d'intérêt...

Dès lors, on saisit pourquoi, sans se soucier d'autre chose que des *Mémoires*, Freud part avec en tête l'idée de faire du Président Schreber un paranoïaque homosexuel. De sorte que le travail d'écriture de l'interné vaut comme une quête d'amour d'un fils pour son père. Suivent les habituelles considérations sur le soleil comme substitut du père, la pratique de l'onanisme associée à la crainte de la castration, l'ambivalence à l'endroit du père, etc. Ainsi, le refoulement de l'interdiction de la relation incestueuse et homosexuelle avec son père génère la pathologie qui lui vaut l'internement en hôpital psychiatrique. CQFD !

Un travail moins centré sur la fiction littéraire de ce malade paranoïaque et plus ouvert sur les conditions de la généalogie existentielle de l'individu aurait mis en perspective les machines peuplant son univers mystique et délirant de papier avec celles, réelles, que son père construisait ! En effet, le père du Président a laissé une trace dans l'histoire comme médecin hygiéniste, fondateur de la médecine thérapeutique, auteur d'un livre très lu et plusieurs fois réédité : *Gymnastique médicale de chambre...* Le Dr Schreber construisait en effet des machines orthopédiques extrêmement contraignantes, dont certaines corsetaient le corps afin de maintenir la tête droite. Ces appareillages d'acier, traumatisants pour la chair concrète des individus redressés, corrigés, rectifiés, le père les essayait sur sa progéniture... On peut imaginer que le traumatisme d'un être ainsi contraint dans son enfance puisse provoquer les symptômes qui travaillaient le corps et l'âme du Président sans devoir en appeler à une homosexualité refoulée pour le père ! Le schéma freudien plaqué sur le cas de papier du Président économise par trop la vérité existentielle et biographique d'un être en souffrance. Mais c'était pour le bien de la discipline et le progrès de la science analytique...

Cinquième cas : probablement le plus célèbre de Freud, l'Homme aux loups. Sergueï Pankejeff arrive dans le cabinet de Freud en 1910 âgé de vingt-trois ans. Ce jeune aristocrate russe vit luxueusement, avec une nombreuse domesticité. Il a déjà consulté quelques psychiatres renommés car il souffre de phobies d'animaux,

d'idées obsessionnelles, de crises d'angoisse, de goûts
érotiques scabreux. Sa sœur l'aurait initié à la sexualité à
l'âge de trois ans. Alors qu'il se serait masturbé devant
elle, sa nourrice l'aurait menacé de lui couper le sexe.
Terrorisé par cette admonestation, il se serait réfugié
dans la régression au stade sadique-anal et masochiste,
d'où des séances au cours desquelles il arrache des ailes
aux papillons et cherche à se faire battre par son père.
Toutes les femmes dont il tombe amoureux sont de basse
condition et voir l'une d'entre elles à quatre pattes faisant
le ménage déclenchait immédiatement une passion…

Sur le divan de Freud, il rapporte un rêve fait dix-neuf
ans auparavant : il a quatre ans, il se trouve allongé dans
son lit, la fenêtre s'ouvre et, en face, dans un arbre, il
aperçoit six ou sept (XIII. 27) loups blancs qui ressemblent à des renards ou à des chiens de berger, assis
sur les branches. La scène a lieu l'hiver. L'enfant a peur
d'être dévoré, il se réveille, pleure, crie… Peintre amateur, l'Homme aux loups dessine ce qu'il a vu dans son
rêve. Sur le dessin, les six ou sept loups sont cinq – de
quoi sourire quand on connaît les extrapolations de
Freud sur la signification de ces chiffres-là dans ce rêve…

L'analyse a duré quatre ans – de février 1910 à juillet
1914. Constatons, pour revenir aux questions d'argent
et, cette fois-ci, aborder le sujet concrètement, que dans
ses entretiens avec Karin Obholzer, Pankejeff explique
qu'il se rendait tous les jours, sauf le dimanche, au 19,
Berggasse pour une séance d'une heure. Si l'on convertit
les dollars de l'époque en euros 2010, les quatre années
de psychanalyse de l'Homme aux loups auront coûté
environ 500 000 euros.

Freud vivait dans un quartier chic de Vienne, dans un
appartement de dix-sept pièces, avec trois domestiques,

dont l'une, Paula Fichtl, dormait dans un couloir sur une banquette dépliée chaque soir. Le « Professeur Freud », comme l'indiquait la plaque professionnelle, avait six enfants, il fallait donc nourrir, avec la tante Minna, douze personnes chaque jour dans la maison. Pankejeff pouvait en effet dire en 1974 : « L'inconvénient de la psychanalyse c'est sûrement qu'elle ne peut entrer en ligne de compte que pour les riches. Peu de gens peuvent se payer un traitement pareil » (68-69)… En effet, Freud l'avait théoriquement confirmé en 1905 dans *De la psychothérapie* (15)…

Qu'a donc produit cette fameuse analyse ? La théorie freudienne du rêve, avec la logique *condensation*, *déplacement*, *présentation*, suppose donc une série d'équivalences aux objets du rêve. Cette analyse d'une centaine de pages abonde en équations extravagantes : le loup, à cause de sa blancheur = un mouton ; l'immobilité des loups = le mouvement des parents ; leur activité = leur passivité ; être regardé = regarder ; l'arbre = un sapin de Noël ; les loups = des cadeaux ; les loups blancs = des sous-vêtements blancs des parents ; le loup = un professeur de latin dont le nom était Wolf ; les queues touffues = une absence de queue ; la fenêtre ouverte = l'attente sexuelle ; la scène à Noël = une scène estivale ; blanc = mort ; des chenilles coupées en morceaux = des enfants tronçonnés ; un père donnant de l'argent à sa fille = un géniteur faisant à sa fille le cadeau symbolique d'un enfant ; cinq loups = 5 heures du matin ; le mouvement d'aile d'un papillon = le jeu de jambes d'une femme pendant l'acte sexuel ; le bout des ailes = des symboles génitaux ; l'aile du papillon = une poire = le nom de la bonne ; uriner sur le plancher = tentative de séduction ; la peur du papillon = la peur de la castration ; la gonorrhée = la castration ; la peur d'être mangé par les loups = « être coïté par le père » (XIII. 103)…

Après ces équivalences produites selon une imparable logique, Freud donne son explication du rêve : quand il était enfant, pour être plus précis, quand il avait un an et demi (XIII. 35), Pankejeff faisait la sieste dans la chambre de ses parents, à cinq heures de l'après-midi, l'été. « Lorsqu'il se réveilla, il fut témoin d'un *coitus a tergo* trois fois répété, put voir l'organe génital de la mère comme le membre du père, et comprit le processus ainsi que sa signification » (*ibid.*). Freud conçoit qu'à un an et demi, compter jusqu'à trois, comprendre qu'il s'agit d'un acte sexuel et s'en souvenir plus de vingt ans après pourrait légitimement étonner le quidam défenseur de l'usage d'une saine raison raisonnable et raisonnante… Mais il explique qu'il va préciser les choses, en attendant il prie le lecteur de « croire provisoirement à la réalité de cette scène » (XIII. 36) !

La preuve vient en effet beaucoup plus loin. Sergueï Pankejeff a vu ce que Freud dit qu'il a vu à l'âge d'un an et demi puisque, dixit *À partir de l'histoire d'une névrose infantile* : « Les scènes d'observation du commerce sexuel parental, de séduction dans l'enfance et de menace de castration prononcée sont indubitablement [*sic*] possession héritée, héritage phylogénétique, mais elles peuvent tout aussi bien être acquisition de l'expérience de vie personnelle » (XIII. 94). Dès lors, les choses sont simples : soit il a vu, soit il n'a pas vu, mais dans les deux cas, il a vu puisque dans le premier son *œil ontogénétique* a enregistré la scène concrète, dans le second l'*œil phylogénétique* de son inconscient a conservé cette scène depuis la plus haute humanité primitive. Donc, dans tous les cas, *il a vu*…

Comment soigner pareille pathologie (je parle de celle du patient) ? Réponse de Freud : « C'est seulement s'il peut se substituer à la femme, remplacer la mère, pour se laisser satisfaire par le père et lui mettre au monde un enfant, que la maladie sera écartée de lui » (XIII. 97-98). Comme on imagine bien que ces conditions seront difficiles à réunir, on se doute que le patient aura du mal à être guéri un jour – du moins si l'on en croit Freud lui-même… Et, de fait, cette prédiction s'est avérée : l'Homme aux loups n'a jamais été guéri.

Or la conclusion de l'analyse signalait un « rétablissement » (XIII. 118). Qu'en a-t-il été ? Laissons la parole à Sergueï Pankejeff. Sur l'interprétation du rêve : « C'est quand même plus ou moins tiré par les cheveux » (70), affirme l'homme qui précise, par exemple, qu'il ne dormait jamais dans la chambre de ses parents, mais dans celle de la bonne ; il a vécu toute sa vie avec des dépressions, il confesse fumer trente cigarettes par jour à quatre-vingt-sept ans encore ; sur son état de santé : « Je souffre d'un certain mal intestinal que j'ai attrapé – malheureusement – à cause de la psychanalyse » (81) – où l'on apprend que Freud, qui récusait tout traitement médical car il ne croyait qu'à l'efficacité de la psychanalyse, prescrivait aussi, et *tout de même*, des médicaments (81) ; sur le retour récurrent de ses crises : « Si j'avais été guéri, cela n'aurait pas dû se produire » (86) ; sur la guérison annoncée par Freud : « j'ai déjà fait tellement d'analyses. […] J'en ai assez des analyses » (123), il précise qu'à quatre-vingt-sept ans, il est toujours en traitement (149). En fait, Sergueï Pankejeff, *guéri* par Freud, fut suivi par dix psychanalystes jusqu'en 1979, date de sa mort à l'âge de quatre-vingt-douze ans. Il avait dit : « Toute l'affaire me fait l'effet d'une catastrophe. Je me trouve dans le

même état qu'avant d'entrer en traitement avec Freud. »
Puis ceci : « Au lieu de me faire du bien, les psychanalystes m'ont fait du mal » (149)…

Peu importait le soin, enseignait Freud, pourvu que la
théorie avance. Qu'importe le flacon humain pourvu
qu'on ait l'ivresse doctrinale… Mais la théorie a-t-elle
vraiment avancé ? La science s'en trouve-t-elle augmen-
tée ? Le conquistador a fait son chemin, certes. Mais a-t-il
gagné pour autant sa place aux côtés de Copernic et Darwin ? On peut en douter… En revanche, on sait aujour-
d'hui que ces guérisons furent des guérisons de papier.
Sigmund Freud s'inscrit dans la longue tradition des guérisseurs, des chamans, des magiciens, des sorciers, des
magnétiseurs, des radiesthésistes et autres fakirs postmodernes. À un moment donné de l'histoire, le guérisseur a
pris le nom de psychanalyste…

V

Freud n'a pas inventé la psychanalyse

> « Laissez-moi donc en premier lieu vous rappeler que la psychothérapie n'est pas un procédé curatif moderne. Au contraire, elle est la plus ancienne thérapie dont se soit servie la médecine. »
>
> FREUD, *De la psychothérapie* (VI. 48).

Freud n'a pas inventé la psychanalyse : il n'a créé ni le mot, contrairement à ce qui se répète partout, ni la chose, qui lui préexiste depuis la plus haute antiquité – et qui lui survivra parée de nouveaux atours. Commençons par la chose. J'imagine que la *médecine préhistorique* procédait de ce chamanisme qui suppose un monde d'esprits immatériels susceptibles d'être sollicités en faveur d'une guérison, ou d'un envoûtement, par des gestes, des formules, des incantations particulières. On peut supposer que des décoctions, des fumigations, des onguents, des potions, des tisanes avaient la charge de soigner – et que tout cela a en effet réellement beaucoup réconforté.

Les Egyptiens, si chers au cœur de Freud qui connaissait très bien leur médecine, disposaient d'une magie avec suggestions, allusions mythologiques, énumérations, artifices, formules ésotériques, remèdes et amulettes, rites et toute une panoplie susceptible de guérir avec des mots soutenus par quelques prescriptions concrètes dotées d'un pouvoir pharmacologique. Cette *médecine égyptienne* préscientifique a produit de nombreux effets sur quantité de patients de l'Ancien Empire jusqu'à l'époque copte. L'archéologie témoigne, les formules de remerciement gravées dans la pierre commémorative ne manquent pas...

Personne n'ignore qu'à l'époque hellénistique la *médecine grecque* entretenait une relation particulière avec le théâtre en général et la tragédie en particulier : les pathologies de l'âme se soignent alors dans des théâtres où des thérapeutes, après avoir empoché de l'argent, recourent à des suggestions, des mises en scène ritualisées, avec chants, danses sur des peaux de bêtes, ablutions, paroles, incantations, invocation de puissances magiques, nuits passées dans le sanctuaire, impositions des mains et, bien sûr, guérisons, ce dont témoignent des ex-voto retrouvés lors des fouilles archéologiques – ex-voto dont Diogène disait perfidement qu'ils seraient en plus grande quantité si les patients les offraient en cas d'échec...

Habituellement, l'historiographie dominante passe sous silence, et Freud le premier, le cas d'Antiphon d'Athènes qui donne l'impression d'inventer la psychanalyse au sens contemporain du terme ! On ignore presque tout du personnage, sinon qu'il est rangé par l'historiographie dominante dans la case bien utile des sophistes et prodigue ses conseils d'analyste sur l'agora corinthienne au ve siècle avant l'ère commune. Que sait-on de lui ? Qu'il enseignait que l'âme gouverne le corps sans pour autant professer la discontinuité entre les deux instances ; qu'il se faisait fort, moyennant finance, d'interpréter les rêves à l'aide de causalités immanentes ; qu'il fut l'auteur d'un livre perdu intitulé *L'Art d'échapper à l'affliction*.

On sait également par le témoignage du Pseudo-Plutarque qu'il avait inventé une *logothérapie* : « À Corinthe, près de l'agora, il disposait d'un local avec une enseigne où il se faisait fort de traiter la douleur morale au moyen de discours ; il s'enquérait des causes du chagrin et consolait ses malades. » Le même auteur rapporte qu'il professait également ses théories lors de conférences publiques. Un autre sophiste, Gorgias, enseignait lui aussi qu'on pouvait soigner et guérir par les mots – la stricte et simple définition donnée par Freud de sa discipline dans *La Question de l'analyse profane* (XVIII. 9).

Le christianisme a également célébré cette pensée magique et la *médecine chrétienne* du désenvoûtement procède des mêmes attendus : la possibilité d'en finir avec le mal sans autres remèdes et recours que des paroles guérisseuses, des gestes codifiés, des rituels thérapeutiques, un cérémonial ritualisé point par point et observé un déroulement précis et rigoureux, par un prêtre initié aux arcanes de l'exorcisme par sa hiérarchie, voilà qui a longtemps produit des effets sur le territoire catholique. Chaque évêché possède d'ailleurs encore aujourd'hui son prêtre exorciste…

La liste des médecines dites traditionnelles qui, des plus hauts temps de l'humanité chamanique jusqu'à notre XXIe siècle postindustriel, illustrent cette croyance à la vertu de guérisseurs, de thérapeutes, de magiciens, d'hypnotiseurs, de sorciers concerne tous les continents. La pensée magique prend la forme, mais seulement la forme, de la science du temps, toutefois elle repose sur le vieux fonds irrationnel, sinon déraisonnable, qui veut que le

chaman supprime les maux par son pouvoir occulte qui
déborde la science.

L'hypnose fut l'une de ces formes parascientifiques, au
même titre que le baquet de Mesmer ou le divan de
Breuer appelé à devenir celui de Freud. Et il n'est pas
étonnant que la psychanalyse naisse dans les mêmes eaux
magiques d'un XIXe qui voit la prolifération de l'homéo-
pathie inventée par Samuel Hahnemann, une médecine
dite douce présentée comme une science par d'aucuns
qui supposent que, malgré l'absence de traces de substances chimiques dans le médicament pour cause de disparition pure et simple lors des multiples dilutions à la
base du principe homéopathique, cette substance sans
substance soigne et guérit… Effet placebo là encore.

J'aime la peinture de Jérôme Bosch qui résiste à toutes
les analyses. Elle donne à voir d'étranges paradis et de
mystérieux enfers probablement en relation avec une
obscure secte millénariste restée quasi muette, un silence
qui condamne donc la majorité de ces peintures à l'énigmatique. Mais il existe deux huiles sur bois, chez ce fabri-
cant de chefs-d'œuvre, qui expriment, à la fin du XVe et
au début du XVIe siècle, toute la vérité à venir de la psychanalyse : *L'Excision de la pierre de folie* (vers 1494) et
L'Escamoteur (vers 1502).

La thématique de la première œuvre n'est pas originale, on la trouve souvent dans les gravures ou les peintures de l'Ecole flamande de cette époque. On croyait
en effet la folie causée par la présence dans le cerveau
d'un corps étranger dont il suffisait de se débarrasser
pour recouvrer la santé – un homme ayant toutes les
apparences d'un chirurgien se trouve donc en position
d'extraire la chose, une pierre la plupart du temps,

penché sur le crâne d'un patient éveillé, en présence
d'un public, en l'occurrence, un moine et une religieuse
arborant un livre sur la tête ! On se doute bien que le
chirurgien, coiffé de l'entonnoir des fous, sortira habile-
ment une pierre de sa poche, la montrera à l'abruti au
cuir chevelu incisé. Ce benêt va mettre en perspective la
compresse pleine de sang, le geste chirurgical, la vue de
la pierre, et s'en trouvera évidemment guéri – après
avoir dédommagé le charlatan au passage... Bosch peint
ici l'effet placebo.

   C'est probablement la même pierre que l'on voit entre
le pouce et l'index de l'escamoteur qui propose un jeu
assimilable au bonneteau dans lequel, les gobelets sur la
table en témoignent, il va, par un effet de dextérité
manuelle doublé d'une litanie hypnotique, faire disparaître et apparaître cette pierre où il voudra, quand il
voudra, en ayant pris soin de récupérer au préalable
l'argent des paris pour gagner sa vie – remarquons au
passage que le grugé sera deux fois volé : une fois par
l'escamoteur qui engrange la somme du pari, une autre
par le coupeur de bourses, un probable complice qui
profite de l'état second dans lequel il se trouve en présence du bonimenteur.

   L'effet placebo constitue le socle de toute médecine
préscientifique : il nomme le crédit scientifique apporté,
à cause de la mise en scène, à une pratique réductible à la
suggestion verbale, à l'incantation, à la magie, au pouvoir
guérisseur du verbe, du geste ou du rite. Nul doute que
le patient de ce médecin coiffé d'un entonnoir – Bosch
ne cache pas son jugement – croit au pouvoir de son
geste ayant toutes les allures de la scientificité. Le charlatan recourt aux techniques, aux mots, aux effets
d'annonce, aux gadgets de la science, ici l'extracteur en

métal qui singe l'instrument du chirurgien véritable. Il aura payé pour être guéri ; l'aigrefin aura annoncé qu'il était capable de guérir, qu'il aura fait le nécessaire, puis guéri ; le client, ravi, clamera partout sa guérison. Faut-il en conclure que l'escamoteur dispose d'un réel pouvoir ? Nullement. Le crédit du patient suffit : cette médication relève de l'automédication psychosomatique, elle obtient de nombreux succès.

Pour comprendre les logiques de cette pensée magique à l'œuvre dans les thérapies par le verbe, un détour par Marcel Mauss offre un secours utile. Car Freud connaît ces analyses et, cryptomnésie ou pas, nombre de moments constitutifs de la psychanalyse ressemblent à s'y méprendre aux instances magiques pensées par l'anthropologue français. Souvenons-nous que dans *Totem et tabou* il cite l'*Esquisse d'une théorie générale de la magie*. Que dit Mauss ? Que le magicien définit l'individu qui accomplit des gestes magiques. Certes… Mais qu'est-ce qui peut être dit magique ? Ce qui est reconnu comme tel par un tiers… Mais encore ? Qu'il recourt à des formes solennelles, des actes créateurs. Pour le dire à nouveau avec le vocabulaire du linguiste Austin : il est l'homme du performatif. Il engendre en disant, il fait surgir un monde en mettant des mots sur ce monde, il crée ce qu'il nomme. « À l'origine le mot était un enchantement, une action magique, et il a conservé beaucoup de son ancienne force » (XVIII. 10). Que fait d'autre le psychanalyste avec son silence vendu comme un écrin pour une parole d'autant plus guérisseuse qu'elle est rare ?

Comment devient-on magicien ? Mauss répond : par révélation, consécration ou tradition : *révélation* du complexe d'Œdipe, de la horde primitive, du meurtre du père, du banquet cannibale rituel, autant de découvertes effectuées par une auto-analyse susceptible d'éclairer la part obscure portée depuis la nuit des temps ; *consécration* par le maître lui-même adoubant celui qui adoube, et ce dans la plus pure logique de la cooptation du disciple par le maître ; *tradition* du père Sigmund qui initie sa fille Anna qui initie sa maîtresse Dorothy qui initie des élèves, et ceci *ad libitum*…

Les actes du magicien constituent des rites dont les conditions supposent des observances accessoires : la fixation d'un horaire dans la semaine, d'une périodicité, les modalités du paiement, le rituel du cabinet, la logique du divan, le silence de l'analyste et la parole sans frein du patient, la décision de la synthèse effectuée par le psychanalyste quand il l'aura décidé agissant tel un rite de sortie de l'aventure magique. Mais aussi, et surtout, Mauss précise que, pour qu'il y ait magie, « certaines dispositions mentales sont exigées ; il est nécessaire d'avoir la foi » (41)… Freud ne dira pas autrement quand il parlera dans *La Question de l'analyse profane* de la nécessaire « croyance à l'analyste » (XVIII. 50) pour envisager le travail analytique avec succès.

La causalité magique signale à coup sûr que nous nous trouvons dans le registre primitif, non scientifique. Lisons ainsi dans l'*Esquisse d'une théorie générale de la magie* : « La magie fait fonction de science et tient la place des sciences à naître. » Les magiciens « se figurent d'une façon mécanique des vertus des mots ou des symboles » (69). De fait, Freud fut un grand maître en causalités magiques et un roi des correspondances symboliques : *L'Interprétation du rêve* regorge d'exemples où la pensée *d'une* chose n'est pas pensée de *cette* chose mais d'une *autre* que le caprice interprétatif freudien aura décrétée :

un chapeau = un pénis, une serrure = un vagin, une calvitie = une impuissance, une dent qui tombe = un onanisme, un loup = un agneau, etc.

Marcel Mauss affirme enfin : « la magie, comme la religion, est un bloc, on y croit ou l'on n'y croit pas » (85).
Voilà pour quelles raisons Freud n'a jamais avoué un seul
échec thérapeutique, même dans les cas les plus évidents,
car une seule faille, et tout l'édifice s'écroule. Le cas
d'Anna O., mensongèrement exposé comme une guérison par Freud, a été présenté comme l'archétype fondateur de la science psychanalytique. Si ce cas constitue une
fiction avérée, alors le freudisme est tout entier une fiction – d'où l'intérêt pour les hagiographes de dissimuler
la vérité historique et de faire triompher la légende.

On vient voir le magicien comme on entre chez le psychanalyste : parce qu'on a foi en lui ; on croit en lui parce
qu'il affirme partout, le dit publiquement, en congrès,
dans des articles, dans la presse, dans des livres, qu'il
soigne avec le divan et guérit toujours ; on lui accorde du
crédit car ses disciples disent aussi ses hypothétiques succès ; on ne doute pas de son pouvoir puisqu'il détaille
dans des livres, les *Cinq psychanalyses* par exemple, qu'il
a supprimé les pathologies de Dora l'hystérique, sinon
d'Anna O. qui souffrait elle aussi de cette pathologie
fourre-tout au XIXᵉ siècle, du Petit Hans le phobique, de
la névrose obsessionnelle de l'Homme aux rats, de la
névrose infantile de Sergueï Pankejeff, dit l'Homme aux
loups.

Et si ça ne marche pas ? C'est que ça marche quand
même. Car « la magie a une telle autorité qu'en principe
l'expérience contraire n'ébranle pas la croyance », écrit
Mauss. Si l'analyse ne fonctionne pas, ne produit pas
d'effet, le principe n'est pas à remettre en cause : *la psy-*

chanalyse guérit ; si elle donne l'impression de n'avoir pas guéri, c'est que le patient ne l'aura pas voulu, par désir inconscient de rester atteint, par « bénéfice de la maladie », dit la théorie freudienne, par « résistance » du patient, par perturbation des proches qui empêchent le bon fonctionnement de la thérapie. Tout échec de la psychanalyse signale sa réussite puisqu'elle explique le ratage selon les raisons psychanalytiques en chargeant tout, sauf la thérapie par le divan…

Mauss explique que l'échec de la magie a toujours pour cause une contre-magie qui valide la thèse de la magie : ne sommes-nous pas là dans un semblable mécanisme intellectuel ? Lisons : la magie « est soustraite à tout contrôle. Même les faits défavorables tournent en sa faveur car ils sont toujours l'effet d'une contre-magie, de fautes rituelles ou que les conditions nécessaires de pratiques n'ont pas été respectées. Ainsi, un envoûtement manqué ajoute l'autorité au sorcier car on a encore plus besoin de lui pour pallier les effets d'une force terrible qui vont se retourner contre le malheureux qui l'a déchaînée mal à propos ».

Freud décide par exemple qu'il a guéri l'Homme aux loups. Le client revient-il en confiant que, pour sa part, il ne ressent pas les choses ainsi ? Le psychanalyste fait savoir qu'il a bien soigné ce qu'il a soigné, qu'il n'y a aucun doute là-dessus, et qu'il est bel et bien définitivement guéri de ce qui aura été soigné. Mais, il y a un mais, ce qui surgit est une autre pathologie que Freud nomme « restes transférentiels ». Donc le fautif n'est évidemment pas le psychanalyste, ni la psychanalyse, mais le patient qui n'a pas assez investi dans le processus analytique. Ni la magie en général, ni le magicien en particulier, mais le client – voilà le coupable…

Mauss précise enfin que, quand il prétend extraire des cailloux assimilés au mal lors d'une manipulation rituelle, le magicien sait bien qu'il les sort de la poche où il les y a mis... Toutefois, le même magicien ira trouver son collègue quand il voudra lui aussi se faire soigner et guérir d'un mal ! La raison ? Les faits de magie comportent « un faire accroire » (88) constant... Ainsi Emma Eckstein, défigurée par le tandem Fliess/Freud, une femme au courant des ratages chirurgicaux (pour cause de gaze infectée oubliée dans sa cavité nasale après l'opération...), aura recours encore à la psychanalyse et deviendra elle-même psychanalyste...

Le magicien se dupe lui-même comme l'acteur qui, jouant Don Juan sur la scène d'un théâtre, croit qu'il reste Don Juan dans les coulisses, puis dans le reste de sa vie... Le magicien simule, mais on vient le trouver pour ça. Pour quelles raisons ? Mauss écrit : « La simulation du magicien n'est possible qu'en raison de la crédulité publique » (90). Et pourquoi y a-t-il crédulité ? Parce que le quidam fragile préfère une fausse réponse à une vraie question, un mensonge qui soulage à une vérité troublante, une fiction réconfortante à une véracité inquiétante, l'angoisse le perturbe, tout ce qui lève cette anxiété le rassure. Fût-ce la parole d'un enchanteur...

Freud inscrit donc sa psychanalyse dans un long lignage de thérapie magique et de guérison rituelle, il descend en droite ligne du chaman des temps préhistoriques. Sa thaumaturgie est aussi vieille que le monde *dans le fond* ; elle est neuve *dans la forme* qui, elle, procède des manies scientistes du temps, des tics de langage psychiatrique de l'époque, des découvertes anatomiques ou physiologiques du moment, des accidents biographiques du personnage, de son inscription dans un contexte histo-

rique et géographique donné : la psychanalyse de Freud
incarne un chamanisme viennois contemporain de Sissi
l'Impératrice et de Louis II de Bavière.

Si Freud n'invente pas la *chose psychanalytique*, il n'est
pas non plus l'inventeur du *mot psychanalyse*. Cette histoire est moins connue… Les dictionnaires ou les encyclopédies avalisent en effet l'idée que Freud invente le
mot psychanalyse en même temps que la chose, comme
si le médecin viennois ne procédait pas d'une histoire
dans laquelle il hérite beaucoup avant de réussir un coup
d'État philosophique par lequel on associe définitivement son nom à la discipline qu'il aurait découverte en
solitaire génial.

En effet, lorsque le mot apparaît pour la première fois
chez lui, il ne s'agit pas de psychanalyse, mais de *psycho-
analyse*. La première occurrence, sous cette forme, se
trouve dans *L'Hérédité et l'étiologie des névroses*, un
article publié en français dans la *Revue neurologique* le
30 mars 1896. Freud parle alors de procédé thérapeutique à l'aide duquel on traque le traumatisme sexuel à
l'origine de la névrose. À ce moment-là, l'auteur attribue
la paternité de la *psycho-analyse* (III. 115) à… Josef
Breuer. Il s'agit, selon lui, d'une nouvelle méthode d'analyse psychologique plus efficace que d'autres – celle de
Janet par exemple pour parvenir à l'inconscient du
patient !

En 1910, Freud persiste dans l'hommage. En effet,
dans *De la psychanalyse*, il écrit clairement : « Si c'est un
mérite que d'avoir appelé la psychanalyse à la vie, alors ce
n'est pas mon mérite. Je n'ai pas pris part aux premiers
débuts de celle-ci. J'étais étudiant, et occupé à passer mes
derniers examens, lorsqu'un autre médecin viennois, le

Di Josef Breuer, appliqua le premier ce procédé our une jeune fille malade d'hystérie » (X. 5). Freud lui-même écrit et publie cette information en 1910, à l'âge de cinquante-quatre ans : il n'a pas inventé la psychanalyse, le mérite en revient à Josef Breuer : « Je dois mes résultats à l'emploi d'une nouvelle méthode de psycho-analyse au procédé explorateur de J. Breuer » (III. 115).

À cette époque d'ailleurs, et aux yeux de tous, y compris de Sigmund Freud qui le proclame également, la psychanalyse passe clairement pour l'invention de Josef Breuer. Ainsi, Ludwig Frank publie en 1910 un livre intitulé *La Psychanalyse* dans lequel il critique les libertés prises par Freud avec la vraie psychanalyse, autrement dit, avec l'invention de Breuer. Précisons que, déjà à cette date, le psychiatre suisse reproche à Freud son pan-sexualisme, une critique appelée à devenir récurrente dans l'histoire de la discipline. Freud n'apprécia pas du tout le livre…

Quelques-uns qui écrivent psychanalyse, et non *psycho-analyse* – Ludwig Frank donc, Dumeng Bezzola, ou Auguste Forel par exemple –, ridiculisent doucement Freud avec son barbarisme et font remarquer que la logique de formation des mots nouveaux à partir de racines grecques ne peut donner *psycho-analyse*, mais *psychanalyse*. En 1919, Auguste Forel, un médecin suisse qui pratique l'hypnose, guérit et soigne avec elle, précise dans *L'Hypnotisme* : « J'écris *psychanalyse* comme Bezzola, Frank et Bleuler, et non *psycho-analyse* comme le fait Freud, eu égard à la dérivation rationnelle et euphonique du mot. À ce sujet, Bezzola remarque à bon droit qu'on écrit également *psychiatrie* et non *psychoiatric* »… Déjà Freud avait trébuché avec la formation de *narcissisme* qu'il avait d'abord écrit *narzissmus*, autrement dit *narcisme* (X. 283).

Avec le succès, Freud vise de plus en plus l'hégémonie sur le mouvement psychanalytique européen dont il n'est alors pas le leader mais l'un des participants. La construction d'une machine de guerre freudienne pour s'emparer du pouvoir et assurer la suprématie de sa formule passe par la mise en place d'un dispositif extrêmement complexe de maillage, de réseaux, de collaborateurs très fidèles, de disciples soumis, d'instances éditoriales, de publications orthodoxes, puis d'un commencement d'épuration et d'éviction de tout ce qui plaiderait pour une multiplicité de psychanalyses et une diversité des méthodes d'un même soin de la souffrance mentale : les épisodes d'élimination de Jung et d'Adler, pour les plus connus, inaugurent la mise au pas de la psychanalyse sur le terrain européen puis, bientôt, international.

Freud décide alors d'affirmer sa toute-puissance sur le mot et la chose. Changement de cap : si en 1910 Freud avoue que Breuer se trouve à l'origine de la naissance de la psychanalyse, la *Contribution à l'histoire du mouvement psychanalytique*, publiée en 1914, remet les choses en place. Aux États-Unis, le son de cloche a changé, il s'agit de conquérir le Nouveau Monde, donc le monde. Le texte a été peaufiné et il est écrit sous le coup de la dissidence d'Adler et de Jung. Dès lors, terminé l'hommage au créateur de la psychanalyse, Josef Breuer, Freud décide devant l'histoire, et pour l'histoire, qu'il en est le seul concepteur : « La psychanalyse est en effet ma création, je fus dix années durant le seul à m'occuper d'elle, et tout le mécontentement que suscita chez les contemporains l'apparition de cette nouveauté s'est déchargé

sur mon chef sous forme de critique. Je me trouve auto-
risé [*sic*] à soutenir le point de vue que, même encore
aujourd'hui, où depuis longtemps je ne suis plus le seul
psychanalyste, personne mieux que moi [*sic*] ne peut
savoir ce qu'est la psychanalyse, par quoi elle se différen-
cie d'autres manières d'explorer la vie d'âme et ce qui
doit être couvert de son nom ou ce qu'il vaut mieux
nommer autrement » (XII. 249).

Voilà donc Freud autoproclamé inventeur, créateur,
maître, découvreur, auteur, propriétaire de la psychanalyse. Et Breuer, à qui revenait dans *De la psychanalyse*, en
1910, le seul mérite de cette découverte (X. 5) ? C'est
fini… Breuer devient un précurseur au rôle négligeable
(XII. 250) qui est passé à côté de la découverte faute du
courage de consentir au rôle cardinal de la sexualité dans
l'étiologie des névroses. Lui, Freud, a eu ce courage, cette
audace, cette force d'esprit, cette hardiesse de conquistador : seul il a osé, donc seul il mérite le titre.

La *Contribution* fonctionne comme un authentique
coup d'État : Freud explique que la psychanalyse est sa
création solitaire et géniale ; qu'une auto-analyse peut
suffire pour devenir analyste – son cas ; que la reconnaissance de la vérité du transfert et de la résistance suffit
pour se dire analyste – ce qui, de fait, exclut définitivement Breuer comme père fondateur ; que le refus de la
psychanalyse désigne à coup sûr la nécessité d'une cure
sur le divan ; que, dès lors, tout être qui refuse le freudisme est un malade à soigner ; que l'antisémitisme pourrait bien expliquer le refus de la psychanalyse – un
argument appelé à servir beaucoup.

Puis il donne le détail de son plan de guerre pour
conquérir le monde : regroupement d'un certain nombre
d'amis dès 1902 pour apprendre et diffuser la psychana-

lyse ; création de la Société psychologique du mercredi ;
extension du petit cercle ; arrivée dès 1907 de Jung qui
déplace le centre de gravité de Vienne à Zurich, mais
aussi d'un cercle d'artistes, de médecins et autres personnes cultivées à des institutionnels de la santé mentale ;
Jung assure, écrit Freud, une ouverture de la discipline
aux non-juifs, ce qui stratégiquement évite le confine-
ment de la psychanalyse à une « science juive » ; fondation de l'Association internationale de psychanalyse ;
création d'une revue dirigée par Freud ; mise en place de
congrès. Avec cet arsenal dont aucune autre analyse n'a
songé à se doter, Freud part en guerre tout seul… donc
la gagne.

Désormais, il existe une définition canonique donnée
par Freud dans « *Psychanalyse* » *et* « *Théorie de la libido* »
rédigé lors de l'été 1922 pour un *Manuel sexologique*
dirigé par Max Marcuse : « PSYCHANALYSE est le nom 1)
d'un procédé pour l'investigation de processus animiques, qui sont à peine accessibles autrement ; 2) d'une
méthode de traitement des troubles névrotiques, qui se
fonde sur cette investigation ; 3) d'une série de vues psychologiques, acquises par cette voie, qui croissent pro-
gressivement pour se rejoindre en une discipline
scientifique nouvelle » (XVI. 183). Dès lors, ne sont pas
psychanalystes ceux qui ne défendent pas la théorie freudienne de la psychanalyse, et plus particulièrement ceux
qui ne construisent pas leur thérapie sur la fiction du
complexe d'Œdipe – exit Jung, exit Adler, exit tous ceux
qui ne manifesteront pas une stricte allégeance au discours du maître.

La psychanalyse que Freud n'aura pas inventée, mais
sur laquelle il aura effectué le hold-up idéologique le plus
impressionnant du XXᵉ siècle, est devenue la science

inventée, découverte par Sigmund Freud en personne. Désormais, parler de psychanalyse, c'est nommer la psychologie littéraire freudienne. Il ne vient à l'idée de personne qu'ait pu exister une *psychanalyse non freudienne* : autrement dit, une *psychanalyse avant Freud* (dont Breuer, si l'on en croit Freud lui-même, entre 1896 et 1910, ou le très injustement oublié Pierre Janet, agrégé et docteur en philosophie, professeur au Collège de France, médecin) et une *psychanalyse après Freud* (Carl Gustav Jung, Alfred Adler, certes, mais tant d'autres), dont le freudo-marxisme (Wilhelm Reich ou Herbert Marcuse, sinon Erich Fromm), ou la psychanalyse existentielle de Ludwig Binswanger, reprise et modifiée par un certain Jean-Paul Sartre...

VI

Un verrouillage sophistique

« La vérité ne peut être tolérante. »

FREUD, *Nouvelle suite des leçons d'introduction à la psychanalyse* (XIX. 244).

Et si l'on ne croit pas aux fictions freudiennes ? Si l'on
n'adhère pas à sa psychologie littéraire ? Si l'on doute de
l'universalité du complexe d'Œdipe ? Si l'on ne sacrifie
pas à l'hypothèse d'un désir sexuel de tout garçon pour
sa mère et, conséquemment, d'une envie d'occire symboliquement son père ? Si l'on résiste à l'idée que nous
avons tous assisté à la scène primitive d'une copulation
entre notre père et notre mère soit *de visu*, soit parce que
notre inconscient conserverait la trace de ce qui ne peut
pas ne pas avoir eu lieu à l'origine de l'humanité ? Si l'on
pense que le tropisme incestueux est l'affaire d'un seul
homme sans que pour autant l'humanité tout entière en
soit affectée ? Si l'on pense qu'un mythe se situe aux antipodes de la science et qu'on ne devrait donc pas pouvoir,
de ce fait, parler de mythe scientifique ? Si l'on ne souscrit
pas à l'idée que tous les pères auraient le fantasme inconscient d'abuser sexuellement de leurs enfants ? Si l'on
pense que le banquet primitif avec manducation du corps

du père de la horde primitive relève de l'extravagance ?
Si l'on estime que la vérité du corps concret devrait peser
plus dans le souci de la pathologie d'autrui que l'hypothèse d'un inconscient nouménal doté de toutes les qualités d'un dieu monothéiste ? Si l'on préfère la causalité
dialectique à la causalité magique ? Si l'on se soucie
moins du chaman ou du sorcier et plus du médecin ou du
chirurgien pour régler ses problèmes de santé ? Si l'on
soupçonne le divan d'être un accessoire moderne dans le
vieux théâtre des guérisseurs ? Si l'on pense, après examen du dossier, que Freud a beaucoup menti, peu soigné
et presque pas guéri ? Si l'on doute que le psychanalyste
ait plus le souci de lui, de son revenu, de sa discipline, de
sa corporation, que de la guérison de son patient ? Si l'on
pense qu'un conquistador vit sur une autre planète qu'un
homme de science ? Si l'on estime que la psychanalyse est
une excellente thérapie – pour son inventeur et seulement pour lui ? Alors, c'est qu'on est très malade et qu'il
nous faut urgemment nous allonger sur un divan…

En effet, Freud a tout prévu pour empêcher qu'intellectuellement on puisse douter de son invention car *la
doctrine inclut une lecture doctrinaire du refus de la
doctrine…* De sorte qu'on ne saurait éviter de relever de
l'empire freudien, on ne peut échapper à la domination
idéologique de cette pensée totalisante, donc totalitaire,
dans laquelle il n'existe aucune porte de sortie. D'un
point de vue idéologique, la société psychanalytique est
close, fermée sur elle-même. Elle a prévu le tribunal pour
juger les opposants, la plaidoirie existe dans l'œuvre,
l'argumentaire se trouve dix fois donné, la péroraison du
procureur parlant pour l'inconscient se trouve partout
distillée dans l'œuvre complète de Freud.

La construction de la légende s'est donc faite par *le*

plaidoyer personnel de Freud qui recourt à la sculpture hagiographique de soi dans l'autobiographie – l'*Autoprésentation* et la *Contribution à l'histoire du mouvement psychanalytique* fournissent le socle ; elle s'est poursuivie avec l'entreprise de *production d'une matrice biographique* effectuée par un disciple zélé, Ernest Jones, qui, à l'aide d'un monument de papier, relaie la fable du maître telle qu'elle est déposée par ses soins dans les récits autobiographiques ; ensuite, elle suppose la très efficace *construction d'un appareil de domination idéologique* viennois, autrichien, européen, américain, planétaire, à l'aide de congrès, de maisons d'édition, de revues, de disciples, d'organisations, secrètes ou publiques, le tout commandé de main de maître sur le modèle du père, du dieu, du chef, du dominateur de la horde primitive. La *fabrication d'un argumentaire à l'usage du tribunal révolutionnaire freudien* suppose donc un verrouillage sophistique : il s'active dès l'apparition de la moindre critique.

Voici donc le schéma d'une plaidoirie type contre l'historien qui fait son travail et propose une lecture de la légende en faisant primer les faits, la vérité, le réel, les preuves, l'indiscutable, le certain, l'évident. L'esprit de corps aidant, le conquistador dispose, un siècle après son abordage sur les côtes du pays des merveilles inconscientes, d'une armée zélée qui monte sabre au clair pour défendre le royaume des causalités magiques à l'aide d'une dialectique pipée.

Visite de l'arsenal. *Un* : toute opposition venant d'un individu non analysé est nulle et non avenue ; *deux* : tout refoulement de l'analyse signale à coup sûr un névrosé dont, *de facto*, le propos est invalide ; *trois* : toute critique de la psychanalyse repose sur une critique de Freud qui était juif, elle est donc toujours suspecte d'antisémitisme ;

quatre : toute critique émanant d'un tiers exclu du couple analyste/analysé est infondée ; *cinq* : tout échec de la psychanalyse est imputable au patient, jamais au psychanalyste – voir les résistances, le bénéfice de la maladie, l'échec à cause du succès, la névrose pouvant en cacher une autre : la viscosité de la libido, le transfert négatif, la pulsion de mort, le masochisme, le désir de prouver sa propre supériorité à l'analyste ; *six* : quand on a tout essayé pour justifier la discipline, on peut parfois envisager le fait que le psychanalyste ne soit pas encore assez psychanalyste… Développons.

Premier sophisme : toute opposition venant d'un individu non analysé est nulle et non avenue. Pour pouvoir s'exprimer sur la psychanalyse, le corpus, la doctrine, les idées fortes de Freud, la validité de ses hypothèses, la pertinence de ses résultats cliniques, on doit donc avoir été analysé. La chose se trouve exprimée dès l'avant-propos de l'*Abrégé de psychanalyse* : « Les enseignements de la psychanalyse résultent d'un nombre incalculable d'observations et d'expériences et quiconque n'a pas réalisé, soit sur lui-même soit sur autrui, ces observations, ne saurait porter sur elles de jugement indépendant. » L'indépendance serait donc le privilège et l'apanage des sujets dépendants du système freudien.

Même si comparaison n'est pas raison, ce genre de barrage idéologique reviendrait pour un chrétien à interdire la critique du christianisme à quiconque n'a pas assisté au catéchisme pendant dix ans, n'est pas baptisé, initié à l'eucharistie lors de la communion, confirmé par l'évêque. Ou bien encore de n'autoriser l'athéisme qu'à quiconque aurait fait des études au séminaire, obtenu un doctorat en théologie, prononcé ses vœux de pauvreté, de chasteté et d'obéissance, hérité d'une cure – celle du curé, entendons-nous bien… Que l'endoctrinement soit nécessaire avant l'expression de tout esprit critique fonctionne en impératif catégorique de toute société close – pour ne pas dire tyrannique, dictatoriale ou totalitaire.

L'histoire de la psychanalyse montre que, même si Freud reconnaît sur le papier de cet avant-propos le droit aux analysés et aux analystes de porter un jugement sur la discipline, il ne le permettra pas dans la réalité : les exclusions, les mises à la porte, les évictions, les proscriptions, les bannissements, les renvois de psychanalystes jugés hétérodoxes par Freud de son vivant ont été légion : dans une lettre à Ludwig Binswanger, il entretient de « l'élimination de tous les éléments douteux » (17 décembre 1915). Freud a consacré un temps considérable de son existence à surveiller le degré de soumission de ses disciples, l'étendue de leur zèle, il n'a pas manqué de propulser les plus empressés et de détruire, parfois brutalement, les anciens amis devenus des ennemis faute d'un zèle suffisant.

Deuxième sophisme : tout refoulement de l'analyse signale à coup sûr un névrosé dont, de ce fait, le propos se trouve invalidé. Refuser Freud, le freudisme et la psychanalyse, ce qui, pour le docteur viennois, représente une seule et même chose, équivaut à refuser ce que l'analyse ne pourra pas ne pas nous apprendre : à savoir que nous sommes redevables des vérités scientifiques de la discipline. On refuse de savoir ce qu'inconsciemment on sait devoir découvrir en s'allongeant sur le divan – preuve, donc, qu'il y a matière à découvrir et donc raison de s'allonger. La résistance signale le refoulement qui prouve la névrose…

Lisons l'argumentation freudienne dans *Contribution à l'histoire du mouvement psychanalytique* : « S'il était exact que les corrélations que j'ai mises à découvert sont tenues à distance de la conscience des malades par des résistances affectives internes, alors ces résistances ne pouvaient que s'installer aussi chez les bien portants dès qu'on leur amenait le refoulé par une communication venue de l'extérieur. Que ces derniers s'entendent à motiver par des considérations intellectuelles la récusation commandée affectivement, ce n'était pas étonnant. Cela se produisait tout aussi fréquemment chez les malades [...] et les arguments mis en avant étaient les mêmes et n'étaient pas pénétrants » (XII. 266). Autrement dit, les arguments des gens bien portants sont autant d'arguments de malades...

Personne ne veut savoir ce qu'il en est de sa vie sexuelle infantile, de ses relations incestueuses avec sa mère, du désir de meurtre de son père. Nul n'a envie de découvrir que, phylogénétiquement, son inconscient a hérité de scènes primitives dans lesquelles ses parents copulent, le géniteur abuse de sa progéniture, ses frères s'attablent à un banquet où ils dévorent leur père après l'avoir tué, ou bien encore que le père contraint ses enfants à des fellations. Aucun individu n'a envie de savoir que dans sa petite enfance il s'est masturbé et qu'il s'est ensuivi une « révolte contre la personne qui interdit, donc [*sic* !] la mère » (XIXI. 17). L'inconscient sait ces choses-là, mais le conscient refoule ce savoir caché (comment d'ailleurs refouler ce que l'on ignore ?), preuve donc qu'il y a dissimulation. Refuser la psychanalyse, c'est résister à la connaissance de soi.

De toute façon, Freud ne cesse de le dire dans son œuvre, il n'existe pas de différence de nature entre le malade et le bien portant, mais une différence de degré. Des *Minutes de la Société psychanalytique* (II. 532) à *L'Homme Moïse et la religion monothéiste* (167) en passant par les *Trois essais sur la théorie sexuelle* (VI. 169), *Psychopathologie de la vie quotidienne* (296) ou l'*Abrégé de psychanalyse* (68), Freud n'aura de cesse de le marteler : « On a reconnu de façon générale que les différences entre les individus normaux et les névrosés sont de nature quantitative et non qualitative » (*Minutes*, IV. 59).

Dès lors, en vertu de cette dangereuse révolution nihiliste opérée par Freud et les siens qui s'acharnent à détruire la différence entre le normal et le pathologique, la séparation ne s'effectue plus entre personnes normales & gens anormaux, psychopathologie & santé mentale, névrose, psychose, phobie, paranoïa & équilibre mental, nécrophiles, zoophiles, pédophiles & personnes équilibrées, pervers antisémites pourvoyeurs de camps de la mort & nobles victimes juives, mais entre analystes & analysés, patients & psychanalystes – autrement dit, Freud & les autres… Gilles de Rais, Sade et Lacenaire peuvent en effet devenir des héros positifs – et les autres, leurs victimes par exemple, se diriger vers le cabinet d'analyste le plus proche.

Troisième sophisme : toute critique de la psychanalyse repose sur une critique de Freud qui était juif, elle est donc toujours suspecte d'antisémitisme. Freud n'ayant pas manqué d'affirmer durant toute son existence que sa vie et la psychanalyse se confondaient – « la psychanalyse est devenue le contenu de ma vie » (XVII. 119), lit-on dans son *Autoprésentation* ; Freud ayant ajouté qu'il avait pu donner parfois l'impression de s'éloigner du judaïsme pour n'en avoir pas respecté les us et coutumes, les rites et les traditions, mais que le fond de son être, le plus intime, était juif ; Freud ayant écrit dans l'avant-propos à l'édition de *Totem et tabou* en hébreu qu'il inscrivait son travail dans « l'esprit du nouveau judaïsme » (XI. 195) ;

Freud ayant pris soin de recourir perfidement à l'argument lui-même, de son vivant, pour critiquer la critique (XII. 285) ; toute opposition se voit suspectée de compagnonnage conscient – ou inconscient bien sûr, l'attaque s'en trouve facilitée… – avec l'antisémitisme.

Par exemple, quand il n'arrive pas à franchir comme il le souhaiterait les échelons universitaires ou ceux du monde de la médecine de son temps, Freud incrimine l'antisémitisme. Pour expliquer que, selon lui, la psychanalyse ne parvient pas à s'imposer, il recourt au même argument. Pour se plaindre que, devenu célèbre, il ne le soit pas autant qu'il le souhaiterait ou le mériterait, c'est encore le même argument. Pour pulvériser Pierre Janet, dont le travail critique n'a pas été sans utilité pour lui, Freud choisit de lancer la polémique sur l'anecdote – le débat de fond n'aura jamais lieu –, et convoque une fois de plus l'antisémitisme. Comment ?

Au Congrès international de médecine de Londres, en 1913, Paul Janet a critiqué le pansexualisme freudien en expliquant qu'il procédait de l'atmosphère spécifique de Vienne, une ville dans laquelle la sexualité prenait une place exagérée. Si l'argument paraît franchement court, Janet ne parle nulle part des juifs ou ne renvoie à rien qui pourrait laisser croire à une critique antisémite. Freud qui n'aime pas qu'on ne l'aime pas commente ainsi le propos janétien dans *Contribution à l'histoire du mouvement psychanalytique* : « Selon ce point de vue, la psychanalyse, en l'occurrence l'affirmation que les névroses se ramènent à des troubles de la vie sexuelle, ne pourrait être née que dans une ville comme Vienne, dans une atmosphère de sensualité et d'immoralité qui serait étrangère à d'autres villes, et elle présenterait tout simplement l'image, pour ainsi dire la projection théorique, de ces conditions vien-

noises particulières » (XII. 285). Théorie insensée, écrit
Freud – on peut lui donner raison. Mais tellement insensée qu'on se demande si, poursuit Freud, cet argument
n'en cache pas un autre… Freud n'en dira pas plus, mais
la note accompagnant ce texte dans l'œuvre complète
signale : « Allusion vraisemblablement aux origines juives
de Freud » (*ibid.*). Ainsi la chose n'est pas dite, tout en
étant dite, sans avoir eu l'air d'être dite. Cette figure de
style se nomme une *insinuation* – elle agit avec le venin le
plus foudroyant et tue sans coup férir.

Moins insinuant, plus direct, Freud reprend cette question dans *Résistances à la psychanalyse* : « Pour terminer,
je veux, sous toutes réserves, soulever la question de
savoir si ma qualité de juif, que je n'ai jamais songé à
cacher, n'a pas été pour une part dans l'antipathie générale contre la psychanalyse. Pareil argument n'a été que
rarement formulé expressément. Nous sommes malheureusement devenus si soupçonneux que nous ne pouvons
nous empêcher de douter que ce fait soit resté sans
influence aucune. Ce n'est peut-être pas par un simple
hasard que le promoteur de la psychanalyse se soit trouvé
être juif. Pour prôner la psychanalyse, il fallait être amplement préparé à accepter l'isolement auquel condamne
l'opposition, destinée qui, plus qu'à tout autre, est familière aux juifs » (133-134). L'isolement reste à prouver…

La lecture de la *Chronologie de la psychanalyse du temps
de Freud* tempérera la paranoïa freudienne : il a passé
toute sa vie à dire combien on l'avait mal aimé, peu aimé,
combien on avait tardé à reconnaître son talent, son travail, sa discipline. Or près de deux cents pages de cette
chronologie réduite à la stricte information montrent que
les travaux de Freud sont commentés à l'école de médecine de Salvador de Bahia dès 1899, avant la parution de

L'Interprétation du rêve ; que la même année, à la Clark
University des États-Unis, on commente ses *Études sur
l'hystérie* ; qu'à Lyon, en 1900, une thèse est soutenue qui
s'appuie sur ses travaux ; qu'en 1902, Bergson parle de
Freud dans une conférence donnée à l'Institut général de
psychologie ; qu'en 1903, au Japon, Mori Ogai, le plus
célèbre écrivain de l'ère Meiji, mentionne la théorie freudienne de la sexualité dans un article de médecine ; que
l'année suivante, en Argentine, un psychiatre criminologue
parle de Freud dans un article ; que *Sur le rêve* est traduit
en Russie ; qu'en Suisse, Bleuler recourt à la psychanalyse
dans une clinique ; qu'en 1905, en Inde, le *Bulletin psychologique* signale l'existence de la psychanalyse ; même chose
en Norvège ; aux Pays-Bas, August Stärke ouvre un cabinet d'analyste et publie sur le sujet ; en 1909, lors de sa
traversée de l'Atlantique vers les États-Unis, Freud dit
avoir rencontré un garçon de cabine perdu dans la lecture
de *Sur la psychopathologie de la vie quotidienne* – il se rend
là-bas pour y être fait docteur honoris causa ; en 1910, la
psychanalyse entre à Cuba ; etc. On imagine combien, le
temps passant, cette chronologie s'épaissit de nouvelles
témoignant d'une diffusion planétaire...

Quatrième sophisme : toute critique venant d'un tiers
exclu du couple analyste/analysé est infondée. Freud interdit qu'une personne étrangère au dialogue thérapeutique
s'immisce soit réellement, soit intellectuellement entre les
deux parties prenantes qui doivent rester les seules instances
concernées. Pour ce faire Freud recourt dans ses *Leçons
d'introduction à la psychanalyse* à une métaphore filée, celle
du chirurgien : pas question que l'homme de l'art laisse
entrer dans le bloc opératoire les membres de la famille, les
amis, ni que le patient, allongé sur la paillasse, entende les

conseils donnés par les proches à l'homme qui s'apprête à utiliser son bistouri. De même, dans son cabinet, l'analyste évitera toute présence étrangère : « Dans les traitements psychanalytiques, l'interférence des proches est franchement un danger » (VI. 476). D'ailleurs, écrit-il, certains manifestent parfois un intérêt à ce que le patient ne guérisse pas.

Freud élargira cette règle à l'ensemble de la relation avec l'analyste. Le tiers n'a pas à s'interposer entre le psychanalyste et son patient, car leur relation verbale ne concerne qu'eux. En effet, il arrive toujours dans la cure un moment où surgissent des informations concernant le père et la mère, le frère et la sœur, l'ami et le collègue, la maîtresse et l'amant, et tant d'autres acteurs d'une vie quotidienne. Aucun d'entre eux ne doit devenir partie prenante de cette aventure discrète, sinon secrète, entre deux personnes que travaillent le transfert et le contre-transfert, autrement dit, la fixation affective positive, puis négative parce que réactive à la situation régressive dans laquelle l'analyste conduit son client.

Le transfert suppose que l'analyse se déroule bien, car l'analysé reporte sur l'analyste des sentiments vécus dans sa prime enfance avec ses parents – comment mieux dire que la cure infantilise le patient ? Dans cette scène se rejoue le lien aux premiers objets de l'attachement libidinal. Informé de cette logique, l'analyste sait que ce qui semble être des sentiments d'amour ne lui est pas personnellement destiné mais va aux parents. De même, la disparition du transfert laissera place à des sentiments d'agressivité qui, là aussi, là encore, ne lui seront pas destinés : il saura gérer ces turbulences par un calme imperturbable, une sérénité totale à l'endroit des patients. Pas question, dès lors, qu'une personne étrangère à cette relation intime puisse revendiquer une quelconque place.

Cinquième sophisme : tout échec de la psychanalyse est imputable au patient, jamais au psychanalyste – voir, comme sous-sophismes, le bénéfice de la maladie, l'échec à cause du succès, la névrose pouvant en cacher une autre, etc. *Premier sous-sophisme* : analysant le cas Dora dans *Fragment d'une analyse d'hystérie*, Freud développe cette idée que, parfois, l'inconscient a intérêt à maintenir une maladie, car les bénéfices associés à la pathologie s'avèrent plus importants que ceux qu'induirait la guérison. En effet, la pathologie attire sur soi, de la part d'autrui, attention, affection, amour, tendresse, proximité, disponibilité qui, sinon, font défaut… Elle dispense d'aller au-devant de plus grands désagréments : un névrosé de guerre évite de repartir au front, un autre esquive un combat qu'il aurait dû mener dans sa vie professionnelle (VI. 225).

Pour donner un exemple (dans lequel on appréciera au passage en quelle estime le père de la psychanalyse tient la condition ouvrière…) Freud prend le cas d'un couvreur infirme à la suite d'une chute d'un toit à qui l'on proposerait de recouvrer sa forme d'antan alors qu'il gagne sa vie en recourant à la mendicité. Quelle serait sa réaction ? Probablement le mécontentement, puisqu'il vit désormais de son infirmité : « Qu'on lui enlève celle-ci et on le plongera peut-être dans le plus complet désaide : entre-temps il a oublié son métier, perdu ses habitudes de travail, il s'est habitué à l'oisiveté, peut-être aussi à la boisson » (VI. 224). Comme par hasard, Freud prenait déjà des exemples d'ouvriers pour expliquer le fonctionnement du bénéfice de la maladie dans *Le Début du traitement*…

Ainsi, l'enfant ramène à lui le souci de ses parents, la femme négligée capte à nouveau l'intérêt de son époux, de sorte que leur vie psychique travaille à la conservation de ce qui produit la maladie. Dans ce cas, n'est-ce pas, aucun psychanalyste, fût-il le plus talentueux, ne saurait lutter contre des forces aussi puissantes ! L'échec ne relève donc pas de l'impéritie du thérapeute, de son incompétence analytique, de son incapacité à mener à bien une cure à son terme, mais tient à la spécificité de cette trouvaille magnifique pour soulager l'ego de l'ana-lyste – le bénéfice de la maladie…

Deuxième sous-sophisme : un autre dispositif suscep-tible de contribuer au verrouillage de la discipline contre d'éventuels esprits critiques s'ajoute au bénéfice de la maladie. Pour expliquer que la psychanalyse guérit tou-jours et que, quand il lui arrive d'enregistrer un échec, la faute en incombe à autre chose qu'à la méthode, à savoir à la structure mentale du patient décrite par le psychana-lyste, la doctrine parle de l'*échec à cause du succès* – une belle illustration de la sophistique freudienne ! Ce sub-terfuge magnifique se trouve exposé dans *L'Analyse avec fin et l'analyse sans fin*.

Lors d'une analyse très proche du succès – on ne saura pas à quoi on reconnaît cette proximité –, un patient échoue car il se trouve au bord de la réussite. Même si le cas n'est pas explicitement cité, le lecteur de l'œuvre complète reconnaît l'Homme aux loups dans la descrip-tion du jeune homme riche, en état de détresse, accom-pagné par son personnel de service. Souvenons-nous des détails de l'analyse qui permettent à Freud de conclure au succès de sa thérapie – et n'oublions pas non plus combien Sergueï Pankejeff a récusé toute son existence ce prétendu succès thérapeutique.

À un moment donné de l'analyse, se trouvant fort aise de l'état dans lequel il se trouve, le patient cesse de collaborer. Si panne il y eut, ce n'est donc pas à cause de Freud, mais de Pankejeff qui cessa de coopérer. Dans les entretiens donnés à Karin Obholzer, l'Homme aux loups rapporte une métaphore de Freud. Ecoutons-le : « Freud disait que si on avait une psychanalyse derrière soi on *pouvait* guérir. Mais que pour cela il fallait aussi *vouloir* guérir. Que c'était comme un billet de chemin de fer. Le billet me donne la possibilité de faire un voyage mais ne m'y oblige pas. La décision dépend de moi » (77).

Dès lors, dans une psychanalyse, le succès revient à la sagacité de l'analyste et l'échec à la mauvaise volonté du patient qui ne veut pas, donc ne peut pas. Faudrait-il conclure qu'en matière de guérison par le divan, *vouloir c'est pouvoir* ? Nous nous retrouverions alors devant une méthode Coué viennoise. Inutile dès lors de convoquer la lourde machinerie freudienne. Quand on connaît la phobie de Freud pour les chemins de fer, un lieu dans lequel il fantasma le complexe d'Œdipe, on ne s'étonnera pas qu'il fournisse le billet mais se sente totalement irresponsable de l'usage qu'on en fera…

Avec le début de l'analyse, l'Homme aux loups avait retrouvé goût à la vie, son autonomie, une rigueur dans ses relations avec ses proches. Freud a élucidé la névrose de son enfance, dès lors, la situation lui convient : « et l'on put reconnaître clairement que le patient ressentait son état présent comme très confortable et ne voulait faire aucun pas qui le rapprochât de la fin du traitement. C'était un cas d'auto-inhibition de la cure ; elle était en danger d'échouer justement à cause de son succès » (232). Freud fit alors montre d'un courage sans nom : « Je recourus au moyen héroïque [*sic*] de la fixation d'un terme » et comme par enchantement, la guérison eut bien lieu – dit Freud…

L'analyste, dans *Le Moi et le ça*, explique que la réaction thérapeutique négative exprime un sentiment de culpabilité inconscient, de masochisme, de résistance du surmoi, de pulsion de mort. Il s'apprête à guérir, et parce que la thérapie s'apprêtait à produire son effet, justement *parce que* le but allait être atteint, l'effet n'a pas lieu et le but n'est pas atteint. Dans l'esprit de Freud, pas question de faire d'un échec un revers, il faut que le fiasco soit un succès, puisque la psychanalyse ignore la défaillance. Quand l'observateur croit se trouver face au cas d'un insuccès thérapeutique, il se trompe : il s'agit en effet *ici* d'un insuccès prouvant le succès *là*. Que répondre à pareil sophisme ?

Troisième sous-sophisme : une névrose peut en cacher une autre. Avec ce nouvel artifice rhétorique, Freud soigne, guérit, mène à bien la cure, supprime les symptômes, conclut au succès de la thérapie, mais voit réapparaître son patient quelque temps plus tard pour de nouveaux troubles. Le psychanalyste soigne bien ce qu'il a soigné, mais ne peut être rendu responsable de ce qu'il n'aura pas soigné, comme si une névrose était un tout dont on pouvait prélever seulement une partie afin de la soigner sans toucher au reste…

Ainsi, lorsque Emma Eckstein, la patiente au ruban de gaze oublié dans le nez après l'opération de Fliess, revient voir Freud pour de nouveaux symptômes, pas question d'avouer un échec thérapeutique : Freud a bien soigné une première névrose, laquelle a complètement disparu, dit-il. En revanche, la patiente revient pour une seconde névrose qu'il n'a pas pu soigner, et pour cause, puisqu'elle n'existait pas à l'époque… Elle a été opérée, cette opération génère et nourrit donc le nouveau

problème. Elle souffre de saignements que la psychanalyse met en relation avec sa structure psychique fondamentalement hystérique : elle fut soignée et guérie une
fois, mais l'analyste ne saurait être tenu pour responsable
de cette nouvelle névrose apparue après l'opération.
Même si les erreurs de diagnostic freudiens auront des
conséquences désastreuses pour la patiente, le psychanalyste triomphe : il aura soigné et guéri deux névroses
coup sur coup…

Ce tour de passe-passe conduit Freud à écrire dans
L'Analyse avec fin et l'analyse sans fin qu'il faut « prévoir
le destin ultérieur d'une guérison » (232). Etrange formulation laissant croire qu'une guérison pourrait n'être pas
définitive, donc qu'il s'agirait d'une *non-guérison* car le
propre d'une guérison est d'être définitive, sinon on parle
de rémission… Car : soit la guérison a eu lieu, et il n'y a
pas de suites à envisager ; soit il y a des suites à envisager,
et alors la guérison n'a pas eu lieu. Mais là encore, Freud
ne saurait consentir au fait que la psychanalyse pourrait
ne pas guérir tout ce qu'elle touche : si elle soigne et
guérit, ce qui réapparaît n'avait donc rien à voir avec ce
qui a été soigné, puisque ça a été guéri. C'est donc un
autre mal – le premier ayant été supprimé…

Sixième sophisme : l'inefficacité de la psychanalyse se
soigne non pas par l'abandon de la psychanalyse, mais
par plus de psychanalyse encore. Ainsi, quand tout aura
été essayé pour rendre impossible toute critique (interdire
le jugement du quidam non analysé ; décréter malade la
personne qui manifeste un esprit critique ; traiter d'antisémite l'adversaire intellectuel ; disqualifier le patient rétif
pour cause de bénéfice de sa maladie ; disculper le psychanalyste en faisant de l'échec le produit de son succès ;

épargner la méthode toujours thaumaturgique), il reste pour la corporation la possibilité de mettre en cause le psychanalyste. Mais pas n'importe comment, esprit de corps oblige...

Car il n'y a pas de mauvaise psychanalyse, seulement des psychanalystes qui ne le sont pas assez... Autrement dit, des analystes pas assez aguerris, pas assez chevronnés, n'ayant pas encore assez d'expérience. De même qu'avec le marxisme-léninisme, les camps s'expliquaient à cause de l'insuffisance de marxisme-léninisme, l'échec thérapeutique prouve non pas que la thérapie est mauvaise, mais qu'elle n'est pas assez forte, pas assez puissante, pas assez conquérante... Si la psychanalyse manque son but, il faut lui permettre de l'atteindre avec encore plus de psychanalyse.

Avec ce genre de raisonnement, à tous les coups on gagne. Freud, la psychanalyse, les psychanalystes restent intouchables car la doctrine leur offre un statut d'extraterritorialité intellectuelle. Freud prend pour une offense personnelle toute remise en cause de la moindre de ses thèses. Comment pourrait-il en être autrement avec une personne ayant fait clairement savoir que sa vie se confondait à la psychanalyse, qu'elle s'y identifiait, qu'elle était son enfant, sa créature, sa création ? Le docteur viennois prétendument débarrassé de sa *psychonévrose fort grave* en a fait un objet fusionnel. Ses disciples se prosternent depuis un siècle devant le même totem devenu tabou. Or la tâche du philosophe n'est pas de s'agenouiller devant les totems.

CINQUIÈME PARTIE

Idéologie
La révolution conservatrice

I

Le pire est toujours certain

« Les hommes ne sont pas tous dignes
d'être aimés. »

FREUD, *Malaise dans la civilisation*
(XVIII. 289).

Le verrouillage sophistique illustre la nature fermée de la psychanalyse : système clos sur lui-même, incapable d'accepter la discussion, la critique, le commentaire, sans transformer immédiatement l'adversaire en ennemi malade, névrosé, sans renvoyer sa réticence du côté de la psychopathologie nécessitant, légitimant et justifiant l'usage du divan, la psychanalyse n'incarne pas la tradition philosophique *libérale* des Lumières qui, elle, ne criminalise pas ses opposants, ne les médicalise pas, ne les insulte pas, ne les méprise pas.

Dans le débat du XVIIIe siècle, l'agressivité ne se trouve pas du côté des philosophes éclairés, mais chez les *antiphilosophes* qui s'opposent aux défenseurs de l'esprit de l'*Encyclopédie* en recourant à l'attaque *ad hominem*, en ridiculisant l'adversaire, en déformant ses thèses, en disqualifiant le débat pour lui substituer la calomnie, la médisance, l'insinuation. Qu'on se souvienne de l'affaire des *Cacouacs* – du grec *kakos*, méchant... Les antiphilosophes s'attaquent aux penseurs des Lumières avec des arguments polémiques et pamphlétaires faisant songer à ceux que Freud et les siens emploient pour déconsidérer leurs adversaires.

Le trait caractéristique des *anti-Lumières* ? Leur pessimisme radical : partisans du péché originel des chrétiens, tenants d'un mal radical ontologique hérité depuis la faute adamique, défenseurs d'une mauvaise nature humaine, sombre, noire, à cause de la consommation du fruit de l'arbre défendu, ils détestent les philosophes qui, dans le sillage rousseauiste, défendent une bonne nature humaine, puis, dans l'ombre de Condorcet, croient au progrès de l'humanité et à une téléologie de l'histoire indexée sur le perfectionnement des hommes, enfin, dans la logique des Encyclopédistes, estiment qu'un bon usage de la raison contribue au recul des superstitions.

Or, on l'a vu, Freud n'aime ni les philosophes ni la philosophie ; il ne croit pas à la bonté naturelle des hommes – *Pourquoi la guerre ?* l'affirme sans ambages, j'y arrive ; il ne souscrit aucunement à une théorie du progrès ou à un perfectionnement de la nature humaine ; il ne croit pas à l'histoire et, tournant le dos aux causalités rationnelles, il sacrifie aux causalités magiques et défend l'idée d'un héritage phylogénétique à rebours de tout bon sens biologique : le complexe d'Œdipe, le meurtre du père, la scène primitive, l'accouplement des parents, le repas cannibale du géniteur, autant de scènes transmises chez Freud comme le péché originel des chrétiens ; Freud, on s'en souvient également, croit à la numérologie, à l'occultisme, à la transmission de pensée, à la télépathie, il recourt à des rituels de conjuration du mauvais sort, autant de croyances radicalement incompatibles avec l'enseignement philosophique des Lumières...

Une carte postale bien établie fait de Freud *l'héritier de la philosophie des Lumières* au XXe siècle... Elle s'accompagne souvent de la double affirmation qu'il serait en politique *un juif libéral éclairé* et sur le terrain des mœurs *un grand libérateur de l'amour*... Nous verrons dans les chapitres suivants combien la complaisance affichée par Freud pour l'austro-fascisme du chancelier Dollfuss et la figure de Benito Mussolini, la collaboration de freudiens, avec l'aval du maître, à l'Institut Göring qui réglemente *sans l'interdire* l'usage de la psychanalyse sous le IIIe Reich, la criminalisation de la masturbation, l'homophobie, la misogynie et la phallocratie ontologiques, le franc refus de toute libération sexuelle écornent un peu les images pieuses diffusées par les disciples de Freud.

Le refus de l'histoire, le déni du réel, la déconsidération des causalités matérielles caractérisent la psychanalyse qui préfère le fantasme, le symbole, la pensée magique, la fantaisie, les récits mythologiques, les fables métapsychologiques. Cette épistémologie fantasque explique ces errances idéologiques majeures. Sans nul doute, elles installent Sigmund Freud, le freudisme et la psychanalyse dans le courant des antiphilosophes, dans le lignage ancien des ennemis des Lumières. Au mieux, la psychanalyse nourrit un courant conservateur, au pire, un courant réactionnaire...

Freud a explicitement critiqué l'usage de la psychanalyse à des fins de libération sexuelle. Seuls les défenseurs du freudo-marxisme, en tournant le dos aux fondamentaux freudiens, réintègrent l'histoire dans leur vision du monde et utilisent la psychanalyse pour critiquer le monde capitaliste rendu responsable, selon Wilhelm Reich notamment, puis Herbert Marcuse et Erich Fromm, des névroses modernes. On chercherait en vain

484 Le Crépuscule d'une idole

dans les six mille pages de l'œuvre complète de Freud une franche critique du capitalisme, mais également du fascisme ou du national-socialisme – alors qu'on trouvera à plusieurs reprises des attaques très argumentées contre le socialisme, le communisme et le bolchevisme. Entre 1922, date de l'arrivée au pouvoir de Mussolini, et 1939, date de son décès, Freud a publié plus de mille pages dans lesquelles on ne trouve aucune analyse critique des fascismes européens. De 1933, date de l'arrivée au pouvoir d'Hitler, à sa mort six ans plus tard, on chercherait également en vain le nom d'Hitler dans ses publications…

Les avis sur la libération sexuelle se trouvent dispersés dans l'œuvre complète. Extraite du contexte et déconnectée du mouvement général de la pensée freudienne, telle affirmation peut sembler en contradiction avec telle autre : une fois il semble regretter le poids de la répression culturelle sur les pratiques sexuelles et dénonce la responsabilité de cette chape morale dans l'étiologie des névroses, mais, une autre fois, il déplore que d'aucuns puissent souhaiter l'allégement de ce poids. Ici Freud critique le rôle de la religion, mais là il signale que leur affaiblissement cause une recrudescence des pathologies mentales… Que faut-il comprendre ?

La pensée freudienne sur la question de la libération sexuelle semble plus complexe qu'on ne pourrait le croire au premier abord, elle suppose qu'on se soucie d'un agencement de thèses diverses. *Premièrement* : Freud constate que toute société, toute civilisation, toute culture se constitue par la répression des pulsions sexuelles ; *deuxièmement* : il déplore cette répression transformée en cause principale des névroses ; *troisièmement* : il formule le souhait que les choses puissent changer ; mais, *quatrièmement* : il sait que c'est un vœu pieu, car il n'ignore pas que les choses ne changeront jamais, puisqu'il essentialise une nature humaine afin de tourner définitivement le dos à l'histoire : les hommes ne changeront jamais, ils demeureront depuis la plus haute préhistoire ce qu'ils sont et ils seront de toute éternité ce qu'ils ont été. L'ensemble illustre une philosophie viscéralement pessimiste en vertu de laquelle le pire est toujours certain.

En bon lecteur de la *Généalogie de la morale*, Freud sait que les instincts sexuels, la libido, les passions, les pulsions constituent autant de forces dionysiaques capables de mettre à mal l'édifice social apollinien. De même, il n'ignore pas que la substance même de l'ordre social procède de la reconduction de ces forces libidinales. Le renoncement à soi constitue le groupe, il en va là d'un genre de contrat social dont le matériau est la pulsion libidinale. L'inconscient de la première topique, ou le ça de la seconde, veulent le plaisir, la jubilation, la satisfaction du flux pulsionnel.

L'économie libidinale est hédoniste : la pulsion aspire à se répandre, son expression coïncide avec une jubilation corporelle. Les hommes sont naturellement hédonistes, c'est la société qui les contraint à l'idéal ascétique. *Malaise dans la civilisation* l'affirme : les hommes « aspirent au bonheur, ils veulent devenir heureux et le rester » (XVIII. 262). Positivement, ils cherchent le plaisir ; négativement, ils évitent le déplaisir, un comportement commun aux hommes et aux animaux. De sorte que : « on notera que c'est simplement le programme du principe de plaisir qui pose la finalité de la vie » (*ibid.*). Nous sommes là par-delà bien et mal. Freud raconte le fonctionnement d'une force indépendante de la morale. Elle n'est pas immorale, mais amorale. Elle ignore le vice et la vertu, le bien et le mal, le bon et le mauvais : *elle est*.

Mais ce principe de plaisir ne saurait faire la loi puisque le principe de réalité l'en empêche. D'abord, tout s'oppose structurellement à la domination sans partage du plaisir : quand il est, il est bref et ne saurait durer. S'il durait, il deviendrait une souffrance. Le propre de la jubilation, c'est donc son caractère éphémère, sa nature fugace. Dès que le plaisir a eu lieu, de nouvelles forces aspirent à leur tour à la satisfaction. Le plaisir n'en finit jamais. L'hédonisme libidinal agit en mouvement perpétuel.

Ensuite, on jouit peu de l'état de plaisir, mais plus du contraste entre plaisir et déplaisir. Notre capacité à la jouissance se trouve limitée par notre constitution physiologique. Un orgasme durant des heures finirait par détruire le sujet qui l'éprouverait. La souffrance est plus facile… Plus fréquente, plus durable, plus susceptible de s'installer. Elle arrive de partout, mais on peut en repérer trois sources : elle vient du corps qui va vers sa déchéance, sa destruction, sa disparition ; elle provient du monde extérieur, riche en agressions de toutes sortes ; elle s'origine également dans nos relations avec autrui, un vivier de négativités…

Lucides, la plupart des hommes n'en demandent pas trop, sachant que la violence du monde pourrait les emporter. Nul n'ignore que le bonheur est fragile, fugace, difficile à obtenir et de plus en plus le temps passant. Le principe de plaisir, qui anime les enfants ignorants du principe de réalité, doit laisser place au principe de réalité qui suppose renoncements, sacrifices, privations, abnégations, donc frustrations… L'âge venant, et il vient vite, on ne cherche plus de manière infantile un plaisir simple et facile, on se contente, sous les assauts de la violence du monde, de jouir de ne pas souffrir. L'hédonisme négatif fait alors la loi, l'ataraxie épicurienne reprend donc du service sous le régime des passions freudiennes.

Freud établit un genre de catalogue des « techniques de l'art de vivre » (XVIII. 268). Elles constituent autant de stratégies pour ne pas être (trop) malheureux, donc pour être (un peu) heureux... Mais le pessimisme freudien imprègne cette revue des moyens de ne pas succomber à la négativité. Chacun d'entre eux se trouve suivi d'une pondération, d'un constat de limites, d'une impuissance : tous semblent des voies sans issue, des divertissements au sens pascalien du terme, des ersatz qui n'entament pas l'essentiel – le principe de nirvana qui habite le vivant, autrement dit, le tropisme naturel qui conduit la vie à retrouver l'état d'avant la vie, à savoir le néant.

Déroulons donc les recettes existentielles de ce catalogue de ce qu'on peut faire en attendant la mort pour être le moins malheureux possible... On peut : vouloir satisfaire tous ses besoins sans restriction aucune, certes, c'est le plus tentant, *mais* le plus coûteux aussi, car on découvre très vite combien on devra payer cette imprudence au prix fort ; on peut : s'isoler du monde, se tenir à distance des gens, une technique pratique, efficace pour atteindre rapidement une certaine sérénité, un véritable repos, *mais* se couper du monde ne saurait être le but d'une vie ; on peut : investir dans les possibilités prométhéennes de la civilisation, se vouloir maître et possesseur de la nature et viser le bonheur de tous, *mais* cet idéal ne s'atteint jamais, il reste toujours plus de gens insatisfaits que de gens satisfaits sur la planète ; on peut : recourir aux substances hallucinogènes, aux toxiques, comme c'est le cas sur tous les continents, sous toutes les latitudes, avec tous les peuples, *mais*, Freud sait de quoi il parle, on émousse ses sensations, on détruit son corps, de plus, une énergie considérable se trouve ainsi perdue,

488 Le Crépuscule d'une idole

gaspillée, détruite, détournée de projets probablement plus intéressants, chacun comprendra que pareille solution augmente la probabilité des déconvenues et des malheurs ; on peut : viser l'extinction des désirs, comme nous y invitent certaines sagesses orientales, *mais* ce choix suppose l'économie de son existence, la mort de son vivant et à petit feu ; on peut : chercher à dominer sa vie pulsionnelle en faisant systématiquement triompher le principe de réalité, *mais* le sujet abaisse alors toutes ses possibilités de jouissance, car il y a plus de plaisir à satisfaire une pulsion sauvage qu'à donner raison à une pulsion domestiquée ; on peut : déplacer sa libido sur d'autres objets via un travail psychique, intellectuel, comme dans le cas de la sublimation, *mais* cette possibilité ne se trouve pas à la portée du premier venu, elle ne concerne que les artistes, les créateurs, les chercheurs et – Freud parle là encore en connaissance de cause – cette satisfaction n'est pas pleine et entière ; on peut : s'engouffrer dans les illusions et perdre tout contact avec la réalité en lui préférant le monde de l'art, agir et vivre en esthète, *mais* bien vite la déception se trouve au rendez-vous, personne ne saurait consacrer toute sa vie aux fantaisies ; on peut : investir à fond dans le monde du travail et trouver des satisfactions à se donner pleinement dans son activité professionnelle là où de fortes composantes libidinales (narcissisme, agressivité, érotisme) jouent un rôle important, *mais* la possibilité de s'épanouir vraiment dans un travail voulu, choisi, désiré, est extrêmement rare, car la plupart travaillent poussés par la nécessité, l'obligation de gagner leur vie et de la perdre dans des activités abrutissantes génératrices de frustrations, donc productrices de contestations politiques ; on peut : se réfugier dans la vie amoureuse et activer un retour régressif vers ce qui nous a procuré de la satisfaction quand nous étions enfants, *mais* l'amour est une souffrance, il est renoncement à soi et abandon de son destin entre les mains d'un tiers auquel nous appartenons alors pieds et poings liés et qui peut nous rendre la vie invivable, nous quitter, être malade, vieillir, mourir, autant de vulnérabilités nouvelles et d'occasions d'augmenter sa souffrance ; on peut : désirer refaire le monde et aspirer à une civilisation moins frustrante, moins répressive, moins castratrice, moins coûteuse pour le principe de plaisir, plus à même de faciliter la satisfaction d'une vie pulsionnelle, *mais* le risque de devenir un délirant guette l'utopiste...

Freud décourage tous les utopistes désireux de changer la société dans le sens hédoniste ou de la libération sexuelle. Il envisage alors le cas « où un assez grand nombre d'hommes s'engagent en commun dans la tentative de se créer une assurance que le bonheur est une protection contre la souffrance par un remodelage délirant de la réalité effective. C'est comme un tel délire de masse que nous devons aussi caractériser les religions de l'humanité. Le délire, celui qui le partage encore lui-même ne le reconnaît naturellement jamais » (XVIII. 268). Faut-il avertissements plus clairs pour les *délirants* qui souhaiteraient changer quoi que ce soit au monde comme il va ? La solution ne se trouve pas dans un autre monde, mais dans la gestion de ce monde-ci – nous verrons comment en abordant la question des rapports du chef et de la masse...

Aucune solution ne permet d'envisager la possibilité du bonheur positif. Le bonheur individuel tout autant que le bonheur collectif définissent des illusions. La famille ? Les dangers de l'amour en couple sont les mêmes que ceux des familles : ces micro-communautés invitent à la sécession d'avec le monde, elles augmentent les probabilités de négativité, ce qui nous concerne se met alors à intéresser tous les membres de la tribu, la fragilité de l'un devient celle de l'autre.

De même, si on élargit le couple à la famille, puis la famille au restant de l'humanité, on s'engage également sur une voie sans issue. D'abord parce que aimer tout le monde en général, c'est n'aimer personne en particulier, ensuite, et nous nous trouvons là devant le fond de la pensée politique freudienne, pour la bonne et simple raison que « les hommes ne sont pas tous dignes d'être aimés » (XVIII. 289). Voilà l'impératif catégorique de toute pensée politique pessimiste et, de Machiavel à Cioran en passant par Joseph de Maistre, elle constitue une ontologie de la pensée réactionnaire.

La solution ? « Le bonheur, dans l'acception modérée où il est reconnu comme possible, est un problème d'économie libidinale individuelle. Il n'y a pas ici de conseil qui vaille pour tous ; chacun doit essayer de voir lui-même de quelle façon particulière il peut trouver la béatitude » (XVIII. 270-271). Chacun pour soi dans un monde de bruit et de fureur, de guerre et d'agressivité, de violence et de brutalité, de pulsion de mort et de bestialité, de cruauté et de barbarie, de sauvagerie et de férocité, de dictatures et de révolutions… Le tableau freudien, noir, très noir, invite le lecteur de *Malaise dans la civilisation* à se débrouiller pour satisfaire ses pulsions comme il le pourra. Loi de la jungle – une position *politique*…

Chacun fera selon son tempérament, son caractère, son style libidinal : le narcissique jouissant de se suffire à lui-même trouvera ses solutions ; l'hyperactif découvrira dans l'action matière à satisfactions ; la forte composante érotique s'épanouira dans une activité sexuelle à sa mesure. Mais le malade, le névrosé, la personne affectée de troubles psychologiques ? Celle-ci aura du mal, elle n'y parviendra pas, elle restera insatisfaite, mécontente. De toute façon, le bonheur n'est pas pour ces figures damnées auxquelles il reste, « satisfactions substitutives » (XVIII. 271), la fuite dans la maladie, l'engagement dans une religion. Sinon ? Reste alors une toxicité plus grande, un poison plus violent : la *psychose*…

Voilà donc le tableau freudien de l'inévitable misère existentielle des hommes : le bonheur n'est pas possible ; seules existent de brèves et décevantes satisfactions hédonistes ; toutes les hypothèses pour créer du bien-être échouent dans la déception, la déconvenue, la désillusion ; le plus grand bonheur pensable se confond avec le moins de douleur possible ; les solutions collectives, communautaires, altruistes, sont vouées à l'échec ; l'amour augmente les risques du pire ; le couple et la famille accélèrent les potentialités de souffrance ; la politique ne peut rien du tout pour la félicité de l'humanité.

Les solutions ? Ne rien ignorer du mouvement perpétuel du monde qui est lutte de la vie contre ce qui la menace – la mort. Or le néant triomphe toujours, puisqu'il gît au cœur de la matière qui nous constitue. Notre destin ? Progresser vers le néant, nous diriger à chaque seconde de notre existence vers l'état qui préexistait à l'être – autrement dit le rien… Et sachant cela ? Se débrouiller, seul, faire au mieux, composer avec le pire, bricoler dans l'incurable, s'arranger avec son animalité. Si l'on trouve de quoi se satisfaire égoïstement, c'est bien. Sinon ? Sinon la névrose, ou bien, pire, la psychose, autrement dit la mort au monde dans le monde. Freud ne cesse de l'affirmer : le pire est toujours certain…

II

Une libération sexuelle clandestine

> « Il n'est pas question que le conseil de
> vivre pleinement sa sexualité puisse jouer un
> rôle dans la thérapie analytique. »
>
> FREUD, *Leçons d'introduction à la psycha-*
> *nalyse* (XIV. 448).

En conclusion à ses réflexions sur *L'Analyse avec fin et*
l'analyse sans fin, Freud aborde la question de l'éducation
sexuelle des enfants. D'aucuns y invitent. Les parents du
Petit Hans furent des pionniers en la matière avant que
leur progéniture n'illustre la rubrique phobique des *Cinq*
psychanalyses… Serait-elle capable de saper un peu le
pessimisme ontologique de Freud ? Pas du tout… Certes,
il ne va pas jusqu'à parler de nocivité ou trouver ce souci
pédagogique superflu, mais il affirme que les enfants ne
font rien de ce savoir distribué, car la nature primitive
des choses se trouve trop profondément enracinée pour
qu'une quelconque éducation puisse parvenir à ses fins.

« On se convainc qu'ils ne sont pas vraiment si vite
disposés à leur sacrifier ces théories sexuelles – on aimerait dire : naturelles et spontanées – qu'ils ont formées en
harmonie avec et en dépendance de leur organisation libi-

dinale incomplète, sur le rôle de la cigogne, sur la nature du commerce sexuel, sur la façon dont naissent les enfants. Longtemps encore, après avoir reçu les éclaircissements sexuels, ils se conduisent comme les primitifs auxquels on a imposé le christianisme et qui continuent, en secret, à adorer leurs vieilles idoles » (249). Autrement dit : l'histoire ne fait rien à l'affaire, ni la pédagogie, ni l'éducation, ni l'instruction, ni la culture, car la loi procède de pulsions qui échappent à l'action des hommes. Freud essentialise et déshistoricise la sexualité : elle est ce qu'elle fut, elle sera ce qu'elle a été, l'idée d'agir un tant soit peu pour modifier les choses relève d'une vue de l'esprit…

Le pessimisme tragique de Freud le conduit à affirmer que la tyrannie des pulsions est totale et inévitable. Le principe de plaisir conduit tout être qui désire réaliser les violentes aspirations de son inconscient. Mais le principe de réalité contient ce désir, limite son expansion et empêche que le plaisir fasse la loi. La civilisation et la culture procèdent de cette tension permanente entre plaisir et réalité. Une totale libération est impensable : elle correspondrait à une jungle généralisée dans laquelle la violence régnerait, sinon la ruse. Les plus forts, les plus rusés, les plus habiles, les plus malins imposeraient leur loi aux plus faibles, aux solitaires, aux démunis.

Cette opposition classique chez Freud entre *principe de plaisir* et *principe de réalité* n'est pas sans faire songer au couple *dionysiaque* et *apollinien* chez Nietzsche : d'une part, l'ivresse, les pampres, la vigne, la danse, le chant, la poésie, la musique, le mythe, les forces mystérieuses, l'artiste subjectif ; d'autre part, la sculpture, l'ordre, la forme, l'architecture, la sobriété, le calme, la sagesse, la mesure, le syllogisme, la dialectique, la science, le

494	Le Crépuscule d'une idole

dialogue. Archiloque contre Homère... Le triomphe d'un seul principe mène à la catastrophe. Il faut une subtile dialectique d'allers et de retours entre les deux instances. Un monde dionysiaque serait aussi fou qu'un monde apollinien ; de même, un monde dans lequel triompherait le principe de plaisir ne serait guère viable, idem avec le seul principe de réalité.

La libération sexuelle supposerait donc les pleins pouvoirs donnés au principe de plaisir sans aucun souci du principe de réalité. Freud ne saurait apporter sa caution à ce genre de proposition : « Il n'est pas question que le conseil de vivre pleinement sa sexualité puisse jouer un rôle dans la thérapie analytique », écrit-il dans ses *Leçons d'introduction à la psychanalyse* (XIV. 448). Les problèmes ne relèvent pas de la répression sexuelle mais du fonctionnement intrinsèque de l'inconscient. Quoi qu'on fasse en termes de libération, le problème persisterait, car le fonctionnement pulsionnel produit naturellement le refoulement. Si la répression devait disparaître, un substitut devrait être trouvé sous forme de symptômes nouveaux. Le problème dans la *répression sexuelle* n'est donc pas la *répression* mais... la *sexualité*.

Freud défend l'idée de la nécessité d'un obstacle et d'une opposition pour stimuler la sexualité. Dans *Du rabaissement généralisé de la vie amoureuse*, on peut en effet lire ceci : « Il est facile de constater que la valeur psychique du besoin amoureux baisse dès que la satisfaction lui est rendue aisée. Il faut un obstacle pour pousser la libido vers le haut, et là où les résistances naturelles contre la satisfaction ne suffisent pas, les êtres humains, de tout temps, en ont intercalé de conventionnelles pour pouvoir jouir de l'amour. Cela vaut pour les individus comme pour les peuples. Aux époques où la satisfaction amoureuse ne rencontrait aucune difficulté, comme par exemple lors du déclin de la culture antique, l'amour devint sans valeur, la vie vide, et il fallut des formations réactionnelles fortes pour rétablir les valeurs affectives indispensables. Dans ce contexte on peut affirmer que le courant ascétique du christianisme a créé pour l'amour des valorisations psychiques que l'Antiquité païenne ne put jamais lui conférer. Il atteignit sa plus haute significativité chez les moines ascétiques dont la vie était presque uniquement remplie par le combat contre la tentation libidinale » (XI. 138). Sont-ce là propos d'un libérateur de la sexualité ?

Pour autant, Freud pense que l'étau peut se desserrer un peu – mais pas question d'en finir avec l'étau… En matière de sexualité, Freud n'est pas un révolutionnaire, tout juste un réformiste extrêmement prudent. Il faut ainsi comprendre quelques-unes de ses interventions. Par exemple cette lettre à Fliess dans laquelle il invite son ami à trouver, au plus vite, un moyen contraceptif sûr qui dispense de relations sexuelles avec coït interrompu, une catastrophe à l'origine, dit-il, de nombreuses névroses. Une trouvaille contraceptive se trouve pensée par lui comme « une méthode évidente pour réformer la société – membres et nerfs – par stérilisation du commerce sexuel » (7 mars 1896). C'est le même Freud, un Freud privé, qui dit son désir d'académies dans lesquelles on apprendrait à faire l'amour…

Ainsi, à deux reprises, suite à des analyses dans lesquelles il affirme la nécessité de la répression sexuelle et de la soumission du principe de plaisir au principe de réalité, il module légèrement son propos et invite à quelques aménagements. Par exemple, dans les *Leçons* _d'introduction à la psychanalyse_, il se refuse à passer pour un défenseur de la morale sexuelle dominante : « Nous ne sommes certes pas des réformateurs, nous sommes de simples observateurs, mais nous ne pouvons nous empêcher d'observer avec un œil critique, et nous avons trouvé impossible de prendre parti pour la morale sexuelle conventionnelle, de tenir en haute estime la manière dont la société tente de régler dans la pratique les problèmes de la vie sexuelle » (XIV. 450). Freud ne souhaite pas intervenir dans une analyse pour inviter son patient à une vie sexuelle libérée plutôt qu'à une pratique ascétique.

Quiconque, selon lui, est passé par l'expérience de l'analyse se trouve « durablement protégé contre le danger d'immoralité, même si son critère de moralité s'écarte d'une manière ou d'une autre de celui qui est en usage dans la société » (XIV. 451). Le divan donne ici l'impression d'une dématérialisation de la sexualité : elle devient alors purement symbolique grâce à l'alchimie analytique qui transforme l'inconscient en conscient et, de ce fait, supprime le refoulement et les symptômes associés. Disons-le en d'autres termes : pas besoin d'une libération sexuelle politique et sociale, la psychanalyse agit comme une purification de la sexualité pour tout être qui s'allonge sur le divan.

De la même manière que, dans les _Leçons_, il avait fait suivre son refus de la libération sexuelle d'une invitation à la libération individuelle par le divan, Freud poursuit sa critique de la morale sexuelle dominante dans _Du rabaissement généralisé de la vie amoureuse_ avec une conclusion ouverte : Freud a en effet signalé le caractère irréductible de l'opposition entre la revendication pulsionnelle et l'exigence sociale, entre le principe de plaisir et le principe de réalité, entre l'égoïsme libidinal et le tribut répressif légitimement exigé par la société, mais il termine avec une pirouette : « Je suis moi-même prêt à concéder volontiers que [...] peut-être d'autres orientations du développement de l'humanité sont en mesure de corriger le résultat de celles que j'ai traitées ici isolément » (XIV. 141). Lesquelles ? On ne saura pas...

La Morale sexuelle « culturelle » et la nervosité moderne paraît en mars 1908, c'est un texte franchement critique sur la morale sexuelle dominante dont Freud considère qu'elle enferme la sexualité dans le cadre étroit et strict de la monogamie conjugale. Cette contrainte oblige au mensonge, à l'hypocrisie, à la tromperie. Chacun s'abuse et trompe les autres en même temps. Freud sait de quoi il parle... La répression génère les troubles sexuels, la perversion ou l'inversion. Ceux qui peuvent sublimer s'en sortent, certes, mais les autres ? Ils plongent dans la névrose...

Le mariage éteint le désir. La maternité détourne la libido du couple vers l'enfant ou les enfants. Le désir disparaît. Le plaisir également. La frustration fait la loi. L'idéal serait une sexualité totalement libre, mais la société ne le permet pas. Dès lors, les hommes fréquentent les bordels pendant que les femmes se réfugient dans la frigidité ou la névrose une fois les enfants partis du domicile familial. Reste la masturbation, un palliatif bien innocent qu'étonnamment Sigmund Freud condamne comme une source majeure de troubles psychologiques...

Face à cet impitoyable constat, Freud fait la promotion de sa discipline : en 1925, dans *Résistances contre la psychanalyse*, toujours sur la ligne du refus d'une libération sexuelle généralisée, sociale, politique, communautaire, globale, il vante les mérites de la psychanalyse qui

« propose d'adoucir la rigueur du refoulement pulsionnel et, en revanche, de donner plus de place à la véracité. Certaines motions pulsionnelles, dans la répression desquelles la société est allée trop loin, doivent être admises à une plus grande dose de satisfaction, pour d'autres la méthode inappropriée de la répression par la voie du refoulement doit être remplacée par un procédé meilleur et plus sûr » (XVII. 132-133). Qu'on ne compte pas sur Freud pour qu'on sache où, quand et comment adoucir la rigueur du refoulement, sinon en donnant plus de place à la véracité… Qu'on n'attende pas de détails sur les endroits dans lesquels la société est allée trop loin dans la répression… Qu'on ne pense pas pouvoir trouver de précisions sur le procédé le plus à même de remplacer la technique de répression fustigée… Ou bien…

Ou bien, qu'on comprenne ceci : la solution freudienne n'est pas politique, au sens global et général du terme, mais individuelle : Freud propose le divan, *son* divan. Pas de libération sexuelle générale, globale et politique, mais un ajustement de chacun à sa propre subjectivité libidinale. La société vit et survit de la répression sexuelle, laissons-la dans son rôle ; en revanche, la psychanalyse répare les dommages individuels. La solution freudienne n'est donc pas *apolitique*, mais *antipolitique* : elle est individualiste, égotiste, personnelle, sur mesure. Le divan vit exclusivement du refoulement exigé par la société ; Freud n'envisage pas de s'attaquer aux moyens politiques de diminuer, d'amoindrir cette répression. Le freudo-marxisme s'y emploiera, mais Freud aurait abominé cette extrapolation…

À bonne distance du monastère et du bordel, Freud théorise donc la juste mesure en matière de vie sexuelle.

Pas de théorie pure, de doctrine politique, de déclaration de principe universelle, mais une position nominaliste : une proposition sur mesure, individualiste, afin que chacun, dans le monde tel qu'il est, trouve une solution pour sa propre vie sexuelle, peu importent le reste du monde, la névrose de l'humanité ou la misère sexuelle planétaire. Le divan, voilà la solution ; la révolution sexuelle, la libération des mœurs constituent des voies sans issue. Cette méthode Coué offerte par la psychanalyse procède une fois encore du schéma de vie personnelle que Freud extrapole en théorie universelle.

Freud s'est en effet marié avec Martha Bernays. Elle lui a donné six enfants. Les lettres à Fliess en témoignent : sa vie sexuelle semble avoir été fluctuante, nous l'avons vu, et comporterait des périodes d'impuissance sexuelle avec son épouse légitime, mais sa sexualité paraît avoir fonctionné correctement avec sa belle-sœur – et ce avec le consentement, l'accord tacite ou le silence de Martha. La légende accrédite la thèse d'un renoncement à toute activité sexuelle très tôt, vers l'âge de trente-sept ans, pour légitimer la fiction d'une sublimation dans l'invention de la discipline – une hypothèse présentant le double avantage de corroborer la thèse doctrinale freudienne et de poser un voile sur la sexualité adultérine et symboliquement incestueuse du maître...

Le divan devient donc l'instrument sur lequel s'effectue le réglage de l'intersubjectivité sexuelle : ni trop, ni trop peu. Ni moine, ni libertin. Le pessimiste tragique entretient l'option conservatrice sur le terrain sexuel et politique : pas question de mettre la psychanalyse au service de la libération sexuelle, la répression des instincts est consubstantielle à l'être et, via la sublimation, à la permanence de la civilisation et de la culture. Si on libérait ici, il faudrait contraindre ailleurs, car l'interdit fonde l'être de la société. Freud se veut le garant de cet interdit fondateur. La psychanalyse agit en bras armé de ce souhait conservateur.

En revanche, il veut bien mettre la psychanalyse au service de la réparation des dégâts – mais pas question de toucher à la machine qui les produit... *La morale sexuelle « culturelle » et la nervosité moderne* agit comme une machine de guerre contre la sexualité judéo-chrétienne : elle comporte indubitablement des accents nietzschéens, elle gronde, tonne et peste contre la répression sexuelle présentée comme *le* facteur des névroses, elle dénonce l'hypocrisie, les corps abîmés, les investissements dans des impasses névrotiques, elle critique les effets pervers de la monogamie conjugale, du familialisme, elle rend l'idéal ascétique chrétien responsable des pathologies mentales, de la frigidité, de la masturbation, des perversions, de l'angoisse – mais cette montagne de péroraisons accouche d'une souris : « Le remède contre la nervosité découlant du mariage serait bien plutôt l'infidélité conjugale » (VIII. 211). Chacun comprendra dès lors que la solution n'est pas dans la libération sexuelle, mais dans le bricolage individuel, une issue de secours un peu pitoyable dans laquelle le divan s'offre comme un ultime recours...

La masturbation, maladie infantile du freudisme

> « Si l'on conçoit l'acte d'Onan dans un sens symbolique, il signifie qu'il a donné son sperme à la Mère (Terre-Mère). Son péché est donc un inceste. »
>
> FREUD, in *Minutes de la Société psychanalytique de Vienne* (III. 335).

On trouve sous la plume de Freud une étonnante critique de l'onanisme. Etonnante, car la lucidité du personnage sur la brutalité de la répression sexuelle par la morale dominante aurait pu laisser croire que le plaisir solitaire puisse être conçu comme une issue possible et inoffensive à cette tyrannie des corps : une satisfaction obtenue sans dommage pour soi ni pour les autres, comment la critiquer, la condamner, la pourchasser, avec la même ardeur butée que les confesseurs chrétiens les plus doctrinaires ?

La lecture des *Minutes de la Société psychanalytique* étonne tant elle montre l'état d'arriération mentale des psychanalystes sur cette question. Le fameux manuel du Dr Samuel Tissot (1728-1797) qui prédisait les pires maladies aux masturbateurs a trouvé une descendance intellectuelle avec la plupart des discours tenus par les psychanalystes sur ce sujet. *L'Onanisme*, sous-titré *Dissertation sur les maladies produites par la masturbation*, fut un best-seller européen construit sur la prévention de cette pratique sexuelle banale et courante présentée comme extrêmement dommageable pour la santé. Freud emboîte le pas à Tissot et manque l'occasion d'un progrès à même de faire de lui un médecin des Lumières sexuelles…

Ainsi, la Société psychanalytique consacre onze séances à la question de l'onanisme entre le 25 mai 1910 et le 24 avril 1912 et toutes montrent l'aréopage convaincu de la nocivité de cette pratique – la leur immanquablement ! La première séance est intitulée « Discussion sur les effets nocifs de la masturbation ». La couleur est annoncée… Freud affirme que « la neurasthénie est causée par une masturbation excessive » (III. 540) sans prendre le soin de préciser quand commence l'excès…

La sophistique aidant, ce n'est pas la masturbation en tant que telle que les psychanalystes condamnent, mais les fantasmes qui l'accompagnent ! Nous sommes dans une logique identique à celle du prêtre dans le confessionnal : la faute se trouve moins dans le geste que dans les pensées mauvaises… Sans preuve et sans démonstration aucune, mais toujours sur le principe du performatif qui transforme une affirmation subjective en vérité objective, les analystes de l'assemblée associent l'onanisme aux fantasmes incestueux, à l'homosexualité et à la perversion !

La logique freudienne d'une sophistique en recours et secours au performatif perdure sur ce sujet comme sur les autres : ces fantasmes correspondent à une réalité et, si le masturbateur ne s'en souvient pas, ce n'est pas la preuve de son inexistence, mais de son refoulement… Le geste onaniste renvoie donc, même si le masturbateur persiste

dans le déni, surtout d'ailleurs dans ce cas, au fantasme
d'union sexuelle avec la mère, à celui de la copulation
avec le semblable sexuel et ce dans la plus pure logique
du détournement d'une sexualité dite normale par Freud,
autrement dit hétérosexuelle et génitale.

L'onanisme doit être déconseillé pour un certain
nombre de raisons : c'est *un acte antisocial* par lequel
l'individu s'oppose à la société car il montre en effet qu'il
n'a pas besoin d'elle ; c'est *un acte trop simple* par lequel
la personne s'habitue à ne pas faire d'efforts pour plaire
ou séduire ; c'est *un acte déréalisant* par lequel le sujet
met le réel au second plan et se contente de fantasmago-
ries et d'imaginaire ; c'est *un acte hédoniste* après lequel il
est difficile d'accepter les restrictions nécessaires appor-
tées par la société dans la vie conjugale ; c'est *un acte
régressif* qui confine au stade sexuel de l'enfance dans
lequel se trouve la nocivité psychique fondatrice des psychonévroses ; c'est *un acte antinaturel* parce qu'il a, chez
les femmes, un caractère masculin...

Aucun développement n'accompagne cette série de
critiques assenées sur le mode péremptoire : en quoi ce
geste mettrait-il la société en péril, ou bien saperait-il la
société ? Il ne se fait pas *contre* elle, mais *sans* elle... Pourquoi, en matière de sexualité, la complexité devrait-elle
être préférée à la simplicité ? Plus ce serait difficile, mieux
ce serait, plus ce serait facile, moins ce serait défendable ?
Au nom de quoi ? Qu'est-ce qui prouve que la relation
sexuelle définie comme classique, autrement dit avec
pénétration génitale entre un homme et une femme, se
nourrit de moins de fantasmes et de plus de réalité que la
pratique masturbatoire ? Et puis, même si les psychanalystes avaient raison : au nom de quelles justifications
devrait-on préférer un réel déprimant à un imaginaire

réjouissant ? Par ailleurs, pourquoi le plaisir serait-il défendu ? Qu'est-ce qui autorise la critique de l'hédonisme en matière de sexualité ? Quant au plaisir régressif, pourquoi l'interdire ? Si l'onaniste trouve une satisfaction à ce plaisir régressif c'est qu'il est momentanément ou durablement privé de la possibilité d'un plaisir qui ne le serait pas, pourquoi donc avaliser la frustration par un renoncement à ce plaisir simple ? Enfin, comment Freud qui pille Fliess sur la question de la bisexualité, qui cite le discours d'Aristophane dans *Le Banquet* de Platon pour expliquer l'ambivalence sexuelle de chacun, peut-il dénier un plaisir prétendument masculin aux femmes et vice versa ? Comment d'ailleurs être aussi péremptoire sur ce qui distinguerait aussi clairement plaisir masculin et plaisir féminin ? Les arguments des sociétaires analystes paraissent bien courts ! Antisocial ? Simpliste ? Déréalisant ? Hédoniste ? Régressif ? Antinaturel ? Et alors… Pourquoi faudrait-il qu'en matière de sexualité le plaisir soit social, compliqué, réel, triste, adulte, naturel – sachant, de plus, qu'aucun de ces concepts ne relève d'une définition bien précise.

Bon prince, Freud accorde quelques avantages à une pratique qu'il semble ne pas avoir réprouvée personnellement : elle contrecarre tout de même l'abstinence sexuelle qui, sinon, aurait un effet pathogène – mais le jeu freudien oppose abstinence pathogène et masturbation pathogène ; elle réduit la puissance sexuelle – une bonne chose dans une civilisation où il faut bien s'arranger de sa libido et composer avec la désolante vie sexuelle hygiénique à laquelle condamne la conjugalité ; elle permet au jeune homme de se consacrer à d'autres tâches ; elle évite le danger de l'infection syphilitique à laquelle exposent les lupanars… Reste que, malgré ces quelques avantages consentis du bout des lèvres, la masturbation relève de la pathologie sexuelle car la norme, et personne dans l'assemblée d'analystes ne la remet en cause, reste hétérosexuelle, génitale, conjugale, monogame.

La séance du 22 novembre 1911 revient sur le sujet. Freud prend la parole pour examiner les relations entretenues par le masturbateur avec ses fantasmes incestueux. L'impossibilité d'avoir une relation sexuelle avec sa mère expliquerait les graves états dépressifs dans lesquels se trouveraient les disciples d'Onan ! Freud brosse le portrait du masturbateur : il a peur des réunions ; il a tendance à la solitude ; il manifeste une méfiance excessive ; dans l'adolescence, il se distingue par une « aspiration morbide à la véracité » ; il est friand d'amitié authentique ; il est sans spontanéité ; il craint d'être observé par tout le monde ; dans certaines occasions, il ne peut se servir de ses mains ; il a la manie passionnée de se sacrifier pour quelque chose ; mais il est soit égoïste, soit hyperaltruiste…

Parfois la masturbation peut se traduire par des dispositions louables : inclination à la vertu ou à une perfection morale particulière ; tendance au choix d'une profession dans les sciences pures ; à la « propreté du langage » ; à l'aversion pour tout cynisme ; à fixer des dates ; à la peur de l'impuissance ; à la surestimation de la fondation d'une famille ; impression, chez les filles, d'avoir perdu leur virginité et de ne plus pouvoir avoir d'enfants. Enfin, bouquet final : « Chaque onaniste incarne en fait deux personnes, sa première nourrice (mère) et lui-même »…

Une séance supplémentaire sera nécessaire. Elle permet à Freud de renvoyer à l'histoire d'Onan dans la Bible et d'expliquer pour quelles raisons le masturbateur entretient une relation incestueuse avec sa mère… « Si l'on conçoit l'acte d'Onan dans un sens symbolique, il signifie qu'il a donné son sperme à la Mère (Terre-Mère). Son péché est donc un inceste » (III. 335)... Voilà pour quelle raison toute masturbation s'accompagne d'un sentiment de culpabilité...

Or Freud n'ignore pas l'histoire véritable d'Onan, puisqu'il la signale dès le début de sa démonstration. Si Onan répand son sperme sur la terre, c'est par refus de l'*inceste réel* et non par pratique d'un *inceste symbolique*, puisque Dieu l'avait enjoint d'engrosser la femme de son propre frère mort. Onan avait refusé d'avoir une relation sexuelle avec sa belle-sœur (une situation susceptible de rappeler à Freud un certain nombre de choses...) et, pour ce faire, il avait commis ce geste à l'origine de sa célébrité... Mais Freud veut ignorer la leçon du texte, le refus de l'inceste, pour lui faire dire le contraire : l'inceste symbolique par l'assimilation de la Terre à la Mère...

Dans une autre séance, Freud critique l'idée que la culpabilité procéderait de la religion : « Il a été démontré [*sic*] historiquement [*sic*] que le sentiment de culpabilité a existé à des époques où il n'était pas encore question de religion » (III. 83). Chacun se souviendra en effet que la culpabilité renvoie au « mythe scientifique » du meurtre du père de la horde primitive et aux fameuses démonstrations historiques de *Totem et tabou*. Elle reste donc en relation étroite avec le fantasme incestueux.

Quatrième discussion sur le même sujet... Rappelons qu'il y en aura onze... Ce 24 janvier 1912, Freud émet une hypothèse montrant bien qu'il n'a jamais vraiment renoncé à sa théorie de la séduction. Selon lui, les femmes qui se masturbent réactivent le fantasme du père les ayant séduites dans leur enfance. De sorte qu'elles plongent ainsi dans leur activité sexuelle infantile. Dans une septième séance, Freud persiste sur la dangerosité de l'activité onaniste. La citation mérite qu'on s'y attarde : « L'opinion selon laquelle la masturbation est nuisible est étayée par des observations faites par un critique tout à fait objectif [*sic*] selon lequel l'abêtissement ultérieur des jeunes Arabes était dû à leur masturbation excessive et pratiquée sans aucune inhibition » (III. 62).

« Epilogue de la discussion sur la masturbation », tel est le titre de la dernière séance du 24 avril 1912. Freud effectue la synthèse. Puis il livre ses conclusions. Il ramasse tout ce qui aura été dit dans les onze séances consacrées à cette question. À quoi il ajoute que la masturbation occasionne des dommages organiques – sans dire lesquels... L'onanisme cause les névroses, car il renvoie à la sexualité infantile et contraint à une fixation sur celle-ci. De sorte qu'en remontant au plus loin, on découvre le complexe d'Œdipe et le fantasme incestueux. Ces longues discussions étendues sur deux années ne marquent donc aucun progrès sur le texte publié en 1898 sous le titre : *La Sexualité dans l'étiologie des névroses*. Freud ne cherche pas, puisqu'il a déjà trouvé : toutes ces séances visent à confirmer les thèses de cet article.

À cette époque, il préconisait de « déshabituer » (230) les patients à la masturbation dans des hôpitaux sous le contrôle de médecins et sous sa surveillance régulière. Freud ne veut pas savoir pour quelles raisons la personne recourt à cette sexualité solitaire : il a décidé de son caractère pathologique, de son rôle généalogique dans la production des névroses et de son explication par l'incapacité à faire aboutir le seul véritable désir impossible à satisfaire : s'unir sexuellement à sa mère... Comment cet homme qui prétend avoir inventé la psychanalyse et soigner avec cette méthode, en obtenant des résultats incontestables, procédait-il pour *déshabituer* les pauvres individus qui, pour ce geste banal et sans conséquence, se trouvaient criminalisés selon les modalités psychiatriques d'alors ? Par l'hypnose ? La méthode de Breuer ? L'imposition des mains sur le front avec pression au moment adéquat ? Ou bien alors le divan faisant la fortune de Freud – à tous les sens du terme ?

Non, pas du tout. Nous avons déjà rencontré l'objet : avec la méthode dite du psychrophore que Freud prescrit pour un patient dans une lettre du 9 avril 1910 envoyée à Ludwig Binswanger, un psychanalyste qui tâche de soutenir son édifice freudien avec la phénoménologie husserlienne... Rappelons que ce psychrophore se présente sous la forme d'une sonde réfrigérée, une sorte de cathéter creux qui, après intromission dans l'urètre, permet une injection d'eau froide. Dans une autre lettre, Freud écrit : « Je ne pense pas que la sonde puisse lui faire du mal, elle remplacera plutôt la masturbation, le retiendra de se masturber » (21 avril 1910). Voilà en effet une médecine révolutionnaire capable de pallier l'indigence du divan.

IV

Le pénis rabougri des femmes

« Le destin c'est l'anatomie. »

FREUD, *Du rabaissement généralisé de la
vie amoureuse* (XI. 140).

Freud fut donc toute sa vie attiré sexuellement par sa
mère, au point d'extrapoler une théorie générale du
complexe d'Œdipe ; il a épousé une jeune fille alors qu'il
faisait la cour à sa sœur ; il a été l'amant de sa belle-sœur
toute sa vie – rappelons que celle-ci a vécu sous le toit
conjugal, dormant dans une chambre exigeant qu'on traverse celle du couple pour entrer et sortir ; il a entretenu
avec sa fille cadette une relation symboliquement incestueuse en la psychanalysant, en lui donnant pendant sa
longue maladie le rôle d'une infirmière qu'il a dénié à sa
femme, en faisant d'elle son Antigone ; il a pu voir dans le
détail analytique comment Anna s'est dirigée vers un franc
refus des hommes, puis vers l'homosexualité ; il a psychanalysé la maîtresse de sa fille, puis les enfants de celle-là.
Disons-le autrement : les relations concrètes qu'il entretenait au sexe féminin ont été pour le moins tortueuses.

La théorie, on s'en doute, souffre des mêmes torsions… Quand il traduit les essais féministes de Stuart

Mill, Freud ne perd pas une occasion de fustiger les thèses progressistes du philosophe utilitariste car, pour lui – la chose est dite franchement dans *Du rabaissement généralisé de la vie amoureuse* : « Le destin c'est l'anatomie » (XI. 140) et les femmes sont soumises à leur physiologie de femmes… Nous sommes en 1912, Simone de Beauvoir a quatre ans…

Ce texte est le second des *Contributions à la psychologie de la vie amoureuse*, le premier étant *D'un type particulier de choix d'objet chez l'homme*, paru en 1910. Un troisième volet paraîtra sous le titre *Le Tabou de la virginité* en 1918. Cette *Psychologie de l'amour* ne manque pas d'intérêt : elle fonde une théorie misogyne, phallocrate et homophobe si l'on veut recourir à un vocabulaire contemporain. Freud pense en effet qu'une femme ne doit pas rechercher une autonomie professionnelle, donc financière, et qu'il lui revient d'être une bonne épouse et une bonne mère ; il conçoit la physiologie des femmes comme interrompue par rapport au modèle phallique ; il croit également à l'existence d'un schéma normal qui conduirait le sujet vers l'hétérosexualité monogame, conjugale et familiale ; il pense enfin l'homosexualité comme un inachèvement de l'être lors du développement de son trajet libidinal. La nature ayant donné aux femmes la beauté, le charme et la bonté, qu'elles n'en demandent pas plus, écrit-il à sa fiancée le 15 novembre 1883…

Dans *Le Tabou de la virginité*, Freud colporte ce lieu commun des misogynes et des phallocrates qu'une femme émancipée montre toujours, par son affranchissement même, une hostilité à l'endroit des hommes : quand une femme veut sa liberté, Freud considère qu'elle menace le mâle dans sa superbe, qu'elle met à mal sa puissance. Toute demande d'autonomie se trouve assimilée à une menace de castration. Voici la théorisation de cette passion commune : les femmes aspirent au pénis de l'homme qu'elles n'ont pas, d'où leur animosité. Le modèle, c'est donc bien le mâle pourvu d'un phallus. Le pénis, voilà la loi.

« Derrière cette envie de pénis se fait jour maintenant cette rancœur hostile de la femme envers l'homme, qu'il ne faut jamais totalement méconnaître dans les relations entre les sexes et dont les signes les plus nets se rencontrent dans les aspirations et les productions littéraires des "émancipées" » (XV. 93). Emboîtant le pas à Ferenczi qui propose la généalogie de cette *rancœur*, Freud pense que l'infériorité physique de la femme dans l'acte sexuel pratiqué au début de l'humanité l'a forcément soumise à la domination masculine, ce dont son inconscient conserve la trace – d'où ce ressentiment, cette hostilité et cette rancune transmises de façon phylogénétique.

Si le phallocrate construit sa vision du monde à l'ombre du phallus pensé comme le maître mot de sa vision du monde, Freud mérite clairement l'épithète... Dans *La Question de l'analyse profane*, il écrit : « La vie sexuée de la femme adulte n'est-elle pas d'ailleurs un *dark continent* pour la psychologie ? Nous avons reconnu que la fille ressent péniblement le manque d'un membre sexué égal en valeur au membre masculin, se considérant pour cela comme de valeur inférieure, et que cette "envie de pénis" constitue l'origine de toute une série de réactions féminines caractéristiques » (XVIII. 36).

La valeur du pénis comme mètre-étalon en matière de vie sexuelle ; le manque de pénis ressenti avec peine par les femmes ; la supériorité conférée aux hommes par leur sexe, l'infériorité des femmes induite par cette absence anatomique ; ce défaut de pénis expliquant la psychologie des femmes apparentée à un continent sombre de la psychologie – comment mieux dire en effet, quand on a construit tout son édifice conceptuel sur le refus du corps, sur le déni de la physiologie, sur l'évitement de la chair, que ce retour du refoulé constitue le grand problème... de Freud, et non des femmes !

Tout le problème des femmes selon Freud vient du fait qu'elles ne sont pas des hommes... Ce dont témoignent deux textes accablants : *Quelques conséquences psychiques de la différence des sexes au niveau anatomique*, paru en 1925, et *De la sexualité féminine*, 1931. On y découvre un Freud soudainement soucieux de considérer l'anatomie, la physiologie, la chair, autrement dit : le corps véritable. Lui qui a plaidé toute son existence pour une métapsychologie construite sur des allégories, des métaphores, des topiques conceptuelles, le voilà fasciné par l'entrejambe des femmes devant lequel il demeure interdit parce qu'il n'y voit pas ce qui se trouve chez lui... Que la femme n'ait pas de pénis, voilà, selon lui, la cause de tout son mystère et de toutes ses misères !

Le texte de 1925 interroge la question du complexe d'Œdipe chez la petite fille. Précisons en passant que Freud l'avait écrit pour le IXe Congrès de l'IPA à Bad Hombourg en Allemagne et que son état de santé l'empêcha de s'y rendre. Sa fille le lut au public... Nul n'ignore que pour le petit garçon les choses sont simples : il désire s'unir sexuellement avec sa mère et, de ce fait, parce que son père le lui interdit, il aspire au meurtre symbolique de son géniteur. Mais chez la petite fille ? Faut-il inverser les choses et affirmer qu'elle voudrait s'unir avec son père et considérerait sa mère comme une rivale dont il faudrait se débarrasser ? Jung a parlé d'un complexe d'Electre pour signifier ce qui se passe dans l'évolution des jeunes filles, que faut-il en penser ?

Chacun songera aux relations entretenues par Freud avec sa fille Anna en lisant ces lignes : « Tout analyste a fait la connaissance de ces femmes qui restent attachées avec une intensité et une ténacité particulières à leur liaison au père et au souhait d'avoir du père un enfant, souhait dans lequel cette liaison culmine. On a de bonnes raisons [*sic*] d'admettre que cette fantaisie de souhait était aussi la force de pulsion de leur onanisme infantile et l'on acquiert facilement l'impression de se trouver ici devant un fait élémentaire de la vie sexuelle infantile, non décomposable plus avant » (XVII. 194-195). Les séances d'analyse du père avec sa fille lui auront probablement permis d'extraire cette théorie extrêmement valable… pour ce seul cas : Sigmund & Anna – mais pour combien d'autres sur la planète…

Freud raconte sa vision des choses concernant la découverte du pot aux roses par la petite fille : « Elle remarque le pénis, visible de manière frappante et bien dimensionnée, d'un frère ou d'un compagnon de jeu, le reconnaît aussitôt [*sic*] comme la contrepartie supérieure de son propre organe, petit et caché, et elle a dès lors [*sic*] succombé à l'envie de pénis » (XVII. 195). Voici donc comment les choses se passent : il suffit de constater le manque de pénis pour que surgisse le désir du pénis manquant – c'est le sens du *dès lors* freudien… Chez le petit garçon, le sexe ne peut être que *frappant* et *bien dimensionné*, alors que chez la petite fille le clitoris, pénis de substitution, ne saurait être que *petit* et *caché*… Dans l'*Abrégé de psychanalyse*, Freud file la métaphore du petit pénis caché qu'est le clitoris en opposant les « organes sexuels bien développés » des garçons et les « rudiments

rabougris et souvent sans emploi» (58) des filles…
Quelques pages plus loin, il entretient des «organes génitaux» du petit mâle et du «pénis rabougri» (64) de la
petite femelle…

Lorsque le petit garçon découvre le clitoris de la petite
fille, il se montre indécis, peu intéressé, il ne voit rien ou
dénie ce qu'il aperçoit. Plus tard, sous le coup de la
menace de castration, il saisit enfin les enjeux : si d'aventure il commettait un impair, se masturber par exemple,
ou désirer sexuellement sa mère, voilà ce qui l'atten-
drait : un corps de fille, un bas-ventre sans phallus, un
entrejambe dépourvu de pénis, une chair châtrée. Le
texte des *Conséquences psychiques de la différence des
sexes* l'affirme clairement : le corps féminin est «une
créature mutilée» (XVII. 196). Comment mieux faire du
corps féminin *une punition* ? Dans l'esprit et la lettre de
Freud, le père de la horde primitive incarne le surhomme pendant que la femme personnifie le sous-
homme. Autrement dit : le phallus magistral contre le
pénis manquant…

Sans se soucier d'apporter des preuves à ses alléga-
tions, Freud continue sur sa lancée : voir le pénis manquant, c'est de facto désirer le pénis manquant. Freud
disserte sur la cicatrice, le sentiment d'infériorité, la blessure narcissique… La petite fille espère donc qu'il lui sera
donné un jour la grâce de posséder cet organe. Mais elle
peut aussi, dans une logique de déni, affirmer qu'elle le
possède et se comporter ensuite comme un homme.
L'historiographie critique montre combien le texte intitulé *Un enfant est battu* procédait de l'analyse de sa fille
par Freud.

C'est donc dans ce contexte généalogique de l'homosexualité féminine que Freud convoque et cite ce travail.

Face à cette évidence qu'elles n'ont pas de pénis, Freud affirme que trois voies s'offrent aux jeunes filles : rejeter leur sexualité en développant un ressentiment contre la mère et un amour du père ; refuser la castration et se priver de leur destin de femmes en devenant homo-sexuelles ; choisir le père comme objet et aspirer à obtenir un cadeau de lui, en l'occurrence un enfant... Comment ne pas songer au destin d'Anna Freud dans cette théorie présentée comme universelle ?

Toujours sans preuves, et sans souci d'étayer ses affir-mations par la clinique, Freud assène cette hypothèse : le renoncement au pénis s'effectue au profit d'un nouvel investissement : avoir un enfant. Mais là où l'on pourrait imaginer la quête d'un père prélevé selon les logiques exogamiques, Freud pose que cette recherche du géni-teur s'effectue dans le cercle endogamique... La femme, en effet, « abandonne le souhait du pénis pour y mettre à la place le souhait d'un enfant et prend dans cette inten-tion le père pour objet d'amour » (XVII. 199). Dans cette configuration, la mère devient un objet de jalousie. Freud retombe ainsi sur ses pieds : le complexe d'Œdipe fonctionne bien de deux façons, un mode masculin, un mode féminin, mais pour parvenir à la même fin : le désir pour l'enfant de s'unir au parent du sexe opposé et la considération du parent du sexe identique comme rival à détruire.

Cette disparité dans le développement œdipien met au jour un caractère particulier chez les femmes : elles sont moins soumises au surmoi. Dès lors, « des traits de carac-tère que la critique a depuis toujours reprochés à la femme, à savoir qu'elle fait montre d'un moindre senti-ment de la justice que l'homme, d'une moindre inclina-tion à se soumettre aux grandes nécessités de la vie, qu'elle se laisse plus souvent guider dans ses décisions par des sentiments tendres et hostiles, trouveraient un fondement suffisant dans la modification de la fonction du surmoi » (XVII. 201). Autrement dit, malgré son extrême complexité, la théorie freudienne rejoint les lieux communs misogynes et phallocrates : les femmes ignorent la justice, elles indexent leurs comportements sur leurs sentiments et leurs passions, et non sur la raison ou l'intelligence... Dès lors, conclut le philosophe habituellement présenté comme un progressiste, pas question de se laisser « fourvoyer par la contestation des féministes, qui veulent nous imposer une complète parité de position et d'appréciation entre les sexes » (XVII. 201)...

L'autre texte, *De la sexualité féminine*, confirme ces hypothèses freudiennes. L'anatomie comme destin suppose une variation sur le thème de la bisexualité. Le vagin passe pour l'organe spécifiquement féminin et le clitoris pour un résidu du masculin. D'où une double sexualité chez les femmes. La petite fille, pour réussir son accès à une sexualité de femme, doit renoncer à la masturbation clitoridienne, reliquat masculin, au profit d'une sexualité dite classique et normale avec plaisir vaginal. Dans *Trois essais sur la théorie sexuelle*, Freud explique comment le ratage du passage du stade clitoridien au stade vaginal est la cause de nombre de névroses chez les femmes, notamment de l'hystérie.

Or cette séparation suppose chez Freud un genre d'excision ontologique : comment imaginer possible cette séparation doublée d'une condamnation morale qui ferait du plaisir clitoridien une jouissance défendue parce que masculine ? De quelle manière envisager son plaisir, quand on est une femme, en faisant l'économie de son clitoris, sous prétexte que seul le vagin serait habilité à fonctionner comme zone érogène adulte ? Freud semble trouver ici un moyen bien plus efficace que le psychrophore pour dissuader les femmes d'une masturbation facile : elle se trouve renvoyée à la sexualité régressive, donc à la mauvaise sexualité. La bonne, comme par hasard, nécessitant une habilité masculine dont peu d'hommes semblent capables...

Enfin, malgré ses considérations sur l'inexistence du pur masculin ou du pur féminin dans la configuration de la bisexualité, Freud ne peut s'empêcher de souscrire aux lieux communs associés aux définitions des genres. Par exemple, dans l'*Abrégé de psychanalyse*, il écrit, tout en revendiquant l'imprécision, que sa définition sera insatisfaisante, parce que empirique et conventionnelle : « Nous appelons mâle tout ce qui est fort et actif, féminin tout ce qui est faible et passif » (59). Mais la chose se trouve tout de même écrite dans un texte présentant la synthèse de ses découvertes...

Dans un autre texte, *L'Homme Moïse et la religion monothéiste*, Freud aborde la question du passage du matriarcat au patriarcat et signale que cet événement a constitué un progrès considérable dans l'évolution de l'humanité. Ce passage du pouvoir de la mère au pouvoir du père « marque une victoire de la spiritualité sur la sensualité et par là un progrès de la civilisation. En effet, la maternité est révélée par les sens, tandis que la paternité est une conjonction basée sur des déductions et des hypothèses. Le fait de donner ainsi le pas au processus cogitatif sur la perception sensorielle fut lourd de conséquence » (153) – toujours cette opposition entre la femme sensuelle, déraisonnable, motivée par ses passions, ses pulsions, son instinct, ses viscères, son utérus, et l'homme, être de raison, de cogitation, de réflexion, de pensée, de maîtrise, de cerveau…

La phallocratie et la misogynie de Freud se doublent d'une *homophobie ontologique*. L'honnêteté oblige à signaler qu'en 1897, Freud signe la pétition du sexologue allemand Magnus Hirschfeld appelant à abroger un article du code pénal allemand qui réprimait l'homosexualité masculine. De même, en 1905, les *Trois essais sur la théorie sexuelle* affirment clairement : « Les invertis ne sont pas des dégénérés » (VI. 71) – ce qui a le mérite d'être clair. Voilà pourquoi je parle d'une *homophobie ontologique* et non d'une homophobie politique ou militante. Qu'est-ce qui les distingue ?

L'homophobie politique pratique la discrimination, voire la criminalisation de cette pratique sexuelle ; l'homophobie ontologique la considère au regard d'une norme en face de laquelle elle apparaît comme anormale ou *perverse* – pour utiliser le mot de Freud. La perversion n'est pas ici morale, mais topique : Freud envisage la sexualité, on l'a déjà dit, comme l'union de deux êtres de sexe différent en vue d'une copulation génitale. Citons une phrase extraite du chapitre intitulé « Déviations par rapport au but sexuel », dans *Trois essais sur la théorie sexuelle* : « Est considéré comme but sexuel normal l'union des organes génitaux dans l'acte désigné comme accouplement, qui conduit à la résolution de la tension sexuelle et à l'extinction temporaire de la pulsion sexuelle » (VI. 82) – les mains, la bouche ou l'anus ne font pas partie, chez Freud, des organes génitaux que sont spécifiquement le pénis et le vagin…

Dans l'*Abrégé de psychanalyse*, Freud confirme à peu de chose près les thèses des *Trois essais sur la théorie sexuelle* : il cartographie l'évolution sexuelle dite normale et propose un modèle type avec les stades – oral, anal, sadique-anal, phallique. Puis il décrit le complexe d'Œdipe suivi par une période de latence. Enfin, il théorise le stade génital au cours duquel l'individu fixe sa libido sur un objet sexuel en dehors de son sexe et dans un monde exogamique. Voilà la norme selon Freud. Dans ce cas de figure, l'homosexualité se présente comme une « inhibition de développement ».

L'homosexualité peut être d'occasion, momentanée et non définitive : elle concerne alors un moment de l'évolution sexuelle du sujet, elle touche des individus éloignés d'un partenaire du même sexe à cause de raisons ponctuelles (un emprisonnement, une vie de garnison, la guerre, une vie de communauté exclusivement masculine, etc.). Elle peut être vécue de manière honteuse ou revendiquée comme une fierté. Elle s'associe parfois à l'hétérosexualité. Mais elle peut également être définitive, et s'exprimer à travers une incapacité à vivre une relation sexuelle avec un individu du sexe opposé. Toute sociologie générale se trouve donc hasardeuse.

En revanche, sur le terrain de la généalogie de l'homosexualité, Freud n'hésite pas et fournit son explication dans *Pour introduire le narcissisme* : les premières satisfactions sexuelles relèvent de l'auto-érotisme, succion, masturbation et autres activités en relation avec les pulsions d'auto-conservation ; ensuite, les objets de fixation de la libido deviennent les personnes auxquelles on doit sa subsistance, les parents en premier lieu, la mère avant tout, la nourrice également.

Freud parle alors d'une *perturbation* pour expliquer que certains, les homosexuels en l'occurrence, échappent à ce schéma et se choisissent eux-mêmes comme objet

libidinal. « Nous avons trouvé avec une particulière net-
teté chez des personnes dont le développement libidinal
a connu une perturbation, comme chez les pervers et les
homosexuels, qu'ils ne choisissent pas leur objet d'amour
ultérieur sur le modèle de la mère, mais bien sur celui de
leur propre personne. De toute évidence, ils se cherchent
eux-mêmes comme objet d'amour, en donnant à voir le
type de choix d'objet qu'on nommera narcissique »
(XII. 231).

L'homosexuel serait donc incapable d'aimer un autre,
un tiers issu d'un sexe opposé au sien, parce qu'il s'aime
lui-même. Chacun a donc deux voies pour tracer son
chemin libidinal : investir sur l'être qui le nourrit, la
mère, l'être qui protège, le père, ou sur soi-même, ce que
l'on est, ce que l'on voudrait être, ce que l'on a été, une
double possibilité que Freud nomme l'*amour par étayage*
ou l'*amour narcissique*. Le premier définit l'hétérosexuel,
le second, l'homosexuel.

Dans une note ajoutée en 1910 au chapitre sur « Les
aberrations sexuelles » dans les *Trois essais sur la théorie
sexuelle*, Freud développe la question de la généalogie
narcissique de l'homosexualité : l'enfant, dit-il, porte nor-
malement son affection sur les parents et plus précisément sur la mère qui le nourrit. Cette fixation doit être
brève, avant élection de nouveaux objets sexuels. Or,
l'homosexuel ne parvient pas à mener à bien le cheminement *normal* : sur le principe narcissique, il aime un être
de son sexe, car il identifie le tiers à lui-même, à l'enfant
jadis aimé, cajolé, entouré d'affection par sa mère. De
sorte que les homosexuels « recherchent des hommes
jeunes et semblables à leur propre personne, qu'ils
veulent aimer ainsi que la mère les a aimés » (VI. 78).

Malgré des pétitions de principe qui visent à ne pas

stigmatiser la communauté homosexuelle à cause de ses pratiques, une autre partie de Freud ne peut s'empêcher d'écrire : « Dans les types de l'inversion, la prédominance de constitutions archaïques et de mécanismes psychiques primitifs peut être confirmée sans exception. La valeur accordée au choix d'objet narcissique et le maintien de la significativité érotique de la zone anale apparaissent comme leurs caractères les plus essentiels » (*ibid.*). L'archaïsme et le primitif, ici, s'entendent comme des signes d'inachèvement, d'inaccomplissement d'un processus évolutif présenté par Freud comme prototypique. De la même manière que la femme est un homme inaccompli, l'homosexuel est un type sexuel imparfait.

La loi freudienne incarne une loi d'homme qui possède les femmes et les soumet, une aventure de dominants *forts et actifs* pour utiliser des qualités habituellement présentées comme masculines par la plupart en général et par Freud en particulier. Du pénis manquant des femmes au cheminement libidinal interrompu de l'homosexuel, c'est un même autre monde que cartographie Freud – celui des *aberrations*... Progressiste et révolutionnaire en matière de mœurs Sigmund Freud ?

V

« Salut respectueux » de Freud aux dictateurs

> Un journaliste (parlant de Freud à Reich) :
> « Est-ce qu'il était social-démocrate ? » Reich :
> « Je ne pense pas. »
>
> WILHELM REICH, *Reich parle de Freud.*

Le *conservatisme ontologique* de Freud suppose que le refoulement sexuel est certes préjudiciable à l'individu en tant qu'il se trouve à l'origine des névroses, mais également qu'une libération sexuelle le serait tout autant car elle mettrait en péril l'édifice social ; le *conservatisme sexuel* de Freud enseigne que la critique de la morale sexuelle dominante se double d'un éloge du sauve-qui-peut libidinal individuel dans lequel chacun doit tirer son épingle du jeu et, éventuellement, demander à la psychanalyse une aide pour inventer son salut pulsionnel personnel ; le *conservatisme des mœurs* de Freud stigmatise la masturbation, transforme les femmes en sous-hommes et les homosexuels en êtres inachevés d'un point de vue libidinal. De sorte que Sigmund Freud évolue aux antipodes de la philosophie des Lumières, d'autant que la politique du personnage achève le portrait d'un antiphilosophe radical…

La politique d'un homme dont l'ontologie se révèle si noire a en effet du mal à être rose… Le pessimisme tragique interdit l'optimisme social. À quoi peut bien ressembler la politique de Sigmund Freud ? La question intéresse peu et l'historiographie freudienne passe rapidement sur le sujet sous prétexte qu'il n'y aurait pas grand-chose à dire. La carte postale politique se résume la plupart du temps à ce programme minimum : le maître de la psychanalyse viennoise était un *juif libéral modéré et éclairé…* La réalité paraît bien loin de cette fiction rassurante car juif, certes, il le fut, mais libéral, modéré et éclairé, sûrement pas.

Freud semble n'avoir jamais vraiment pris conscience qu'en dehors de son cabinet viennois du 19, Berggasse, le monde réel ait pu exister. Il donne l'impression de vivre dans un univers de mythes, de fables, de fictions, de fantasmes, un univers dans lequel il évolue en contemporain de ses statuettes assyriennes ou gréco-romaines, en lecteur et en écrivain, il semble plus familier des mythes grecs et de la compagnie des Atrides que de l'histoire de ses contemporains qui franchissent la porte capitonnée de son cabinet de consultation.

Son rapport à l'histoire relève du déni le plus total : son histoire, au sens de *l'histoire de sa propre personne*, mais également de *l'histoire de son temps*, celle dans laquelle, quoi qu'il en pense, sa personne et son œuvre évoluent ; son refus d'inscrire sa pensée dans la trame contemporaine des influences, des lectures, des rencontres, des échanges ; son ardeur à effacer les traces de sa progression intellectuelle par la destruction systématique de documents ; son envie, très tôt, de rendre difficile, voire impossible, la tâche de ses biographes à venir ; son irritation visible dans ses correspondances avec des interlocuteurs qui osent mettre en perspective la production d'un concept et les conditions historiques particulières – la pulsion de mort, par exemple, et la présence de ses fils au front ou la mort de sa fille ; son silence total, dans son œuvre, sur tel ou tel événement politique – tout ceci installe Freud dans un théâtre d'idées pures dans lequel il anime les marionnettes de ses personnages conceptuels sans autre souci que celui de s'offrir un beau spectacle intellectuel...

Dans l'œuvre complète, on entr'aperçoit parfois quelques ombres portées par l'Histoire : la Première Guerre mondiale dans *Considérations actuelles sur la guerre et sur la mort* (1915), des considérations sur les mouvements de foule et les relations entre le chef et la masse dans *Psychologie des masses et analyse du moi* (1921), un ouvrage dans lequel on trouve également des allusions au socialisme (XVI. 38), des critiques de la révolution bolchevique et du communisme dans *Malaise dans la civilisation* (1930) – mais, dans son œuvre publiée, *aucune analyse* du fascisme mussolinien ou du national-socialisme...

La seule histoire qui semble intéresser Freud c'est la sienne : les deux textes autobiographiques que sont *Contribution à l'histoire du mouvement psychanalytique* (1914) et *Autoprésentation* (1924) montrent un Freud qui excelle dans l'art d'écrire sa propre histoire et celle de la discipline dont il ne cesse de dire – qu'on me pardonne de me répéter – qu'elle se confond à sa vie. L'histoire de soi, oui ; l'histoire des autres, non. La première croise parfois la seconde, mais comme un décor pour une pièce dans laquelle Freud tient le rôle principal.

Dès lors, cherchons ailleurs que dans les articles publiés en revue ou les livres ce que Freud pensait sur la question politique. Les correspondances ? Elles reflètent le sentiment général : éviction de l'histoire du monde et polarisation excessive sur l'histoire égotique et narcissique de la discipline et de leurs disciplinaires – vie des congrès, bilan des forces en jeu, commentaire des travaux en cours, informations privées sur les morts, les maladies, les naissances familiales et amicales, comptabilité des zélateurs et des traîtres, nouvelles des enfants, avancée de la discipline en Europe et dans le monde…

Faut-il alors solliciter les mémoires, les souvenirs ? En effet, on y trouve de plus amples renseignements. Ainsi, même si l'on sait qu'il n'existe pas de grand homme pour son valet de chambre, il n'est pas sans intérêt d'écouter ce que Paula Fichtl, une femme modeste qui fut cinquante-trois ans au service des Freud, père et fille (dont dix auprès du maître à Vienne, puis à Londres où elle le suivit dans son exil), peut rapporter sur ces années d'intimité relative.

On peut lire en effet dans *La Famille Freud au jour le jour. Souvenirs de Paula Fichtl* : « Le gouvernement autrichien est certes "un régime plus ou moins fasciste", déclare Freud à Max Schur, son ami médecin ; malgré tout, selon le souvenir que Martin, le fils de Freud, conserve, des dizaines d'années plus tard, "il avait toutes nos sympathies". Le massacre que fait la Heimwehr parmi les ouvriers de Vienne laisse Freud indifférent » (75)…

Allons voir du côté du chancelier Dollfuss. Qui est-il ? En un mot : le créateur de l'austro-fascisme. Le 4 mars 1933, ce chrétien conservateur et nationaliste supprime la république et instaure le parti unique, il abolit la liberté de la presse, établit un État autoritaire, catholique et corporatiste. Il supprime le droit de grève, celui de se réunir, il abolit les cours d'assises. Le 30 mai de la même année, il interdit le parti socialiste, le 20 juin, le parti national-socialiste, non pour cause d'incompatibilité doctrinale majeure, mais parce qu'Hitler réclame l'annexion de l'Autriche à l'Allemagne. Il crée un parti unique, le Front patriotique, et gouverne par décrets. Le 3 avril 1933, Freud écrit une lettre à Max Eitingon à Berlin : « Personne ici ne comprend notre situation politique, on ne juge pas vraisemblable que l'évolution suive un cours analogue à ce qui se passe dans votre pays, la vie ici suit son cours sans trouble, mis à part les défilés qui occupent la police »…

À Vienne, le 12 février 1934, les ouvriers déclenchent une émeute réprimée dans le sang par l'armée : on compte entre 1 500 et 2 000 morts et 5 000 blessés – voilà le massacre qui *laisse Freud indifférent*… Cette révolte oppose les sociaux-démocrates armés de mitraillettes aux tirs d'artillerie de l'armée. Le combat dure trente-six heures. Un pont de chemin de fer est dynamité pour empêcher la progression d'un train blindé venu mater la rébellion. La soldatesque de Dollfuss utilise des gaz et recourt à l'aviation. La répression est terrible. Les tribunaux d'exception jugent sommairement et condamnent à mort. Des ouvriers sont pendus. Dans une lettre envoyée le 5 mars 1934 à Hilda Doolittle, Freud signale que la répression s'est abattue sur des bolcheviks – en vérité des sociaux-démocrates ! –, ce qui ne le gêne pas plus que ça, car, selon son aveu, il n'attend rien de bien de ce côté-là du spectre politique…

Que disent les biographes de ces prises de position politique *claires et nettes* de Freud ? On cherchera en vain le nom même de Dollfuss dans les 1 500 pages de *La Vie et l'œuvre de Sigmund Freud* signée Ernest Jones… Dans

Freud. Une vie, Peter Gay parle de « la neutralité de Freud » (684) ! Pour sa part, en 2009, dans *Si c'était Freud*, le biographe le plus récent, Gérard Huber, écrit que « Freud fait le dos rond devant le "fascisme spécifique et autochtone" du chancelier autrichien » (786). Pas plus ne trouve-t-on mention du nom du dictateur fasciste dans le livre de Paul Roazen intitulé, pourtant, *La Pensée politique et sociale de Freud*…

Ce souvenir de Paula Fichtl pourrait prêter à caution s'il n'était corroboré par ces deux lettres envoyées à deux correspondants en 1933 et en 1934. Ces documents montrent en effet que l'activité policière d'un régime fasciste visible dans la rue laisse Freud indifférent puisqu'il constate avec placidité que *la vie suit son cours sans trouble* ; que la répression militaire, guerrière, brutale, sanglante d'une révolte de sociaux-démocrates assimilés à des bolcheviks, avec artillerie, gaz, aviation, pendaisons, ne saurait être une mauvaise chose puisqu'elle en empêche une bien plus mauvaise qui serait l'instauration d'un régime bolchevique – alors que politiquement, l'histoire en témoigne, les sociaux-démocrates auraient constitué un rempart contre le marxisme-léninisme…

Les petits écrits freudiens se constituent donc de lettres. Mais également de tout ce qui a été signé de sa main. Ainsi une dédicace élogieuse faite à… Benito Mussolini. Voici les faits : Eduardo Weiss, un psychiatre ayant fait ses études de médecine à Vienne, est le seul psychanalyste en Italie dans les années 1920, il a fondé une Société psychanalytique et une *Revue de psychanalyse* dans son pays. Il s'agit donc *du* psychanalyste italien. En 1933, une patiente résiste à son analyse, il demande à

Freud l'autorisation de la lui présenter. Elle vient à Vienne, accompagnée de son père et de son analyste.

Le père de la jeune fille est un ami de Mussolini. Il demande à Freud l'un de ses livres avec une dédicace pour l'offrir au Duce à son retour en Italie. Freud a soixante-dix-sept ans et une réputation internationale. Il peut dire non ; *il dit oui*. Dès lors, il a le choix entre ce qu'il considère comme son chef-d'œuvre, *L'Interprétation du rêve*, ou des ouvrages de lecture plus facile, comme *Sur la psychopathologie de la vie quotidienne* ou *Le Mot d'esprit et ses rapports avec l'inconscient*. À l'évidence, la technicité de *Métapsychologie* ou d'*Au-delà du principe de plaisir* empêche de pareils choix... Il choisit *Pourquoi la guerre ?*, ouvre le livre et écrit ces mots : « À Benito Mussolini, avec le salut respectueux d'un vieil homme qui reconnaît en la personne du dirigeant un héros de la culture. Vienne, 26 avril 1933. » *Puis il signe...*

Qui est Benito Mussolini en avril 1933 ? D'abord, le soutien de la politique fasciste du chancelier Dollfuss... Ensuite, un dictateur qui mène d'une main de fer l'Italie depuis onze ans avec un programme fasciste pour une grande partie semblable à celui de Dollfuss : parti unique, suppression de l'opposition politique, chasse à la gauche, dissolution des partis, nationalisme exacerbé, persécution des syndicalistes, violences de rue avec milices brutales, assassinats politiques, emprisonnements arbitraires, lois interdisant aux non-fascistes d'être fonctionnaires, censure de la presse, suppression du droit de grève, corporatisme, opérations militaires dans le bassin méditerranéen avec une visée clairement impérialiste, instruction militaire, intellectuelle et physique des enfants selon les principes fascistes, politique nataliste militante avec taxes sur les célibataires, primes aux naissances, interdiction de l'avortement et de la contraception, mainmise sur la radio. Voilà qui est Mussolini le jour de cette signature funeste…

Que dit cette dédicace ? Elle présente un *salut respectueux*. Or chacun sait que, dans un régime fasciste, le salut vaut acte d'allégeance au dictateur. Inutile d'épiloguer sur le respect qui, lui aussi, exprime une déférence. De plus, elle s'adresse à la personne du Duce en faisant référence à sa fonction de dirigeant assimilée à celle d'un *héros de la culture*… On chercherait vainement une ambiguïté dans ces quelques mots, elle n'existe pas : le 26 avril 1933, à Vienne, dans son cabinet, au 19 Berggasse, Sigmund Freud âgé de soixante-dix-sept ans, psychanalyste mondialement reconnu et disposant de toute sa lucidité, dédicace un livre à un dictateur fasciste en le saluant comme un homme de culture…

La chose ne souffre aucun doute. La preuve ? Ernest Jones rapporte l'événement mais falsifie la dédicace. J'ai cité celle qu'on trouve sur l'exemplaire déposé aux Archives nationales de Rome. Voici la formulation choisie pour *La Vie et l'œuvre de Sigmund Freud* : « De la part d'un vieil homme qui salue dans le Dirigeant le héros de la culture. » Pourquoi faire disparaître le caractère *respectueux* du salut ? Pour quelles raisons passer à la trappe le fait que Freud *reconnaisse* au dictateur le statut d'homme de culture ? S'il n'y a rien à cacher, pourquoi cacher ? Et précisément dissimuler ce qui fait le plus problème… Or il y a tellement à cacher dans cette histoire qu'Eduardo Weiss lui-même raconte le détail des choses à Ernest Jones et lui demande explicitement de n'en rien rapporter.

L'hagiographie ne peut ignorer la matérialité, la littéralité de ce texte. Pour dédouaner leur héros, il suffira de travailler au sens caché, à sa signification profonde, à son caractère symbolique, au contenu latent dirons-nous, qui permettra une fois encore de dire que cette dédicace d'hommage et de respect à Mussolini ne saurait être une dédicace d'hommage et de respect à Mussolini, mais autre chose qui cadre mieux avec la légende et la carte postale du juif libéral viennois progressiste.

La rhétorique la plus jésuitique se trouve donc mise en branle pour dissimuler le forfait. *Premier argument* : Freud était un amateur d'antiquités, un collectionneur de pièces d'art ancien, il aimait Rome et lisait beaucoup sur l'archéologie. Or Mussolini aimait la Rome impériale qui lui servait de modèle. Certes. Le salut fasciste en procède, l'inscription de la Rome fasciste dans l'esprit de l'autoritarisme césarien, plus tard, l'expédition guerrière impérialiste en Afrique et mille autres choses signalent la dilection fasciste pour la Rome antique. Mais dans les circonstances de 1933, Hitler étant au pouvoir depuis quatre mois, faire de Mussolini un héros de la culture, c'est moins en faire un Romain contemporain de Jules César que fasciser toute l'Antiquité romaine…

Deuxième argument : l'œuvre complète de Freud témoigne d'un antifascisme viscéral, dit-on, dès lors, la dédicace ne peut donc vouloir dire dans l'esprit ce que dit la lettre. Mais là encore c'est se contenter de la légende, de la carte postale et refuser de lire ce que Freud écrit sur les rapports entre le chef et la masse, la nécessité de contenir les pulsions des foules par un maître, le caractère inévitable du grand homme en politique et sa parenté avec le père de la horde primitive : lire ou relire *Psychologie des masses et analyse du moi*, ou bien encore *Totem et tabou*, sinon *Malaise dans la civilisation*… J'examinerai dans le chapitre suivant la malheureuse compatibilité entre nombre de thèses freudiennes et une politique fasciste.

Troisième argument : l'ironie, le clin d'œil du vieux sage qui ne choisit pas par hasard *Pourquoi la guerre ?*, un livre que la légende présente comme un bréviaire de pacifisme… Mais il faut ne pas avoir lu ce texte pour affirmer pareille sottise ! Car ces pages illustrent le pessimisme césarien du personnage qui aimerait bien, de fait, que la guerre disparaisse, mais qui sait sa protestation vaine, car il ne doute pas, toute son œuvre témoigne en ce sens, qu'on n'en finira jamais avec la pulsion de mort, avec le désir d'agressivité, avec la haine mortelle des hommes entre eux et que dès lors il faut raisonnablement envisager autre chose qu'une disparition de la guerre sur la planète : soit faire confiance au grand homme, au *héros de la culture*, pour sculpter cette énergie noire, soit faire contre mauvaise fortune bon cœur, autrement dit, composer avec l'éternel retour des guerres…

Pourquoi la guerre ? est le petit livre d'une commande faite par le Comité des lettres et des arts de la Société des Nations qui souhaitait un échange de lettres entre Sigmund Freud et Albert Einstein sur ce sujet. La critique oublie donc habituellement que, si ce livre passe pour un éloge du pacifisme, c'est exclusivement pour la partie rédigée par Einstein, qui, lui, était franchement pacifiste et défendait activement le désarmement. C'est au physicien qu'on doit la présence de Freud dans le rôle de l'interlocuteur – un rôle que ce dernier n'aimait pas beaucoup, car il n'y était pas au premier plan.

Le 8 septembre 1932, il écrit à Eitingon (en lui faisant d'ailleurs le cadeau d'un magnifique lapsus !) qu'il a terminé « cette discussion ennuyeuse et stérile avec [*rayé* : Eitingon…] Einstein (j'espère que vous ne trouverez rien de dégradant dans cette interversion !) » – toujours aveugle sur la paille qu'il a dans son œil, Freud croit probablement qu'Eitingon sera flatté d'être pris pour Einstein, mais précisons que c'est dans le contexte d'un échange de lettres présenté quelques lignes plus haut comme un « pensum »…

Dans une lettre écrite à Jeanne Lampl-de Groot, le 10 février 1933, Freud donne son avis sur les thèses pacifistes d'Albert Einstein contenues dans cet échange. Il s'agit, écrit-il, de « sottises »… On distinguera donc bien deux registres dans ce livre *Pourquoi la guerre ? D'une part* : un Einstein clairement désireux de trouver les moyens de faire la paix en invitant les États à renoncer à une partie de leur souveraineté pour constituer un organisme international à même d'empêcher les guerres, autrement dit, une SDN disposant des moyens pratiques de sa théorie ; un Einstein se désolant de l'existence de marchands d'armes qui prospèrent sans jamais être inquiétés par les États ; un Einstein dénonçant la propagande idéologique des États qui, avec une presse, une école et une Église aux ordres, abrutissent les peuples et les envoient au combat ; un Einstein qui n'ignore pas l'existence en l'homme de passions agressives, de pulsions de mort, mais qui fustige les dictateurs qui fourbissent une « psychose de masse » (XIX. 67) ; un Einstein étendant la guerre aux « persécutions de minorités nationales » (XIX. 68) – autrement dit, un Einstein qui débite des *sottises*, dixit Freud.

Et puis, *d'autre part*, le registre de Freud : Einstein pose une question claire à Freud : « Y a-t-il un moyen de libérer les hommes de la fatalité de la guerre ? » (XIX. 66). La réponse se fait longuement attendre, le temps d'attente constitue le remplissage de cette lettre

datée de septembre 1932 avec des considérations conve-
nues sur la violence, la force musculaire et le droit du
plus fort, les relations entre les outils et les armes, le
transfert de la violence à une autorité supérieure, autrement dit le banal contrat social. Poli, Freud consacre
quelques lignes à célébrer la puissance invitante, autrement dit la fédération nationale qui gérerait les conflits
d'intérêts. Puis il fait l'éloge de certaines guerres qui
« ont contribué à la mutation de la violence en droit, en
instaurant des unités plus grandes à l'intérieur desquelles la possibilité d'employer la violence avait désormais cessé et où un nouvel ordre juridique aplanissait
les conflits » (XIX. 73) – pas vraiment une position
pacifiste, donc, que cette justification de la guerre pour
remplacer la violence tribale par la violence d'État et
légitimer qu'on nomme droit la force qui supprime
toutes les autres forces. Car aplanir les conflits par la
violence d'État déplace la guerre mais ne la supprime
pas. *Ces lignes ne pouvaient déplaire à Mussolini...*

Mais la réponse arrive en fin de lettre : « Pourquoi nous
indignons-nous tant contre la guerre, vous et moi et tant
d'autres, pourquoi ne l'acceptons-nous pas comme telle
autre des nombreuses et cruelles nécessités de la vie ? Elle
semble pourtant conforme à la nature, biologiquement
bien fondée, pratiquement à peine évitable » (XIX. 79). Et
puis encore : « La question est de savoir si la communauté
ne doit pas avoir également un droit sur la vie de l'individu ; on ne peut condamner toutes les espèces de guerre
au même degré ; tant qu'il y a des empires et des nations
qui sont prêts, sans aucun égard, à en anéantir d'autres,
ces autres doivent être armés pour la guerre » (*ibid.*).

Dès lors : la lucidité et le pragmatisme nous obligent à
conclure que la guerre est une nécessité cruelle de la vie ;

qu'elle se trouve biologiquement fondée; qu'elle est
quasi inévitable; que la communauté a des droits sur les
individus qui la constituent; que toute guerre n'est pas
mauvaise en soi; qu'il faut l'accepter; que le désarmement est une utopie, une chimère; qu'il faut être armé
tant que d'autres le seront, c'est-à-dire toujours. Certes, il
faut vouloir la paix, désirer la fin de la guerre, éduquer,
investir dans la culture qui éloigne de l'agressivité, mais
qui éduquerait et comment? La solution freudienne ne
choquerait pas Mussolini : Freud pense en effet qu'il faut
instruire une élite pour diriger les masses. Voilà la solution à apporter au problème de la guerre : un élitisme
aristocratique afin d'éduquer les masses au renoncement
pulsionnel.

Cette position constitue l'*utopie politique freudienne*,
elle n'est pas, on s'en désolera, sans rappeler le programme fasciste et l'on peut comprendre que Freud offre
Pourquoi la guerre ? à Mussolini non pas comme un
Diogène ironiste qui moquerait l'homme de pouvoir,
mais comme un philosophe platonicien conseiller du
Prince. Lisons : « Il faudrait consacrer davantage de soins
qu'on ne l'a fait jusqu'ici pour éduquer une couche supérieure d'hommes pensant de façon autonome, inaccessibles à l'intimidation et luttant pour la vérité, auxquels
reviendrait la direction des masses non autonomes. Que
les empiétements des pouvoirs étatiques et l'interdit de
penser venant de l'Église ne soient pas favorables à ce
qu'on élève ainsi des hommes n'a nul besoin de démonstration. L'État idéal serait naturellement une communauté d'hommes ayant soumis leur vie pulsionnelle à la
dictature [*sic*] de la raison. Rien d'autre ne saurait susciter
une union des hommes si parfaite et si résistante, même
au risque d'un renoncement aux liaisons de sentiment

entre eux. Mais il est plus que vraisemblable que c'est là une espérance utopique. Les autres voies propres à empêcher indirectement la guerre sont certainement plus praticables, mais elles ne promettent pas un rapide succès. On pense non sans répugnance à des moulins qui moulent si lentement qu'on pourrait mourir de faim avant d'obtenir la farine » (XIX. 79)…

À quoi Freud fait-il référence quand il fustige la critique faite par l'Église de ce projet d'éducation d'une *couche supérieure d'hommes* ? La chose n'est pas dite, mais on peut imaginer une référence discrète au combat ayant opposé le fascisme mussolinien à l'Église catholique, apostolique et romaine qui, fidèle à son message de papier universaliste et égalitaire, a combattu le projet nationaliste et inégalitaire de Benito Mussolini qui aspirait à la création d'un « Italien nouveau ». On le sait, cette lutte farouche trouvera sa résolution dans la signature le 11 février 1929 des accords du Latran, autrement dit le concordat.

En politique, les publications en témoignent, Freud campe donc sur des positions *publiques* anticommunistes, antibolcheviques, antisocialistes, anti-social-démocrates et puis, de manière exclusivement *privée*, les correspondances le prouvent, sur des thèses favorables à l'austro-fascisme de Dollfuss et au fascisme de Mussolini. Voilà pour quelles raisons il défend des thèses franchement inégalitaires, sinon raciales à défaut d'être racistes. Comment, sinon, comprendre cette phrase, toujours dans *Pourquoi la guerre ?* : « Aujourd'hui déjà les races non cultivées et les couches attardées de la population se multiplient davantage que celles hautement cultivées » (XIX. 80-81) ? On cherchera vainement sous la plume d'Einstein l'équivalent de pareilles vilenies…

Pourquoi la guerre ? pouvait donc en effet plaire à Mussolini, avec ou sans dédicace, et non pas contribuer à son édification intellectuelle, philosophique et morale dans le sens pacifiste comme la vulgate l'enseigne pour entretenir le mythe d'un Freud juif libéral, modéré, penseur des Lumières, ferment de progressisme social, éthique et culturel. Que faire, alors, des effroyables thèses politiques contenues dans cette lettre de treize pages imprimées : la pulsion de mort à l'origine de la guerre disparaîtra avec la fin du dernier homme ; la guerre est donc une nécessité inévitable de la nature ; on doit donc composer avec cette évidence pulsionnelle ; certaines guerres instaurent le droit par la force, ce qui serait une bonne manière d'en finir avec la force du droit – une idée qui repose évidemment sur un grossier paralogisme... ; l'idéal serait une société élitiste avec une poignée d'hommes supérieurs dirigeant les foules, ce qui aurait le mérite d'inverser l'actuel mouvement de multiplication des « races » incultes au détriment des « races » hautement cultivées.

À lire ces pages accablantes pour Freud, on peut comprendre que les thèses pacifistes d'Einstein soient en effet qualifiées par lui de « sottises ». Et qu'il n'ait pas choisi par hasard *Pourquoi la guerre ?* comme cadeau à faire au héros de la culture qu'était le dictateur italien depuis plus de dix années ! De même, la dédicace n'apparaît pas comme une erreur, le trait d'ironie d'un vieux sage à l'endroit d'un tyran à éduquer, mais comme le réel hommage respectueux d'un homme dont les thèses psychanalytiques dispersées dans l'œuvre complète n'invalident pas la dédicace. Bien au contraire...

VI

Le surhomme freudien et la horde primitive

> « Tous les individus doivent être égaux
> entre eux, mais tous veulent être dominés
> par un seul. [...] L'homme est un animal de
> horde, être individuel mené par un chef
> suprême. »
>
> FREUD, *Psychologie des masses et analyse
> du moi* (XVI. 60).

L'hagiographie accorde son crédit aux seuls textes dûment publiés par Freud. Dès lors, gorges chaudes face aux souvenirs d'une vieille domestique dévoilant que le maître de maison confessait une sympathie pour le régime austro-fasciste de Dollfuss ; souverain mépris pour une dédicace ravalée au rang d'anecdote dans laquelle le héros viennois passe pour un esthète ironique, un vieux sage socratique qui se moque du dictateur italien en l'habillant dans les habits trop grands pour lui de héros de la culture ; déconsidération du procédé qui consiste à donner autant de valeur à une lettre privée qu'à une publication officielle, une façon de faire assimilée aux poubelles fouillées – même si les correspondances paraissent dans les collections « psychanalyse » de grands éditeurs...

Alors jouons le jeu et abordons la question de la compatibilité du freudisme et du fascisme en renvoyant exclusivement à des articles de Freud parus dans des revues avant sa mort, à des livres expressément édités dans des maisons validées par ses soins de son vivant. Laissons de côté les commentaires de l'actualité, les paroles en l'air récupérées par des auditeurs qui les rapportent imprudemment, les jugements rapides sur ce qui passe, les avis d'un jour donnés sous le signe de l'actualité, les propos du moment motivés par l'auditeur, la conjoncture, la circonstance, l'occasion. Voyons donc l'œuvre, abordons le monument.

Pourquoi la guerre ? aborde la question du bolchevisme : « Il ne mène à rien de vouloir abolir les penchants agressifs des hommes. Il y a, dit-on, en des contrées heureuses de la Terre où la nature fournit en surabondance tout ce dont l'homme a besoin, des tribus dont la vie s'écoule dans la douceur, et chez lesquelles contrainte et agression sont inconnues. Je ne puis guère le croire, j'aimerais en apprendre davantage sur ces gens heureux. Les bolcheviks eux aussi espèrent pouvoir faire disparaître l'agression humaine en garantissant la satisfaction des besoins matériels et en instaurant par ailleurs l'égalité entre ceux qui font partie de la communauté. Je tiens cela pour une illusion » (XIX. 78). Freud signale qu'en attendant cette heure heureuse, les bolcheviks armés jusqu'aux dents construisent la cohésion de leur groupe en entretenant une haine à l'endroit de ce qui n'est pas lui… Bonheur, surabondance, prospérité, douceur, abolition de la contrainte, disparition de l'agressivité, construction de l'égalité par la révolution marxiste ? Freud n'y croit pas une seconde. Mussolini non plus.

Nouvelle suite des leçons d'introduction à la psychana-

lyse aborde également cette question du bolchevisme.
Freud consent au déterminisme proposé par la doctrine
marxiste : de fait, l'infrastructure économique peut condi-
tionner la superstructure idéologique, car, comme la pensée de Marx, la philosophie de Freud enseigne que la
liberté, le libre arbitre, la conscience d'un sujet libre et
autonome, la possibilité pour un être de s'imaginer
indemne de toute influence, constituent d'incroyables fictions métaphysiques. Marx & Freud mènent un combat
semblable dans le même camp ontologique en négateurs
de l'autonomie. Pour l'un et l'autre en effet, l'homme est
un effet, non une cause : ici de ses pulsions libidinales et
de sa vie psychique, là des conditions de la production
économique. Mais le compagnonnage ne va guère plus
loin que ces attendus métaphysiques.

Car les chemins se séparent dès que Freud précise que
les seules conditions économiques ne suffisent pas pour
expliquer l'aliénation des hommes. En effet, il faut aussi
compter avec les « motions pulsionnelles » et un indéfec-
tible « plaisir-désir d'agression » (XIX. 264) : l'optimisme
de Marx suppose que la révolution prolétarienne abolira
un mode économique puis réalisera l'appropriation collective des moyens de production, donc supprimera l'aliénation ; le pessimisme de Freud interdit d'imaginer la fin
de la pulsion de mort et du tropisme naturel des hommes
à se faire la guerre. Le bolchevisme part d'une analyse à
moitié correcte, mais débouche sur des conclusions
fausses ; la psychanalyse part sur des bases plus justes et
parvient à des certitudes immuables…

Poursuivant son analyse, Freud affirme qu'incarné
dans le bolchevisme, le marxisme est devenu un genre de
religion scientifique et technologique interdit de critique : « Les œuvres de Marx, en tant que source de

révélation, ont pris la place de la Bible et du Coran, bien qu'elles ne soient sans doute pas plus exemptes de contradictions et d'obscurités que ces livres sacrés plus anciens » (XIX. 265). Le marxisme se réclame du matérialisme et critique les illusions de l'idéalisme, mais il n'en est pas moins lui aussi victime des illusions, notamment la plus importante qui consiste à envisager une humanité future heureuse et pacifiée dans laquelle les hommes vivraient d'amour et de fraternité.

L'optimisme marxiste se trouve donc ontologiquement aux antipodes du pessimisme freudien : envisager un progrès de l'humanité (la ligne de force de toute philosophie des Lumières, car il n'existe pas d'*Aufklärung* pessimiste…), voilà qui transforme la pensée tragique de Freud en vision du monde relevant de l'antiphilosophie au sens donné à ce terme au XVIIIe siècle, autrement dit, en doctrine construite sur le socle ontologique du mal radical, un genre de péché originel, une préhistoire sombre parente de l'héritage phylogénétique du meurtre du père de la horde primitive.

Freud souligne le grand écart visible entre cette affirmation d'un futur pacifié et la réalité d'un présent en contradiction avec ces fins : l'URSS se trouve en effet armée jusqu'aux dents, belliqueuse, prête à agresser, elle transforme en ennemis ce qui n'est pas elle, elle exacerbe les haines entre possédants et démunis, elle entretient le ressentiment des pauvres à l'endroit des riches. Le bolchevisme fonctionne comme une religion : il demande des sacrifices, des souffrances et des privations ici et maintenant au nom d'un hypothétique bonheur dans un au-delà très lointain. Aujourd'hui, du sang et des larmes ; après-demain, félicité et bonheur pour tous…

Cette condamnation du totalitarisme soviétique pourrait transformer Freud en précurseur lucide sur les fascismes européens. On verra qu'il n'en est rien... *Nouvelle suite des leçons d'introduction à la psychanalyse* date de 1932 et sera publié en 1933, l'année de l'arrivée d'Hitler au pouvoir. Ce texte montre sans aucun doute possible un penseur politique très avisé dès qu'il s'agit de faire fonctionner son esprit critique sur la question du marxisme, de la révolution russe, du bolchevisme, du totalitarisme soviétique. Ces développements repris dans *Malaise dans la civilisation* ruinent intégralement la thèse d'un Freud apolitique...

Dans *Malaise dans la civilisation*, on trouvait déjà cette critique avisée de l'ontologie soviétique. Le marxisme-léninisme se trompe donc sur la *question de la téléologie optimiste*, mais il commet également une autre erreur avec sa *théorie de l'inégalité sociale* : Freud ne croit pas que l'inégalité entre les hommes procède d'une mauvaise répartition politique, économique, donc culturelle, entre les hommes. Pour lui, cette inégalité est naturelle et rien n'y pourra jamais rien faire.

Dès lors, une révolution prolétarienne, une appropriation collective des moyens de production, une nouvelle répartition des richesses, une gestion nouvelle, par le soviet, des biens de consommation, une politique de gauche pour le dire clairement, tout cela constitue une utopie aux yeux de Freud. Jamais la paix sociale, l'harmonie entre les hommes, le bonheur de l'humanité ne se trouveront réalisés par la magie d'une dictature du prolétariat.

Car l'agressivité des hommes ne relève pas d'une culture susceptible d'être corrigée, mais d'une nature incorrigible : les hommes sont ainsi faits, la pulsion de mort n'a rien à voir avec le mode de production capitaliste des richesses, elle ne disparaîtrait pas par la magie d'un changement politique : elle procède du fond pulsionnel de chacun. Tant que dureront les humains, il existera des guerres, des meurtres, des crimes, des assassinats, des violences, des brutalités, de l'agressivité, de l'exploitation, jamais la révolution n'effacera les inégalités.

Par exemple : on peut imaginer toutes les révolutions possibles et imaginables, rien n'empêchera jamais les inégalités sexuelles. Que feront les bolcheviks une fois exterminés tous les bourgeois sous prétexte de supprimer les inégalités sociales, quand il leur faudra s'attaquer au problème nettement plus insoluble des inégalités sexuelles ? Que faire devant la disparité pulsionnelle naturelle entre les hommes ? Le social n'est pas tout, le politique non plus, le problème des pulsions, en revanche, voilà ce qui reste quand on croit avoir tout réglé…

En revanche, Freud sauve une chose dans l'aventure bolchevique : elle rend possible *la naissance de grands hommes*… Parlant de 1917, et après avoir été tellement négatif sur le caractère de cette révolution, il écrit : « Il y a aussi des hommes d'action, inébranlables dans leurs convictions, inaccessibles au doute, insensibles aux souffrances des autres quand ils font obstacle à leurs desseins. Si la grandiose tentative d'un tel ordre nouveau est maintenant effectivement mise à exécution en Russie, c'est à de tels hommes que nous le devons. En un temps où de grandes nations proclament qu'elles n'attendent leur salut que de leur attachement à la piété chrétienne, le bouleversement qui a lieu en Russie – malgré tous ses traits peu réjouissants – n'en apparaît pas moins comme le message d'un avenir meilleur » (XIX. 267). Frissons garantis…

Voici donc poindre l'optimisme politique freudien : la révolution bolchevique fait naître des hommes d'action, des caractères insoucieux d'autrui, des types et des tempéraments indifférents à la pitié chrétienne, des êtres butés et arrêtés dans leurs convictions, des individus qui, on a bien lu, constituent autant d'espoirs pour un avenir meilleur... Quand Freud publie cette trente-cinquième leçon de *Nouvelle suite des leçons d'introduction à la psychanalyse*, le Kremlin héberge un certain Joseph Djougachvili dit Staline.

Freud, on l'a vu avec la dédicace à Mussolini, pense l'histoire en disciple de Burckhardt ou de Hegel : d'une part, la masse inculte, tout à ses pulsions, animée par l'instinct, d'autre part, le sculpteur de ces forces sombres incarné dans une grande figure, voilà la vérité de l'histoire. Là aussi, là encore, Freud ne se montre pas philosophe des Lumières, autrement dit désireux d'une souveraineté populaire démocratiquement incarnée, mais penseur de l'antiphilosophie associant le pouvoir à la figure unique de l'homme qui le personnifie – hier le roi, aujourd'hui, du moins dans l'aujourd'hui de Freud... le *dictateur*.

Cette phrase entre en effet en résonance avec l'analyse produite dans *Psychologie des masses et analyse du moi*, un texte paru en août 1921. Dans le chapitre concernant notre propos politique, « La masse et la horde originaire », Freud reprend les thèses majeures de *Totem et tabou* sur la horde primitive et le meurtre du père comme matrice de la masse et du chef, de la foule et de son guide. En quoi consiste la psychologie de la horde ? Cette matière humaine en fusion suppose la disparition de la personnalité individuelle consciente. Les sentiments et les pensées se trouvent orientés dans les mêmes directions. L'affectivité et l'animique inconscient priment. Les intentions émergentes ignorent le différé, elles veulent leur satisfaction ici et maintenant.

Quid du chef de la horde ? Il est libre. Ses actes intellectuels sont forts et indépendants. Sa volonté n'a aucun besoin de celle des autres. Son moi est peu lié d'un point de vue libidinal : « Il n'aimait personne en dehors de lui et n'aimait les autres que dans la mesure où ils servaient ses besoins. Son moi ne cédait rien de superfétatoire aux objets » (XVI. 63). Rapprocher ce portrait de celui qu'offre *Nouvelle suite des leçons d'introduction à la psychanalyse* du grand homme produit par la révolution bolchevique ne manque pas d'intérêt : le père de la horde primitive, le révolutionnaire marxiste-léniniste, mais également le chancelier Dollfuss, initiateur de l'austro-fascisme, ou Benito Mussolini, le Duce italien, sinon Staline, le dictateur du Kremlin se trouvent compris dans une même logique : celle du… surhomme de Nietzsche !

En effet, dans la plus totale méconnaissance de la nature ontologique de la figure du surhomme nietzschéen, Freud annexe le surhomme à sa propre cause – un tropisme courant dans les milieux fascistes et autoritaires à cette époque. Une simple lecture d'*Ainsi parlait Zarathoustra* montre que le surhomme désigne l'individu qui sait la nature tragique du réel, parce qu'il a compris le mécanisme de l'éternel retour des choses sous le signe du même ; en conséquence, affranchi sur la question du libre arbitre qu'il sait être une illusion, il comprend qu'il n'y a pas d'autre solution que de consentir à ce tragique, de l'aimer ; dès lors, il accède à la joie… Voilà ce qu'est, *chez Nietzsche*, la carte d'identité du surhomme.

Et chez Freud ? Le surhomme nietzschéen coïncide très exactement avec le chef de la horde primitive : « À l'entrée de l'histoire de l'humanité, il était le surhomme que Nietzsche n'attendait que de l'avenir. Aujourd'hui encore les individus de masse ont besoin du mirage selon lequel ils sont aimés de manière égale et équitable par le meneur, mais le meneur, lui, n'a besoin d'aimer personne d'autre, il a le droit d'être de la nature des maîtres, absolument narcissique, mais sûr de lui et ne dépendant que de lui » (XVI. 63). Voici donc le surhomme freudien : un père primitif, le père des pères, qui n'aime rien ni personne, sauf lui. Jaloux, intolérant, possédant toutes les femelles, interdisant à ses fils d'accéder aux femmes, inhibant la masse par prohibition de toute relation de sentiment, ce surhomme freudien, le père de la horde primitive, crée donc la psychologie des masses. Dans le cours de son analyse, et ce sur moins d'une page, Freud passe imperceptiblement du *père de la horde primitive* au *surhomme nietzschéen* puis aux *rois*, enfin aux *chefs*…

La vue de ce chef magnétise la foule : sa puissance génère un pouvoir hypnotique. Or l'hypnotiseur réveille dans le sujet « une part de son héritage archaïque » (XVI. 66) et chacun a conservé un pouvoir particulier de revivifier en lui ces parts les plus sombres, les plus anciennes. « Le meneur de la masse est encore toujours le père originaire redouté, la masse veut toujours et encore être dominée par un pouvoir illimité, elle est au plus haut degré avide d'autorité, elle a, selon l'expression de Le Bon, soif de soumission. Le père originaire est l'idéal de la masse, qui à la place de l'idéal du moi domine le moi » (XVI. 67).

Démarquant les analyses de Ferenczi, Freud explique que, dans l'hypnose, on invite le sujet à dormir. Dès lors « l'hypnotiseur se met à la place des parents » (XVI. 66). S'il s'agit de la mère, on se trouve dans la situation de l'apaisement par la flatterie ; s'il s'agit du père, dans celle de la menace. Dans l'hypnose, il est demandé de se désinvestir totalement du monde pour se concentrer sur la personne qui aspire au sommeil. Néantiser le réel et présentifier l'hypnotiseur, voilà le mécanisme de l'opération. Ainsi se dévoile le schéma dans lequel se trouve l'individu placé dans une masse en présence d'un chef : il régresse, se retrouve dans la peau d'un fils obéissant à son père.

Voici donc le fin mot de la politique freudienne : le monde se sépare entre la horde primitive et le père, la masse et le chef, la foule et le surhomme, le groupe et le maître, le peuple et le grand homme. Sortons de l'ontologie, extrapolons, puis entrons dans l'histoire contemporaine de Sigmund Freud : on retrouve alors la séparation entre les Autrichiens et le chancelier Dollfuss, les Italiens et le Duce, les Allemands et le Führer, autant d'incarnations du schéma idéal freudien.

La foule est barbare, intolérante, brutale ; elle ne respecte que la force ; elle veut être dominée ; elle aspire à craindre un maître ; elle est conservatrice ; en elle les inhibitions disparaissent, les contradictions aussi ; elle ignore la vérité ; elle est sujette à la suggestion ; elle est influençable et crédule ; ses sentiments sont simples et exubérants ; elle est excitée par des stimuli excessifs ; elle se moque de la logique ; on doit toujours lui répéter la même chose ; elle ne respecte que la force et ne se laisse pas influencer par la bonté ; elle exige la force de ses héros ; son âme est celle des primitifs ; elle est soumise à la puissance magique des mots avec lesquels on peut l'apaiser ou l'exciter ; elle chérit tout particulièrement les illusions ; elle se place sous l'autorité d'un seul dont le prestige paralyse la critique ou la capacité à réfléchir librement…

Voilà la réalité pensée par Freud dans le sillage de Gustave Le Bon : par-delà bien et mal, sans souci de rire ou de pleurer, mais avec le désir de comprendre, Freud décrit un réel qu'il affirme anhistorique : depuis le début de l'humanité, les choses existent selon cet ordre ; elles le sont au moment où il écrit son texte et déroule les arguments de son analyse ; elles le seront encore après, et longtemps après, tant que dureront les hommes, car Freud croit à la vérité transcendantale de ses affirmations.

Or cette position ontologique, métaphysique, rend définitivement impossible une politique optimiste. Au XVIIIe siècle, l'antiphilosophie supposait une collusion entre pessimisme tragique et politique autoritaire – à l'époque, le drame du péché originel et la nécessité d'une monarchie de droit divin ; dans le temps de Freud, la fatalité de la pulsion de mort et le besoin d'une figure de chef charismatique capable de faire triompher le dressage de cette pulsion par une politique adéquate.

Résumons-nous : les masses sont informes, il leur faut un chef à même de les conduire ; la pulsion de mort est naturelle, on ne peut envisager son éradication ; la société n'a pas à être hédoniste, elle doit viser l'homéostasie du groupe ; l'homme est naturellement méchant, aucune révolution ne saurait le rendre bon ; l'inégalité ne relève pas de l'économie ou de l'histoire sur laquelle on peut agir, mais de la nature contre laquelle on ne peut rien ; l'idéal serait une élite éduquée pour mener les hommes ; la guerre est inévitable, on doit raisonnablement se faire à l'idée de toujours devoir compter avec elle ; le marxisme-léninisme se trompe sur ses fondamentaux ontologiques et sur sa téléologie optimiste ; toutefois, le bolchevisme laisse entrevoir un espoir par sa production de grands hommes assimilés à des surhommes brutaux et sans vergogne avec lesquels on peut conduire les masses...

Nous avions donc laissé Freud sollicitant le grand homme de culture chez Mussolini en 1933, aux côtés du chancelier Dollfuss en 1934. Le voici le 2 mars 1937 écrivant à Ernest Jones : « La situation politique semble devenir toujours plus sombre. Il n'y a probablement pas moyen d'endiguer l'invasion nazie et son cortège de malheurs pour la psychanalyse comme pour tout le reste... Hélas, le seul protecteur que nous ayons eu jusqu'à présent, Mussolini, semble laisser les mains libres à l'Allemagne »... Force est donc de constater qu'à cette date, Freud considère toujours Mussolini comme un recours...

Entre la dédicace et cette lettre à Jones, le Duce a commis des crimes de guerre en Ethiopie en utilisant des armes chimiques sur les populations civiles abyssiniennes, il a fait volontairement bombarder des hôpitaux, massacrer des civils, dont des centaines de moines coptes, il a passé des accords avec Adolf Hitler pour envoyer des troupes aux côtés de Franco dans la guerre d'Espagne. Mais peu importe, Freud n'écrit pas un mot contre Mussolini – et l'on cherche en vain des analyses contre le fascisme à même de constituer un pendant à sa critique du marxisme-léninisme et du bolchevisme...

À l'évidence, en tant que juif, Sigmund Freud ne peut rien sauver du national-socialisme. En revanche, le césarisme autoritaire de Mussolini et l'austro-fascisme de Dollfuss illustrent à merveille les thèses de *Psychologie des masses et analyse du moi* : « L'homme est un animal de horde, être individuel mené par un chef suprême »

(XVI. 60). Pour quitter l'Autriche envahie par l'armée nazie d'Hitler, Freud fait intervenir Eduardo Weiss, l'ami de Mussolini qui avait sollicité la dédicace, pour obtenir un visa de sortie auprès du dictateur italien. Le « héros de la culture » ne daigna pas répondre.

Alors, et seulement à ce moment dans la vie de Freud, on put découvrir dans *L'Homme Moïse et la religion monothéiste* ces phrases qu'on aurait aimé lire seize ans plus tôt : « C'est avec une brutalité analogue [à celle de la Russie soviétique] qu'on a inculqué aux Italiens le goût de l'ordre et le sentiment du devoir » (76). Il est vrai que, quelques lignes plus loin, le même Freud écrit « que l'Église catholique oppose au péril [nazi] une forte résistance, elle qui avait été jusqu'ici l'ennemie implacable de la liberté de pensée et des progrès des connaissances » (76)… Un deuxième avant-propos rédigé à Londres en juin 1938 reviendra sur cette idée d'une Église résistante pour infirmer le propos. Dans *La Vie et l'œuvre de Sigmund Freud*, Ernest Jones écrira, comble d'ironie, que Freud était « un mauvais connaisseur des hommes » (II. 436)…

C'est probablement en vertu de ce défaut de psychologie que Freud n'a pas exclu de continuer à vivre et à travailler dans une Autriche devenue nazie. Malgré l'exil d'un grand nombre d'analystes juifs qui fuient le Reich national-socialiste car ils savent combien ils risquent leur peau, Freud ne croit pas qu'on puisse s'attaquer à lui – trop célèbre croit-il… Ses deux fils ont pris le chemin de l'exil. Le 10 mai 1933, un immense autodafé est organisé dans lequel on brûle des livres de gauche, de sociaux-démocrates, de démocrates, de marxistes et de juifs. Parmi beaucoup de grands esprits de la littérature, de la philosophie, de la pensée, de la science, de la psychanalyse, on trouve Einstein et Freud. Mais le nazisme, s'il condamne ces hommes *parce qu'ils sont juifs*, ne condamne ni la théorie physique de la relativité ni la doctrine freudienne de la psychanalyse.

Dès janvier 1933, Ernest Jones, le fidèle ami anglais, bien que contraint à démissionner de l'Institut berlinois de psychanalyse (BPI) par des psychanalystes non juifs, envisage de promouvoir le psychanalyste non juif Felix Boehm à la tête de l'institution pour « favoriser une politique de collaboration avec le nouveau régime », écrit Elisabeth Roudinesco dans *Retour sur la question juive* (136). En 1935, le même Jones, président de la Société psychanalytique britannique, biographe de Freud, fondateur de la Société de psychanalyse américaine, président de l'Association internationale de psychanalyse, accepte de présider à Berlin la séance de la Société psychanalytique allemande au cours de laquelle les juifs sont contraints de démissionner...

La stratégie d'une collaboration des instances officielles de la psychanalyse avec le régime national-socialiste avait été arrêtée par Freud, ce dont témoigne la correspondance avec Max Eitingon, juif lui aussi. Une première lettre du psychanalyste russe le questionne franchement le 19 mars 1933. Que faire de l'Institut berlinois ? Comment se préparer au sort qui va probablement lui être réservé ? Réponse de Freud en trois temps : avant de détailler, il précise que la question n'est pas d'actualité, mais qu'elle pourrait se résoudre ainsi : dans le cas d'une interdiction de la psychanalyse ou d'une fermeture administrative, tenir jusqu'à ce que le bateau coule ; dans l'hypothèse où l'Institut serait épargné, mais où, parce que juif, Eitingon serait écarté, rester à Berlin et exercer une influence officieuse, l'objectif étant de le conserver pour en assurer la survie ; dans le cas où l'Institut serait épargné, mais cette fois-ci avec l'hypothèse où Eitingon devrait quitter Berlin et laisser la place à un adversaire idéologique de la discipline freudienne, le bureau de l'Association internationale de psychanalyse devrait alors disqualifier l'Institut. La lettre du 21 mars donne la ligne à suivre : « je voudrais vous donner ce principe : pas de provocations, mais encore moins de concessions ». Dans sa réponse datée du 24 mars 1933, Max Eitingon proposa de faire le nécessaire pour que l'Institut aille entre les mains d'un « indifférent », un mot qui, pour tromper la censure, signifiait alors : *un non-juif*. À quoi il ajoutait qu'il n'envisageait pas de quitter Berlin – avant de s'exiler pour la Palestine fin 1933, puis d'y mourir d'une crise cardiaque le jour de ses soixante-deux ans.

La psychanalyse, contrairement à ce qui fut souvent dit, ne fut pas persécutée pour elle-même. En revanche, les psychanalystes juifs le furent en tant que juifs – mais nullement comme analystes. La création d'un Institut Göring, du nom du cousin du maréchal, a permis à la psychanalyse de continuer à exister sous le IIIᵉ Reich entre le début 1936 et 1945 – ce que démontre dans le détail le livre de Geoffrey Cocks intitulé *La Psychothérapie sous le IIIᵉ Reich*, un ouvrage d'historien qui prouve avec force détails et une abondante documentation comment, sous le régime national-socialiste, « une instance nazie facilitait la survie de la psychanalyse » (21). La femme de Matthias Göring était en analyse et son fils suivait une analyse didactique – preuve supplémentaire, bien qu'anecdotique, que la psychanalyse n'était pas *par essence* l'ennemie du national-socialisme.

Dans une lettre datée du même jour, Sigmund Freud rapporte à Eitingon une rencontre avec Felix Boehm le 17 avril 1939 à Vienne ; dans le courrier qui suit, daté du 21 avril 1933, Eitingon donne à son tour le détail de son entrevue avec l'émissaire du Reich sur la question des relations entre psychanalyse et national-socialisme. Il en ressort que la psychanalyse pourra continuer à exister et qu'on ne lui déclarera pas la guerre – ce qui n'exclura pas la persécution des psychanalystes juifs à cause de leur judéité.

Constatons que Sigmund Freud, Max Eitingon et Felix Boehm, l'émissaire des nazis, s'entendent sans aucun problème pour organiser l'éviction de Wilhelm Reich dès juillet 1933, Reich dont les prises de position communistes scandalisent Anna Freud et son père. Concernant cette exclusion d'un psychanalyste juif, de gauche, par la machine nazie, Freud écrit à Max Eitingon : « Je le souhaite pour des motifs scientifiques, je n'ai rien contre le fait que cela se produise politiquement, je lui offre tous les rôles de martyrs qu'il désire » (17 avril 1933)… Freud avait prévenu : avec le régime national-socialiste, pas de provocations, pas de concessions. Des provocations ? De fait, il n'y en eut pas…

Une illusion dialectique

Au terme de cette analyse, une question s'impose : si Freud fut bien cet affabulateur accablé par un lourd dossier ; s'il a bien été un philosophe qui a détesté la philosophie pour mieux déployer sa pensée dans le seul cadre philosophique ; s'il a très tôt détesté les biographes parce qu'il savait que cette engeance ferait un jour l'histoire de ce qu'il s'est évertué, lui et ses amis, à présenter sous le signe de la légende ; si son odyssée fut celle d'un « aventurier », selon sa propre confidence, prêt à tout pour obtenir ce qu'il revendique obsessionnellement comme un droit : la célébrité et la richesse, la gloire et la réputation planétaire ; si sa revendication d'être un scientifique légitimé par la clinique cache la proposition subjective, personnelle et autobiographique d'une psychologie littéraire ; si sa grande passion fut l'inceste et qu'il a étendu son fantasme à l'univers entier pour en supporter plus facilement l'augure ; s'il a effacé les preuves du capharnaüm théorique et clinique de son trajet pour présenter sa découverte sous la forme d'un continuum scientifique linéaire procédant de son seul génie ; si ses entreprises d'écriture autobiographique, notamment l'*Autoprésentation* et *Contribution à l'histoire du mouvement psychanalytique*, fabriquent cette

version féerique d'un homme génial découvrant tout
seul le continent vierge de l'inconscient ; si la clinique
freudienne fut une cour des miracles pendant des
années, y compris celles du divan ; si le psychanalyste a
sciemment falsifié les résultats cliniques afin de dissimuler les échecs de son dispositif analytique ; si le divan
soigne dans la stricte mesure de l'effet placebo ; si l'épistémologie de Freud procède de la seule affirmation
performative ; s'il a recyclé le vieux dualisme de la philosophie occidentale en opposant le corps et l'âme sous
forme de plasma germinal physiologique et d'inconscient psychique, et ce afin de négliger le premier pour
mieux célébrer le second ; si Freud a magnifié la causalité magique, notamment par un usage des facilités symboliques, au détriment de toute raison raisonnable et
raisonnante ; si l'aventure viennoise se contente d'incarner, dans son temps, et selon les tropismes du moment,
la vieille logique chamanique des sorciers, des mages,
des guérisseurs et des exorcistes ; si le pessimisme de
Freud lui fait tourner le dos à la philosophie des
Lumières et l'installe du côté de ce qu'au XVIIIe siècle on
appelait les antiphilosophes ; si, de ce fait, on retrouve
Freud soutenant le césarisme autoritaire de Dollfuss ou
de Mussolini ; si l'on découvre dans son œuvre matière
ontologique à une phallocratie misogyne et homophobe
et non à une pensée de la libération sexuelle – alors :
*comment expliquer le succès de Freud, du freudisme et de
la psychanalyse pendant un siècle ?*

   À l'évidence, il n'existe pas une seule réponse à cette
question, mais plusieurs. Voici les miennes, et, bien sûr,
elles n'épuisent pas le sujet qui constituerait à lui seul une
suite à cet ouvrage. *Première raison de ce succès* : pour la

première fois, *Freud fait entrer le sexe dans la pensée occidentale* par la grande porte alors que l'Europe chrétienne le refoule depuis un millénaire et produit un corps névrosé en invitant à le construire sur l'imitation du corps angélique de Jésus, du corps supplicié du Christ, du corps vierge & mère (!) de Marie – autant d'invites à générer d'authentiques désordres psychiques à même de justifier une étiologie sexuelle des névroses…

Dans cet ordre d'idées, le texte le plus révolutionnaire de Freud est sans conteste *Trois essais sur la théorie sexuelle* car il installe franchement la sexualité dans la clarté de l'analyse philosophique. En effet, l'histoire de la philosophie occidentale dans sa version dominante a consciencieusement évincé le sexe. L'histoire de ce refoulement, l'odyssée de cet évincement, l'épopée de cette mise à l'écart, l'aventure de ce déni constituent à elles seules la matière de vastes encyclopédies : destruction de l'option sensualiste et matérialiste antique au profit de la dématérialisation platonicienne des corps ; déconsidération de la chair voluptueuse païenne au nom de l'esprit chrétien tout à l'imitation de l'anti-corps de Jésus ou de la chair suppliciée du Christ mort ; mobilisation de la majeure partie de la philosophie occidentale au profit du monde intelligible, de la substance pensante, du registre nouménal au détriment du monde sensible, de la substance étendue ou du registre phénoménal ; inscription de la modernité phénoménologique, structuraliste, néo-kantienne, dans ce lignage traditionaliste : la sexualité reste le grand non-dit de l'Occident chrétien – *qu'il structure*…

Quand la sexualité apparaît dans l'histoire de la philosophie, elle se trouve lyophilisée, modifiée, transfigurée, théorisée, autant de façons d'évincer une fois de plus le corps, la chair et le sexe... Elle surgit également sous forme de retour du refoulé, mais en négatif de la version chrétienne : chez Sade par exemple, puis chez Georges Bataille, ces deux néo-gnostiques qui pensent le corps en chrétiens inversés, donc en chrétiens impénitents... La parenté entre *La Légende dorée* de Jacques de Voragine, *Les 120 journées de Sodome* du Marquis de Sade ou *Madame Edwarda* de Bataille est indiscutable...

Freud s'inscrit dans le sillage du Nietzsche qui écrit dans *Le Crépuscule des idoles* : « Ce n'est que le christianisme avec son fond de ressentiment *contre* la vie, qui a fait de la sexualité quelque chose d'impur : il a jeté *contre* la vie, qui a fait de la sexualité quelque chose d'impur : il a jeté de la *boue* sur le commencement, sur la condition première de notre vie... » (*Ce que je dois aux anciens*, § 4). Freud essaie de regarder la sexualité en face, sans la morale moralisatrice. Il pense la libido par-delà bien et mal, sans souci de juger ou de condamner moralement. Aux antipodes de Sade ou de Bataille, il ne réintègre pas le sexe pour en jouir de façon transgressive : le fait d'être juif le dispense des aberrations catholiques du Marquis et de son disciple.

Trois essais sur la théorie sexuelle paraît en 1905 mais il sera constamment repris et l'ouvrage sera remanié en 1910, 1915, 1920 et 1925. Ces trois essais sont : « Les aberrations sexuelles », « La sexualité infantile » et « Les transformations de la puberté ». On peut y rencontrer des enfants qui se masturbent et s'adonnent à des jeux sexuels avec leurs camarades, des bambins qui jouissent de déféquer, des nourrissons expérimentant le plaisir en suçant le sein de leur mère, des homosexuels avec leur désir, des adolescents onanistes, de la bisexualité chez chacun, des praticiens du cunnilingus et de la sodomie, des fétichistes du pied ou de la chevelure, des zoophiles, des voyeurs et des exhibitionnistes, des sadiques et des masochistes, sinon d'autres fantaisies sexuelles, des femmes clitoridiennes, d'autres vaginales, le tout sans jugement de valeur, sans morale, sans condamnation. L'anatomie du sexe dans la lumière froide du scialytique d'un philosophe... Qu'on songe à ce qu'un livre de cet acabit peut produire comme effet dans le monde de la pensée des premières années du siècle nouveau... Parler de sexe dans une civilisation qui le dissimule de façon névrotique, c'est s'assurer une audience certaine.

Deuxième raison de ce succès : très vite et très tôt Freud a compris que, sur le mode guerrier et combattant de saint Paul, il fallait mettre la psychanalyse en ordre de marche en créant une organisation militante extrêmement hiérarchisée, construite sur le mode de l'Église catholique, apostolique et romaine. Les comités secrets, l'usage de lettres-circulaires destinées aux seuls affidés, les associations d'élus, l'onction du père fondateur, le réseau, le maillage national, européen puis international, la création d'associations, d'écoles, de revues, de maisons d'édition spécialisées, les congrès, la publication de *Minutes*, tout cela fait de la psychanalyse *une discipline qui revendique ouvertement la domination universelle – et s'en donne les moyens* en dehors de toute morale.

Freud a consenti à l'organisation hiérarchique et pyramidale de ses disciples. Le Comité secret – Rank, Ferenczi, Jones, Abraham, Eitingon et Freud lui-même – a fonctionné dix années, de 1912, date de la fondation par Ernest Jones, jusqu'en août 1923, date de la dernière réunion avant disparition à cause de dissensions entre les membres. Jones confirme donc à Freud le 7 août 1912 la création d'« un petit groupe étroitement solidaire, chargé, comme les paladins de Charlemagne, de défendre le royaume de leur maître et de veiller à l'application de sa doctrine ». Dès les premiers échanges sur ce sujet, Freud, enthousiaste, répond que « ce conseil secret composé des meilleurs et des plus dignes de confiance d'entre nos amis » lui permet d'envisager la vie… et la mort avec plus de sérénité ! L'idée vient d'une discussion entre Ferenczi et Jones, mais Freud se l'approprie : « Vous dites que c'est Ferenczi qui en a eu l'idée, mais il se peut que ce soit la mienne, formulée en des temps meilleurs » (1ᵉʳ août 1912) – notamment à l'époque où il attendait qu'une pareille machine de guerre soit conduite par Jung !

Le Comité secret permettait aux fidèles d'arborer une intaille – une pierre précieuse antique et taillée montée sur une bague. Les disciples les plus proches, les plus fidèles, les plus acquis à la cause, les plus zélés, recevaient ce cadeau de la part du maître qui signifiait ainsi son onction. Anna elle-même reçut de son père le fameux anneau de mariage symbolique en mai 1920. Lou Salomé, l'épouse d'Ernest Jones, Dorothy Burlingham, la maîtresse de sa fille, Marie Bonaparte parmi d'autres femmes y ont eu droit également. Freud distinguait ainsi moins les apôtres que les évangélistes.

Les apôtres, quant à eux, cinq au départ, exerçaient leur magistère au sein de la Société psychologique du mercredi. Dès l'automne 1902, à l'initiative de Stekel (dont plus tard Freud oubliera le nom pour s'être fâché avec lui aussi…), tous les mercredis soir, Freud réunissait à son domicile un petit groupe de médecins, de profanes intéressés, de psychanalystes aussi, les premiers. Stekel écrit dans son *Autobiographie* qu'il était « l'apôtre de Freud, lequel était mon Christ ». Et, plus loin : « Une étincelle jaillissait, se propageait d'un esprit à l'autre, et chaque soirée était comme une révélation »…

Dans une atmosphère de tabagie forcenée, les apôtres posaient les bases du corps de la doctrine : des cigarettes et des cigares sur la table, du café et des gâteaux, des discussions. En 1906, le groupe comporte jusqu'à dix-sept personnes. Otto Rank en devient le secrétaire, il établit un registre des présences, fait rentrer les cotisations et effectue la synthèse des propos tenus. Freud prend la parole en dernier et conclut les séances. On y parle de cas cliniques, de lectures, de projets d'écriture, on y confesse quelques détails de sa vie amoureuse ou sexuelle, on avoue ses pratiques masturbatoires, on raconte ses somatisations pendant ses périodes d'abstinence sexuelle. Le père du Petit Hans assiste aux séances…

L'ambiance devient vite agressive. Chacun fait assaut d'originalité. On commence à revendiquer la paternité de telle ou telle idée. Freud propose que chacun décide de ce qui deviendra propriété collective ou restera propriété intellectuelle individuelle. La diplomatie fait défaut, la délicatesse également. L'hostilité, l'animosité, l'agressivité règnent. Dans les débats, les confrontations sont rudes. En 1907, après une séance, Freud dit à Binswanger : « Alors, vous avez vu maintenant cette bande »…

Cette micro-société fournit en 1908 la matrice à la Société psychanalytique de Vienne. Elle servira de dispositif prototypique international. Au début, chacun devait prendre la parole au moins une fois ; ensuite, la prise de parole fut volontaire et facultative. Les *Minutes* de cette vénérable assemblée ont été conservées, éditées, publiées. C'est au cours de ces soirées, toujours du mercredi, dans un premier temps au domicile de Freud, puis au Collège des docteurs en 1910, que l'assemblée a abordé le problème de la masturbation pour lui consacrer pas moins de onze séances...

Pour communiquer, Freud met au point un système de réseau. D'abord avec la lettre-circulaire dont la première fut envoyée le 7 octobre 1920. À l'origine, elle palliait les disparités de correspondance entre les membres du Comité secret et paraissait une fois par semaine, ensuite tous les dix ou quinze jours. Elle tenait chacun au courant des changements notables dans la doctrine ou de tel ou tel événement. Elle disparaîtra avec le Comité. En 1909 les *Annales de recherches psychanalytiques et psychopathologiques* sont créées avec Jung comme rédacteur en chef : Freud y fit paraître son analyse du cas du Petit Hans. Ensuite, il y eut la création de la revue *Imago* en 1912 par Otto Rank et Hans Sachs. Elle se proposait d'appliquer la psychanalyse aux sciences humaines. En peu de temps, elle eut deux cent trente abonnés. L'année suivante, le même Rank fonde la *Revue internationale de psychanalyse*. En 1919, le don substantiel d'Anton von Freund (un riche brasseur désireux de remercier Freud qui l'avait débarrassé de troubles névrotiques après un cancer dont il mourra quelques mois plus tard...) permit enfin la création d'une maison d'édition, l'Internationaler Psychoanalytischer Verlag – avec, toujours, Rank comme directeur et membre fondateur. Lettre-circulaire, périodique, revues, maison d'édition : la doctrine peut circuler, elle dispose de réseaux médiologiques autonomes.

Ajoutons à cela un système de rencontres internationales sous forme de congrès agissant comme autant de conciles pour décider des amis et des ennemis, de l'orthodoxie doctrinale et de l'hétérodoxie des traîtres, puis des orientations générales de la discipline : décision de fonder les *Annales* à Salzbourg le 26 avril 1908 – quarante-deux membres dans la salle, neuf communications dont une de Freud, il s'agit des *Remarques sur un cas de névrose de contrainte* connues sous le titre *L'Homme aux rats* ; affrontement avec Adler et les adlériens, éviction des Viennois au profit des Zurichois, de Jung et des jungiens à Nuremberg les 30 et 31 mars 1910 ; confirmation de la lune de miel entre Freud et Jung à Weimar les 21 et 22 septembre 1911 ; puis rupture entre Jung et Freud à Munich en septembre 1913 ; échanges sur les névroses de guerre et sur la possibilité de dispensaires de psychanalyse gratuite à Budapest en 1918 – sans suite ; réunion autour de Freud et de sa fille, réconciliations d'après-guerre entre analystes issus de nations jadis belligérantes à La Haye en 1920 entre le 8 et le 11 septembre ; considérations alternatives d'une femme, Karen Horney, sur la théorie freudienne de l'envie du pénis à Berlin entre le 23 et le 27 septembre 1922 ; congrès sans Freud qui souffre trop de son cancer et envoie sa fille à Bad Hombourg en 1925 – elle lira le texte misogyne de son père, par ailleurs Max Eitingon y parlera des conditions d'admission dans les instituts psychanalytiques, de l'analyse didactique et de la formation des analystes ; Anna représente toujours son père au congrès d'Oxford en 1929, lequel lui conseille de ne pas trop prendre Ernest Jones au sérieux et se félicite qu'Anna ne l'ait pas épousé ; rupture avec Ferenczi à Wiesbaden en 1932 – Freud va désormais s'évertuer à assassiner son ancien ami sur le papier en le transformant en malade ; Anna lit un morceau de l'analyse faite par son père sur Moïse à Paris en 1938 ; mort du père fondateur en 1939.

Ce maillage fut efficace de manière planétaire, et ce dans un temps très court. Ces congrès contemporains de Freud réunissent chaque fois moins de cent analystes.

Lors du premier congrès, à Nuremberg, en 1910, Sandor Ferenczi propose la création de l'Association internationale de psychanalyse (IPV), Jung en devient le premier président. Un siècle plus tard, en 2010, cette même association s'étend sur 33 pays et rassemble 11 000 membres. La psychanalyse a pénétré la plupart des consciences de ce que l'on pourrait appeler l'honnête homme. Rappelons qu'en 1902 la Société psychologique du mercredi réunissait six personnes...

Troisième raison de ce succès : après le sexe et le glaive, les schémas légendaires d'une religion. La psychanalyse se présente comme une vision du monde totalisante ayant réponse à tout et proposant un concept, l'inconscient, avec lequel subsumer la totalité de ce qui a eu lieu, a lieu et aura lieu sur la planète. Elle fonctionne comme une métaphysique de substitution dans un monde sans métaphysique : la Première Guerre mondiale a effacé tous les points de repère éthiques, moraux, religieux, la psychanalyse offre de quoi construire *une religion dans une époque d'après la religion*. En se popularisant, l'œuvre donne lieu à un catéchisme, à une vulgate avec laquelle s'est constitué depuis ce que Robert Castel nomme fort à propos le psychanalysme.

La psychanalyse a été construite par ses thuriféraires selon un schéma proche de celui de la religion chrétienne. Ainsi, la biographie de Freud telle qu'Ernest Jones en propose le modèle se bâtit selon les critères de la légende chrétienne concernant la vie de Jésus. Exemples : l'enfant distingué par sa naissance pour être oint par le Saint-Esprit : né coiffé, bénéficiant de la prophétie d'une diseuse de bonne aventure qui annonce un avenir exceptionnel, confirmation de cette destinée extraordinaire par un poète dans un café du Prater ; la vocation descendue sur lui comme une langue de feu après avoir pris connaissance du texte de Goethe *La Nature* ; la rencontre de Charcot comme celle de Jean le Baptiste ; le renoncement à la sexualité de bonne heure afin de rassembler et sublimer toutes ses forces mentales et libidinales dans la création de son œuvre ; l'ascèse existentielle constitutive du génie ; la retraite au désert avec épreuves initiatiques que sont la mort du père suivie par l'auto-analyse présentée par tous les hagiographes comme un moment extraordinaire, héroïque, inouï d'où va naître la psychanalyse ; l'annonce de la bonne nouvelle, étymologiquement l'évangile, qu'est le salut par la psychanalyse ; la création d'une science à même de modifier le comput intellectuel et générer un nouveau calendrier ; les guérisons miraculeuses – l'hémorroïsse, la résurrection de Lazare, l'aveugle et le paralytique chez Jésus, Anna O., Dora, le Petit Hans, l'Homme aux rats, l'Homme aux loups chez Freud ; la prédication dans le désert et la prétendue calomnie des contemporains ; le cancer et l'exil vécus comme une Passion moderne ; la mort comme date de naissance de la légende...

D'où l'intérêt, pour les hagiographes, de dissimuler tout ce qui contredit ce récit légendaire, de contrôler les documents et les archives afin d'éviter tout ce qui montre : Freud hésitant sur sa carrière ; Freud motivé par l'argent, l'ambition, la réussite, la gloire ; Freud tâtonnant, cherchant, se trompant ; Freud quêtant un peu partout ce qui pourrait faire rapidement sa fortune viennoise à tous les sens du terme ; Freud effectuant une auto-analyse pour la forme ; Freud trompant sa vie durant son épouse avec sa belle-sœur ; Freud pillant nombre de découvertes effectuées de son temps dans le domaine des traitements de la maladie mentale afin de proposer une mosaïque nommée psycho-analyse ; Freud mentant sur des guérisons qu'il n'obtient pas ; Freud transmettant les clés de sa découverte à sa fille cadette transformée en vierge pour l'occasion – et tout ce qui s'avère pure et simple légende quand on fait un tant soit peu d'histoire.

La doctrine elle-même n'échappe pas à une lecture comparée avec le schéma chrétien : la psychanalyse comme *parousie* rachetant les *péchés* phylogénétiques du monde que sont le meurtre du père, le banquet cannibal, le complexe d'Œdipe ; la vérité du monde sensible résidant dans un principe intelligible, l'inconscient, une instance métapsychologique invisible, omnipotente, omniprésente, omnisciente, incréée, immortelle, éternelle, inaccessible au temps, agissant comme une *Providence* interdisant tout libre arbitre ; un *fruit défendu*, l'inceste, et une *sotériologie*, la psychanalyse et son rituel sur le divan, pour assurer la *rédemption* via une thérapie par la parole qui rappelle à plus d'un titre la *confession* auriculaire...

La logique même de la doctrine semble singulièrement construite sur le principe de l'Église, avec son pape (Freud en personne), ses évêques et ses cardinaux (les psychanalystes du premier cercle et de la première heure, Alfred Adler & Carl Gustav Jung, Sandor Ferenczi & Karl Abraham, Wilhelm Stekel & Otto Rank), son rituel (le divan, la séance), ses conciles (les congrès, son orthodoxie, le freudisme, ses hérésies, l'adlérisme et le jungisme), ses évangélistes et ses apôtres (Ernest Jones), ses Judas (Adler et Jung), ses ordinations (de l'adoubement par l'intaille à l'initiation par la passe lacanienne) ; on n'en finirait pas de pointer la parenté des schémas : Freud en Dieu monothéiste ; sa vie en Fils de Dieu incarné sur terre ; son œuvre en doctrine de salut ; son devenir universel en forme d'Église…

Quatrième raison de ce succès : le XXe siècle aura été celui de Freud en même temps que celui de la pulsion de mort : de la boucherie de 14-18 au génocide rwandais, en passant par les totalitarismes nazi, soviétique et fasciste, puis Auschwitz, Hiroshima et toutes les guerres possibles et imaginables, ces cent années ont été nihilistes. Or la psychanalyse propose une ontologie nihiliste en proposant un signe d'équivalence dangereux entre le normal et le pathologique. Elle nie en effet la différence de nature entre la santé mentale et la maladie mentale, au profit d'une différence de degré, de sorte que la folie, la perversion, la névrose, la psychose, la paranoïa, la schizophrénie deviennent une nouvelle norme, celle d'une époque folle en effet, pendant que l'on stigmatise l'insolent jouissant d'une Grande Santé pour recourir au vocabulaire nietzschéen… Cette *adéquation entre le nihilisme freudien et le nihilisme de l'époque* a pu contribuer à son succès.

En effet, Freud n'aura cessé de le dire dans son œuvre complète : le normal et le pathologique ne constituent pas deux modalités hétérogènes de l'être au monde, mais des degrés différents d'une même façon d'être au monde. Autrement dit, rien ne distingue fondamentalement le psychanalyste dans son fauteuil et le névrosé allongé sur le divan, rien ne sépare radicalement le bourreau sadique et sa victime innocente, rien ne permet d'opposer franchement la pathologie de dictateurs tels que Dollfuss, Mussolini ou Hitler et leurs victimes émissaires, du bolchevik au juif en passant par l'opposant. Hitler ? Etty

Hillesum ? Une seule et même chose d'un point de vue du psychisme…

Veut-on des preuves ? Dans les *Minutes de la Société psychanalytique de Vienne*, lors de la séance du 25 mai 1910, le secrétaire note ceci : « Le Pr Freud objecte […] que la distinction de principe entre individu normal et individu névrosé semble fondamentalement contestable » (II. 532) mais également dans *L'Homme Moïse et la religion monothéiste*, livre ultime datant de 1938 dans lequel on peut lire ceci concernant des phénomènes de la vie psychique dont d'aucuns affirment que certains sont « normaux » et d'autres « pathologiques » : « La délimitation entre les deux est peu marquée et les mécanismes sont, en grande partie, identiques » (167). Et partout ailleurs : en 1901, dans *Psychopathologie de la vie quotidienne* : « Nous sommes tous plus ou moins névrosés » (296) ; en 1905 dans *Trois essais sur la théorie sexuelle* : « Les psychonévrosés, groupe humain assez nombreux, et pas très éloigné des bien portants » (VI. 169) ; en 1912, toujours dans les *Minutes* : « On a reconnu de façon générale que les différences entre les individus normaux et les névrosés sont de nature quantitative et non qualitative » (IV. 59) ; en 1937 dans *L'Analyse avec fin et l'analyse sans fin* : le moi normal « est, comme la normalité en général, une fiction idéale […]. Toute personne normale n'est en fait que moyennement normale, son moi se rapproche de celui du psychotique dans telle ou telle partie, dans une plus ou moins grande mesure » (250) ; en 1938 dans l'*Abrégé de psychanalyse* : « Impossible d'établir scientifiquement une ligne de démarcation entre les états normaux et les anormaux » (69)…

Si le psychanalyste a raison, concluons que l'on peut parler du *cas Freud* comme lui-même parle du cas de l'Homme aux loups, de l'Homme aux rats ou d'Anna O. Et, de fait, la passion incestueuse qui le dévora sa vie durant, son désir de tuer *son* père, son envie de s'accoupler avec *sa* mère, ses rêves sexuels avec l'une de *ses* filles, sa relation fusionnelle et sexuellement inhibante avec *sa* cadette Anna, sa sexualité adultère avec *sa* belle-sœur, son activité théorique frénétique à l'endroit de la masturbation qui semble avoir été *sa* grande passion – sourions aux souvenirs de Paula Fichtl étonnée que les poches des pantalons de Freud « aient toujours de gros trous » (36)... –, tout cela montre un Freud psychiquement proche de Bertha Pappenheim, de Sergueï Pankejeff, d'Ernst Lanzer ou autre patient célèbre...

On comprend que, pour des raisons de survie psychique personnelle, Freud ait professé une grande proximité de vie psychique perturbée avec ses analysés. Mais, au-delà, cette affirmation théorique péremptoire fonde un nihilisme ontologique durable : si le fou équivaut à l'homme en bonne santé psychique, si l'asile psychiatrique se trouve rempli de malades mentaux se distinguant à peine des médecins censés les soigner, si le médecin ne se sépare guère du malade, alors tout vaut tout et, désormais, rien ne permet plus de penser ce qui distingue le bourreau de sa victime.

Comment dès lors penser, par exemple, la solution finale qui va concerner la famille de Freud ? De quelle manière saisir intellectuellement ce qui *psychiquement* distingue sa sœur Adolphine morte de faim dans le camp de Theresienstadt, ou ses trois autres sœurs, disparues dans les fours crématoires de Treblinka en 1942, et Rudolf Höss, le commandant de ce camp de sinistre mémoire, *si rien ne les distingue psychiquement*, sinon quelques degrés à peine visibles et comptant pour si peu que Freud n'a jamais théorisé cet écart minime pourtant tellement majeur ?

Ce nihilisme ontologique concernant les psychismes correspond tout à fait au nihilisme métaphysique du XXᵉ siècle tout entier visible dans le triomphe de la pulsion de mort. Car, avec ses concepts mêmes, Freud aurait pu imaginer que la personne chez qui prime la *pulsion de vie* et celle qui s'est donnée tout entière à la *pulsion de mort* ne sauraient équivaloir. Distinguer le normal du pathologique comme on sépare le nécrophile, le zoophile, le pédophile, le pervers, le sadique pour qui autrui n'existe pas, de quiconque intègre l'existence de l'autre comme un souci éthique dans sa vision du monde, suffirait à sortir la psychanalyse freudienne de l'ornière décadente et fin de siècle dans laquelle elle a proliféré comme une plante vénéneuse. Le XXᵉ siècle pouvait donc faire le lit de la psychanalyse et séduire tant d'intellectuels hétérogènes se faisant ensuite les relais de cette vision pessimiste du monde.

L'élite intellectuelle fut très vite séduite en Europe. Freud, antiphilosophe radical, penseur pessimiste, théoricien de la fatalité pulsionnelle, devient paradoxalement le penseur de l'avant-garde artistique, l'inspirateur du dadaïsme puis des *Manifestes* d'André Breton, la muse de la méthode paranoïaque-critique de Dalí, le génie tutélaire de l'introspection de Gide qui convertit alors les éditions Gallimard. Même si André Breton, alors jeune poète, rencontrant le vieux docteur à Vienne en 1921, fut déçu de découvrir un genre de médecin de province avec sa clientèle dans la salle d'attente, un vieux ronchon n'aimant pas la France parce qu'il estimait qu'elle ne l'aimait pas assez, Freud fut, à son corps défendant (il était véhément contre les surréalistes…), le parangon de la modernité nihiliste d'après la Première Guerre mondiale.

L'histoire du devenir de cette théorie en vulgate pour nos temps postmodernes reste à écrire : comment la psychanalyse comme discipline viennoise a généré une idéologie de substitution à la déception de l'après-Mai 68 – voilà matière à un très gros livre à écrire. Les barricades ont en effet été pensées comme un moment révolutionnaire appelé à donner un avenir à Marx, Mao, Lénine, Trotski… Chacun le sait, il n'en fut rien. D'où, dans les années 1970, le recyclage d'un grand nombre de gauchistes, sinon de communistes, dans la psychanalyse devenue religion alternative sous la forme d'un asservissement à un nouveau maître ayant nom Jacques Lacan – un histrion très influencé par… le surréalisme ! Le succès de la psychanalyse fut alors celui d'une forme particulière d'hypnose – sinon une variation nouvelle sur le vieux thème de l'hallucination collective…

La psychanalyse accompagna le désinvestissement politique et l'investissement nouveau de l'ego, le dieu des périodes de décadence. La fin de la révolution politique comme actualité imminente, le renoncement aux paradis marxistes-léninistes ou maoïstes, le triomphe du pompidolisme, la domination de la marchandise, le libéralisme sans opposition digne de ce nom devenant l'idéologie brutalement dominante, le repli sur soi devint la loi. Il engendra alors le monstre de l'individualisme libéral assimilable à l'égoïsme, sinon à l'égotisme. À défaut de changer le monde, le sujet postmoderne se mit en quête des moyens d'y vivre tout de même de façon confortable. Le divan proposait au patient de trouver sa place dans le nihilisme d'un monde prenant eau de toutes parts…

Enfin, une *cinquième raison* peut être enfin convoquée pour expliquer le succès de la psychanalyse : *sa médiatisation post-soixante-huitarde par l'entremise du freudo-marxisme*. Le pessimisme ontologique de Freud et ses options politiques césariennes (dédicace à Mussolini ; soutien à l'austro-fascisme de Dollfuss ; véhémences critiques contre le bolchevisme, le marxisme, le communisme ; silence sur le fascisme ou le nazisme ; théorie du « surhomme » freudien comme maître nécessaire de la horde ; utopie politique élitiste d'une aristocratie à même de guider la foule…), ce pessimisme ontologique, donc, disparaît sous le drapeau rouge de psychanalystes qui se réclament de Freud et de la Révolution…

Wilhelm Reich, par exemple, publie une première version de *La Fonction de l'orgasme* en 1927, un texte dans lequel il effectue une variation sur le thème freudien de l'étiologie sexuelle des névroses mais en élargissant l'analyse par l'introduction de l'histoire dans la démarche analytique. Freud pense en termes nouménaux, il conceptualise et jongle avec des allégories et des métaphores, il donne à la mythologie et au symbole une plus grande puissance qu'au réel et à l'histoire, il inscrit sa pensée dans le cadre philosophique classique de l'idéalisme. Reich en revanche biologise et historicise la psychanalyse, il n'effectue jamais une lecture séparée de l'inconscient et des conditions historiques dans lesquelles il travaille.

La première édition de cet ouvrage s'ouvre sur une dédicace à Freud à l'occasion de son anniversaire : « À mon maître le professeur Sigmund Freud en témoignage de profond respect. » Mais l'élargissement de ce texte dans les éditions suivantes, avec par exemple des consi-

dérations sur « L'origine sociale du refoulement » ou
« L'irrationnel fasciste », ne pouvait plaire au dédica-
taire, pas plus que sa façon de penser l'orgasme comme
décharge d'énergie entravée par une société susceptible
d'être réformée. Quand Freud croit définitivement inévitable, sinon nécessaire, la répression des instincts par la
civilisation, Reich propose une autre voie : les titres de
ses œuvres énoncent très clairement le programme : *La
Révolution sexuelle* ou *La Lutte sexuelle des jeunes*, ou
encore *La Psychologie de masse du fascisme*, un ouvrage
majeur dans lequel Reich critique le fascisme d'une
manière radicale. Il associe à sa condamnation la famille
et l'Église en montrant combien ces deux instances fonctionnent de conserve avec le fascisme. Nous sommes
loin de la dédicace amicale au Duce…

Quand il s'agit de publier *La Signification de la génitalité*, le premier état de *La Fonction de l'orgasme*, Freud ne
voit pas d'inconvénient à l'accueillir dans sa maison d'édition, pourvu que le manuscrit soit un peu raccourci. En
revanche, le texte intitulé *Le Caractère masochiste* (1932)
lui déplaît souverainement, car il y voit une tentative « de
propagande bolcheviste » (lettre à Eitingon, 9 janvier
1932). Dans cet article en effet, Reich considère que « la
pulsion de mort [est] l'activité du système capitaliste »
(lettre de Freud à Ferenczi, 24 janvier 1932). Or Freud,
qui tient au caractère transcendantal de ses concepts, ne
saurait accepter une généalogie phénoménale, en l'occurrence politique, des psychopathologies.

Une lettre de Freud à Eitingon datée du 20 novembre
1932 fait de Reich « une nuisance »… Puis la maison
d'édition de Freud renonce à publier l'*Analyse du caractère* de Reich. Enfin, alors qu'avec l'accord de Freud les
instances de la psychanalyse négocient avec le régime

national-socialiste pour définir les modalités de la continuation de la psychanalyse sous le régime nazi, Reich est exclu à cause de ses engagements politiques de gauche ! En effet, au contraire de Freud dont la clientèle payante se recrute du côté de la grande bourgeoisie viennoise, Reich travaille dans une clinique psychanalytique dans laquelle il reçoit *gratuitement* des ouvriers d'usine, des employés de maison, des chômeurs, des travailleurs agricoles. Anna Freud déplore qu'à Vienne Reich ait parlé de psychanalyse dans des réunions communistes... Dans une lettre à Eitingon, la fille de son père écrit : « Papa se réjouirait beaucoup de ne plus avoir Reich dans l'association » (17 avril 1933). Reich sera exclu en juillet de la même année. Composer avec des nazis, oui, avec un communiste, non...

Reich enseigne donc : la nécessité de la libération sexuelle ; un éloge de la jubilation par l'orgasme ; une promotion de l'éducation sexuelle pour toutes et tous, en commençant par les jeunes ; une lecture critique du fascisme et du capitalisme comme productions de la répression libidinale millénaire ; une attaque en règle de la famille, appareil de dressage répressif et de production des névroses ; une déconsidération du patriarcat monogamique ; une charge sévère contre le judéo-christianisme promoteur d'une morale sexuelle à l'origine de toutes les pathologies ; le nécessaire compagnonnage entre une psychanalyse post-freudienne et un marxisme post-soviétique ; la possibilité de réaliser le bonheur sur terre par l'action politique ; l'usage de la psychanalyse à des fins hédonistes, communautaires et libertaires – comment Mai 68 aurait-il pu passer à côté d'une pareille dynamite intellectuelle ?

Une seconde bombe idéologique freudo-marxiste éclate dans l'Europe d'après-guerre : elle a pour nom Herbert Marcuse. Une fois encore dans le quart de siècle suivant la mort de Freud, pour ceux qui ignoreraient le détail de l'œuvre complète de Freud, via le philosophe allemand exilé aux États-Unis, la psychanalyse peut sembler une discipline libératrice, libertaire, hédoniste, une pensée à même de dynamiter le christianisme, de critiquer violemment les totalitarismes brun ou rouge, nazi ou stalinien et de fournir les moyens d'une politique alternative.

Marcuse ne cache pas qu'il doit à Reich de se trouver sur le terrain du freudo-marxisme. Dans la postface à *Eros et civilisation*, il salue le livre de Reich intitulé *L'Irruption de la morale sexuelle* qui associe Freud & Marx en un couple très improbable ! Disons : qui réunit l'affirmation qu'il existe une libido réprimée par la société & la croyance à la possibilité d'en finir avec cette répression grâce à une société dans laquelle le principe de plaisir ne succomberait pas sous la toute-puissance du principe de réalité, mais où le principe de plaisir nourrirait un nouveau principe de réalité.

Eros et civilisation paraît en 1955 avec pour sous-titre *Contribution à Freud…* Son projet ? Non pas un développement de la psychanalyse, mais une philosophie de la psychanalyse. Marcuse y développe les idées suivantes : critiquer la société industrielle ; lâcher la bride aux besoins instinctuels ; abolir la répression sexuelle ; déconnecter la libido de la machinerie capitaliste ; libérer l'individu par la satisfaction intégrale de ses besoins ; lutter pour la vie, donc pour le plaisir, donc pour la joie ; promouvoir un usage politique de la culture avec laquelle le principe de plaisir devient la vérité du principe de réalité; en finir avec le rendement, la société de consommation, le travail salarié aliénant. *L'Homme unidimensionnel* enfoncera le clou en 1964. L'ouvrage paraît en France en 1968...

À l'évidence, Freud ne se reconnaîtrait pas dans ce nietzschéisme de gauche qui revendique sa paternité pour appeler à la fin du vieux monde que sa doctrine n'envisageait pas de supprimer. Rappelons que Freud campait sur des positions radicalement pessimistes et envisageait la psychanalyse comme une thérapie individuelle, sinon individualiste, tout à sa fiction littéraire, sans souci de l'histoire. Pas question, pour lui, de changer le monde. Le divan apprenait, théoriquement, à mieux vivre dans un monde impossible à changer.

Que le freudo-marxisme ait donné de Freud une image séduisante, du freudisme une réputation de théorie libératrice et de la psychanalyse une dimension révolutionnaire, on peut le comprendre après ce bref détour par Reich et Marcuse. Mais le peu de relations que Freud aura vécu concrètement avec Reich montre combien le freudo-marxisme (qui a ma préférence...) était aux antipodes du freudisme, et l'on peut imaginer combien les thèses de Marcuse auraient consterné le docteur viennois. Des portraits de Freud aux côtés de Che Guevara, Marx, Mao, voilà qui fit beaucoup pour la bonne réputation de la psychanalyse au XXe siècle, mais il fallait pour ce faire n'avoir pas lu Freud...

Voici donc cinq raisons susceptibles d'expliquer en partie le succès de la psychanalyse pendant un siècle : *le sexe* : l'entrée par effraction de la sexualité dans le monde de la pensée dominé par l'idéal ascétique depuis mille ans ; *le glaive* : la volonté déterminée, délibérée et farouche de construire, d'organiser la discipline de manière militante à des fins de domination du champ culturel européen puis mondial ; *la religion* : la construction de l'aventure freudienne sur les schémas religieux avec proposition d'une sotériologie prétendument éprouvée ; *le kaïros* : autrement dit l'instant propice d'une adéquation entre le nihilisme d'une doctrine et celui d'une époque fin de siècle, sinon de millénaire ; le malentendu du *freudo-marxisme* qui, ni freudien, ni marxiste, donne à Freud, au freudisme et à la psychanalyse une aura libertaire dans un monde fatigué de lui-même.

De façon ironique, nous pourrions en appeler trois fois à Freud lui-même pour conclure cet ouvrage. *Premièrement* : dans *L'Avenir d'une illusion*, il explique en effet ce qui distingue l'illusion de l'erreur. Une erreur suppose une fausse causalité : par exemple, comme dans la génération spontanée, faire naître la vermine vivante d'un simple tas d'ordures mortes ou bien expliquer une affection neurologique par la débauche sexuelle. Une illusion, quant à elle, renvoie à un souhait intime : lorsque Christophe Colomb croit avoir trouvé une nouvelle voie par mer vers les Indes quand il découvre l'Amérique ; ou bien quand certains nationalistes allemands affirment que seuls les Indo-Européens seraient capables de culture ; ou bien encore quand les alchimistes croyaient pouvoir transformer le plomb en or. Parce qu'elle s'enracine dans un souhait extrêmement puissant, l'illusion s'apparente à « l'idée délirante en psychiatrie » (XVIII. 171).

Parlant des religions, il poursuit : « Elles sont toutes des illusions, indémontrables, nul ne saurait être contraint de les tenir pour vraies, d'y croire. Quelques-unes d'entre elles sont tellement invraisemblables, tellement en contradiction avec tout ce que notre expérience nous a

péniblement appris de la réalité du monde, que l'on peut
– tout en tenant compte des différences psychologiques –
les comparer aux idées délirantes. On ne peut pas juger
de la valeur de la réalité de la plupart d'entre elles. Tout
comme elles sont indémontrables, elles sont irréfutables »
(XVIII. 172).

Sourions un peu : ajoutons à cela, pour prévenir les
critiques et les attaques qui ne manqueront pas de venir
le jour venu (on ne déchire pas le voile des illusions sans
encourir la colère et la haine des dévots…), que Freud
écrit aussi : « Lorsqu'il s'agit de questions de religion, les
hommes se rendent coupables de toutes les malhonnête-
tés, de toutes les inconvenances intellectuelles possibles »
(XVIII. 173). Ne pourrait-on reprendre le premier
moment de cette analyse freudienne point par point pour
l'appliquer à la psychanalyse ?

Car, de fait, le freudisme apparaît bien à celui qui aura
fait l'effort d'aller voir dans le texte ce qu'il est, et qui ne
se sera pas contenté de la vulgate et des catéchismes édités et diffusés par la corporation, comme une illusion
indémontrable construite sur des invraisemblances en
contradiction avec les conclusions obtenues par le simple
usage d'une intelligence conduite selon l'ordre des raisons. Objet de foi irréfléchi, d'adhésion vitale, d'assentiment viscéral, nécessité existentielle pour organiser sa vie
ou sa survie mentale, la psychanalyse obéit aux mêmes
lois que la religion : elle soulage, elle allège comme la
croyance dans un arrière-monde qu'animent nos désirs
les plus insoucieux du réel. Le désir y prend toute la
place et la réalité n'a pas droit de cité… Les béquilles
accrochées à la grotte de Lourdes prouvent que l'eau
peut guérir, pourvu qu'elle soit bénie – pourquoi pas la
parole, si elle est proférée en présence du chaman ayant

le pouvoir de soigner ? Mais la quantité de prothèses accrochées comme témoignage des miracles vaut-elle preuve de l'existence de Dieu ou de la vérité de toute la doctrine de l'Église ? J'ai la faiblesse de croire que non…

Une *deuxième référence* à Freud m'autorise, pour une fois, à terminer ce livre en lui donnant raison avec ce qu'il écrit en 1937 dans *L'Analyse avec fin et l'analyse sans fin* : « Est-il possible de liquider durablement et définitivement par thérapie un conflit de la pulsion avec le moi ou une revendication pulsionnelle pathogène à l'égard du moi ? Il n'est probablement pas inutile, pour éviter tout malentendu, d'expliciter davantage ce que l'on entend par la formule : liquidation durable d'une revendication pulsionnelle. Sûrement pas l'amener à disparaître au point qu'elle ne refasse plus jamais parler d'elle. Car c'est en général impossible et ce ne serait pas non plus du tout souhaitable » (240). Disons-le de manière plus courte et plus directe. Question : la psychanalyse peut-elle guérir ? Réponse : non. Ajout : serait-ce même possible que ce ne serait pas souhaitable… Allez savoir pourquoi – bénéfice de la maladie ? Probablement…

La lecture d'un *troisième texte* conclura ce livre. Après avoir proposé qu'on puisse penser, selon l'analyse freudienne même, la psychanalyse comme une illusion définie par le triomphe du souhait emballé par le désir malgré, sinon contre, la réalité enseignée par l'expérience ; après avoir souscrit à l'affirmation d'un Freud âgé de quatre-vingt-un ans, quelques mois avant de mourir en exil, n'ayant plus à se soucier de réputation, de gloire et d'argent, de prix Nobel, de médailles ou de statues, de plaques commémoratives, mais tout simplement de vérité, reconnaissant que la psychanalyse ne guérit pas, car on n'en finit jamais avec une revendication pulsionnelle, il nous faut, toujours en méditant les réflexions ultimes du vieil homme sachant qu'il va très bientôt mourir, nous attarder sur une réflexion extraite de l'*Abrégé de psychanalyse*.

Freud pose clairement les limites des effets de sa thérapie, il sait qu'elle ne peut pas tout, qu'elle ne guérit pas absolument, qu'elle ne saurait être présentée comme une panacée, qu'elle connaît des échecs, que les résistances à l'analyse sont grandes : « Avouons-le, notre victoire n'est pas certaine, mais nous savons du moins, en général, pourquoi nous n'avons pas gagné. Quiconque ne veut considérer nos recherches que sous l'angle de la thérapeutique nous méprisera peut-être après un tel aveu et se détournera de nous. En ce qui nous concerne, la thérapeutique ne nous intéresse ici que dans la mesure où elle se sert de méthodes psychologiques, et pour le moment elle n'en a pas d'autres. Il se peut que l'avenir nous apprenne à agir directement, à l'aide de certaines substances chimiques, sur les quantités d'énergie et leur répartition dans l'appareil psychique. Peut-être découvrirons-nous d'autres possibilités thérapeutiques encore insoupçonnées. Pour le moment néanmoins nous ne disposons que de la technique psychanalytique, c'est pourquoi, en dépit de toutes ses limitations, il convient de ne point la mépriser » (51).

L'œuvre complète se termine avec cet opuscule extrêmement dense, quintessencié, épuré, strict, sec, qui va à l'essentiel – comme un mourant s'approche de son tombeau sans trembler. C'est à cet endroit même, au lieu exact des points de suspension qui matérialisent la phrase inachevée par la mort, qu'il faut penser son œuvre. La *mépriser* – pour utiliser son mot ? Sûrement pas. Mais la sortir de la légende pour l'inscrire dans l'histoire où elle a tenu sa place un siècle durant, en attendant d'autres propositions qui ne manqueront pas de venir et qui, bien sûr, elles aussi, se trouveront un jour caduques. *C'est le sens de cette psychobiographie nietzschéenne de Freud.*

Rappelons en effet la leçon de Nietzsche qui écrivait à Lou Salomé, l'amie de Freud, qu'à l'université de Bâle il enseignait à ses étudiants que les relations entre les systèmes philosophiques se ramenaient aux actes personnels de leurs auteurs : « Ce système est réfuté, et mort – mais la personnalité qui se trouve derrière lui est irréfutable ; il est impossible de la tuer. » Ce qui valait hier pour Platon vaut aujourd'hui pour Freud. La fidélité aux morts n'est pas dans la dévotion à leurs cendres mais dans l'exercice de la vie qu'ils rendent possible après eux.

Argentan, solstice d'hiver.

BIBLIOGRAPHIE

1

Tout lire dans l'ordre… J'ai travaillé sur l'édition des *Œuvres complètes* publiées par les PUF sous la direction scientifique de Jean Laplanche. Sachant que je ne souhaitais pas écrire une hagiographie, j'ai préféré ces nouvelles traductions qui se présentent comme harmonisant l'ensemble de façon à ce qu'un même concept soit traduit partout de la même manière. Car, dans la logique du verrouillage sophistique de la corporation, il faudrait consacrer un développement à l'usage savant et pédant des traductions permettant aux thuriféraires d'expliquer qu'un mot allemand ne saurait traduire ce qu'il signifie en français, de sorte qu'on fait dire au texte, sous couvert de traduction plus précise, plus moderne, plus juste, plus adaptée, autre chose que ce qu'il dit.

J'eus ainsi l'occasion de constater que la fameuse « attention flottante » qu'Anne Berman utilisait pour sa traduction dans *La Technique psychanalytique* (62) posait problème parce qu'on y apprenait clairement que le psychanalyste, dans la mesure où c'est son inconscient qui est en contact avec celui de l'analysé, peut très bien s'assoupir, voire dormir pendant la séance, du fait même de cette « attention flottante », sans que le travail de l'analyse s'en trouve affecté. Il faudrait alors traduire par

« attention égale » ce qui, on s'en doute, fait disparaître le scandale de ce concept fabriqué de toutes pièces pour justifier ce que je traduirais pour ma part par l'*oreille distraite* du psychanalyste… Dans le contexte Freud signale que l'« attention flottante » est indispensable car « on économise ainsi un effort d'attention qu'on ne saurait maintenir quotidiennement des heures durant »… Pour assister au spectacle de cet escamotage voir l'article d'Alain Abelhauser, « Un chien de ma chienne », publié dans la revue du Champ freudien *Ornicar ?*

Adolescent fauché, puis étudiant guère plus argenté, j'ai découvert Freud dans les éditions de poche et il m'a semblé que la traduction des *Trois essais sur la théorie de la sexualité* faite par Blanche Reverchon-Jouve, la compagne du poète, ou celles de l'*Introduction à la psychanalyse*, de *Totem et tabou*, de *Psychopathologie de la vie quotidienne*, des *Cinq leçons sur la psychanalyse* effectuées par le Dr Simon Jankélévitch, le père du fameux philosophe, sinon de *Ma vie et la psychanalyse*, des *Essais de psychanalyse* ou de *Délire et rêves dans la « Gradiva » de Jensen* par Marie Bonaparte qui fut l'amie très proche de Freud, il m'avait semblé, donc, que ces traductions n'empêchaient pas un accès correct à l'œuvre de Freud…

Mais je n'ai pas voulu laisser l'occasion de m'entendre dire que je n'avais pas lu le bon texte : il est ici établi pour vingt volumes plus un de glossaire et d'index. Ma lecture de l'œuvre complète s'est effectuée entre juin et décembre 2009. Manquaient alors dans cette édition de l'œuvre complète, pour les textes importants, *Sur la psychopathologie de la vie quotidienne*, tome V, *Le Trait d'esprit et sa relation avec l'inconscient*, tome VII, *L'Homme Moïse et la religion monothéiste*, l'*Abrégé de psychanalyse*, tome XX. Je les ai lus dans les traductions des éditions de poche… Outre une poignée de traductions affectées, sinon précieuses, qui, par exemple, substituent « désirance » à « désir ». Dès lors, on ne lira plus *Le Mot d'esprit et ses rapports avec l'inconscient*, comme traduisait Marie Bonaparte, mais *Le Trait d'esprit et sa relation avec l'inconscient* selon le souhait de l'équipe de Jean Laplanche. On fera son deuil de *Psychopathologie de la vie quotidienne*, selon S. Jankélévitch, pour *Sur la psychopathologie de la vie quotidienne*. On ne citera plus *Moïse et le monothéisme*, comme le rendait Anne Berman, mais *L'Homme Moïse et la religion monothéiste*. Ce qui, convenons-en, change tout…

Ceux qui auraient lu *Ma vie et la psychanalyse* traduit par Marie Bonaparte ne le savent peut-être pas, mais ils ont déjà lu *Sigmund Freud présenté par lui-même* traduit par Fernand Cambon. Mieux, ils ignorent sûrement qu'ils ont aussi lu « *Autoprésentation* », avec les guillemets (!), puisqu'il s'agit du même texte publié pour la première fois en 1925 sous le titre *La Médecine du présent en autoprésentation*… De quoi troubler le lecteur de bonne foi. Ce texte qui est un monument de propagande personnelle gagnerait à être une fois édité avec des notes qui montreraient la construction de la légende par Freud lui-même : les contre-vérités y sont nombreuses. Mais dans la perspective hagiographie et anticritique qui domine, mieux vaut multiplier les traductions plutôt qu'établir une édition vraiment critique.

J'ai également eu recours à des éditions de recueil de textes établies par les PUF, collection « Bibliothèque de psychanalyse ». Ainsi, sous le titre *La Technique psychanalytique*, traduction d'Anne Berman donc, on lira un recueil des textes suivants. *La Méthode psychanalytique* de Freud, *De la psychothérapie, Perspectives d'avenir de la thérapeutique analytique, À propos de la psychanalyse dite « sauvage », Le Maniement de l'interprétation du rêve en psychanalyse, La Dynamique de transfert, Conseils aux médecins sur le traitement analytique, De la fausse reconnaissance (déjà raconté) au cours du traitement psychanalytique, Le Début du traitement, Remémoration, répétition et perlaboration, Observations sur l'amour de transfert, Les Voies nouvelles de la thérapeutique psychanalytique.* Cet ensemble extrêmement cohérent permet vraiment d'accéder à ce que le titre annonce. Freud a écrit beaucoup d'articles et nombre de livres sont constitués de leur assemblage. La dispersion dans les 6 000 pages de l'œuvre complète trouve ici un remède quand on n'a pas entrepris la démarche de la lecture systématique d'une lecture de l'œuvre complète dans le sens chronologique. J'ai pour ma part tout lu dans l'ordre et, de la sorte, compris qu'à défaut d'une lecture intégrale, on peut pendant longtemps croire à la légende créée par Freud et ses thuriféraires…

L'article majeur à mes yeux, puisqu'il est chez Sigmund Freud conclusif d'une vie et d'une œuvre en même temps que d'une pratique analytique de plus d'un demi-siècle, *L'Analyse avec fin et l'analyse sans fin*, traduit par J. Altounian, A. Bourguignon, P. Cotet, A. Rauzy, se trouve dans le tome II de *Résultats, idées, problèmes (1921-1938)*, dans la « Bibliothèque de psychanalyse » des PUF. Il se trouvera dans le volume XX de l'œuvre complète.

J'ai lu *Le Président Thomas Woodrow Wilson. Portrait psychologique*, un texte écrit avec la collaboration de William C. Bullitt, dans la traduction faite par Marie Tadié pour les éditions 10/18.

2

Hagiographies à défaut de biographies. Lors de mes études de psychanalyse à l'université, la lecture de *La Vie et l'œuvre de Sigmund Freud* d'Ernest Jones était présentée comme le complément indispensable à la compréhension de la généalogie de la discipline. Les trois volumes, (I) *Les Jeunes Années (1856-1900)*, (II) *Les Années de maturité (1901-1919)*, (III) *Les Dernières Années (1919-1939)* fournissent la matrice de la plupart des biographies écrites par la suite – car le métier de biographe est bien souvent une activité dont la paire de ciseaux et le tube de colle constituent l'indispensable outillage…

Or cette volumineuse publication (traduite par Liliane Flournoy) est une légende en bonne et due forme : elle regorge d'oublis, de mensonges, d'affabulations, de distorsions, de partis pris. Là encore, une édition critique fait défaut. Pourquoi, par exemple, le nom d'Emma Eckstein, qui occupa Fliess et Freud pendant un certain temps, ce dont témoigne la correspondance entre les deux hommes – Jones la connaissait, puisqu'il avait contribué à son caviardage… –, pourquoi, donc, ce nom est-il absent de ces 1 500 pages ? Le massacre de cette victime des deux compères ne saurait en effet trouver sa place dans une hagiographie.

Ce très gros livre d'Ernest Jones est un modèle de contre-information, ou de désinformation. Il est le prototype de la construction légendaire : vie et mort d'un héros ayant sacrifié sa vie pour découvrir un continent inexploré. Son moteur ? Le génie, et rien d'autre… La dédicace de ce monument est : « A Anna Freud digne fille d'un immortel génie. » On ne peut mieux dire que le propos sera moins historique qu'hagiographique… Là aussi, là encore, une édition critique de cet ouvrage constituerait un travail épistémologique intéressant : comment fabriquer une mythologie en prenant la science en otage ? On comprend qu'avec *Totem et tabou* Freud ait pu parler de « mythe scientifique » et de « roman historique » avec *L'Homme Moïse et la religion monothéiste*... Jones fut, ici comme ailleurs, un élève zélé...

Les travaux critiques de l'autre côté de l'Atlantique ont très tôt mis à mal la légende, dans les années 1970. De sorte que la biographie de Peter Gay, *Freud. Une vie*, traduction par Tina Jolas, Hachette, prend timidement en compte ce qui ne peut pas ne pas être intégré... Là où sur des points litigieux ou franchement fautifs Ernest Jones fait silence, Peter Gay met en place toute une dialectique fine, invisible à ceux qui ne sont pas informés, pour conserver la trame de Jones tout en effectuant un travail de dépoussiérage. On ne trouve pas de révolution particulière dans ces 800 pages. Une préface française indique le parti pris éditorial. Signée par Catherine David, elle s'intitule « De quel droit ? » et nous apprend dès la huitième ligne que : « Freud savait reconnaître ses erreurs, c'est un de ses titres de gloire »... Ceux qui savent comprennent alors que les boulons de la statue seront resserrés et qu'on n'assistera pas ici à un démontage de l'icône. Pour les autres, ceux qui ignorent l'étendue de l'affabulation, il faudra encore attendre : une biographie critique fait bien sûr défaut là aussi... Le récent travail monumental du psychanalyste Gérard Huber, *Si c'était Freud. Biographie psychanalytique*, 920 pages publiées aux éditions Le Bord de l'eau, s'inscrit lui aussi dans ce courant hagiographique. La première phrase du premier chapitre est : « Lorsque l'on décrit l'arbre généalogique d'un patriarche biblique », etc.

3

La haine comme méthode. L'ouverture de ce *Crépuscule d'une idole* raconte comment, adolescent, j'ai succombé à la légende freudienne entretenue par les éditeurs sérieux de la place de Paris – Gallimard, Presses universitaires de France –, les éditeurs de livres de poche, les programmes de philosophie du bac comme étudiant en terminale, puis comme enseignant pendant vingt ans en lycée, les cours à l'université. Il me faut maintenant dire comment bibliographiquement j'ai été déniaisé…

La publication du *Livre noir de la psychanalyse* en 2005 avec le sous-titre *Vivre, penser et aller mieux sans Freud*, aux éditions Les Arènes, a généré une avalanche d'articles dans la presse. J'avais lu quelques recensions, notamment dans les journaux que je lis habituellement, et tous présentaient l'ouvrage comme : un pamphlet rédigé contre Freud et la psychanalyse pour faire l'article et la promotion des fameuses TCC (thérapies comportementales cognitives) ; un ramassis de contributions dont certaines émanaient de gens compromis avec des antisémites ; un tissu de haine personnelle à l'endroit de Freud ; un conglomérat d'approximations, d'erreurs factuelles. Ce que j'avais lu dans la presse ne m'avait pas donné envie d'acheter ce livre et encore moins de le lire : vérifier le bien-fondé du passage à tabac de cette publication de 832 pages en le lisant aurait été d'un masochisme qui n'est pas dans mon genre.

J'avais par exemple lu pis que pendre de ce livre sous la plume d'Elisabeth Roudinesco. Elle écrivait par exemple : « Freud y est traité de menteur, faussaire, plagiaire, dissimulateur, propagandiste, père incestueux » (*L'Express*, 5-14 septembre 2005). Dit comme ça, en effet, les coups pleuvent et c'est tellement gros qu'on écarte de la main cette publication – sans la lire. Je fus sollicité en fin d'émission, sur une radio, pour je ne sais quel livre et l'on me demanda ce que je pensais de « l'affaire du Livre noir » qui présentait Freud comme menteur, propagandiste, obsédé par le sexe, les honneurs, l'argent, etc. Je fis une phrase pour conclure que pareil procès était ridicule… *Je regrette cette phrase* : car ce qui est reproché à Freud l'est légitimement. Et ceux qui affirment cela ont des arguments et des preuves – que n'ont pas ceux qui les refusent. La haine ne fut pas dans le camp des anti-freudiens mais dans celui des défenseurs de la psychanalyse.

Sous la direction de Jacques-Alain Miller, ils publièrent un *Anti-livre noir de la psychanalyse*, un coup médiatique qui montre leurs procédés : car ce livre paru en février 2006 prétend répondre collectivement au *Livre noir*. En toute bonne logique, un texte publié en février 2006 sur un livre paru en septembre 2005 doit avoir été écrit entre ces deux dates. Or la plupart de ces 47 textes recyclent des exposés présentés au « Forum Anti-TCC » le 9 avril 2005… Soit cinq mois avant l'existence du *Livre noir de la psychanalyse* ! L'Ecole de la Cause freudienne, à laquelle on doit ce colloque, s'est donc contentée de recycler un travail militant contre les thérapies comportementales *en prenant prétexte d'un livre qu'elle n'a donc pas lu*… *Le Livre noir* n'y est presque jamais cité, quatre fois seulement en 300 pages, et pour cause.

Les psychanalystes, vexés par le rapport de l'Institut national de la santé et de la recherche médicale qui montrait en février 2004 qu'ils arrivent bons derniers dans les succès thérapeutiques en matière de psychothérapie alors que les TCC occupent la première place, trouvaient ici l'occasion de faire la publicité de leur colloque confidentiel d'août 2005 : leur *Anti-livre noir* obéit ainsi aux règles élémentaires de la publicité si l'on veut être poli – de la propagande si l'on veut parler vrai.

Or, sur les 47 auteurs du *Livre noir*, neuf se réclament des thérapies comportementales cognitives seulement – dont mon ami Didier Pleux... Pas de quoi transformer ce livre en machine de guerre pour défendre les TCC. Mais en attirant l'attention sur ce point, en focalisant le débat sur ce sujet, on évitait le véritable débat qui aurait permis aux freudiens de démontrer, en apportant leurs preuves, que Freud n'a pas été *menteur, faussaire, plagiaire, dissimulateur, propagandiste, père incestueux* – ce qu'il était pourtant bel et bien.

Si ces assertions relevaient de la calomnie, du mensonge, il suffisait de prendre ces affirmations les unes après les autres et d'en montrer la fausseté de façon argumentée, sans haine, sans mépris. Or nulle part ces sujets ne sont abordés dans l'*Anti-livre noir de la psychanalyse*... Et pour cause. *Le Livre noir* proposait un débat sain, utile : les adversaires ont décidé qu'il n'aurait pas lieu.

On lira avec amusement *Pourquoi tant de haine ? Anatomie du « Livre noir de la psychanalyse »*, un opuscule publié par Elisabeth Roudinesco chez Navarin Editeur en 2005. Amusement car on verra comment fonctionne ici à merveille la découverte psychanalytique majeure faite dans les cours de récréation en vertu de quoi *c'est celui qui le dit qui y est*... Car la haine est du côté des défenseurs de la légende, on le verra dans ce petit livre, pas chez ceux qui font un travail d'historien.

L'épais dossier de presse du *Livre noir* – plus de 200 pages – fait honte à la presse française et à quelques noms bien connus de l'intelligentsia hexagonale qui, une fois de plus, se déshonorent… Mais ils ont l'habitude. Il y a là matière à une analyse bourdieusienne sur la façon dont se perpétuent les hallucinations collectives avec la complicité d'une prétendue *grande presse*…

Un mention particulière pour saluer l'honnêteté intellectuelle de Laurent Joffrin et du *Nouvel Observateur* qui ont effectué un véritable travail journalistique sur ce livre et cette polémique et sauvent l'honneur de la profession. Voir le numéro du 15-21 septembre 2005. Elisabeth Roudinesco répondit au texte de Laurent Joffrin en le critiquant puis en appelant à «la critique de fond qui mérite d'être adressée à l'ouvrage qui est l'objet de toute cette polémique». En 2010, cette critique de fond reste à faire. Je suis d'accord avec Elisabeth Roudinesco, il faudra bien un jour quitter le terrain de l'insulte, de l'injure et de la polémique pour aborder enfin le sujet en adultes.

4

Les «*Aufklärer* post-freudiens». On lira donc l'expertise collective publiée sous le titre *Psychothérapie. Trois approches évaluées*, Inserm, 2004. Ce travail rebutant à la lecture par son caractère de rapport administratif s'occupe des résultats dans les domaines des troubles anxieux, de l'humeur ou du comportement alimentaire (anorexie et boulimie), de la personnalité, de l'alcoolodépendance et de la schizophrénie.

Un autre ouvrage des freudiens fut publié contre le rapport accablant des scientifiques : il est signé Jacques-Alain Miller et Jean-Claude Milner, il a pour titre *Voulez-vous être évalué ?*, il est publié chez Grasset dans la collection «Figures» dirigée par Bernard-Henri Lévy qui, avec Philippe Sollers, n'a pas ménagé son soutien à la cause freudienne. On lira ainsi l'intervention de BHL dans *Ornicar ?*, n° 51, XXXIXe année.

Je n'entrerai pas dans le détail du *Livre noir* pour revendiquer le droit d'inventaire. Quarante-sept interventions ne sauraient constituer une homogénéité totale sur tous les sujets. Les articles ne sont pas tous d'un même niveau ni d'une même exigence intellectuelle. C'est le jeu de tout ouvrage constitué d'autant de contributions. Mais le travail éditorial de Catherine Meyer a compté, compte et comptera dans l'histoire de ce que je nommerai les « *Aufklärer* post-freudiens ».

Je voudrais m'attarder sur le travail de Mikkel Borch-Jacobsen qui a été le déclencheur de ma lucidité. D'abord *Souvenirs d'Anna O. Une mystification centenaire*, Aubier, 1995, puis, avec Sonu Shamdasani, *Le Dossier Freud. Enquête sur l'histoire de la psychanalyse*, Les Empêcheurs de penser en rond, 2006. Le premier ouvrage raconte comment se constitue, selon son expression, « le premier mensonge psychanalytique » : falsifications, travestissements, mystifications, en effet, et le tout avec une morgue sans nom… Le second propose les termes du dossier qui accable Freud : de la fiction de l'auto-analyse comme généalogie de la discipline à l'embargo des archives afin d'empêcher le travail des historiens en passant par les cas présentés comme guéris et qui ne l'ont jamais été, de l'entreprise hagiographique d'Ernest Jones à la « science privée » qu'est en effet la psychanalyse présentée comme universellement valable, ce que l'on apprend est accablant.

J'ai eu depuis ma lecture l'occasion de faire la connaissance de Mikkel Borch-Jacobsen qui a été un lecteur attentif de mon travail avant publication et n'a pas manqué de corriger les erreurs qui se trouvaient dans le manuscrit. J'ai également rencontré Jacques Van Rillaer qui m'a lui aussi honoré d'une lecture et de précieuses remarques. Qu'ils en soient ici tous deux remerciés.

Jacques Van Rillaer, *Les Illusions de la psychanalyse*, Pierre Mardaga Editeur, 1980, fait partie de ceux qui font autorité sur le sujet puisqu'il a appris l'allemand pour lire Freud, est devenu psychanalyste après avoir soutenu sa thèse, a effectué une analyse didactique, a été dix ans membre de l'Ecole belge de psychanalyse avant de constater combien l'aventure était placée sous le signe de l'illusion… L'ouvrage part joyeusement dans tous les sens, mais, *in fine*, une fois le feu d'artifice tiré, non sans humour ou ironie, on découvre la nature de la fable freudienne.

Synthétique et grand public, on pourra également lire *Le Freud inconnu. L'invention de la psychanalyse*, de Richard Webster, éditions Exergue, 1998.

Deux gros livres pourraient être présentés comme généalogiques de la lecture critique de la psychanalyse : Henri F. Ellenberger, *Histoire de la découverte de l'inconscient*, traduit de l'anglais par Joseph Feisthauer pour le compte des éditions Fayard, 2001, et Frank J. Sulloway, *Freud biologiste de l'esprit*, traduction de l'américain par Jean Lelaidier, Fayard, 1998. Aux antipodes de la légende, ces deux auteurs montrent que la psychanalyse s'inscrit dans l'histoire et qu'elle doit beaucoup à des emprunts qui relativisent le caractère révolutionnaire de l'entreprise prétendument solitaire de Freud.

Ellenberger commence en effet par les guérisons cérémonielles préhistoriques et intègre Freud dans un courant qui lui préexiste, avec le baquet de Mesmer, le magnétisme de Puységur, l'hypnose de Charcot, la médecine romantique, l'analyse psychologique de Pierre Janet, et qui existe aussi après lui avec Adler ou Jung par exemple. Freud n'est donc pas, hors de l'histoire, un génie exceptionnel indépassable mais, dans l'histoire, un moment dans le mouvement des *guérisseurs*…

Sulloway montre combien Freud est redevable de la science de son temps, qu'il est loin d'être un héros, mais qu'en revanche il a beaucoup lu la littérature scientifique qu'il a abondamment pillée avant de redonner un nom de baptême personnel à des découvertes effectuées par des gens devenus depuis d'obscurs inconnus. Neuf pages en forme de supplément au chapitre 13 proposent un «Catalogue des principaux mythes freudiens» (pp. 467-475), vingt-six au total, qui, sous forme de tableau, montrent comment la légende a été construite et de quelle manière la déconstruire : le mythe du héros, celui de l'efficacité miraculeuse de la psychanalyse, celui de la rupture avec la biologie, celui de l'auto-analyse, etc.

5

L'or des correspondances. La littérature sur la psychanalyse est pléthorique. Le nombre d'ouvrages qui expliquent, racontent, théorisent, simplifient, compliquent, commentent, analysent, abrègent, condensent, développent, obscurcissent la théorie de Freud est considérable… Autant que de gloses sur le christianisme ou, il y a peu, sur la patristique marxiste… Il n'y a rien à sauver de ces tonnes de papier inutiles. Les psychanalystes qui publient leurs cogitations valent les évêques qui imprimaient leurs prosopopées dans le Moyen Age chrétien ou les membres du Politburo qui éditaient leurs discours marxistes-léninistes au Soviet suprême.

En revanche, on lira les correspondances de Freud,

chacune étant une mine d'or qui propose les coulisses de
ce que sur scène le comédien s'évertue à présenter
comme la vérité vraie. Si l'on doit n'en lire qu'une, ce sera
Sigmund Freud, *Lettres à Wilhelm Fliess (1887-1904)*,
« édition complète » peut-on lire sur la couverture avec
pour bandeau, lors de la parution en 2006, « Un autre
Freud ? ». Edition complète parce que, en effet, Ernest
Jones et Anna Freud ont copieusement caviardé cette
correspondance dans laquelle on découvre un Freud…
« menteur, faussaire, plagiaire, dissimulateur, propagandiste, père incestueux » – pour reprendre la belle litanie
d'Elisabeth Roudinesco…

Dès lors, on pourra supprimer le point d'interrogation : c'est bien *un autre Freud* que propose cette première édition intégrale, autrement dit sans censure. Un
Freud qui manifeste une mauvaise foi carabinée avec
l'affaire Emma Eckstein ; un Freud qui veut de l'argent et
de la célébrité, vite ; un Freud sacrifiant à des sottises
– numérologie, télépathie, occultisme, superstition… ; un
Freud affirmant son désir de coucher avec sa mère ; un
Freud ravi de rapporter à son ami un rêve sexuel avec
l'une de ses filles ; un Freud empruntant à Fliess sa théorie de la bisexualité – un Freud sur lequel aucun thuriféraire ne s'exprime, un Freud raconté par certains auteurs
du *Livre noir*, un Freud que veulent superbement ignorer
les auteurs de *L'Anti-livre noir*… On comprend que
l'édition de cette correspondance, du moins les lettres à
Freud, Freud ayant supprimé les lettres de Fliess pour
éviter les traces, ait généré autant d'hystérie chez Anna
Freud et Ernest Jones, chez Freud lui-même quand il a su
que ces lettres étaient à vendre chez un libraire et qu'il a
souhaité leur destruction. Une édition caviardée, savam-
ment fabriquée avec des morceaux choisis pour illustrer

la légende, a longtemps fait autorité sous le titre *La Nais-sance de la psychanalyse*…

Pour les jeunes années : Sigmund Freud, *Lettres de jeu-nesse*, traduction de Cornélius Heim, Gallimard, 1990 – pour le détail d'un Freud séduit par une jeune fille parce qu'il est amoureux de sa mère (lettre du 4 sep-tembre 1872). Voir aussi, anecdotiques, les *Lettres de famille de Sigmund Freud et des Freud de Manchester (1911-1938)*, traduction de Claude Vincent, PUF, 1996.

Sous le titre *« Notre cœur tend vers le Sud »* la corres-pondance de voyage de Freud entre 1895 et 1923 a été publiée chez Fayard en 2005 – pour lire les cartes pos-tales envoyées par Freud à sa femme pendant qu'il prend des vacances avec sa belle-sœur… Un intéressant tableau page 57 des périodes et lieux de séjour et des compa-gnies. La palme de la plus grande fréquence d'accompa-gnement revient à Minna… Faut-il s'en étonner ?

Sigmund Freud et Ludwig Binswanger, *Correspon-dance (1908-1938)*, traduction de Ruth Menahem et Marianne Strauss, Calmann-Lévy, 1995. On y apprend que, malgré la toute-puissance de la psychanalyse, si l'on en croit ce qu'il en dit, Freud prescrit tout de même le psychrophore (sonde introduite dans la verge pour y injecter de l'eau glacée…) le 9 avril 1910 pour soigner l'onanisme considéré comme une maladie ! Voir égale-ment, pour dire combien la psychanalyse ne peut guérir, cette phrase dans une lettre du 28 mai 1911 : « On appelle la cure psychanalytique "un blanchiment de nègre" »… C'est dans ce livre qu'on voit Freud soucieux de faire de son inconscient un parent du nouménal kantien – ce que refuse Binswanger…

Lou Andreas-Salomé, *Correspondance avec Sigmund Freud (1912-1936)*, suivi du *Journal d'une année (1912-*

1913), traduction de Lily Jumel – pour voir comment une femme libre peut être elle aussi sous influence et reléguer sa liberté d'esprit qui fait par ailleurs sa grandeur, puis se faire disciple dans la moins intéressante des acceptions. Freud se confie beaucoup concernant Anna.

La *Correspondance (1906-1914)* avec Carl Gustav Jung est intéressante car elle montre comment, selon un schéma éprouvé pour nombre de relations de Freud avec de très proches analystes, la relation part d'un genre de sublimation amoureuse avant de sombrer dans le drame passionnel. De « Mon honoré collègue » (11 avril 1906) à « Honoré Monsieur le Président ! » (3 janvier 1913) qui annonce la rupture – « Je vous propose donc que nous rompions tout à fait nos relations privées » –, en passant par « Mon cher ami » (21 juin 1908), puis « Cher ami et héritier » (15 octobre 1908), Freud vit ses relations sur le mode amoureux, jusque dans la fin où il lâche les chiens en traitant de malade celui qu'il aura aimé…

Pour la lettre du 25 juin 1931 dans laquelle Freud écrit à Stefan Zweig qu'il a remarqué que les musiciens entretenaient d'étranges relations avec leurs pets et qu'il y a là une piste à creuser, voir *Correspondance*, traduction de Gisela Hauer et Didier Plassard, Rivages poche, 1991. On y découvre également un Freud mécontent que Zweig l'ait associé à Mesmer et Mary Baker Eddy dans *La Guérison par l'esprit*, traduction Alzir Hella et Juliette Pary, Livre de poche, 2003. Mais il n'en dira rien à son auteur. C'est une lettre à son homonyme, Arnold Zweig, qui témoigne de ce mécontentement (10 septembre 1930), *Correspondance* S. Freud-A. Zweig (1927-1939), traduction Luc Weibel et Jean-Claude Gehring, Gallimard, 1973.

Enfin, sur la question politique, sur celle des relations

entre psychanalyse et national-socialisme, quelques lettres à Eitingon constituent une mine, *Correspondance (1906-1939)*, traduction d'Olivier Mannoni, Hachette, 2009. Egalement indispensable pour approcher la machinerie de l'institution psychanalytique.

6

Dollfuss, Mussolini, Göring & Freud. Sur la politique de Freud, les ouvrages qui se présentent comme explicitement consacrés à ce sujet sont affligeants : rien sur la relation à Mussolini ou à Dollfuss, rien sur la collaboration avec Matthias Göring, le responsable de l'Institut avec lequel Eitingon et Freud ont trouvé un *modus vivendi*. On évitera donc totalement Paul Roazen, *La Pensée politique et sociale de Freud*, éditions Complexe, ainsi que l'inutile et verbeux *Freud apolitique ?* de Gérard Pommier, Champs-Flammarion. En revanche, lire absolument le remarquable ouvrage de Geoffrey Cocks, *La Psychothérapie sous le IIIe Reich. L'Institut Göring*, Les Belles Lettres, traduction de Claude Rousseau-Davenet et Jean-Loup Roy revue par Monica Romani. Parlant des psychothérapeutes, dont les psychanalystes, on peut lire ceci : « Même aux pires moments de la persécution nazie, il leur fut toujours possible de poursuivre leurs activités. En outre, les conditions particulières qui prévalurent à partir de 1933 permirent à quelques psychothérapeutes d'accéder à un statut institutionnel et à une capacité de pratique jamais atteints auparavant et depuis inégalés en Allemagne » (p.16). Rappelons que ce livre est paru dans la collection « Confluents psychanalytiques » dirigée par Alain de Mijolla qui, aux antipodes des écrivains de la légende, a effectué avec ce livre un véritable travail d'éditeur de l'histoire de la psychanalyse.

Le silence sur la dédicace que Freud fait à Mussolini avec *Pourquoi la guerre ?* est la stratégie la plus éprouvée sur ce sujet. On évite le sujet, il n'y a donc pas de problème. Voilà probablement pour quelles raisons le volumineux *Dictionnaire des œuvres psychanalytiques* de Paul-Laurent Assoun récemment publié aux PUF en 2009 trouve moyen de passer sous silence ce fait majeur. Les 1 468 pages de ce livre abordent tous les livres de Freud (et de quelques autres : Melanie Klein, Lacan, Jones, Rank, etc.) selon un schéma identique : titre en langue originale, traductions, éditions diverses, dates de publication, lieux de parution, renvoi à l'œuvre complète, explication du titre, genèse de l'ouvrage, contexte, structure, thèse et problématique, argumentation, avancées conceptuelles, apports cliniques, caractéristiques formelles, réception et postérité, auteurs cités et corrélats… Six pages (pp. 956-961) sont consacrées à *Pourquoi la guerre ?* (13 pages dans l'œuvre complète) et dans le moment intitulé « Réception et postérité » on y apprend, par exemple, que Denis de Rougemont en fait un compte rendu un quart de siècle plus tard dans la revue *Réalités*, nº 147, janvier-avril 1958… Mais on ne saura pas qu'à la demande d'Eduardo Weiss, le fondateur de la Société italienne de psychanalyse, Freud rédigea une dédicace élogieuse au Duce sur la page de garde de ce livre choisi par lui.

Un étrange oubli qu'on ne peut mettre sur le compte de l'ignorance de l'auteur puisque dans un ouvrage antérieur intitulé *L'Entendement freudien. Logos et anankè*, publié dans la collection dirigée par le psychanalyste Jean-Bertrand Pontalis, « Connaissance de l'Inconscient » (majuscule à Inconscient…), Gallimard, 1984 – soit un quart de siècle avant ce fameux *Dictionnaire…* –, cette histoire de la dédicace élogieuse de Freud à Mussolini fait l'objet d'une analyse intitulée « Freud et Mussolini » (pp. 253-256), une réflexion à l'issue de laquelle Freud passe pour donnant une leçon de philosophie politique au dictateur italien ! En en faisant « un héros de la culture » ? et en lui adressant « le salut respectueux d'un vieil homme » ? Il est vrai que Paul-Laurent Assoun parle sans crainte du ridicule de « la couleur anarchisante de la position politique de Freud » (p. 244, une idée reprise p. 260)…

On se souciera donc des *Souvenirs de Paula Fichtl* recueillis par Detlef Bertehlsen sous le titre *La Famille Freud au jour le jour*, un ouvrage que les hagiographes prendront sûrement pour méprisable, puisqu'il s'agit des confessions d'une employée de maison qui fut cinquante-trois années au service des Freud, à Vienne puis à Londres… Rappelons à ceux qui tiendraient ce témoignage pour un potin négligeable qu'il a été publié dans la « Bibliothèque de psychanalyse » dirigée par Jean Laplanche, l'auteur avec Jean-Bertrand Pontalis d'un *Vocabulaire de la psychanalyse* qui fait autorité depuis sa parution en 1967 aux PUF. La sous-collection de cette collection se nomme « Stratégies de la psychanalyse ». C'est dans ce livre, je le rappelle, qu'on peut lire p. 75 : « Le gouvernement autrichien est certes "un régime plus ou moins fasciste", déclare Freud à Max Schur, son ami médecin ; malgré tout, selon le souvenir que Martin, le fils de Freud, conserve, des dizaines d'années plus tard, « il avait toutes nos sympathies ». Le massacre que fait la Heimwehr parmi les ouvriers de Vienne laisse Freud indifférent. » *Freud apolitique ?* demandait Gérard Pommier.

/

Parerga & paralipomena. Et puis, pour finir cette bibliographie commentée, dans le désordre : les quatre volumes intitulés *Les Premiers Psychanalystes. Minutes de la Société psychanalytique de Vienne,* traduction de Nina Schwab-Bakman, Gallimard, 1976 : tome I : 1906-1908, tome II : 1908-1910, tome III : 1910-1911, tome IV : 1912-1918 – une somme qui transforme le lecteur en petite souris admise dans les soirées où se fabrique l'aventure freudienne. Les interminables discussions contre l'onanisme comme elles pourraient avoir lieu dans une réunion de catéchèse méritent la lecture...

Les travaux de Paul-Laurent Assoun sur *Freud, la philosophie et les philosophes* puis sur *Freud et Nietzsche*, tous deux publiés aux PUF, s'effectuent toujours dans le sens indiqué par Freud... Pas question, donc, d'envisager le sujet du point de vue du refoulement freudien de la philosophie. Ces deux livres se contentent d'un couper-coller des propos du maître suivi d'un agencement universitaire de ces informations sur la question. On attend une étude vraiment libérée de la tutelle de Freud – autrement dit, un livre libre d'un homme libre...

Pour mesurer la distance entre l'affirmation que Freud a soigné et guéri des gens avec sa psychanalyse et la réalité qui montre un tout autre tableau, voir, sur le cas de Sergueï Pankejeff, le livre de Karin Obholzer, *Entretiens avec l'Homme aux loups. Une psychanalyse et ses suites*, traduction de Romain Dugas, Gallimard, 1981. Par exemple, p. 149 : « Au lieu de me faire du bien, les psychanalystes m'ont fait du mal », affirme l'homme qui, prétendument guéri par Freud, suit toujours une analyse à près de quatre-vingt-dix ans...

Ajouter sur le même cas *Les Hurlements de l'Homme aux loups* de Patrick Mahony, traduction de Bertrand Vichyn, PUF, 1995.

La *Chronologie de la psychanalyse du temps de Freud (1856-1939)* d'Olivier Douville, Dunod, 2009 se propose de faire ce que le titre indique. On y découvre que la légende d'un Freud isolé, solitaire, mal-aimé, génie méconnu, ne tient pas la route une seconde. Très vite et très tôt on a parlé de son travail sur la planète entière, ce que montrent les informations données de la façon la plus neutre qui soit. Travail de démythologisation véritable sous son allure de catalogue de faits bruts.

Une biographie politiquement correcte de la fille de Freud : U. H. Peters, *Anna Freud*, traduction de Jeanne Etoré, Balland, 1987. Dans le même esprit, une biographie de *Madame Freud* par Gérard Badou, Payot, 2006. Ou bien, de Gabrielle Rubin, *Le Roman familial de Freud*, Payot, 2002. Les sujets sont passionnants, mais leurs traitements souvent indigents : ces travaux s'inscrivent en effet dans la perspective hagiographique et ajoutent des appendices à l'entreprise d'Ernest Jones. Il manque des biographies de Freud, d'Anna, de Martha et de Minna, la femme et la belle-sœur de Freud, qui n'ajouteraient pas à la carte postale mais qui proposeraient un réel travail d'historien. Disons que l'impitoyable embargo des archives pour tout chercheur qui ne montre pas un zèle freudien empêche un travail digne de ce nom. Tant que les freudiens interdiront l'accès libre aux archives, on pourra penser qu'ils ont des choses à cacher – des choses qui valident pleinement les travaux critiques sur la psychanalyse... Par exemple, certaines archives de la Bibliothèque du Congrès de Washington sont sous scellés jusqu'en 2103. Faut-il qu'il y ait des choses à cacher qu'on ait à ce point rendu impossible *la possibilité d'effectuer un travail d'historien* sur cette légende du XXe siècle que fut le freudisme !

8

Avoir raison avec la droite ou se tromper avec la gauche ? Albert Camus ayant dit la vérité sur la nature criminelle du régime soviétique dans *L'Homme révolté* s'est entendu dire par Sartre que le bon accueil de son livre par la droite invalidait l'ouvrage, laissant entendre par là que la vérité se trouve à gauche et l'erreur à droite. Camus dénonce les camps, mais Sartre ne peut y consentir au prétexte que « les capitalistes et les bourgeois » consentent à l'analyse faite par Camus… Simone de Beauvoir écrit dans *La Pensée de droite aujourd'hui* : « La vérité est une : l'erreur multiple. Ce n'est pas un hasard si la droite professe le pluralisme », in *Faut-il brûler Sade ?*, Idées-Gallimard, p. 85. Camus répond à Sartre : « On ne décide pas de la vérité d'une pensée selon qu'elle est à droite ou à gauche et encore moins selon ce que la droite ou la gauche décident d'en faire. Si enfin la vérité me paraissait être de droite, j'y serais. »

Nous souffrons toujours de cette hémiplégie dommageable qui consiste à croire que la vérité est dans un camp politique et l'erreur dans l'autre – ce que mes convictions de gauche, justement, m'obligent à préciser… La possibilité d'être un homme libre quand on revendique un camp plutôt qu'un autre est déniée par les deux camps à la fois. Peu importe. Camus a montré le chemin : « Si enfin la vérité me paraissait être de droite, j'y serais. » Je consens à cette magnifique phrase.

Voilà pourquoi il faut aborder de front la question de

la critique de la psychanalyse venue de la droite. Si un auteur de droite écrit que Freud a détruit les preuves de son erreur de prescription ayant entraîné la mort de son ami Fleischl-Marxow, il faudra conclure que c'est faux *parce qu'il est de droite*? Un certain nombre d'«historiens» de la psychanalyse, thuriféraires avérés, n'hésitent pas à répondre oui, car, pour eux, un écrivain de droite ment toujours, un auteur de gauche dit toujours la vérité... On mesure les effets de pareille sottise sur la qualité du débat intellectuel français! Et sur la possibilité de faire avancer la cause de l'Histoire... Nombre d'anciens défenseurs du PC dans ses années staliniennes, du marxisme-léninisme dans les parages de Mai 68, du moment maoïste de l'Ecole normale supérieure des années 1970, persistent dans l'idéologie doctrinaire en étant incapables de faire la part des choses et de consentir à la vérité historique incontestable quand elle est énoncée par des critiques de droite.

J'ai donc lu des auteurs de droite critiques sur la psychanalyse et mon jugement ne s'effectuera pas en fonction de leur option politique mais au regard de la qualité de leur travail. Lorsque, par exemple, je lis Gérard Zwang, *La Statue de Freud*, Robert Laffont, 1985, je constate deux choses: une capacité à l'objectivité dans la restitution honnête de la pensée de Freud sur plusieurs centaines de pages, mais également un militantisme outrancier qui exclut l'usage et la référence à cet ouvrage. Ainsi, p. 840, l'auteur se trouve dans une partie du livre où il critique le freudisme comme ferment de la décadence de nos mœurs et de la pourriture de notre civilisation, il met en scène des soixante-huitards lecteurs de Marcuse, Van Eigem (sic), Foucault «et toute la cohorte des barbus crasseux alternatifs [qui] érigent le vautrement public, l'"amour communautaire" ou le caca dans le salon au rang sublime de *défoulement révolutionnaire libérateur* »… Zwang fait parler l'un d'entre eux : « Enlève ta culotte, connasse, on va te montrer ce que c'est que la révolution sexuelle ; et tâche de pas gueuler, les sales filles de bourgeois sont toutes complices des exploiteurs, t'as même rudement de la chance qu'on veuille bien t'enfiler »… L'auteur, sexologue (!), amateur d'art, mélomane hystérique contre les baroqueux, peut bien, dans un autre temps de son livre, proposer une alternative psychologique à la psychanalyse, on aura du mal à s'en réclamer dans la sérénité…

Une même vindicte avait accueilli Pierre Debray-Ritzen qui écrivit en 1972 *La Scolastique freudienne*, Fayard, avec une préface d'Arthur Koestler auquel il a consacré un Cahier de l'Herne, pour stigmatiser le discours freudien et le mettre en perspective avec les logomachies universitaires médiévales passées de mode. À quoi ce mandarin de la médecine psychiatrique ajoute que la psychanalyse ne saurait être scientifique contrairement à ce que dit Freud en permanence. En conclusion, il annonce qu'il n'est pas agréable de réfuter et qu'il ne reviendra pas sur le sujet. Avec honnêteté il signale en 1991 qu'il déroge et publie *La Psychanalyse cette imposture* chez Albin Michel pour enfoncer le clou car, dix-sept ans plus tard, le freudisme continue à faire illusion. Les apparitions de l'auteur d'une *Lettre ouverte aux parents des petits écoliers* sur le plateau télévisé d'« Apostrophes » montraient un médecin à nœud papillon fustigeant son époque et pestant contre la psychanalyse au nom de la neuropsychologie. Ce biographe de Claude Bernard, défenseur de la méthode expérimentale, critique la culpabilisation des parents d'enfants anorexiques par la psychanalyse. Il met en relation la dyslexie et la génétique et attaque Bettelheim. Ces propos se trouvent toujours sur le site « Groupe de recherche et d'étude pour la civilisation européenne ». Sur la fin de sa vie, cet oncle de Régis Debray qui n'en peut mais animait une émission littéraire sur Radio Courtoisie, un média clairement à la droite de la droite. Une fois de plus la critique de Freud semblait être une spécialité des réactionnaires de droite... Comment dès lors entendre la justesse de bons arguments critiques dans un monde où l'essentiel de la classe intellectuelle communie moins dans la gauche que dans son catéchisme ?

René Pommier, quant à lui, signe un *Sigmund est fou et Freud a tout faux*, Editions de Fallois, 2008, après s'être illustré jadis (1987) dans un combat contre une idole intellectuelle germanopratine avec son *Roland Barthes, ras le bol !* Normalien, agrégé, docteur, professeur à la Sorbonne, ce rationaliste qui publie aussi chez les athées de l'Union rationaliste précise dès la première page de son livre qu'il est un ami de Debray-Ritzen, mais qu'il se sent encore plus anti-freudien que lui, qui était pédopsychiatre, sur la question de la sexualité des enfants... Dès lors, ses *Remarques sur la théorie freudienne du rêve*, sous-titre de son texte contre Freud, doublé d'un titre plus à même de satisfaire les commerciaux de son éditeur, a suffi pour diriger ce livre dans la collection des pamphlets incapables d'attaquer le vernis de l'idole freudienne...

Enfin, je dois dire quelques mots de *Mensonges freudiens* de Jacques Bénesteau, Mardaga, 2002, un ouvrage sous-titré *Histoire d'une désinformation séculaire* auquel je n'ai rien trouvé à redire dans le corps du texte qui puisse relever de ce qui, gênant, a pu envahir les livres des auteurs précités : pas d'écriture polémique qui rappelle, dans le style, la tradition de la droite d'avant-guerre ; pas d'ironie appuyée avec insultes *ad hominem* ; pas de mélanges avec l'histoire contemporaine incluant renvois à la responsabilité de la psychanalyse dans la décadence de notre époque ou de notre civilisation ; pas de défense d'une boutique contre une autre – alors que l'auteur, psychologue clinicien, travaille dans le secteur scientifique. Ce livre qui synthétise les travaux critiques sur Freud et la psychanalyse a pourtant fait l'objet d'une attaque en règle : soit par la conjuration du silence (il n'a trouvé aucun éditeur en France…), soit par l'accusation d'antisémitisme. Dans son ouvrage, Bénesteau critique l'usage que Freud fait de l'antisémitisme pour expliquer sa mise à l'écart par ses pairs, son absence de reconnaissance par l'université, la lenteur de son succès. En guise de démonstration, il explique qu'à Vienne, à cette époque, nombre de juifs occupent des postes importants dans la justice, la politique, le journalisme, l'édition – ce qui lui vaudra d'être rangé dans le camp de l'« antisémitisme masqué » par Elisabeth Roudinesco – *masqué* autrement dit *invisible* bien que présent et réel, chacun appréciera la subtilité et le caractère imparable de pareille allégation…

Or la lecture de ce gros livre ne contient aucune remarque antisémite, on n'y trouve aucune position qui dirait la préférence politique de son auteur. Mais le hic est ailleurs… L'ouvrage comporte en effet une courte préface de Jacques Corraze présenté sobrement comme « professeur honoraire des universités ». Cet homme, qui est agrégé de philosophie, agrégé de médecine, psychiatre, est aussi l'ancien professeur de Jacques Bénesteau. Mais également un sympathisant du Front national auquel on doit d'avoir animé une table ronde de l'université d'été du FN et d'avoir été invité d'honneur pour une conférence au Club de l'Horloge. Cet homme fait également partie d'un comité de défense du rétablissement de la peine de mort et d'une association pour le respect de l'identité française… Lorsque Jacques Bénesteau se retrouvera au tribunal contre Elisabeth Roudinesco sur ce sujet du prétendu antisémitisme de son livre, il sera défendu par Me Wallerand de Saint-Just, l'avocat… de Jean-Marie Le Pen qui fut aussi tête de liste FN à Soissons en 2001. François Aubral, qui fut avec Xavier Delcourt l'auteur d'un fameux *Contre la Nouvelle Philosophie*, a défendu le travail de Jacques Bénesteau tout en se démarquant vivement de toute association avec son préfacier.

Difficile de séparer le *bon grain du travail critique* véritable et digne de ce nom de l'*ivraie politique*, mais surtout politicienne… Noyée dans un contexte réactionnaire, conservateur, de droite, d'extrême droite, toute cette littérature, pourtant juste sur le terrain de la dénonciation de l'affabulation freudienne, n'a pu concerner véritablement tout le public. Toute critique de Freud, du freudisme et de la psychanalyse pouvant facilement passer pour un compagnonnage politique avec cette nébuleuse critique, la confiscation du débat critique par la « droite » minait le débat…

9

Avoir raison avec la gauche… Il existe fort heureusement une critique de la psychanalyse qui ne compose pas avec cette ivraie et ne contraint pas à faire la part des choses entre la justesse d'une analyse critique et son usage politicien de droite. Preuve que la critique de la psychanalyse n'est pas l'apanage du conservatisme, de la droite réactionnaire ou de l'extrême droite dissimulée ou militante.

Ainsi les tenants du freudo-marxisme, qui ont ma sympathie. Reich, dont *La Fonction de l'orgasme*, L'Arche, a éclairé mes années adolescentes ainsi que *Psychologie de masse du fascisme*, Payot et *L'Irruption de la morale sexuelle*, Payot. La biographie de Gérard Guasch, *Wilhelm Reich. Biographie d'une passion,* Sully, ne passe pas sous silence la fin tragique d'un homme qui finit dans la folie… On lira Wilhelm Reich, *Passion de jeunesse*, L'Arche, un texte autobiographique, et *Reich parle de Freud*, Payot, pour faire le point sur ce que Reich garde de Freud (la nécessité de la psychanalyse), ce qu'il dépasse (l'anhistorisme freudien) et ce qu'il propose (une action politique militante). L'ouvrage de Jean-Michel Palmier, *Wilhelm Reich*, 10/18, constitue une bonne introduction.

Dès 1959, Erich Fromm effectue un intéressant travail d'inventaire dans *La Mission de Sigmund Freud*, éditions Complexe, et ne cache pas le compagnonnage de Freud avec les régimes autoritaires : « Un an avant la victoire d'Hitler, [Freud] désespère de la possibilité de la démocratie et présente comme seul espoir la dictature d'une élite d'hommes courageux et prêts au sacrifice » (p. 93). Sa *Grandeur et limites de la pensée freudienne*, Robert Laffont, 1980, met au point très clairement ce que l'on peut reprocher à la psychanalyse de son épistémologie fantasque à sa transformation en « une théorie de l'adaptation » en passant par un examen critique des grands concepts freudiens, inconscient, Œdipe, transfert, narcissisme, interprétation des rêves. Fromm défend la « biophilie » et attaque la « thanatophilie », deux concepts majeurs. Pour le premier, lire *Aimer la vie*, Epi, pour le second, *La Passion de détruire. Anatomie de la destructivité humaine*, Robert Laffont.

Enfin Herbert Marcuse qui, en 1955, publie *Eros et civilisation. Contribution à Freud*, Editions de Minuit, puis, en 1964, *L'Homme unidimensionnel. Essai sur l'idéologie de la société industrielle avancée*, Editions de Minuit, enfin, en 1969, *Vers la libération. Au-delà de l'homme unidimensionnel*, Editions de Minuit, entre autres œuvres majeures. Il propose une critique du capitalisme et du marxisme-léninisme, de la société de consommation et de la bureaucratie léniniste, en faveur d'une société indexée sur le principe de plaisir. Cette œuvre majeure a beaucoup servi chez certains philosophes français dits de la *French Theory* (!) qui ont bien pris soin de cacher leurs sources et de ne pas le citer tout en pillant absolument le fonds pour se contenter d'un habillage typique des années 1970... Bon ouvrage de synthèse de Jean-Michel Palmier, *Sur Marcuse,* 10/18. Je consacrerai un volume de ma *Contre-histoire de la philosophie* à ces trois auteurs.

10

Critiques philosophiques. On trouvera également une critique de la psychanalyse freudienne chez des philosophes de qualité, loin de toute polémique, dans le seul souci d'un travail digne des Lumières du XVIIIᵉ siècle à l'endroit de cette nouvelle façon d'incarner l'antiphilosophie. La liste des auteurs qui, sur ce sujet, incarnent les Lumières (Alain, Jaspers, Politzer, Sartre, Popper, Wittgenstein, Deleuze & Guattari, Derrida...) montrera aux critiques des critiques de la psychanalyse qu'on n'est pas forcément de droite, d'extrême droite, pétainiste, vichyste, antisémite, compagnon de route des nazis brûleurs de livres, quand on se permet de ne pas être d'accord avec l'affabulation freudienne en ayant recours à la raison raisonnable et raisonnante.

Dans la grande tradition du spiritualisme français, Alain, par exemple, refuse dans *Eléments de philosophie* que l'inconscient soit pensé comme une instance autonome ayant les pleins pouvoirs sur l'être et la conscience, pour ce faire, il fait de l'Inconscient un « personnage mythologique », Idées-Gallimard, p. 149, in *Note sur l'inconscient.*

Karl Jaspers écrit dans *La Situation spirituelle de notre temps* que la théorie freudienne de la libido ne saurait suffire pour atteindre la totalité de l'homme impossible à réduire à ses seuls instincts et pulsions. Philosophe et médecin, psychiatre et clinicien, penseur de l'existentialisme, il publie *Psychopathologie générale*, à la « Bibliothèque des introuvables », un ouvrage traduit en français en 1928 chez Alcan par une équipe qui comptera de jeunes normaliens dont un certain Jean-Paul Sartre associé à son ami Paul Nizan. Cet ouvrage comptera pour Gilles Deleuze…

Georges Politzer, fusillé par les Allemands au Mont-Valérien en mai 1942 à l'âge de trente-neuf ans, a été un jeune philosophe brillantissime arrêté dans son génie par la barbarie nazie. On lui doit une *Critique des fondements de la psychologie*, PUF, un texte publié en 1928 alors qu'il a vingt-cinq ans, qui récuse l'inconscient freudien présenté comme signature du caractère mythologique et préscientifique de la psychanalyse au profit d'une « psychologie concrète » injustement oubliée. On lira également *Ecrits 2. Les fondements de la psychologie,* un recueil de textes paru aux Editions sociales sous la responsabilité de Jacques Debouzy pour découvrir le trajet d'un jeune philosophe tenté par Freud puis revenant sur son premier enthousiasme – il aimait alors que cette discipline nouvelle choque le bourgeois… – avant les articles qui montrent un chantier prometteur mais abandonné…

Sartre, spécialiste en inachèvement, consacre un chapitre de *L'Être et le Néant. Essai d'ontologie phénoménologique*, Gallimard, 1943, à la « psychanalyse existentielle » – IV\ :sup: partie, « Avoir, être et faire », chapitre 2, « Faire et avoir », premier développement, « La psychanalyse existentielle ». *Baudelaire*, puis *Saint Genet comédien et martyr*, enfin *L'Idiot de la famille*, 1 500 pages malgré l'inachèvement, constituent autant d'exercices concrets de cette révolution dans la psychanalyse par laquelle, selon moi, il laissera un nom dans l'histoire de la philosophie. Sous le Corydrane, l'alcool et autres excitants qui embrument les développements, sous le brillant normalien, avec le génie propre d'un homme qui transfigure tout ce qu'il touche en texte, on suppose une intuition géniale qui reste une potentialité insuffisamment inexploitée : une psychanalyse sans l'inconscient freudien, qui garde à la conscience, le pour-soi dans le jargon sartrien, un rôle architectonique dans la construction de soi.

Karl Popper, l'auteur de *La Société ouverte et ses ennemis*, 1945, Seuil, un ouvrage qui installe le philosophe en fondateur de l'antitotalitarisme du XX\ :sup: siècle, publie *La Connaissance objective* en 1972, dans lequel il considère la psychanalyse comme l'astrologie ou la métaphysique, autrement dit comme des visions du monde reposant sur des propositions non scientifiques parce que incapables de se soumettre à une procédure épistémologique qui supposerait leur falsifiabilité : le freudisme échappe à la vérification de ses hypothèses par la reconduction régulière d'expériences susceptibles d'en vérifier la validité.

Ludwig Wittgenstein offre une lecture singulière de Freud qui se proposant de démythologiser le monde a finalement ajouté des mythes aux mythes. D'où un paradoxe légitimant le rangement de l'œuvre de Freud et de la psychanalyse du côté des mythologies postmodernes. Voir *Conversations sur Freud* in *Leçons et conversations*, suivies de *Conférence sur l'éthique*, Idées-Gallimard. Rapportant une conversation, Rush Rhees précise : « Il pensait que l'énorme influence de la psychanalyse en Amérique et en Europe était un danger – "et cependant il se passera de longues années avant que nous ne perdions notre servilité à son égard". Pour apprendre quelque chose de Freud, il faut que vous ayez une attitude critique ; et en général la psychanalyse vous en détourne » (p. 88)…

Gilles Deleuze qui, dans son *Abécédaire*, eut des mots extrêmement violents contre Wittgenstein et ceux qui s'en réclament, n'a pas été sans lire Jaspers & Sartre, Popper & Politzer, Wittgenstein sur ces sujets… Il a également lu Reich & Marcuse, régulièrement cités dans *L'Anti-Œdipe*, Editions de Minuit, 1972, un ouvrage dont le génie se trouve moins dans les idées que dans leur agencement dans l'esprit du Happening et de la Performance, de Fluxus et de la Figuration narrative, puis dans la création d'une langue spécifique, un tropisme très à la mode dans ces années-là. La critique faite par Deleuze & Guattari à Freud et à la psychanalyse concerne le désir. La philosophie du désir de Deleuze & Guattari suppose des « constructions d'agencements » et non une pensée qui renvoie à la castration, au Père et à la Mère, au Phallus. Deleuze disait dans un entretien sur le désir : « N'allez pas vous faire psychanalyser, cherchez bien plutôt les agencements qui vous conviennent »…

Enfin Jacques Derrida qui, en 2001, dans un entretien avec Elisabeth Roudinesco, devenue le parangon de la psychanalyse en France, affirme ceci dans un chapitre paradoxalement intitulé « Eloge de la psychanalyse » du livre qui a pour titre *De quoi demain…*, Fayard-Galilée, pp. 279-280 : « La grande conceptualité freudienne a sans doute été nécessaire, j'en conviens. Nécessaire pour rompre avec la psychologie dans un contexte donné de l'histoire des sciences. Mais je me demande si cet appareil conceptuel survivra longtemps. Je me trompe peut-être, mais le ça, le moi, le surmoi, le moi-idéal, l'idéal du moi, le processus secondaire et le processus primaire du refoulement, etc. – en un mot les grandes machines freudiennes (y compris le concept et le mot d'inconscient !) – ne sont à mes yeux que des armes provisoires, voire des outils rhétoriques bricolés contre une philosophie de la conscience, de l'intentionnalité transparente et pleinement responsable. Je ne crois guère à leur avenir. Je ne pense pas qu'une métapsychologie puisse résister longtemps à l'examen. On n'en parle déjà presque plus. » Dont acte…

INDEX

ECONOMIE

capitalisme, 17, 83, 573, 611
Marx K., 16-19, 21, 23, 24, 95, 538, 539, 571, 575
Proudhon P.-J., 18, 19, 21, 24

EPISTEMOLOGIE FREUDIENNE
(voir aussi MORALE)
Errances théoriques

Freud scientifique, 73, 84, 86, 87, 102, 198, 280
échecs thérapeutiques, 193, 268, 269, 275, 285, 293, 340, 347, 402, 419-423, 429, 442, 443, 451, 452, 463, 464, 471-477, 491, 556, 580
mythe scientifique, 205-214, 223-224, 229, 230, 235, 238, 239, 299, 308, 320, 461, 506, 589
Freud et ses patients, 420-426
preuves, 57, 268, 269, 307, 308, 348, 416
psychologie scientifique

Anna O., 36, 58, 177, 191-194, 196, 242, 406, 420, 424, 452, 565, 569, 593
Dora, 25, 418, 422, 424-430, 434, 452, 472, 565
Emma Eckstein, 106, 336, 341, 344-349, 376, 454, 475, 596
Fleischl-Marxow, 106, 267-269, 341-342, 605
Petit Hans, 25, 418, 422, 424, 431-435, 452, 492, 561, 562, 565
Homme aux loups, 25, 36, 161, 349, 400, 418, 422, 424, 440-444, 452, 453, 473, 474, 565, 569, 602
Homme aux rats, 25, 418, 422, 424, 434-436, 452, 563, 565, 569
Le cas Mathilde, 341, 342
Président Schreber, 25, 422, 435, 436-438
autres cas, 288, 289, 342, 343, 350, 376, 377, 391, 392
volte-face, 263, 297-306

Du même auteur :

LE VENTRE DES PHILOSOPHES. CRITIQUE DE LA RAISON DIÉTÉTIQUE, Grasset, 1989. Le Livre de poche, 2009.

CYNISMES. PORTRAIT DU PHILOSOPHE EN CHIEN, Grasset, 1990. Le Livre de poche, 2007.

L'ART DE JOUIR. POUR UN MATÉRIALISME HÉDONISTE, Grasset, 1991. Le Livre de poche, 2007.

L'ŒIL NOMADE. LA PEINTURE DE JACQUES PASQUIER, Folle Avoine, 1993.

LA SCULPTURE DE SOI. LA MORALE ESTHÉTIQUE, Grasset, 1993 (Prix Médicis de l'essai). Le Livre de poche, 2003.

LA RAISON GOURMANDE. PHILOSOPHIE DU GOÛT, Grasset, 1995. Le Livre de poche, 2008.

MÉTAPHYSIQUE DES RUINES. LA PEINTURE DE MONSU DESIDERIO, Mollat, 1995. Le Livre de poche, 2010.

LES FORMES DU TEMPS. THÉORIE DU SAUTERNES, Mollat, 1996. Le Livre de poche, 2009.

POLITIQUE DU REBELLE. TRAITÉ DE RÉSISTANCE ET D'INSOUMISSION, Grasset, 1997. Le Livre de poche, 2008.

HOMMAGE À BACHELARD, Éd. du Regard, 1998.

ARS MORIENDI. CENT PETITS TABLEAUX SUR LES AVANTAGES ET LES INCONVÉNIENTS DE LA MORT, Folle Avoine, 1998.

À CÔTÉ DU DÉSIR D'ÉTERNITÉ. FRAGMENTS D'ÉGYPTE, Mollat, 1998. Le Livre de poche, 2006.

THÉORIE DU CORPS AMOUREUX. POUR UNE ÉROTIQUE SOLAIRE, Grasset, 2000. Le Livre de poche, 2007.

PRÊTER N'EST PAS VOLER, Mille et une nuits, 2000.

ANTIMANUEL DE PHILOSOPHIE. LEÇONS SOCRATIQUES ET ALTERNATIVES, Bréal, 2001.

ESTHÉTIQUE DU PÔLE NORD. STÈLES HYPERBO-
RÉENNES, Grasset, 2002. Le Livre de poche, 2004.

PHYSIOLOGIE DE GEORGES PALANTE. POUR UN NIETZ-
SCHÉISME DE GAUCHE, Grasset, 2002. Le Livre de
poche, 2005.

L'INVENTION DU PLAISIR. FRAGMENTS CYRÉNAÏQUES,
Le Livre de poche, 2002.

CÉLÉBRATION DU GÉNIE COLÉRIQUE. TOMBEAU DE
PIERRE BOURDIEU, Galilée, 2002.

LES ICÔNES PAÏENNES. VARIATIONS SUR ERNEST
PIGNON-ERNEST, Galilée, 2003.

ARCHÉOLOGIE DU PRÉSENT. MANIFESTE POUR UNE
ESTHÉTIQUE CYNIQUE, Grasset-Adam Biro, 2003.

FÉERIES ANATOMIQUES. GÉNÉALOGIE DU CORPS
FAUSTIEN, Grasset, 2003. Le Livre de poche,
2009.

EPIPHANIES DE LA SÉPARATION. LA PEINTURE DE
GILLES AILLAUD, Galilée, 2004.

LA COMMUNAUTÉ PHILOSOPHIQUE. MANIFESTE POUR
L'UNIVERSITÉ POPULAIRE, Galilée, 2004.

LA PHILOSOPHIE FÉROCE. EXERCICES ANARCHISTES,
Galilée, 2004.

OXYMORIQUES. LES PHOTOGRAPHIES DE BETTINA
RHEIMS, Janninck, 2005.

TRAITÉ D'ATHÉOLOGIE. PHYSIQUE DE LA MÉTAPHY-
SIQUE, Grasset, 2005. Le Livre de poche, 2009.

SUITE À LA COMMUNAUTÉ PHILOSOPHIQUE. UNE
MACHINE À PORTER LA VOIX, Galilée, 2006.

TRACES DE FEUX FURIEUX, LA PHILOSOPHIE FÉROCE II,
Galilée, 2006.

SPLENDEUR DE LA CATASTROPHE. LA PEINTURE DE
VLADIMIR VELICKOVIC, Galilée, 2007.

THÉORIE DU VOYAGE. POÉTIQUE DE LA GÉOGRAPHIE, Le Livre de poche, 2007.

LA PENSÉE DE MIDI. ARCHÉOLOGIE D'UNE GAUCHE LIBERTAIRE, Galilée, 2007.

FIXER DES VERTIGES. LES PHOTOGRAPHIES DE WILLY RONIS, Galilée, 2007.

LA SAGESSE TRAGIQUE. DU BON USAGE DE NIETZSCHE, Le Livre de poche, 2008.

L'INNOCENCE DU DEVENIR. LA VIE DE FRÉDÉRIC NIETZSCHE, Galilée, 2008.

LA PUISSANCE D'EXISTER. MANIFESTE HÉDONISTE, Grasset, 2006. Le Livre de poche, 2008.

LE SONGE D'EICHMANN, Galilée, 2008.

LE CHIFFRE DE LA PEINTURE. L'ŒUVRE DE VALERIO ADAMI, Galilée, 2008.

LE SOUCI DES PLAISIRS. CONSTRUCTION D'UNE ÉRO-TIQUE SOLAIRE, Flammarion, 2008. J'ai lu, 2010.

LES BÛCHERS DE BÉNARÈS. COSMOS, ÉROS ET THANATOS, Galilée, 2008.

LA VITESSE DES SIMULACRES. LES SCULPTURES DE POLLÈS, Galilée, 2008.

LA RELIGION DU POIGNARD. ÉLOGE DE CHARLOTTE CORDAY, Galilée, 2009.

L'APICULTEUR ET LES INDIENS. LA PEINTURE DE GÉRARD GAROUSTE, Galilée, 2009.

LE CORPS DE MON PÈRE, Hatier, 2009.

LE RECOURS AUX FORÊTS. LA TENTATION DE DÉMOCRITE, Galilée, 2009.

PHILOSOPHER COMME UN CHIEN. LA PHILOSOPHIE FÉROCE III, Galilée, 2010.

NIETZSCHE, SE CRÉER LIBERTÉ, dessins de M. Leroy, Le Lombard, 2010.

APOSTILLE AU CRÉPUSCULE, Grasset, 2010. Le Livre de poche, 2011.

JOURNAL HÉDONISTE :
    I.   Le Désir d'être un volcan, Grasset, 1996. Le Livre de poche, 2008.
    II. Les Vertus de la foudre, Grasset, 1998. Le Livre de poche, 2000.
    III. L'Archipel des comètes, Grasset, 2001. Le Livre de poche, 2002.
    IV. La Lueur des orages désirés, Grasset, 2007.

CONTRE-HISTOIRE DE LA PHILOSOPHIE :
    I.   Les Sagesses antiques, Grasset, 2006. Le Livre de poche, 2007.
    II. Le Christianisme hédoniste, Grasset, 2006. Le Livre de poche, 2008.
    III. Les Libertins baroques, Grasset, 2007. Le Livre de poche, 2009.
    IV. Les Ultras des Lumières, Grasset, 2007. Le Livre de poche, 2009.
    V. L'Eudémonisme social, Grasset, 2008. Le Livre de poche, 2010.
    VI. Les Radicalités existentielles, Grasset, 2009. Le Livre de poche, 2010.

CONTRE-HISTOIRE DE LA PHILOSOPHIE en CD (chez Frémeaux et associés) :
    I.   L'Archipel pré-chrétien (1), De Leucippe à Épicure, 2004, 12 CD.
    II. L'Archipel pré-chrétien (2), D'Épicure à Diogène d'Œnanda, 2005, 11 CD.